U0086231

歷史與人物　目錄

偉大的中華與近代世界

「歷史悠久」、「地大物博」是每一個中國人對自己國家引以自豪的口頭語。但究竟有多少黃帝子孫認識我們遠祖「篳路藍縷以啓山林」，開疆拓土的艱難辛苦？多少年來，一般人又常常說：中華文化發源於黃河流域，正如兩河流域、尼羅河流域、恒河流域是西南亞、埃及、印度文化的搖籃區一樣。同時也有人說：「黃河是中國的敗家子」。兩種說法相互矛盾，究竟那一種是正確的？

近年來，科學的研究工具和方法進步，新資料不斷出現，中外學人分工合作努力探討，更加肯定證明了中華文化悠久優美，是世界人類史上最偉大的傳統。這一優美文化的發源地和氾濫難治的黃河甚少直接關係，卻與黃土（loess）區域的自然環境有牢不可分的密切關係。這是綜合古今中外文獻及考古資料的最值得注意的新結論。

遠祖創業艱辛

我國最早的新石器時代（大約四、五千年以前）的遺址大多在黃土高原的東南部，卽今日陝西渭河流域、山西汾河流域和河南省西部黃土臺地及丘岡。這一現象充分說明：我們遠祖的農業是旱地陸種的農業，不是以灌溉爲基礎的農業。這和歐亞其他主要古文化發源於兩河、尼羅河、恒河的遼闊平原，農業是建立在氾濫平原及原始的灌溉基礎上的情形不同。可見我國古文化產生的自然地理環境遠不如歐亞其他古文化產生的條件優越，這是基本上的重大差異之一。換句話說：我們遠祖最早生活的環境比較其他古文化國人民要艱難多多。

我國灌溉的起源比西南亞古國幾乎要晚四千年，卽較史前的美洲也還要晚二、三百年。可以說：東西半球所有主要古文化之中，中國是最晚利用灌溉的。

我國黃土區域最大的自然限制是半乾旱的氣候。黃土區每年平均雨量雖在理論上可以滿足一般農業的需要，但雨量集中在夏季，加以這地區夏季溫度及蒸發量都較地球上其他同緯度地區高，土壤中的水分很難保持。因此祇有最耐旱、生長最快的植物才能生存繁殖。

我們的遠祖到了新石器時代，祇能在植物資源並不豐富的黃土高原就地採集天然可食的野生粟，進而種植馴化。殷代卜辭中顯示，黍和稷已是當時最主要的糧食作物。由粟、黍、稷組成的小米羣在秦代以前是華北農作系統的中心。這和以小麥、大麥爲重心的舊大陸其他古農作系統有根本的不同。

根據考古學的發現：中國在新石器時代已開始種植高粱，並且應是在水稻原生地區之一，中國是最早栽培水稻的國家。古代華北稻作範圍雖甚有限，但自史前時代起水稻就是江淮以南地區原始農作物的重心。這又和舊大陸其他古文化農業系統的重心迥然不同。

自史前時代卽已開始的蠶桑以及原生於我國東部、經過長期馴化育種始見於西周文獻的大豆也都表明了我國古代農作系統的區域性和獨立性。

我國文字上穀類植物都從「禾」，祇有麥類從「來」，很明顯反映麥類是從外方傳入的。殷代卜辭中已發見十幾個「麥」字，史前時代晚期華北已有麥作的可能性相當大。

當代科學研究的結論是：麥類原生於西南亞、高加索山兩麓和土耳其一帶，自西元前七千年就已經開始種植了。而華北的自然環境並不十分適宜麥作，遲到西漢武帝時期，關中習俗仍不喜種麥，這反映原生於多雨區兩年生的小麥適應半乾旱夏雨區的黃土高原還有相當的困難。

麥類是遠方傳入中國的作物，反映古代華北和亞歐遼濶草原地帶有一定程度的文化接觸與交流。但中國先民種麥的方法不是沿襲外國，而是因地制宜，是旱種，而不是灌溉。這說明中國古代農作系統並不因麥類的傳入而失去它固有的區域性和獨立性。

我國這個富於獨立特徵的農業體系很顯然地是因地制宜，積累長期經驗才逐漸發展形成。我們常常說中國「以農立國」，但每一個炎黃後裔是不是也曾想到：這是我們遠祖克服自然困難、適應環境條件、流血流汗、艱苦奮鬪得來不易的成果？

中國陶瓷在世界上無可匹敵

商、周時代製作的青銅禮器和酒器顯示農業發展以後，衣食足而後禮義興，帝王和一般人的生活水準都提高了。

迦勒底（Chaldea）發明青銅器的鑄造方法至少比中國早一千年，但商末和周初的青銅器不祇在形式和裝飾上都是純粹的中國式，而且在技巧上也遠比中國境外的產品優良，實際上，還沒有可與商、周青銅器媲美的。

在西方人的眼光中，商、周青銅禮器值得讚美，主要是在它的形式雄渾有力，裝飾非常生動。在中國人看來，中國青銅器的精美雅緻充分顯現中國禮節文貌之盛；器物的款式裝飾是士君子表示他合於天意的工具，這種美是有助於秩序、稱適、謐靜的生活。這種觀念在中國士大夫的心目中成為自然，以後經過很多世紀，這個理想就在第十世紀北宋的山水畫中很卓越地表現出來。

玉器在中國文化史上的重要性比銅器還要大，除開禮儀上的功用以外，在中國人心目中還有更廣大的意義，這就是如「說文解字」所指陳：玉字兼具道德之美（仁、義、智、勇、絜）和美學之美（寶貴、純潔、美麗）。因此，玉器在中國一般社會不祇是裝飾品，且有種種象徵的作用。

玉質堅硬逾鋼，需要耐力、勤勞和巧妙的技術來製作。華北新石器時代已經有玉製武器、飾物。青銅器時代，玉製武器和其他器物如笏、璧、玉符等更顯示在中國早期歷史上，玉實在是有發揮維持社會秩序的作用。早在漢代（約二千年前），玉工卽能雕出十分圓的禽獸和花樣，而且知道利用透明水晶的各種顏色。

在中國的一切藝術品中，陶工的藝術對於世界所發生的影響是最廣大而且最長久的。使中國陶瓷在世界上無可匹敵的若干特性都是這項技藝的歷史和它在中國人生活上所佔地位中所固有的。它的形狀自純粹實用的器皿，以至形式和色彩非常純正精美祇以滿足視覺和觸覺為目的的器皿，應有盡有；自天子以至庶人都很珍視，不但用它作為詩的題材，而且把詩書寫和鏤刻在陶磁器上面。中國陶瓷形式的生動與希臘的瓶只為靜態美完全不同。

中國新石器時代末期的彩陶已經非常華美，安陽出土的殷商陶器有的已經上釉，西周（西元前第九至第八世紀）遺址上的陶器碎片且由化學分析證明確為眞正瓷器。但是這些發明並沒被後人立卽跟進，直到第六世紀才有重要的技術進步，卽完成純正白瓷和彩釉，唐代開始有了先繪花樣再上釉的技術。

這一陶瓷技藝產品因此產生了特別不可思議的魔力，如一位外國學人所描述：那能安撫婆羅洲獵取人頭的蠻人的心，且又能將肉羹送入法國國王路易十四嘴中的就是這些瓷器。東南亞土著到處都以中國瓷瓶、瓷碗、瓷盤殉葬，年代最早的爲唐朝製品。菲律賓的一個部落則在祈雨的法事之中用瓷碗，因爲敲擊瓷碗的響聲如鐘聲一樣。早年中國有關呂宋的著作中說：如果把一個瓷碗留置路上，就能躲開當地土人的襲擊。

一位外國學人聽說，西亞細亞的蘇丹和國王因爲相信中國的青瓷一碰到毒藥就會碎裂或變色，他們除了用磁器盛裝的食物外什麼也不吃；東非阿拉伯統治者則在宮殿牆壁上鑲嵌瓷盤作裝飾；而且早在第十七世紀，荷蘭私掠船船員把從葡萄牙人掠奪過來的大批瓷器在鹿特丹搬運上岸以後，歐洲人也同樣的喜愛。

中國養蠶造絲起源極古

十七世紀，歐洲產生熱愛中國事物的浪潮，由是而產生帶中國趣味的藝術風格。陶瓷以外就是漆器了。

漆器也是中國發明的。戰國時代和漢朝最美麗的塗色器皿、盒匣、盤子都是在深紅褐色底子上以淺紅色描繪出氣勢有力、勻整有致的螺旋花紋。當時中國因新納入的民族衆多，國勢強盛，一般人的想像中也充滿了空前豐富而生動的傳說。由青銅禮器所表現的驚人風格再融合了這些各色各樣的材料，成爲一種統一的裝飾手法，這就是以螺旋花紋作基礎，是漆工或圖工的手自然運動而成的傑作。但螺旋花紋並不是千篇一律，這種活動的人物畫法在漢代以前的漆工已經認識它的可能性了。近在韓國境內古墓中已發現漢代官營漆器廠的產品，距離中國遙遠的阿富汗境內、曾受希臘和佛教兩種文化影響的伯格蘭（Begram）城也有發掘出土的中國漆盒。

中國養蠶起源極古，在新石器時代村落遺址中已發現織造絲織品的證據。湖南長沙曾出土一幅繪在西元前第四、五世紀的絹上的畫，畫有一個女人和龍鳳。在漢代，大量絲綢輸往鄰國，例如西元前十六年，漢朝以一百萬匹絲綢分送沿北部邊疆的鄰國，希望和緩兩國關係並使他們逐漸漢化。

中國絲織品遠在第一世紀末以前已經經由橫貫中亞細亞通達地中海東岸的商隊帶到羅馬，引起當地婦女的喜愛。第六世紀時，查士丁尼安大帝（Justinian）看到輸入絲綢引起經濟枯竭的嚴重情況，開始鼓勵秘密運蠶到拜占庭，以便自己產製。但中國精工製造的緙絲在中世紀末葉以前已經傳到歐洲，但澤、維也納、雷根斯堡（Regensburg）等處的大教堂都用作祭袍的裝飾，而盧加（Lucca）的織工並且模倣中國的龍鳳圖形，做成適合歐洲中世紀末葉裝飾的標準範式。這樣窮奢極欲使用中國絲綢曾引起著名歷史學家吉朋（Edward Gibbon）非常的感嘆。

中國畫中有哲學

在中國，繪畫尤其山水畫是美術的主宰。中國哲學和宗教的目的之一就是發現天地萬物運行道理而使人事和它諧調。一幅中國畫的目的就是要表現這些微妙而複雜的自然力量和諧的交互影響，表明人與自然的眞正關係。在某種意義上，每一幅畫都是一篇概括性的哲學，或者無寧說是玄學的文字。這種概括性，尤其是顯明的超然性，與歐洲畫家熱烈地執着有形事物的作風完全不同。正如一位英國學人所指陳：中國繪畫的歷史可以看作一種語言發展的歷史，而不是如歐洲繪畫之爲有形世界的探索的歷史。

中國人對於那構成繪畫題材的觀念也和歐洲的有顯著不同。中國畫家的目的總是表現一種使人滿意而且心曠神怡的世間景色，因而認爲祇有達成這個任務的主題才値得下筆。而歐洲畫家對於繪畫強暴、行刑和屠殺的情景無論是否屬於宗敎的靈感，都是當做藝術作品的；這些題材是中國畫家非常厭惡的。正如一位英國學人所指陳：我們西方人能讚賞一幅畫的色彩、形式和構圖而不受不愉快題材的影響，其所表示的雖然不是對於世界的一種錯誤的觀念，至少也是一種危險的破碎的觀念。

東晉時代的顧愷之是用山、水和樹木作爲陪襯若干畫題和背景的第一人。如大英博物館珍藏顧愷之繪「行獵圖」，在西方要到文藝復興時期才見到。難怪一位英國學人要說：我們一念及此，不能不爲之驚訝。佐佐內（Giorgone）的山雨欲來（The Tempest）曾被稱爲歐洲最早風景畫派的先驅，而佐佐內卻生在第十五世紀晚年——在顧愷之後約一千一百年。佐佐內對自然的愛好把義大利藝術導向自然風景的欣賞。顧愷之則表現了數百年來久已蘊蓄於中國人生活態度之中的愛好自然及與宇宙合一的感覺。

大英博物館珍藏顧愷之另一最馳名的作品是「女史箴」這一組畫圖的縑卷。這些圖畫中所顯示的想像力和對於組織的熟練更使歐洲美術家感到驚異。

吳道子是聲名卓著的山水畫家，生當唐明皇時代，即第八世紀前半。他曾有數以百計的作品，最著名的爲山水和佛寺壁畫，尤其他所喜愛的觀音菩薩像題材更爲世人珍重。他繪觀音首部的光輪時立筆揮掃，浩瀚如海波翻騰，雄勁奔放，勢若風旋，人都說是神助。這種功力比義大利傳說喬托（Giotto）舉臂一揮即作成一全圓的神奇故事早五百年。

唐朝畫家爲後世知名的約有三百人。唐朝宗室李思訓開創山水畫北宗。王維是世人熟悉的詩人和畫家，南宗就是他創始的，他也是後代最著名的文人畫派始祖。他的作品主要在表現非常的對比，這正是他用來表達、發抒的心境的法則之一。其中最著名的是廣被模擬的雪中花木，但奇妙的他的山水畫也同樣著名——極長的畫卷描繪沿邊爲樹木所繞，蜿蜒入遠山深谷的平靜湖沼的全景。這顯示出在歐洲實際完全沒有所謂美術存在的時期，這種山水畫藝術已發達得何等卓越。因王維的影響和資助而受繪畫訓練，後來也成爲唐朝大畫家之一的韓幹以畫馬著名。大英博物館珍藏一幅他的作品，對參觀人有着廣大的吸引力。

早有了抽象畫的荒謬表現手法

歐洲現代抽象的表現主義者最荒謬的手法早在第八、九世紀被中國幾位奇人佔先了。有一位大師是用髮髻浸墨抵於絹素；另一位作畫時面朝相反方向，且依節拍起舞，潑墨於絹；第三位畫家則舖絹於地，傾墨其上成潭，然後以一助手坐板上於絹上到處拖動。這些方法非常奇怪，但令人驚異的是使用這些方法潑墨以後，更要巧妙地隨其形狀使成疏落樹木、瀑布、亭臺，把他們的胡亂塗鴉變爲山水。第十二、三世紀的禪宗畫家用畫法表現他們徹悟的刹那，其爆炸性也不亞於此。

我國繪畫在唐季和宋初即第十世紀又有大突進，李成和范寬注重落筆強勁的雄偉嚴整的風格，他們用筆反復短擦的皴法是畫家筆法發展的第一步。後來的專業畫師和畫院畫師的北派都奉爲師承。第十一世紀的郭熙又將這種風格進一步發展，而構圖也更多變化。

王維的南宗山水畫在宋初董源和巨然的畫作中始成爲定式，以淋漓的墨草草之筆寫江南的峯巒清深、林樹茂密以及其煙嵐氣象，與北宗畫家的對比分明、奇峭突兀迥然不同。

明朝唐寅和仇英之流畫家身兼南北二宗，包含二者的畫風。董其昌位高望重，書畫著名以外，畫史的理論影響於後代文人畫家很深遠，因爲董的論證使他們深感自己是傳統中國價值的眞正維護者。

過去三個世紀中，燁爛精妙的筆法固然還能夠產生優美富於詩意的山水畫，但是文人則愈益倚傍古人，崇古泥古，以致停滯不前。

我國古代藝術眞是光耀全球，祇是後代子孫不能推陳出新，甚至不溫故知新，這正如在科學技術方面的情況一樣使人惋惜。

中國古代的數學發達

「中國科學落後」、「中國沒有科學」、「中國不需要科學」，是鴉片戰爭後，盲目且驕傲的歐洲人譏罵中國的口頭語。失掉民族自尊心、自信力的中國人也常常人云亦云地這樣妄自菲薄。但近二十年英國劍橋大學生物化學家李約瑟（Joseph Needhamn）博士以半生心血撰著的「中國之科學與文明」（Science and Civilization in China）巨著出版，明顯指陳：中國古代的科學文化實在是世界各國科學研究的先進。這不祇糾正過去中外人的錯誤觀念，更積極地宏揚中國文化對人類的貢獻。

數學是近代科學的骨幹，十九世紀的歐洲學人曾說：中國古代在數學方面沒有做過什麼有價值的工作，中國所有數學的知識都是傳自希臘的，都是受外國的影響力而激發的。如今李約瑟博士明白說：這些言論距離事實太遠了，是歐洲學人不認識中國文字，沒有直接閱讀中國書籍能力所產生的錯誤。而中國青年沒有多研讀古籍，以致也數典忘祖。

早在五十餘年前，即民國八年（一九一九年），李儼在「北大月刊」發表「中國數學源流」一文後，逐年又陸續刊行專文，並彙訂爲「中算史論叢」五册，宏揚我國古代數學發達的情況。

孔子提倡的六藝教育（禮樂射御書數）經過漢武帝局限於「書」一藝，但漢以後各朝仍舊忽注重數學。而漢朝卽第一世紀左右出現的「九章算經」不祇是中國全部數學書中最具重要影響力的書，也是世界著名的純粹算學書，內容有九章，問題有二四六題，包括加、減、乘、除、直角、三角、弧方程、正、負數的定則。

漢朝劉歆討論圓周率作三・一四六，張衡作十之平方根，蔡邕作三・一二五，王蕃作三・一五五五，劉徽作三・一四，是以六邊形起算，「割之彌細，所失彌少，割之又割，以至不可割，則與圓周合體，而無所失矣。」理論眞確不移。但當時實用計算尙未入微。直到祖冲之（西元四二九年至五〇〇年）應用「綴術」算圓周率，得密率：圓徑一百一十三、圓周三百五十五，比較西洋人的發現領先一千一百餘年。

隋唐兩朝注重算學，前代若干私人撰述、私人校訂的算學書先後由朝廷詔令頒行，如李淳風所校算經十書，既定名爲經，且以詔令行用，其鄭重不減儒家經典。宋元也如隋唐舊例，於國學設置算學取士，官刻算經十書，使數百年來古算方有定本行世。並有新興的算法，如一元高次方程式可以籌算計算的，至元代擴至四元等。至南宋時沈括（西元一〇三一年到一〇九五年）在算學上的成就至今仍被日本數學家三上義夫撰的「中國算學之特色」一書中稱爲日本算學界沒有一人可與沈括比擬，卽德法算學家也難以相提並論。沈括爲中國科學史上的座標，也是全世界算學史上的重要人物，所撰「夢溪筆談」記載當時種種科學技術的方法與發現，更開創科學紀錄的先河。

美國太空人證實了中國古代的太空理論

早在戰國時代，我國人卽用「籌」作計算工具。元代民間流行珠算方法，並流行歌訣（「丁巨算法」，西元一三五五年）與遊戲算題，用便傳述。至於最早說到珠算的古籍，可能是徐岳著的「數術記遺」（東漢時代約當西元一九〇年），也可能是這書的註釋人甄鸞（約西元五七〇年）所撰寫。

中國朝野注意算學和他們特別重視天文曆象當有關係。

儘管美國太空人已於一九六九年七月第一次踏上了月球，然而中國天文學的史書不特不會受到影響，由於現代實現了中國古代學者的太空理論，反而可提高中國天文學史的價值。中國有長時期（約由西元前五世紀至西元後十世紀）天象記載，至今還被認爲是世界上惟一可用的資料。

近代天文學家對於很多事例（如慧星的反復出現等）須倚賴中國這些記載，才能得到有價值的結果。最顯著的一例是：中國人早有記載最重要的新星和超新星的發現，在西元前二世紀以至十七世紀，歐洲天文學家幾乎完全不知道有這樣的星有時在天空出現。

中國人在遠古時代就假想天像一個半圓形的蓋子，地像一個倒置的碗。二千三百年前，又有渾天說，認宇宙無極無窮。後漢郄萠更有「太空說」，認爲天是空而無質並且是無極的。南宋朱熹也有「天無體」的認識。但歐洲人似乎在早期都認爲天是實體，直到十六世紀天主教耶穌會士東來以後，才知道中國古代有太空的理論。如今美國太空計劃也可以說是證明了中國古人的想法。

建造渾天儀是中國古代天文學家最大的貢獻。東漢張衡集前人的大成製作十分完美的儀器。後人繼續求精改進。西元一〇八八年，蘇頌在北宋汴京製成的渾天儀是世界天文學史上最早在觀測儀器上配有時鐘聯動的裝置。一二七五年，元代大天文學家郭守敬所製銅質渾天儀有最早的赤道式裝置，這比較歐洲近代望遠鏡的發明早三百五十年。

觀象授時是中國朝廷天文學家（欽天監）的主要工作，在觀測天象的儀器繼續不斷的精益求精的同時，授時儀器也同樣的進展。

自東漢張衡起，中國人已經對用水力來轉動天象模型很有興趣，加以對赤道的偏愛，又產生用水運機械來劃分時刻的觀念。中國人在西元七〇〇年至一三〇〇年間所造的機力時鐘，實際上使人將非常古老的巴比倫和古埃及的漏壺以及後代純恃機力的鐘錶之間所缺少的環結連接起來了。一〇九二年蘇頌撰「新儀象法要」，記述他幾年前在汴京建造的鐘塔，這是機力時鐘最早例證，而歐洲的最早機動時鐘卻是西元一三〇〇年以後的事。

中國古人的宇宙論比歐洲中古時期的想法更爲高遠無極，對於基督教歐洲所持樸素的世界論的崩潰具有間接的影響，時鐘的裝置是更顯明和直接的影響，祇是如何流傳到歐洲的詳情還不明瞭。

中國三大發明改變世界面貌

中國人不祇是天文學方面對世界有大貢獻，印刷術、火藥、指南針的發明更改變了全世界的面貌和事態：首先是文學方面，其次是戰爭，第三在航海方面；由是又跟着起了無數的變化。一位英國哲人說：沒有任何帝國、任何種族、任何人物對人類事務上所發生的力量和影響比這些物理上的發明還要大的了。

中國火藥的西傳加速了歐洲中古以來采邑割據的狀態，民族國家觀念從此逐漸產生。最近的研究更顯示：中國在戰國初期普遍使用馭馬的胸帶式輓具以及稍後發明的馬蹬比歐洲人應用的時間約早五、六百年。西洋人甚至說：中國的馬蹬幫助建立歐洲中古的封建騎士制度，火藥的西傳卻幫助歐洲人粉碎了這種制度。

中國發明一般人生活所需的機器也比歐洲人早。例如輪轉機械以及水力輪轉機械，中國約在西元前三〇〇年就已應用水車來轉動穀類跳碓搗椿機，而西方最早的水車約在西元前六五年。更為基本而簡單的曲柄或偏心輪，中國人在漢朝即西元第一世紀就知用作轉動的輪轉風扇簸穀機，歐洲人卻在第九世紀才應用。至於中國人自漢代以來就已使用的雙動活塞式風箱、臥式水輪都是蒸汽機最重要先驅之一的水力吹風機所構成的部分，和機械的動力學上的主要問題很有關係。

對所有現代人而言，將轉動改為縱動最明顯的方法就是使用曲柄或偏心輪、連桿和活塞桿，作簡單的幾何結合，是輕而易舉的。這也是中國古代的一大發明。中國元朝王禎著「農書」（西元一三一三年序）中已說明，由水力轉動的冶鐵用吹風機及紡織機等早在中國普遍應用。這是往復式蒸汽機的全部結構早期的表現。西方在第十五世紀末才在鋸木機設計上採用這種組合。李約瑟博士認爲這可能是歐洲商人自中國携帶圖樣西傳的。

中國繅蠶絲車發明很早。宋代秦觀撰「蠶書」（西元一〇九〇年）於此有詳細明白的敍述。這是由一個動源利用傳動帶供給動力給若干部分的實例。這是近代現代機器運轉上一非常重要的基本原理。歐洲傳動帶揷圖最早見於十五世紀德國兵工學抄本。李約瑟因此說：「沒有理由認爲那是後來在歐洲獨立發明的」。中國「這一切發明和工程上問題的解決對於文藝復興以後歐洲技術的影響是無待煩言的。」

上古最偉大的青銅器鑄造者

歐美人經常喜歡自負是現代世界鋼鐵時代的主人，但他們不知道直到第十四世紀末，沒有任何一個歐洲人曾經看到過一塊鑄鐵。而中國人是世界上古代人中最偉大的青銅器鑄造者。他們和他們的前輩陶匠對於火爐的豐富經驗使中國人在西元前第六世紀前後一知道鐵就能熔化鑄製了。現代中國考古學者已經掘出很多西元前第四世紀以後的鑄鐵製成的工具如鐵鋤、鐵犂、鐵斧、鐵刀等。漢朝（西元前一百年至西元後一百年）浮雕遺留下來的有一、二件，可使人略知古代所用的原始鼓風爐的梗概。

漢代用鑄鐵製精美的偶像和器皿，三國時代有著名的地竈爐。第四世紀至第八世紀之間更鑄製了很多佛像。西元九五四年鑄造的滄州大鐵獅至今仍爲世界最大鐵鑄品之一。宋代又有若干鑄鐵建造的寶塔，至少有兩座今日仍甚完整。西元一〇六一年在今湖北當陽縣鑄造的寶塔是全球現存最古的鑄鐵寶塔。明代泰山山頂廟宇屋頂完全砌以鐵瓦，以抗強風。

中國人冶鍊鋼鐵的技巧也不遜於鐵。隋代（西元五八九年至六一八年）卽用鐵鏈建成吊橋橫跨於寬二、三百呎的山峽間。宋元時期，這種吊橋已很普遍。而歐洲人在知道中國這種橋樑以後，卽在一七四一年以前還沒有建造成功。至於隋代李春建築的弓形拱橋，它對於歐洲最初的弓形拱橋及其後的橋樑建造都有一定的影響。

鹽與鐵的關係密切，不祇是鹽水的蒸發需要大的鑄鐵鹽竈，甚至在離海幾千哩四川鹽井的鑽汲也是用精鋼製成的鑽頭和工具。這些方法後來西傳，卽激發了西元一一二六年里拉（Lillers）附近鑽鑿第一座油井。

中國應用鋼鐵是在改良人民生活的和平建設，而西元一三八〇年歐洲從最早的鼓風爐流出的鑄鐵卻是鑄造大炮。李約瑟說：「鑒於鐵，尤其是鐵的鑄作在中國有悠久佔先的歷史，我就無意相信歐洲會有一種獨立的發明」。

中國古人最早征服江河海洋

近一百餘年來，中國被歐洲人的堅船利炮所震懾，而不知我們的祖先實在是人類史上最早征服江河海洋的。西方世界的造船術完全起源於挖鑿的獨木舟。中國船卻是從以原始的竹筏爲藍本的長方匣子形式發展而成。具有橫式船首和船尾的匣狀形式是中國帆船極大的特色。由是而有分節構造方法，卽用橫式隔壁將船艙分隔。成列隔壁的最後部分或靠近最後部分是直立的，故能加裝船尾舵。最近在廣州出土屬於漢代（西元前第一世紀至西元後第一世紀）殉葬陶製模型船明白予以證明。而船尾舵大約在一一八〇年才在歐洲出現，這也是磁性羅盤在歐洲出現和採用的時間。航海史家認爲這種船尾舵和船艙分隔法的西傳對歐洲人海外大發現的貢獻是和羅盤一樣具有非常的重要性。

至於中國人早在第三世紀就開始有自船首至船尾的帆，這是斜桁用橫帆的首倡者，而且充分利用了竹篾片製帆。現代歐美學人對於帆的物理學和數學問題還沒有完全了解，但中古時期的中國帆船就能夠逆風揚帆行駛了。第十五世紀鄭和下南洋率領六十餘艘巨艦揚帆航行，是人類史上大規模征服海洋的第一壯舉。而歐洲漢撒同盟或加達魯尼亞的橫帆漁船卻做不到。中國人的竹篾條加夾板帆篷經歐美人加以修改已由許多現代競賽快艇採用。現代飛機用的防止失速翼槽的發明據說也是由中國帆船有孔之舵的設計所啓發的。

中國人在格物致知、利用厚生、增加生活便利的成就實由於注意正心誠意修身齊家治國平天下的大道理。

中國文化歷經變化

西洋人論中國文化常說其偏於守舊，甚或懷疑中國的政治思想也歷久頓滯、古今不變。其實中國政論變化的劇烈迅速，雖不足與歐洲相比，然二三千年來也經過許多顯著的重要變化：㈠自孔子降生（西元前五五一年）至秦始皇統一中國（西元前二二一年），包括春秋晚期及戰國時代，學者通稱「先秦時代」，可謂創造時期。㈡自秦漢至宋元（西元前二二一年至西元一三六七年）是因襲時期。㈢自明初至清末（西元一三六八至一八九八年）是轉變時期。㈣自三民主義成立以迄於今是成熟時期。

先秦九流十家，百家爭鳴的史實早爲一般人所熟知。然孔子自謂述而不作，祖述堯舜，憲章文武。墨子用夏政，立言常兼稱堯舜禹湯文武。道法二家推尊黃帝。法家立言且或以諸國刑書爲依據。是諸子學說不祗是有淵源，並且又能面對現實力求糾正時弊，融舊鑄新，實在是「自我作古」，開後學的宗派。因此，先秦時期不能不認爲中國政治思想全部的起點。

秦漢以迄宋元雖說是因襲時期，但也不是完全出於模倣，步趨古學而絕無進展與改易。事實上，秦漢以後的政治思想雖因襲前人的觀念與名詞，而政治的對象已完全不同，其所持的觀念的內容與所用名詞的涵義勢不能與古人完全符合。可以說：秦漢以後的政治思想不必有變古之名，而每有變古之實。卻遠不如先秦時代富於創造精神。

中國君主專制政體自秦漢開端，一千九百餘年很少改變。西洋人因此說中國沒有民主政治思想。其實早在先秦時代，民本論或民爲貴的政論就已普遍於中國。

民本論最早見於尙書夏書五子之歌。大禹之戒說：「皇祖有訓，民可近，不可下；民爲邦本，本固邦寧；予視天下愚夫愚婦，一能勝予」。後來，春秋穀梁傳也有「民者，君之本也」的說法。就是對君主濫用民力的告誡。而孔子言政，一切植本於仁，即推自愛之心以愛人。大學所謂「身修而後家齊，家齊而後國治，國治而後天下平」正足以說明仁心仁行發展擴充的程序。故就修養言：仁爲私人道德。就實踐言：仁又爲社會倫理與政治原則。孔子言仁，實已治道德、人倫、政治於一爐，致人、己、家、國於一貫。如果將孔子的仁學來和歐洲政治學說比較，則他的主旨既不同與集合主義之重團體而輕小我，也不是個人主義之伸小我而抑國家。這兩種主義都認小我與大我對立，而孔子則泯除畛域，貫通人己。

孟子的民貴君輕理論

孟子秉承孔子更發揮仁心仁政的學說及「民爲邦本」的古訓。他認爲仁政必須有具體的設施，即敎養兩大端。而養民的言論尤深切詳明，爲先秦人所僅見。孟子注重裕民生、薄賦稅、止爭戰、正經界諸事，又有與民同樂的主張。並且因以養民為政治的第一義，更進一步而發揮民為貴的卓論，即重視民意、民心的向背為政權轉移及政策取捨的最後標準。

孟子「民為貴」理論雖不可與近代歐洲民權學說混為一談，然他的政治思想實為針對虐政的永久抗議。

孟子這種民貴君輕的理論出現在西元前四世紀，而歐洲至十六、七世紀才大倡誅戮暴君的言論，至十八世紀，民治的理論與制度才進展流行。並且德國、法國思想家所推動的精神革命以及開明運動實在是受中國思想西傳的結果。也就是說，十八世紀歐洲人診治暴虐腐敗的君主政治貴族政治是應用中國政治思想哲學作藥劑的。

西元一六九七年，德國萊不尼玆（Leibniz）曾說過「在軍事方面，中國亦不如歐洲」。實則這完全不符史實。因為不祇是中國兵法戰略的著作如「孫子」等遠比歐洲早而且完備，即就國防實際來比較，中國也遠勝過歐洲。例如漢武帝時代建築的長城，東自今朝鮮境連綿以至今新疆省。英國考古學家史坦因（Aurel Stein）在一九〇〇年至一九一六年三次實地履勘測量觀察這一長城遺蹟後，明白指陳：「漢武帝建築長城的用意是作為大規模的前進政策的工具，這同古代羅馬邊陲長城制度的相似是很可驚異的。」

他並且不禁感慨系之地說：「我個人騎着馬躑躅長途，探察那些凛〻的烽燧……我們冥想古時烽燧城墻防護謹嚴，以防成羣結隊善於作戰的匈奴人的情景，不啻如在目前。」「當我想到幾世紀之後，這些匈奴人西走去搖撼羅馬帝國同君士坦丁堡的時候，不僅時間，便連距離的概念也似乎遇着了危險了。」

這些話等於說明漢代長城的歷史價值是超過羅馬帝國的長城。因爲漢朝利用這長城作前進基地，再加如上節所述中國人首先發明騎馬的足蹬以駕馭馬匹作戰，終於擊潰匈奴，使他們祇有西奔。日耳曼人、羅馬帝國竟無力可以抵抗防禦，先後敗亡。後來西歐的統治者就再沒有能恢復羅馬帝國的宏規，而中國經過「五胡亂華」及南北朝的對立，隋唐又使大一統帝國的體制復趨穩固，雖然又有朝代興替和外族征服，而統一仍然繼續達十三個世紀以上。

因此，歐洲現代學人鄭重指陳：「中國政治制度健全而適用，沒有一件事實比其顯著的持久和連續更能作有力的證明的。」「中國的環境固與歐洲的不同，其天然的邊界形勢可能比較險惡；其內部的經濟關係比較密切，文字語言的統一也可能比較強固。但是中國如果不是行政結構強固而有彈性，政治組織穩固以及人民心悅誠服的擁護，就實在不能經得起這種考驗的。」

中國古人創考試、監察制度

早在先秦時期，中國政治思想家即有「天下」及「定於一」的觀念。秦用法家兼採墨家，立信於民，厲行法規，力求人民生活條件與戰鬪條件密切配合，遂爲秦始皇帝統一帝國建立基礎，也爲中國君主專制中央集權制度奠定規範。人民自由雖遭種種壓制，但天下字同文、車同軌的措施卻是「大一統」國家所必需的。

漢武帝罷黜百家，獨尊儒術，制禮作樂，旣滿足了好大喜功的雄心，又利用儒家禮義爲治國原則。更以「對策」方式讓國內聰明才智的讀書人發表時務意見。「學優則仕」、「與士大夫共天下」從此逐漸成爲鞏固君主專制的工具，由此演變形成的科舉。但考試制度和文官制度卻是世界各國應用筆試選優以任官制度的先驅。十八世紀以來，即受歐洲學人重視，十九世紀中且爲英美文官考試所取法。

秦朝創立的御史監察制度經過漢朝儒學的演變而增加新意義：不祇是察舉非法官吏，而且揭發人民福利措施上的措施，後來更發展爲收受人民直訴狀的制度。至唐朝具體確立並更趨完備，京城及各地設立「登聞鼓」，人民遇有寃抑即可擊鼓，以求上聞伸訴。這種「登聞鼓」伸寃方法由阿拉伯人傳播，中古時期歐洲也採用了。

漢朝根據儒家理論而演化的規諫制度是監察皇帝政策及言行得失的。唐宋兩朝特尊重這一制度。明清時代，敢諫直言的道德勇氣從未因諫獲罪或被刑戮而稍減。歐洲人因此讚揚：「中國政治制度的歷久綿續，一定要大大歸功於諫職之權重。」

中國政治制度中的行政實務及組織上的無數細節自漢以後隨時演進發展，至唐宋趨於完備，制訂公文程式及處理程序，增加了行政措施的正確性及一致性。

自漢朝內廷外朝分開，王室與政府不再混爲一體。後來逐漸演進，唐朝尚書中書平章三省制，宋代的政務、財政、軍事三大部門對峙。既顯現分工合作，各部門職掌權力的劃分比較前代詳細，消除了大權獨攬或雜亂無章的現象，行政效率自然相對增加，中央集權制也更強化。

中國法律在唐代已完備

驛站制是中央政府傳佈軍令政令鞏固中央集權制最重要的工具，在唐代東傳到日本，成為東瀛大化革新的重要支柱。元代應用「站赤」以密切維繫西征所建立的四大汗國與蒙古王廷關係，這種如手指臂迅速靈活的方法給予東歐人尤其俄羅斯人許多新啓示。

中國法律至唐朝已相當完備，不僅被日本取作藍本，即一六九七年對中國文化作相當嚴謹評述的萊不尼兹 (Leibniz) 也很鄭重地說：「中國法律與其他民族者不同，是以獲致公共安寧和建立社會秩序爲指歸，其優美實難以形容的。」

政治制度和經濟繁榮的關係是很複雜的，中國致力於政治統一、公共秩序、道路、運河以及單一通貨，毫無疑問才使私人商業和工業得以有宋朝時期那樣顯著發展。上節所述若干科學技術的發明就是這一時期的成績。

中國是一個尊重農業的國家。十七世紀後半，歐洲受這種影響，出現了重農主義，法國皇太子和奧國皇帝且曾舉行類似中國皇帝親耕的禮儀，以示倡導。而中國西漢時創立常平倉以調節糧價並備飢荒，更是注意一般平民生活福利的良好制度，十八世紀中葉的歐洲及二十世紀的美國也曾取法其意，調劑農產品。

中國有兩千餘年官僚制度的歷史，各種書籍中記載了豐富的政府及其有關問題的資料，可供世人探索政治、社會、經濟勢力在官僚制度環境中的活動情形，並且知道趨勢和政策引導去向；這比沒有經過很久試驗且蓄積的經驗也很有限的歐洲現代官僚制度，不可同日而言。因此，歐美學人認爲，研究中國制度在將來和過去一樣是可以對世人共同的政治遺產大有增益。

創業艱難守成也不易

中華民族祖先在人生哲學、政治思想制度、文學藝術的創作、科學技術的發明上對人類文化的貢獻實在非常偉大，在世界歷史上占有光輝的篇章。但近四百餘年來，黃帝子孫面對歐洲民族國家興起和產業革命以後的新情勢，卻遭受「創業難守成亦不易」的重大考驗。

中國人的「天下」觀念的涵義和歐洲中古初期世界帝國大略相似，其理想的範圍至爲廣大。但嚴格說來，「天下」時期的一切政治關係都是內政，沒有國際間的外交。自封建演變專制，連春秋時代形似外交關係的聘弔盟約也完全消滅。周秦以後，四夷時與中國爲敵，甚至侵占中原，僭奪帝位，事實上否定「天下」的觀念；然而自漢至清，論治夷政策的仍多沿襲四海一家安內柔遠一類的傳統思想。可見這種由天下本位思想演成的「政治唯我論」（Political Solipsism）之深入人心。加上專制天下的思想頗有大同主義的傾向，即忽略族類的區分，重視文化的同異。其結果遂致二千餘年間，中國勢盛則高唱「用夏變夷」的理論；外族入主中原，則遷就政治屈服的事實，祇須征服者行中國「先王之道」，實行同化，則北面稱臣、承認異族的政權也毫不愧恨。民族思想發育不良，實爲專制天下思想的結果。

歐洲古代思想家注目於市府，中世醉心於帝國，自十五世紀以後，民族國家粗具輪廓，迅速發展，至十六、七世紀而大體成熟，十八世紀以後再進一步發展，形成近代國家。它們具有下述四大特點：（一）樹立民族自主政權。（二）承認列國並存，彼此交互之關係。（三）尊法律、重制度，而不偏賴人倫道德以爲治。（四）擴充人民參政權利。

上述這些特性都是中國專制天下時期完全缺乏的。二千餘年政治思想的醞釀衝激沒有能產生近代國家的觀念，可說是受歷史環境的限制，不應責備前人；但中國和歐洲國家接觸比較之下，強弱形勢就很顯明。

中國現代具有國際知識的學人都認識：就開國的遲早說，中國老大而歐洲國家少壯；以近代民族國家的發生和長成論，也就是政治演化的程度論，則歐洲國家又早於中國數百年。但在一百年以前的中國人卻不了解這些事實。

中國古代應付外族的侵略，尤其漢初面對匈奴的強大都曾做知己知彼工夫。比較敵我力量的長短以後，更不惜忍辱負重，以爭取充實培養國力的時間。等到建立了長城作前進基地，兵糧和馬匹的質量都已大幅增加了，終於大舉出塞，擊潰匈奴主力。唐初對抗突厥政策也和漢初對匈奴一樣，能脚踏實地，先爲不可勝而待敵之可勝。可以說：漢唐兩代都是能面對現實知己知彼，應用屈以求伸的忍辱負重精神而創造出國史上的黃金時代。

放言高論、游談無根誤國

自宋代以來，論史論政的風氣與漢唐兩朝大不相同，契丹、女眞、蒙古等強寇當前，既沒有綏邊應敵的深謀遠慮，更沒有急圖內治建立富強基礎；高官大吏及一般士大夫都祇是放言高論、游談無根。南宋時「以和爲辱以戰爲高」的不務實際士論，更形成其後數百年的習氣。晚清郭嵩燾（中國出使英法兩國的第一任使臣）因此非常感慨說：「宋之弱，明之亡，皆此鴞張無識者爲之也」。事實上，近一百三十餘年來許多喪權失地辱國的不平等條約也是這種空疏不切實際、不負責任的虛憍論調的結果。

在十六世紀，俄羅斯人越過烏拉山沿西伯利亞進抵黑龍江；西班牙人、葡萄牙人、英吉利人也經好望角航海東來，和老大的中華帝國開始接觸。附搭海船到中國的天主教耶穌會士在利瑪竇（Matteo Ricci）領導下努力中歐文化交流工作。效力清廷的葡萄牙籍教士徐日昇（Thomas Pereira）引用國際公法，協助中國簽訂尼布楚條約（一六八九年），阻止了俄人的繼續東侵、爲我東北確立了約一百五十年的安寧。自海上來的英國人卻開始向中國衝撞了。

改變中國近代歷史的三本書

梁發撰「勸世良言」、孫文撰「倫敦蒙難記」、鄒容撰「革命軍」三書，改變中國近代歷史發展的方向，加速促使中國邁向現代化的途程。

近閱臺北報紙刊載有人建議「編一本影響中國歷史的書」，深感這的確是早應着手去做的一件具有重要意義的工作。如今若要亡羊補牢，積極認眞進行，首先應卽展開公開討論——絕對不能含有八股宣傳——集思廣益，選定那些事件、那些書籍是具有旋轉乾坤功用的，再由出版機構約請專家撰述。

本文是就我個人學習範圍，提出改變中國近代歷史的三本書，作爲共同討論的一個題目。見仁見智或有不同，但最後自「異中求同」所得的結論自然就更堅強了。

中國近代史以肇建民國為分水嶺

司馬遷太史公記，原是通古今之變的最佳史籍：帝王將相以外且網羅了社會各階層人物事跡，「平準書」、「貨殖列傳」等更是當時經濟發展的翔實記錄。不幸自班固無法克紹前規，斷代為史，竟成為歷朝史臣的依樣葫蘆，改朝換代的帝王家譜就占據二十四史的主體，一切大事的演變從此都沒有顯明的指陳，後人爬梳整理脈絡自然加倍困難。

二十世紀初元，由於維新革命的活動、新教育的推行、歐西史學觀念和方法的輸入等種種需要與影響，梁啓超、夏曾佑等開始提出對中國歷史劃分時期的新標準。七十餘年來，外患內亂騷擾，正統的、唯心、唯物各種史觀紛歧，對於中國歷史劃分時期的標準也有種種不同的爭論和主張。但大體說來，各方面對秦始皇帝統一中國建立君主集權制度幾乎都無異議認定是中國歷史上的一件顯明可作分水嶺的重大事件；也可說自梁啓超、夏曾佑以來即認為在這一大事件以前應劃作中國上古史，中國中古史從這一大事件開幕的說法已獲得極大多數的同意。

自秦朝以至清季約二千餘年，中國的政治制度一直是君主集權專制，嚴密控制了國內各方面一切的活動，且使用科舉八股取士方法錮蔽讀書人的思想，影響民族文化的發展進步特別深遠。幸農工商因生活需要而有甚多演進，造紙、印刷、羅盤的先後發明更是重要貢獻。因此，將這二千餘年的長時間籠統地用「中古」實在不能完全涵蓋，於是又有劃分為「近古」、「近代」的說法。但「中古」與「近古」以及「近古」與「近代」的分水嶺何在？各家都沒有提出明顯界限。例如「近代」的開始，有人以爲是西曆一八四二年的中英南京條約，也有人認爲應自一八〇〇年肇端。衆說紛紜，迄今尙難獲致定論。至於「近代」與「現代」分水嶺有辛亥大革命與建立中華民國作標桿，形象非常鮮明。

中國近代史與現代史內容本質大不相同，各家論述已多，本文不必贅陳。應該指出的是：改變中國近代史的動向，迫使它不再沿襲舊軌，而邁向「現代」新目標；梁發撰「勸世良言」、孫文撰「倫敦蒙難記」、鄒容撰「革命軍」等三書實具有旋乾轉坤的重要功用。

他們三人不僅是用文字作宣傳，同時且置個人生死於度外，以身作則努力奮鬬，企望實踐他們自己的主張——不祇是有推翻君主專制、掃除多年積弊的消極行動，並且提出了建設自由平等新國家的積極原則。因此，久受壓迫的民心終被喚醒，青年知識分子更不惜犧牲，爲民前鋒。辛亥大革命爆發，推翻了中國歷史上二千餘年的君主專制政體，中國近代史的動向完全改變。中華民國肇建，中國現代史從新揭幕。

事實上，梁發、孫文、鄒容三人其事其書不祇改變了中國近代史的動向，也爲中國歷史創立新例；因爲在幾千年中國歷史上很難再找到其他人士其事其書曾經發生如此旋轉乾坤功用的。

孫文、鄒容其人其書應久已爲本國人熟知。梁發的行誼書籍對若干讀者可能陌生。事實上，這部於一八三二年刋行的「勸世良言」原本經過一百餘年的世變，偌大的亞洲今已找不出一部，歐美二洲也不過殘存三、四部而已。二十年前，香港才根據倫敦藏本排版，十年前臺北利用美國藏本影印（拙編中國史學叢書第十四種），研究太平天國史事的專家才得獲睹這一給予洪秀全非常影響的奇書。一般讀者可能尚少觸及，因此本文對梁發其人其書的敍述不得不較詳細。

梁發原在印刷店做工

梁發（西元一七八九年——一八五五年），廣東廣州西南高明縣人，生長於貧農家，自幼協助家人牧牛或在田間操作。十一歲才入村塾，讀書四年，樹立了他一生工作中所不能缺少的文學基礎、儒家倫理教育以及忍耐禮讓勤苦克己等各方面的訓練都在日後獲得豐富的收成。一八〇四年，他離家到廣州省城自謀生計，最初學造筆，不久即改習雕版，在一位業師下繼續習藝四年，同時抽暇讀書。這都成爲他日後從事著述的張本。

一八一〇年九月，基督教（新教）在中國傳教先驅英國教士馬禮遜（Robert Morrison 一七八二年——一八三四年）決定先將漢譯聖經「使徒行傳」刻刷印行。梁發當時正在距離外國洋行區不遠的某印刷店做工。因此就和馬禮遜有了接觸。不久，滿清朝廷頒佈禁止基督教傳佈諭旨，嚴禁滿漢人等爲洋人秘密印刷書籍，「爲首者立斬」。但在一八一一——二年，梁發仍繼續爲馬禮遜譯述的路加福音及新約書雕版印刷。他爲人的勇敢與富有自主精神可以概見。

一八一五年四月，馬禮遜派遣米憐牧師（William Milne 一七八五年——一八二二年）前往馬六甲設立福音堂佈道，並僱雕刻工人數名同行，梁發即其中之一。八月五日，「察世俗每月統紀傳」創刊，目的是宣傳教義及新知，梁發擔任印刷以外，也時常撰稿。這是用中文出版的第一種現代報。今人因此稱梁發是中國近代第一位報人。梁發曾被僱雕刻米憐撰述的「救世者言行眞史記」，並閱讀譯述「耶穌傳」，加上他與米憐全家同舟共濟，尤其到馬六甲後他每日參加米憐家庭禮拜，聽講基督教理，很受感動。他原先事奉佛教菩薩，如今經過一年餘的比較思考，在一八一六年十一月三日正式領受基督教洗禮，成爲基督教在中國第二位信徒（第一人是另一刻字匠蔡亞高）。一八一九年四月中，梁發乘船回廣州故鄉，目睹家人親友都爲偶像所迷惑，決心撰述一佈道小書。這就是祇有三十七頁的「救世錄撮要略解」，除正文外還附錄經文數段、禱文數段、聖詩三首、十誡。這是第一本用中文寫成的基督教佈道書籍，在馬禮遜贊賞下刻印二百部流行。這顯然是觸犯當時禁教命令，梁發即被官府逮捕繫獄。經馬禮遜向中國有力商人極力運動，請求營救。最後梁發被罰銀七十圓並具結永不再在廣州工作後恢復自由，然而他的兩腿已被衙役毒打三十大板而受了傷。

梁發全家皈依基督

一八一九年十一月，聖經全書經馬禮遜與米憐翻譯中文完成，梁發擔任雕版之餘，又獲得這完整無缺的中文聖經作日夕研讀課本。翌年，梁發自馬六甲回故鄉照料妻子分娩，且親自爲妻授洗，其妻成爲中國第一位信奉基督教的婦人。一八二一年，梁發再往馬六甲隨米憐牧師專心研究聖經。不幸米憐在一八二二年六月逝世。梁發祇得仍回澳門。一八二三年十月二十日，梁發請求馬禮遜爲幼兒進德授洗。

梁發原計劃隨馬禮遜繼續研究神學，但馬禮遜卽將作十六年來首次回英國休假。行前馬禮遜特授梁發任牧師，擔負在澳門、廣州地區佈道工作。梁發因此成爲基督教（新教）在華第一位宣教士。後來他在教會史上榮膺「中華最早的佈道者」。

一八二六年九月，馬禮遜重來澳門。在過去的這三年中，廣州、澳門地區別無外國宣教士，祇有梁發一人四處宣揚福音。面對清廷將「禁止傳教」正式列入大清律的重大壓力，他毫不畏縮，經常公開承認他的信仰。一八二七年九月，梁發回鄉傳教。翌年春，爲同鄉少年古天青授洗，旋卽與古合力設立一私塾，應用中國歷來尊師重道的傳統方式進行傳教工作。這是中國境內第一所基督教教育機構。梁發在這時期且先後撰成佈道小書十二册，馬禮遜認爲這些小書做得很好，「實遠非歐人所能及」，特將這些書送往馬六甲英華書院校正雕板。

一八三〇年三月二十五日，馬禮遜邀約梁發和自新大陸前來中國的第一位美國傳教士裨治文（Elijah Coleman Bridgman 一八〇一年至一八六一年）相見，由梁發領導祈禱。這是美國教士與中國教士的第一次直接會面。裨治文對梁發印象是「他很像耶穌」。從此兩人攜手合作，裨治文且教梁發的兒子進德讀英文及基督教理。梁發自己也在研讀教義之餘學習英文。

把佈道小册合刋「勸世良言」

一八三二年，梁發用「學善居士纂」名義將所撰佈道小册九種合刋成「勸世良言」(Good Words Exhorting Mankind) 先後在廣州及馬六甲印行。翌年正值廣州府試，各縣生童前來應試的逾二萬人。梁發把握這一機會，每日和三、四同道將「勸世良言」一千餘份運往貢院前分送。洪秀全就是當時接到此書的一人。祇是他當時不暇閱讀。十年以後才披展卷頁，由是而掀起驚天動地的太平天國運動。

當時中英關係緊張，廣州官府對於曾與英國人來往的中國人尤其梁發搜捕甚嚴。梁發因馬禮遜逝世而傷心之餘，幸得裨治文協助逃往新加坡。

一八三五年，梁發在新加坡與戴耳牧師(Reverend Samuel Dyer) 共同研究創製活版印刷華文鉛字字模。這是近百年中國鉛字銅模創製的先驅，比較雕版或木活字印刷自然便利多多，對中國文化教育學術發展的貢獻已有目共睹。同年十一月四日，美國醫生兼牧師伯駕 (Peter Parker 一八〇四年——一八八八年) 在廣州舉行博濟醫院開幕典禮 (後來孫逸仙先生卽在此校肄業)，因中外關係不佳，不敢分送宗教書籍。

一八三九年多，梁發自新加坡回廣州後，卽經常到博濟醫院向病人講道，成績很好。他說明所以致力這一工作的原因：「當我在街上或村中告人以拜偶像之愚蠢時，彼等常譏笑我；但當人有病而獲全愈時，則其心甚柔軟易受感化」。伯駕醫生因此更贊佩梁發的卓識。一八四一年一月三十一日，伯駕醫生在華盛頓國會演說時卽引用梁發這一段話而發生重要作用，故梁發在美國國會紀錄上也有地位。後來梁發在博濟醫院舉辦每周禮拜敍會，繼續三年半之久，先後參加的中國人計一萬五千餘人，梁發因此更相信從醫藥工作上去宣傳福音是最有效力的。從此美英教會都注重在中國設立醫院佈道，作救人實際工作。這對於西洋醫學在中國的傳佈以及增進中國國民健康大有貢獻。孫逸仙先生之以「醫術爲入世之媒」自然也是循這路線而發展。

梁發能重回廣州佈道，實因他的兒子進德受欽差大臣林則徐（一八三九年三月到廣州禁煙）委任爲英文譯員。進德爲林欽差擔任幾種工作，其中之一就是把在澳門出版的英文周報譯爲中文繕陳欽差披閱，擇要轉奏北京朝廷。一八四〇年十一月，林則徐被奪職，進德也辭去公職，改任洋行工作。林則徐旋將這些譯件交給友人魏源。後來魏源撰「海國圖誌」卽以這些文件作基礎，並採取梁發的觀點——「勸世良言」有云：「甚願中華大國之人，觀此書者，勿徒恃禮義之邦，文華之國，必要虛心理會……閱書如是，則庶乎可得其奥妙之深意矣」——而強調提出「去僞去飾」、「師夷長技以制夷」的原則。這一「海國圖誌」是在近一百年中，中國人撰述的第一部有關歐美事務的書，對於國人「知彼」工作與自強運動，尤其是對日本人閱讀此書後加速推進明治維新運動都發生很大作用。

設醫院向病人傳教

一八四四年二月，美國特使顧盛（Caleb Cushing）到澳門進行與中國建交。裨治文、伯駕兩牧師都被任爲華文書記。顧盛又常約梁進德同遊會談以認識了解中國。同時，滿清欽差大臣耆英也常約見梁進德，耆英因此也粗淺認識了西方宗教。一八四四年，他負責簽訂中美、中法條約時，保護教堂教士就正式寫在條約上，天主教及基督教在中國才獲傳佈自由，而中美條約中且有專條寫明美國公民在中國境內有權約聘中國士人教讀中文或協助撰述及購買中國書籍。這自然是裨治文等目睹梁發流血的苦痛以及梁進德今已能向耆英進言才有此改變（以前是嚴禁這些事的）。於是在這奠立中美傳統友誼基礎的中美建交的第一個條約（望厦條約）中得有「文化氣氛」，對於近一百餘年來中美文化交流大有關係。

由於中西關係的變化，使得香港已是基督教英美各教會在東方傳教的中心，又設立惠愛醫院送診施醫。梁發經常往香港、廣州、澳門三地傳教，特別注重對醫院病人佈道。他一直勇敢地奮鬪，在他去世前四日仍舊到距他家很遠的醫院去講道。一八五五年四月十二日，梁發逝世。他遺言兒子進德要「依上帝意旨爲中國和外國間的聯絡者，使中外間友誼可以成立」（一八五四年，進德又陪同美使赴南京、天津）。他絕沒有想到他自己過去四十年來的言行對後來中國會有極大的影響，尤其是他早期撰刊的佈道小書「勸世良言」對洪秀全的重要啓示，掀起了民族革命運動，促使中國近代歷史發展方向開始改變。

「勸世良言」影響了洪秀全

「勸世良言」約九萬字，是梁發撰佈道小書九册的合刋，綜合中西，言之有物，持之成理，頗有說服力量。每册題目如下：㈠眞傳救世文。㈡崇眞闢邪論。㈢聖經雜解。㈣聖經雜論。㈤眞經聖理。㈥熟學眞理論。㈦安危獲福篇。㈧眞經格言。㈨古經輯要。其中第一册開始幾頁卽記述「論世人迷惑於各神佛菩薩之類」的荒謬可笑；提到讀書人也奉拜文昌魁星，祈求保佑中舉點翰林做官，「何故各人都係同拜此偶像，而有些自少年讀書考試，乃至七十八十歲尚不能進黌門爲秀才呢？還講什麼高中乎！」這對於幾次赴試失敗、灰心失望憂急成病的洪秀全自然有極大吸引和說服力。一八四三年，洪秀全閱讀「勸世良言」一字一句都獲新啓示，傳統考試的道路既走不通，祇有抱持外國神教以期出人頭地。

「勸世良言」說「聚集拜神天上帝之公會」，洪秀全卽創立「拜上帝會」。「良言」說「先知在故土室家外，莫不受人的尊敬」，洪秀全因此與馮雲山到廣西去佈教招徒衆，後來楊秀清等加入。不久，楊秀清且可當衆責打洪秀全說是「上帝下凡」。這種「責打」直到太平天國建都南京仍照常舉行。楊秀清之所以有如此「大權」，洪秀全且「大量」忍受，卽因「勸世良言」引用聖經「聖保羅曰：蓋神所愛者，則責之，又有所接之子，則鞭之。汝若是忍責，故神待爾如子，蓋何有父所不責之子乎。」

除此以外，棄除偶像、施用洗禮、拜一神教、天下一家、天條大律、禮拜禱告等等凡是「勸世良言」所說明的，洪秀全都盡力施行，卽太平天國國號也是取自「勸世良言」。蕭公權「中國政治思想史」有云：「太平天國以基督教義相號召，爲中土第一次受外來文化激動而引起之思想革命。稽之往古，實無先例。」「太平軍之政治思想，以今日之眼光觀之，雖多缺點，然以較乾嘉時代，眞有石破天驚，震耳駭目之概。」

總之，自一八四三年洪秀全細讀「勸世良言」起，此書卽成爲他唯一的新知識寶庫、新思想來源、新信仰的根據，也是用來號召羣衆武裝起義的理論基礎。從此不祇打破中國民間奉拜多神偶像的長久傳統，尤其對於孔子崇高地位的否定更是中國歷史上破天荒的大事。而反抗滿清統治則是中國近代民族革命運動的先河。卽孫逸仙先生也曾說，他對滿清朝廷不滿的思想最早最初是得自故鄉太平軍老兵述說他們自己壯烈的故事，孫因此曾經自命是「洪秀全第二」。後來，孫先生知識經驗遠遠超過洪秀全後，曾批評洪秀全若干措施不當，但對中外人士仍時常津津樂道這「最早最初的啓示」。因此，這是中國近代史轉變方向的一關鍵，不容忽略。

太平天國深切影響近百年歷史

洪秀全起義之初，根據「良言」中「論人勿勞心獨爲肉身之糧」的言行，於建都南京後頒佈

「天朝田畝制度」，宣示廢除私有土地及財產制度，推行農村公社制，設聖庫（藏銀錢）、聖糧（藏糧食）管理分配資財。太平天國上自天王下至士兵都不領俸錢，衣食醫藥等一切生活費用全由公家供給，官員士兵生活共產化。這些言行曾經當時住在倫敦的馬克斯加以評述。馬克斯認爲洪秀全所設想的烏托邦共產制度是中國的共產主義，「與歐洲共產主義有極大差距；但這正如中國哲學與黑格爾哲學有很大距離一樣。而中國受英國經濟軍事侵略的影響，已處於社會革命前夕。這種社會革命對於世界，無論如何，應有非常重大的結果」。

近幾十年來，馬克斯著述被若干中國青年崇奉爲經典。然而一九四〇至五〇年代中國大陸實行如太平天國的「供給制」，且注重太平天國文物的發掘刊佈研究（一九五一年發行「太平天國金田起義百年紀念」郵票四枚）。顯示歐洲俄式共產主義在中國推展之初還假借「洪天王」作掩護以欺騙世人：這是中國傳統土地改革運動的新形式，並非俄國革命的輸入！

太平天國運動對於中國近一百餘年歷史關係是如此深切，實在不是洪秀全始料所及，自然更遠出梁發意想之外。因爲「勸世良言」是一部勸人信仰上帝、安分守己、奉公守法的良言，絕不是一部鼓吹造反革命的書。然而中國歷史上很多創業開國豪傑常假借宗教作護符，有時甚至不惜對教義曲解誤解以求適合自己政治的要求。例如佛教宗旨着重慈悲戒殺行善，而隋文帝爲擴展勢力，鼓勵人民從軍征伐戰死沙場，在西元五八一年的詔書中竟說：「爲行十善，故以干戈之器，已類香華；玄黃之野，久同淨國。」因此，洪秀全對「勸世良言」的曲解誤解不足爲怪，而「勸世良言」對洪秀全思想的改變進而至於改變中國近代史動向卻是不爭事實。

「倫敦蒙難記」引起世人注意

「國父全集」六巨册是孫逸仙先生一生著述、文告、函札、演講記錄等的合刊，其中三民主義、建國方略、建國大綱自然居最重要位置。一般人可能以爲這三書應是改變中國的書，其實不然。因爲三民主義還在加緊努力實行階段，還沒有達到完全實現的理想境界，要等到那個時候中國才眞正是民有、民治、民享的現代化國家。並且三民主義手撰本完成於中華民國八年（一九一九年），演講本刋始於民國十三年（一九二四年），都已經是中國現代史開始時候，與本文題旨「近代史」範圍不符，自然不在討論之列。

孫先生在辛亥革命以前的著述數量遠少於在中華民國成立之後，然而就重要性說，民元以前論著與民元以後文字比較卻是過之無不及。一八九七年在英國刋行「倫敦蒙難記」卽是改變中國近代史方向的一本書。

一八九六年十月十一日至二十三日，孫先生被滿淸駐英使館誘禁，是孫先生一生六十年中震動全球、引起世人同情的空前絕後大事。自一八九六年十月二十二日，英國報紙首先揭載，巴黎、紐約、聖彼得堡、東京、香港、上海等地報紙也不甘落後連篇累幅地記述，但仍不能滿足讀者的要求，都企待當事人自己的直接記載。孫先生因此在英國友人協助下撰寫並刋印「倫敦蒙難記」（Kidnapped in London，按字義直譯應作「在倫敦被誘拐記」；但革命黨人尊崇孫先生意譯這一典雅名稱，今既約訂俗成，故從之）。不久，根據這些英文原本而譯成的俄文本也在聖彼得堡出版，書名「咄咄怪事——關於孫逸仙醫生在倫敦被難的故事」，自然更引人注意。一八九八年五月，日本人宮崎寅藏把它譯成日文，書名「幽囚錄」，刊載「九州日報」，對日本人認識及贊助孫先生革命言行上發生極大作用。至於在國內的中文全譯本，則是於民國元年（一九一二年）由甘永龍譯、商務印書館印行、全題「孫大總統自述倫敦被難記」。當時辛亥革命已成功，本國人慶幸民國肇建之餘，得讀此書了解創業維艱，自有意義。然而日久健忘，十五年前臺灣刊行「國父全集」時竟將是書列入「雜著」類，眞是數典忘祖，完全不知是書非常重大的歷史地位！

「倫敦蒙難記」所以引起世人注意，主要在孫先生以直接當事人身分第一次向中外記述他被清廷視作眼中釘，實因他參加與中會以及第一次廣州起義。更重要的是孫先生詳細指出滿清政府的罪惡：「藉科歛苞苴賣官鬻爵以自存，則正如糞土之壤，其存愈久，而其穢愈甚。」「至其堵塞人民之耳目、錮蔽人民之聰明；尤可駭者，凡政治書多不得流覽，報紙尤懸爲厲禁……國家之法律，非人民所能與聞。兵書不特爲禁品之一，有研究者甚或不免於死。」因此日本侵華戰爭（甲午戰爭）發生，「除居住戰地人之外，鮮有知中日開釁之舉者。彼內地之民或不知世界有日本國。」「中國睡夢至此，維新之機，苟非發之自上，殆無可望；而清廷又對請願變法者加以叱責。」「吾黨於是憮然長嘆……知和平之手段無可復施。不得不稍易以強迫……徐圖所以傾覆而變更之者。」

詳細揭露滿清政府的罪惡

應該指出的：這一對清廷罪惡以及與中會所以矢志傾覆清廷以振興中華的宗旨顯明且具體地敷陳，是在此以前孫先生發表的檀香山興中會、香港興中會宣言及陸皓東烈士就義前自白等文件中沒有如此詳細且露骨的。如今以這樣堅定堂皇的立場向中外人士宣示，實在是中國近代革命運動重大舉措。加以孫先生在此書結論說：「予於英人之崇尚公德，力持正義，素所欽仰！身受其惠，益堪徵信。且予從此益知立憲政體及文明國人之眞價值，敢不益竭其愚，以謀吾祖國之進步，並謀所以開通吾横被壓抑之親愛同胞乎！」更是以生命換得眞實經驗，增強爲國爲民奮鬪的目標與信念的肺腑之言。這對於世人認識了解中國革命尤關重要。

最顯明的事例是香港「德臣西報」(China Mail) 對中國革命觀察作一百八十度的大轉變：一八九五年秋第一次廣州起義失敗後，該報曾著論歸咎這次失敗乃由於缺乏領袖人才，以後如圖再舉必須向西方人多學習。如今該報卻極力贊揚孫先生「此人他日似未必不爲歷史中之重要人物」。「歷觀中國歷史中之崛起隴畝謀覆舊朝者，大都豪悍不馴；而孫氏獨不然，秉其剛毅之心志，不特欲調和中國各黨派，且將使華人與西人、中國與外國，亦得於權利之間悉無衝突焉。」

「總之，此等事業，其性質至爲宏大，而其舉動又至艱難，惟孫氏則本其信心謂：他日欲救中國，勢不能不出乎此，而目前惟有黽勉以圖冀其終底於成功而已」。「德臣西報」所以如此前倨後恭，實因中國革命黨在以往幾年需要保守秘密，一切不易爲外人所了解；如今有了這樣坦白具體的現身說法，世人自然恍然大悟。

二十世紀初世界五大人傑之一

如孫先生在倫敦脫險後致英國劍橋大學教授漢學家翟爾斯（Herbert Giles）書翰所說明：這次來英目的「訪求貴國士大夫之諳敝邦文獻者以資教益，並欲羅致貴國賢才奇傑以助宏圖。」「倫敦蒙難記」既刊行，英國人士因同情與欽佩孫先生多樂與交往並給予助力，其中如一英國軍官莫根（Rowland J. Mulkern）從此常與孫先生討論軍事問題，後且東來參加一九〇〇年惠州起義。而愛爾蘭國會議員、熱心土地改革運動者德威特（Michael Davitt）深喜孫先生言行，特於一八九八年發表公開贊助中國革命的聲明，更是對孫先生極大鼓勵。因孫先生在倫敦出險後卽研究歐洲社會問題，對亨利喬治（Henry George）倡導的單稅法尤感興趣，民族民權以外再注意民生卽奠基於此時。故「倫敦蒙難記」的刊行不祇增加了孫先生在國際上的聲譽：是二十世紀初世界五大人傑中享名最早的一人（甘地、列寧、凱末爾、威爾遜馳名國際均在孫先生之後約二十年），更重要的是由此獲交英國及旅英的他國名流學士，交換經驗與見解，擴大他的知識的領域，救國建國的主張方略從此更能融會中西之長。

一八九七年三月，孫先生在大英博物院圖書館閱書時，得遇日本學人南方熊楠。初次相見時，南方在英國人面前即說：但願我們東方人一舉將西方人趕出國境以外——當然也要把英國人趕出東方！南方熊楠這樣豪爽直率勇敢性格正和孫先生投契，這對於孫先生日後結交日本志士自有影響。而流亡倫敦的俄國革命黨人與孫先生交往對孫先生尤具鼓勵作用。例如其中一位 Felix Volkhovsky 是「俄國自由之友協會」發行英文月刊「自由俄國」的主編，他曾被帝俄政府流放西伯利亞十一年，後逃亡加拿大轉來倫敦。他的經歷以及中俄兩國統治者的暴虐與革命活動的相互比較，是非常珍貴難得的「他山之石」，給予孫先生極深刻印象，二十餘年後即民國十三年（一九二四年）多次演講中還提及此。而「倫敦蒙難記」當時被譯作俄文在聖彼得堡刊行，孫先生曾對俄文譯者強調決心推翻滿清政府，建立責任代議政體；並表示必須復興中國文化，而當時由於清廷千方百計的錮蔽，文化已爲民衆所完全不能與聞。這是近代以至現代中俄兩國革命黨人最早交往的重要記錄。對於中國歷史的重大關係不必贅言。

喚起國人認識革命

一八七九年五月，日本人平山周在上海書店偶見「倫敦蒙難記」，即購買閱讀。同時，陳少白在橫濱也以此書一冊贈送宮崎寅藏。因爲這兩人正亟亟搜尋孫先生的言行，有此一冊在手，如獲至寶。是年九月，孫先生自歐回到東半球居留日本。從此與宮崎寅藏結成肝膽相照的知己，宮崎多次參加革命活動；中國革命黨人之以日本作根據地，這一「倫敦蒙難記」實爲最初媒介。一八九八年，宮崎寅藏譯刊「幽囚錄」，一九〇二年又撰述「三十三年之夢」，對於日本人及中國留日學生認識了解孫先生與中國革命大有助益。尤以「三十三年之夢」是孫先生自就學以至一九〇〇年惠州之役的經歷，其中多是宮崎親自見聞，故更洛陽紙貴，迄今仍有幾種詳細注釋本在東京出版，而在當時則被中國留日學生章士釗節譯，一九〇三年初春以「大革命家孫逸仙」書名印行，引起更大反應。

如章士釗所指陳：當時革命風潮已漸擴大，但海內外中國人卻絕少將革命與孫先生連繫一起。孫先生居留日本已四年，祇有二、三留學生往訪晤談。一九〇一——二年間，吳稚暉在東京還拒絕友人邀約同往訪孫先生。吳心目中之孫先生是「不識字的江洋大盜」，不屑一見。梁啓超主編「時務報」論述孫先生在倫敦被難事件竟以「孫文之案，沙侯（英外相）詰難，徒辱國體，實張彼燄。」且稱作「與中會匪」。因此，孫先生及革命黨在當時中國人心目中祇是「四大寇」之一的錯誤惡劣印象。

如今「大革命家孫逸仙」刊行，其中有廣州起義、倫敦之囚、惠州之役等等。秦力山在是書序言中特別指出：孫先生屢敗屢戰，不因失敗而頹廢，「此則孫君之所以異乎尋常之志士，讀者之所當注意，吾輩之極宜自勵者。」章士釗序文更強調「有孫逸仙而中國始可爲」，「談與中國者不可脫離孫逸仙三字」。這是何等有力語句！在今日看來這已經事實證明其爲當然，不足爲奇；但在當時絕大多數人不認識孫先生，這幾句話的作用實在有無可比擬的重要性。從此，孫先生在留日學生心中前後判若兩人。兩年後，「中國革命同盟會」能迅速組成，選舉孫先生領導，這一冊書實具決定力量之一。

一九〇三年（清光緒二十九年）是中國近代史加速大轉變的關鍵：這年初春，「大革命家孫逸仙」出版，鼓動東京、上海等地青年心理極大。四月初，上海舉行抗議俄軍霸占東三省大會，留日學生且組織「抗俄義勇隊」，又派代表至國內各地聯絡。鄒容撰「革命軍」即於是時在上海刋印，風行各地，且遍及越南、星馬等華僑社會。蘇報特加介紹，清廷震怒，「蘇報案」發生。革命風潮從此奔騰萬丈，至一九〇五年歸納於中國革命同盟會。正如孫逸仙先生自美歐東歸後指陳：「離東二年，論時不久，見東方一切事皆大變。」「近來我中國人的思想議論，都是大聲疾呼，怕中國淪爲非洲澳洲。前兩年還沒有這等的風潮！」

鄒容撰「革命軍」發表激烈言論

鄒容（一八八五年——一九〇五年），四川重慶人，一九〇一年自費赴日本留學，常與蔡鍔、蔣百里等聚談國事。一九〇三年元旦在留學生集會中大發排滿言論，旋又與張繼、陳獨秀合力將湖北留日學生監督姚某辮髮剪去，被遣送回國，在上海與章太炎、章士釗等日夕過從。四月

「革命軍」刊行，章士釗題簽，章太炎作序。全書約二萬餘字，凡七章：緒論、革命之原因、革命之教育、革命必剖清人種、革命必先去奴隸之根性、革命獨立之大義、結論。

當時主張排滿的言論很多，但以「革命軍」的主張爲最激烈，他主張殺盡滿洲人！「革命之原因」幾占全書三分之一，言詞最激烈，煽動力也最大。但更重要的是同時提出有系統建設性的革命理論。在「革命之教育」一章指出：野蠻之革命，有破壞，無建設，橫暴恣狙，適足以造成恐怖之時代。文明之革命，有破壞，有建設，爲建設而破壞；欲大建設，必先破壞；欲大破壞，必先建設。革命之前須有教育，革命之後須有教育——今日之中國實無教育之中國，我全國同胞當知中國者中國人之中國也，人人當知平等自由之大義，當有政治法律觀念；且由此養成：㈠上天下地惟我獨尊獨立不羈之精神；㈡冒險進取赴湯蹈火樂死不避之氣概；㈢相親相愛愛羣敬已盡瘁義務之公德；㈣個人自治團體自治以進人格之人羣。在「革命獨立之大義」章更具體提示國民的義務與權利——男女一律平等、生命自由及一切利益之事皆屬天賦之權利，不得侵人自由如言論思想出版等。又提出革命成功後「定名中華共和國」，立憲法、自治法律以及凡關全體個人之事及交涉之事設官分職，國家上之事悉準美國辦理。

這些議論和主張在當時實在有石破天驚新奇之感。因爲所有主張排滿的分子都肯定驅逐異族光復河山卽是最高最後目的，絕沒有認識在此目的外還有積極奮鬭目標！博雅如章太炎卽在是書序文中表現驚異：「其所規畫，不僅驅除異族而已，雖政教學術禮俗材性猶有當革者。」事實上：孫逸仙先生在兩年半以後才正式宣佈中華民國思想及革命方略；鄒容已因是書繫獄且瘐死了。

革命種子在南洋各地發展

一九〇三年六月九日，上海「蘇報」刊載章太炎「介紹革命軍」及章士釗「讀革命軍」兩文，這一原是秘密流通的革命宣傳小册因此乃爲時人所爭相尋求，書店也銷售，滿清官廳決定查禁：「此書逆亂，從古所無，竟敢謗及列祖列宗，且敢直書廟諱，勸動天下造反，皆非臣子所忍聞，尤非拿辦不可。」六月二十九日，章太炎被捕——章早得信，但「志在流血」故未走避。七月一日，鄒容向上海租界捕房自首入獄陪伴太炎。

「革命軍」自出版後，各處革命同志多在當地翻印，祇爲避免當地官廳注意都改變書名，如新加坡刋本作「圖存篇」，香港印本作「革命先鋒」，上海再版本作「救世眞相」，日本橫濱印本與章太炎「駁康有爲政見書」合刋作「章鄒合刻」。儘管如此，鄒容的姓名已深入人心。當他入獄消息一傳佈出來，各地同情人士多集會議商援救，其書也更暢銷——清廷曾運用種種方法企圖將章、鄒自上海租界引渡內地以便嚴懲。但各國當局爲維護其在上海租界權益不予同意，且對鄒、章也沒有重罰，祇處以二、三年徒刑。不幸，鄒容竟於一九〇五年四月三日因病在獄死亡。

星加坡華僑在鄒容入獄與其病故時都曾舉行集會，正如孫逸仙先生所指陳「革命軍」爲南洋所崇拜。從此中國革命種子卽在南洋各地發展，終使「華僑爲革命之母」，其關係重大如此。

鄒容病逝後約五個月，中國革命同盟會成立於東京。但孫先生仍以「革命軍」爲重要宣傳品在東京及舊金山印刷後分送各地：「必能大動人心，他日必收好果」。後來事實發展果如預料。民國成立後，孫先生對鄒容尊禮備至，在其著述中更再三提及，如孫先生自傳云：「革命軍爲排滿最激烈之言論，開導華僑風氣，爲力甚大。」又於「中國革命史」指出：「鄒容之革命軍，章太炎之駁康有爲書，尤爲一時傳誦」。而吳樾讀「革命軍」後深受感動，一九〇五年九月卽以實際暗殺行動在北京車站炸殺滿清五大臣，更是這書立竿見影的速效。

蔣公稱讚「革命軍」

一九〇八年，先總統　蔣公在日本留學時，見鄒容「革命軍」，「酷嗜之，晨夕覽誦，寢則懷抱，夢寐間如與晤言」。民國三十年，　蔣公在公開演講時自述青年時期最喜歡讀的第一本書就是鄒容的「革命軍」，第二部書是王陽明的「傳習錄」，第三部書是黃梨舟的「明夷待訪錄」；「第一本書，是啓發民族大義，確立我革命思想的基礎。」由此更可見「革命軍」是改變中國近代史動向的一册書。

馮自由撰「革命逸史」第二集指陳：鄒容撰的「革命軍」通俗淺顯，「適合當時社會需要，幾於人手一編。卒賴其言爲驅胡建國之本，功不在孫黃（興）諸公下也。」更是歷史定論。

事實非常明顯：自一八九五到一九〇〇年，孫逸仙先生完全倚重會黨為排滿武力，後來改用運動新軍起義策略也多次失敗。可以說：辛亥革命以前，孫先生並沒有固定武力，而終於推翻滿清朝廷，實有賴於革命宣傳鼓動人心。「倫敦蒙難記」與「革命軍」兩書以各種版本大量流佈，自然容易達到各色人等手中，加以清廷的禁制，若干人更以寒夜被中讀禁書心情努力搜求，甚至許多青年更以分段傳鈔閱讀方法（如胡適「四十自述」所陳）來流通，發生效果更大。

「勸世良言」、「倫敦蒙難記」、「革命軍」三書就全書篇幅與字數論都可以說是小册書，然而它們是改變中國近代史方向的主要動力，卻具有搖撼山河的巨大力量。

（原刊綜合月刊民國六十五年十一月號）

中國對日的總體戰略

近八十五年來，中國和日本不幸有兩次戰爭。這兩次戰爭發生的原因、進行的經過、最後的結果以及它們對於亞洲和世界全局產生的影響都完全不同。但古今中外戰爭史上一項主要原則，不僅沒有因此需要修正改變，並且又一次獲得證明。這就是任何戰爭的最後結果決定於那一方面的錯誤比較少，那一方面就是勝利者。

從中國古代孫子到現代歐美大將的軍事名著，都認識兵者國之大事，必須戒愼。因爲國際間的戰爭是各個國家力量總體的鬪爭，相關的國家必須使用所有一切力量以爭取勝利。一國的最高當局在戰端未開啓以前，就應根據最高國策結合各種力量，成爲一套有協調的行動，並指向一個總目標，這就是總體戰略。政治、經濟、外交、軍事各方面都要相互密切配合協調。當戰爭行動開始以後，如果發現原來的計劃錯誤，尤必須根據總體戰略最高原則迅速加以調整改變。因此，這一國家在戰爭中是勝利或失敗，它的總體戰略是否正確是決定的因素。至於軍事戰略祇是分類戰略中的一種形式而已，根據環境的不同，可以扮演主角，也可以扮演配角。如果一個國家沒有總體戰略，或者總體戰略發生錯誤，卽使獲得戰場上戰術戰鬬的優勢，最後仍難以避免失敗的噩運。

七十餘年以前，梁啓超評論第一次中日（甲午）戰爭時指陳：這祇是李鴻章和日本作戰，絕大多數的中國人沒有參與這一戰爭，是中國所以失敗的主因。十年前，日本藤原彰教授對於梁氏這一論點加以引伸：當時日本已演進爲近代國家，中國還在封建君主統治之下，沒有國家軍隊，祇有李鴻章個人的淮軍——這位日本教授在這同一篇論文又指陳：日本陸軍在發動第二次中日戰爭（一九三七——一九四五）之初就犯了嚴重的錯誤：面對兩大敵國（中、俄），始終沒有全盤政策。秦郁彥撰「日中戰爭」更坦白指出：日本陸軍在第二次中日戰爭中，最初是戰爭指導混亂、動搖、不徹底，政略與戰略更不相配合；後來竟是「無爲」、「無策」！戰爭第一年使用七十萬軍隊在中國大陸，卻沒有能在徐州會戰包圍殲滅中國軍主力，祇有誇耀「戰術的勝利」。伊藤正德並且憤激的指責日本軍人在盧溝橋點燃戰火是「亡國戰爭的開端」！日本軍閥深陷中國泥沼中四年，十九萬人戰死、九十五萬人傷病之後竟又發動對英美的攻擊；這樣「無謀的戰爭」，實在是歷史上最大的冒險，是軍國主義下的日本軍人支配政治的惡果。

一、中華民族意識的高漲

中國、日本在這兩次戰爭中的勝敗，完全繫於是否有總體戰略或者這一總體戰略是否正確上，事實至爲顯明。但更值得指出的：日本既自稱是近代國家，在第二次中日戰爭中竟沒有全盤政策——即總體戰略，最大原因實是在第一次中日戰爭以後被勝利衝昏了頭腦，對中國更加輕侮，祇知利用中國傳統的弱點加緊侵略，根本沒有平心虛心去注意認識了解中國進步的大方向。

一八九四年孫逸仙先生倡導國民革命、一八九八年康有爲推動百日維新，都是中國人在第一次中日戰爭以後，奮發圖強的救國運動。辛亥革命的成功，更是中華民族覺醒的標示。不幸，日本竟提出若干特殊權利的要求作爲承認中華民國的交換條件。一九一五年又利用第一次世界大戰向中國提出二十一條要求。這對於中國人更是一大刺激。一九一八年五月，日本脅迫中國北京政府簽訂共同防敵（蘇俄）軍事協定，引起北京學生的反對。一年以後，五四運動發生，各地商人工人也羣起響應支持。一九二八年，國民革命軍北伐，日本出兵山東。中國人的民族意識更加增漲，而日本人卻譏諷中國人「祇有五分鐘的愛國熱度」！一九三二年，日本代表在國際聯合會更公開宣稱：中國祇是一地理名詞，不是有組織的國家。

一九三四年，胡適博士曾經幾次在他主編的「獨立評論」發表文章，反復說明：中華民國成立二十三年來固然有許多不能滿人意的現象，其中也有許多眞正有價值的大進步：一、帝制的推翻。二、教育的革新。三、家庭的變化。四、社會風俗的改革。五、政治組織的新試驗。六、新法典的頒行。七、婦女的解放。這些進步大部份都是受了辛亥革命以來革命潮流的解放作用的恩惠。胡適並且強調：「我們可以毫不遲疑地說：這二三十年中的領袖人才，正因爲生活在一個新世界的新潮流裏，他們的人格往往比舊時代的人物更偉大：思想更透闢、知識更豐富、氣象更開濶、行爲更豪放、人格更崇高。試將孫逸仙來比曾國藩，我們就可以明白這兩個世界的代表人物的不同了」。

當胡適說明這些進步的事實與意義時，蔣百里將軍也指陳一八九四年（甲午年）以來中國社會受環境影響所發生的重大變化，卽知識與武力的結合：一、知識份子投身爲軍人。二、軍人入學取得知識。三、社會中知識份子與當政份子的合作。中國政治與軍隊都因此變化而進步。其時，日本對華北侵略行動正步步加緊，蔣百里根據他對中國歷史及現代總體戰爭觀念，和總動員的實際行動，綜合研究，提示「生活條件與戰鬪條件一致」的原則，鄭重指出實行這一原則首賴國民之道德力與自發自動的紀律，其次卽政府與社會的組織力。

蔣百里又指陳：「爲求世界和平，一民族的生存不應被剝奪，否則那一民族爲求生存，自然會結成一個生活與戰鬪一致的總體來爭生存，結果是大家都受害。」這不祇是提出中國國防建設的基本原則，也是很誠懇且坦白地對日本進忠告：要注意認識中國！

胡適以爲許多人不注意認識這些進步及變化的事實，完全是缺乏歷史的眼光，也就是不瞭解時間會帶來改變和進步。一九三六年二月十五日，日本華裔貴族院議員辜顯榮在臺北與日本松井石根大將會晤時也提示這一要點。辜強調中國情勢已經大有變化，日本必須認識蔣介石委員長的地位，與蔣氏切實提携合作，東亞大局才可保全——但沒有引起松井的重視（一九三七年八月，中日全面戰爭開始時，松井擔任上海戰場日軍司令官）。

正如上述藤原彰所指出：日本陸軍教育的傳統養成的軍人，都是心胸怪僻狹窄，囿於自己個人觀點，對很多事物都茫然無知。而日本所謂「支那通」在輕侮中國的空氣下，絕少研究中國歷史文化的優美，大多注意蒙古滿洲統治中國的史實，其目的在吸取蒙古女眞如何利用漢人作統治工具的經驗。這些「支那通」的食古不化與在中國各地活動的日本間諜撫拾流言的情報，同樣對二十世紀三十年代中國的演進大方向以及中國人的眞正心理，都缺乏認識。這正是孫子所謂「不知彼而知己，一勝一負；不知彼不知己，每戰必殆」。

自一八九八年以後，成千上萬的中國青年赴日本留學或遊歷。孫逸仙、蔣介石、梁啓超、戴季陶、蔣百里、王芃生等且都曾久居日本，注意研究日本。一九三二——三年，中國軍隊在上海及長城線抵抗日軍的戰鬪，是第一次中日（甲午）戰爭以後中國考驗自己力量的首次機會，對於知己知彼大有助益。

一九三四年夏，蔣介石委員長在廬山軍官訓練團演講，調強說明了民族戰爭取勝的要訣：一、立於主動地位。二、必求指揮統一。三、精神勝過物質。四、要預想將來戰況，破除中西新舊的偏見，研究最進步的戰術以制勝克敵。五、平時全國有一個相當的整個準備，利用所有的物質、人力來抵抗侵略。

這是蔣委員長對日總體戰略指導原則的最初透露。一九三五年春夏，蔣委員長在四川雲南貴州陝西各省詳細視察以後，實行這些原則的具體步驟和若干計劃也逐漸形成。當時策訂對日戰爭指導方針：「我以維護國家領土主權之獨立完整，爭取民族之生存自由，建立富強康樂之新中國為目的，一面呼籲和平，期求集體安全；一面整備國防，充實軍備，至和平絕望時舉全國力量從事持久消耗戰，爭取最後勝利」。

基於上述指導方針，各種計劃即開始積極進行，預訂一九三八年年底完成下列各項工作：一、內政：綏靖地方，安撫邊疆。二、外交：中日問題提請國際聯合會調處，爭取與國，建立國際集體安全關係，確保世界和平。三、財政經濟：改革幣制，實施法幣政策，力求糧食自給自足。四、教育：推行新生活運動，展開國民軍事訓練，以提高國民傳統道德，培育國民作戰精神，發展國民經濟建設，以奠立長期作戰之基礎。五、軍事：(甲)全國各戰略要點構築永久國防工事。(乙)完成若干鐵路幹線及西北、西南、東南各省公路線及通訊網。(丙)發展軍需工業設備，調查儲蓄軍需原料。(丁)統一陸海空軍訓練，整編部隊，充實戰備。(戊)確立兵役制度。(己)實施廬山、峨嵋山訓練，促進精神團結。

這些工作都是中國對日總體戰略——「舉全國力量從事持久消耗戰，爭取最後勝利」的基礎，而中國有寬廣縱深、山川錯綜的國土與衆多的人力是能以實施這一戰略的大前提。衆所周知的「以空間換取時間」即這一戰略的通俗說明，在軍事學上說這是向國內退軍。

西曆紀元前二六四年，黃帝應用向國內退軍的戰略，以劣勢兵力擊敗了蚩尤，是這一戰略的最早範例。孫子兵法對於這種戰略也有論列。西曆第四世紀，常璩撰「華陽國志」卷七「劉後主志」記載：三國時代最有膽識的蜀國大將姜維在西曆二五八年創議、二六三年實行這種向國內退軍戰略，以抵抗魏國的優勢兵力；更爲這一誘敵深入以退爲進戰略作了比較具體說明。但在常璩以後撰著「三國志」的陳壽不能認識姜維「聽任敵人入平地」以誘敵深入的戰略精義，竟在「聽任」一句上加了一「不」字（三國志蜀志卷十四），以致意義完全相反。宋司馬光著「資治通鑑」（卷九十九魏紀九）根據「華陽國志」的記載，姜維原來見解的眞義確定。胡三省爲資治通鑑作註釋，在「聽敵入平」四字下註明「謂縱敵入平地也」，可說意義更見明顯。但司馬光和胡三省都認爲「姜維自棄險要，以開狡焉啓疆之心，書此以爲亡蜀張本」。清乾隆朝編撰的「通鑑輯覽」於此更加強調：「外戶不守而卻屯以引敵，且欲俟其退而搏之；眞開門揖盜之見。」一九三七年，湖北刊刻盧弼編「三國志集解」更綜合這些論點而加以強調引伸。

這說明一千七百餘年以來，中國傳統讀書人對於這種向國內退軍的戰略不祇是不認識了解，還有很多嚴厲的譴責——然而，當第二次中日戰爭發生，中國軍民都願意在蔣委員長領導下堅決實行向國內退軍，從事持久消耗敵人的戰略，經過八年悠長艱苦的歲月，以極大犧牲，終於獲得最後勝利。這一原因安在？實在值得加以研討。

二、向國內退軍戰略的醞釀

自一九〇一年孫逸仙先生在日本注意南非戰爭，對於波耳人不斷用遊擊戰以打擊英國軍隊，特感興趣，卽取作中國革命黨武裝起義的借鏡。留日學習陸軍的學生，研讀西方兵學及戰史的興趣也日漸濃厚。若干人更綜合中西兵學戰史經驗，提出中國國防的建議。

一九一九年，梁啓超等將蔡鍔輯錄的「曾胡治兵語錄」刋印，蔡鍔讚揚曾國藩胡林翼對攻守的卓越見解（攻者為客，守者為主人，可以逸待勞），「雖以近世戰術之日新月異，而大旨不外乎此」。蔡鍔並且在是書結論中根據波耳人及一八一二年拿破崙攻俄失敗諸戰史經驗，鄭重指陳：「鄙意我國數年之內，若與他邦以兵戎相見，與其為孤注一擲之舉，不如據險以守，節節為防，以全（我）軍而老敵師為主，俟其深入無繼乃一舉殲除之。」這是「以空間換取時間」對日戰略最早的公開發表。

蔡鍔的同學蔣百里在日本德國學習陸軍回國以後，一九一三年著「孫子新釋」引用西方兵學名著及戰史作註釋，企盼中國軍人認識「西方兵學的精義原則，亦卽中國所固有，無所用其疑駭，更無所用其赧愧」。這就是說：中國軍人對中國傳統兵學應有信心，更應該平心虛衷去研讀西方兵學戰史。一九二二年，蔣百里又撰文指出：面對我隣近富於侵略性國家的制勝惟一方法，

「即是事事與之相反：彼利速戰，我恃之以久，使其疲弊；彼之武力中心在第一線，我儕則置之第二線，使其一時有力無處用」。從此以至一九三七年中日戰爭爆發，蔣百里對國民政府的多次建議，都是再三說明「拖」的戰略能夠拖垮日本。

蔡鍔、蔣百里的論著中都提到普魯士人克勞塞維茨的名著「戰爭論」，尤以蔣百里的著述更常常引據這一名著的精義——這一名著迄今仍在西方兵學界具最高地位。二十世紀初，日本陸軍士官學校刋印日文譯本，不公開發行；但中國留學生都設法覔得這一日譯本來閱讀。蔣介石委員長自述：獲得這書以後，曾用紅筆圈點用心讀過幾遍，是最喜愛讀物之一。一九一五年，是書中文譯文在中國出版。

中國軍人對於「戰爭論」一書特具興趣，不祇是以其爲最具影響力的西洋近代兵學名著，實因其中若干重要觀念與中國兵學頗多不謀而合。

如本文第一節指陳：自中華民國成立，尤其北伐完成以後，中國民族意識愛國情操的增漲。瀋陽事變發生，日本更不斷侵略，高級知識份子再三強調呼籲全國同胞「準備最大犧牲以爭取國家民族的獨立自由」，更鼓舞國人奮發圖強抵抗日本侵略的決心。

一九三二年八月，「五四運動」主將傅斯年教授撰文刋載「獨立評論」倡導積極抵抗日本侵略：「中國在開戰之初，不能打勝日本，卻可以長久支持，支持愈久，對我們越有利」。「中國人之力量在三四萬萬農民的潛力，而不在大城市的統治者及領袖。中國的命運在死裏求生，不在貪生而就死。歷史告訴我們：中華不是一個可以滅亡的民族。事實告訴我們：日本不是一個能成大器的國家」。這是中國高級知識份子最早和最有力提倡長期抗日的主張。

一九三三年四月，日本宣佈退出國際聯合會，胡適博士因撰文刊載「獨立評論」，大聲疾呼「我們要準備更大更慘的犧牲！同時我們要保存信心，才經得起大犧牲」！「全世界道德的貶議是在我們敵人的頭上，我們最後的勝利是絲毫無可疑的」。

當日本積極進行「華北特殊化」陰謀時，一九三五年六月二十七日，胡適博士寄信南京教育部長王世杰，力言中國非下絕大犧牲決心不可：

「我們試平心估計這個絕大犧牲的限度，總得先下決心作三年或四年的混亂、苦戰、失地、毀滅。

「我們必須準備：一、沿海口岸與長江下游的全部被毀滅，那就是要敵人海軍的大動員。二、華北的奮鬪，以至河北省、山東省、察哈爾省、綏遠省、山西省、河南省的淪亡、被侵佔毀壞，那就是要敵人陸軍的大動員。三、長江的被封鎖、天津上海的被侵佔毀壞。

「我們必須要準備三四年的苦戰。我們必須咬定牙根，認定在這三年之中我們不能期望他國加入戰爭，我們只能期望在我們打的稀爛而敵人也打的疲於奔命的時候才可以有國際的參加與援助。」

胡適博士在這信中希望王世杰「必須使政府與軍事領袖深信此長期苦鬬為必不可避免的復興條件」。胡適並且認為蔣委員長只有「等我們預備好了再打的算盤，似乎還沒有不顧一切破釜沉舟的決心」。因此，胡適博士在致王世杰這一長信中又反覆強調：

「我們若要作戰，必須決心放棄準備好了再打的根本錯誤心理。我們必須決心打三年的敗仗，必須不惜犧牲最精最好的軍隊去打頭陣，必須不惜犧牲一切工商業中心作戰場一切文化中心作魯文大學。但必須步步戰，必須雖步步敗而步步戰；必須雖處處敗而處處戰。此外別無作戰之法。」

是年七月十一日，王世杰覆信胡適：戴季陶、孫科、居正等都同意胡的主張，「前途動向自仍視蔣先生決心如何」——事實上：蔣委員長早在一九三二年十一月卽已決定對日大計：「強國之國防重邊疆，取攻勢；弱國之國防重核心，取守勢」。「戰時以努力經營長江流域、掌握隴海鐵路為第一要旨」。後來四川貴州諸省也在中央軍掌握，國內局勢日漸穩定。蔣委員長對未來抗日戰爭再作深長考慮後決定：「對日應以長江以南與平漢鐵路以西地區，為主要陣線，以洛陽、襄陽、荊州、宜昌、常德為最後陣線；而以四川貴州陝西三省為核心，甘肅雲南為後方」。這就是本文第一節指陳的「舉全國力量從事持久消耗戰」最高戰略方針的由來。

胡適博士的信件、蔣委員長的計劃，在當時都是不公開的最高機密。但是年七月二十一日，天津大公報刊載丁文江教授的論文卻公開疾呼：「華北是我們的烏克蘭，湖南、四川、江西是我們的烏拉爾，雲南貴州是我們的堪察加……大家準備到堪察加去」！

丁文江這一悲壯的呼聲，充分表現出高級知識份子們不惜任何犧牲代價向國內退軍的堅決主張。丁文江是國際知名的地質學家，他的足迹遍及中國大部份土地上。他的豐富學識與親身經驗極受國人敬佩。他發表這一堅定主張後，胡適、傅斯年諸名教授也參加討論，並且很快的形成與論。這和蔣委員長的秘密計劃不謀而合。後來中共毛澤東發表「論持久戰」也指出：「抗日戰爭是整個處於內線作戰的地位，但主力軍和游擊隊的關係，則是主力軍在內線，游擊隊在外線。戰略上：內線作戰的正規軍是後退的，外線作戰的游擊隊則將廣泛地向敵人後方前進」。

政府和國民的意見協調，是取得勝利的第一要件。

中國具備防衞的自然有利條件，自東徂西，橫跨經度逾六十五度，自北至南包括寒冷溫和炎熱三地帶。內地及西部充滿河川山嶺沙漠，嚴寒與酷熱交替更迭。地形與氣候將和過去時代一樣結合起來對抗侵略中國的人們。這樣的結合加上中國國民堅定決心及強大力量，世界上還沒有一種武器可以有效制服的。

三、四川天府是抗戰司令塔

自古論中國形勢都以四川省比喻人的首腦，湖北省荆州襄陽爲人的胸部，江蘇浙江爲下肢。

這是由於中國地形西北高聳，東南低平，成傾斜，河川也因此自西傾向東流。四川省居中國西部，山河雄壯奇偉、氣候溫和暢適、物產富饒豐盛，都是其他各省所罕見。又有偉大悠久的水利工程，得以減少水旱災荒。全省人口達五千餘萬，約佔中國總人口數八分之一。民性勤勞優秀，文化根基特別深厚。所謂「天府之國」，確是名不虛傳。

就軍事上說：四川實在具備長期抵禦侵略者的各種條件。西曆二六三年姜維應用向內地退軍戰略沒有成功，是蜀國政治腐敗所致。而南宋余玠充分利用四川峻拔山險建築堅城十餘所，並使居民生活條件與戰鬥條件一致，以抵抗曾經橫掃歐洲的蒙古騎兵。余玠的後繼者因此獲得成功。英勇善戰的蒙哥汗遂致困死於四川境內（西曆一二五九年）。

這是四川天時地利人和三位一體發出的非常光輝，符合近代地緣政治學及克勞塞維茨理論。

余玠與他的後繼者在四川的戰守，延長了南宋國命二十年。只以南宋朝廷早已播遷海隅，蒙古攻蜀不克，就自湖北利用居高臨下的形勢席捲東南。南宋因此覆亡。是以，對於中國國防地理最有研究的明人顧祖禹手著「讀史方輿紀要」，卽很嘆惜南宋未能退守四川雲南貴州，以爲復興基地。明末形勢比較南宋晚年好，可惜四川遭張獻忠擾亂。但顧祖禹對於殘破的四川仍極力主張整頓，杜絕敵人的利用，作恢復的張本。不幸南明當局未能見及此要點，終不免於敗滅。

四川的治亂，關係全中國的治亂，在中國歷史上的敎訓太多。一九一一年四川紳士地主反抗滿清朝廷宣佈的鐵道國有政策，是辛亥大革命的導火線，爲中華民國建立的前奏。一九三四年秋多，中央軍很自然地進入四川。四川從此由「亂」轉向「治」，這一天府之國就開始邁向擔任中國對日持久抗戰核心基地的重大任務。

一九三五年春夏，蔣委員長在四川雲南貴州陝西各省實地詳細視察以後，是年七月決定了上述「以川黔陝爲核心、甘滇爲後方」的基本大計。八月十一日蔣委員長在峨嵋訓練團對川滇黔三省各級幹部演講，鄭重指陳：「我敢說：我們本部十八省那怕失了十五省，只要川黔滇三省能夠鞏固無恙，一定可以戰勝任何強敵，恢復一切失地，復興國家，完成革命。」蔣委員長將他個人的信心公開說出來，企望建立川黔滇三省以及全國國民的「共信」。

一九三五年春夏，蔣委員長駐節成都，時常和四川各界領袖人士開誠商討改革政治、整頓軍隊、轉移風氣、開闢交通、統一幣制等辦法。首先決定在三年之內要完成四川至陝西、四川至貴州、四川至湖南、四川至雲南四條公路幹線。當築路工程開始之初，少數四川人士表示不滿，以爲修築這些經越崇山峻嶺的公路好像建築萬里長城一樣，不知道要犧牲多少人命和物資。但經過詳細說明以後，人民都踴躍應徵作工。沒有開山築路機械，祇是用雙手和簡單工具竟在不到兩年的時間，提前完成了這些艱鉅工程，打破了「蜀道難」的古舊觀念。同時，四川軍政人員在「擁護中央統一四川」口號下，取消了防區制，統一了財政及幣制；還推動了開發工業礦產的工作。

裁減、改編四川軍隊的工作比較複雜，沒有能按預期的進度推動，甚至還不免有一些阻力。一九三七年六月二十八日，蔣委員長重慶行營公佈「四川西康軍事整理委員會組織大綱」以及這一委員會委員名單。是年七月六日，軍政部長何應欽自南京飛到重慶主持這一委員會開幕式。七月八日，何應欽報告「盧溝橋事變發生，對日全面抗戰已勢難避免」。從此，會議進行非常順利，最後決定四川西康各軍限於八月十日以前整理改編完成。八月十三日，上海戰爭發生，中國對日全面抗戰展開。四川西康軍隊的改編工作，加速進行。九月一日，四川軍隊分別自東、南、北三線循公路步行出發參戰。先頭部隊趕上了上海及太原會戰。從此源源不斷的向前方增援，徐州會戰、武漢會戰、長沙會戰諸重要戰場都有川康健兒英勇的奮鬪，幾名高級指揮官且固守陣地而殉職。

一九三七年十一月，國民政府宣佈自南京遷移重慶辦公。從此這物產豐饒、人口衆多、公路通暢、蜀道不難的天府之國就成爲中國長期抗日戰爭的司令塔。

中國抗日戰爭八年，四川提供了充足的人力，擔任建築公路飛機場以及應徵兵役參加戰鬪；同時，農民仍勤勞耕種，供應軍糈民食的需要。這八年中若干小糾紛是不免的，但大體說來日本軍的炮火已迅速促成四川省軍隊政治社會各方面的改革。民族大義壓制了個人私慾。這種迅速而重大的改變，是慣於輕侮中國人的日本軍閥無法想像的。甚至一九三八年冬季以後，日本人及汪精衞對四川軍人的種種煽惑也完全失敗。

四川省既成爲對日抗戰的中堅區域，即以西北各省爲左翼、西南諸省爲右翼，其中甘肅雲南兩省居國際交通的孔道，在軍事上尤有利害關係。自古以來甘肅與四川連合，則四川安全，甘肅與四川分離，四川卽危險。四川與雲南的分合與安危關係也是如此。一九四〇年七月，對日抗戰三周年紀念日，浙江大學張其昀教授曾撰文指陳：

「我們設想盧溝橋事變以後，日本不汲汲攻我首都，而集其精銳力量先發動對我西北或西南的攻勢，恐我後方根據地的建設，必將大感困難。此於我國爲何等不利！

「在物質方面，日軍固遠勝我，而其最感缺乏者實爲高瞻遠矚的統帥。我們又想到日人研究中國歷史，和西方漢學家一樣只注意局部考據，而於中國歷史重大的脈絡和條理，就未見將有通貫的認識。

「日本旣不能眞正認識中國，當然亦無法征服中國。經過這次嚴重關頭，已經可以確然證明。」

同年九月，第十八集團軍在華北日軍後方展開較大規模游擊戰以後，其總指揮朱德指陳：這是爲了牽制日軍進攻我大西北後方及進攻西南的企圖而發動的，也就是錯亂妨碍日軍對西安重慶昆明進攻的計劃。

這說明當時的中國人不分黨派以及地域觀念對於蔣委員長努力經營西南西北大後方，進行對日持久消耗戰略的一致擁護。

四、誘使日軍作戰正面由南下轉變成西上

自一九三二年五月，淞滬戰爭結束，中國日本在這一國際都市再度兵戎相見的可能性始終存在，並且隨時可以爆發。一九三六年九月，中國外交部長張羣與日本駐華大使川樾茂在南京談判時，成都、漢口、北海各地又不斷發生中日人民衝突事件。日本海軍更表現超強硬態度，要求確立對中國「膺懲」的國家決心，促進對中國作戰諸準備。是年九月二十五日，日本海陸軍協定如果戰爭發生：一、海陸軍協同佔領河北山東。二、海陸軍協同確保上海地方。三、航空機對中國兵力及要點施行轟炸。四、封鎖中國海岸。

如日本同盟社上海支社長松本重治所指出：當時情勢幾乎使中日戰爭一觸卽發；後來事態緩和，是行政院長蔣介石破例與川樾茂會晤。也就是說中日戰爭因中國當局的忍耐而延遲了十個多月的時間才發生。

中國政府對日本人在上海行動，自然採取對策。一九三五年冬，蔣委員長密令張治中準備上海南京地區抵抗陣地工事，期於戰爭無法避免時，我卽以優勢兵力出敵不意，將上海日軍全部消滅而佔領其重要據點，使日軍增援失所憑藉。一九三六年夏，特舉行幹部參謀旅行，並構築了吳淞及上海各要點圍攻工事，例如京滬鐵路閘北車站大厦就是按軍事需要而設計建築。同時又調整京滬鐵路軍事技術、建設後方必要的公路、改良長江江防交通通訊、組織訓練民衆的戰時知識

等。

一九三七年七月十一日，卽盧溝橋事變以後四天，日本內閣決定派遣關東軍、朝鮮軍及國內師團向華北增兵。同日，日本參謀本部也制訂在華中作戰的陸海軍行動計劃，以消滅中國空軍爲主要目標。十六日，日本駐上海艦隊司令向東京建議：開戰之初卽使用全部空軍力量消滅中國空軍，同時攻取上海南京，以制中國於死。二十八日，當日軍攻擊北平時也下令撤退長江上中游日本僑民，並命海軍「保護日本在華中權益」。八月八日，日本下達兵力部署命令。

中國政府面對日本言行，因於八月六日舉行國防會議，各省軍政長官包括四川劉湘、雲南龍雲、廣西白崇禧等都出席參加。蔣委員長在這一重要會議席上宣佈：基於既定「舉全國力量從事持久消耗戰以爭取最後勝利」的國防方針，策定守勢作戰時期作戰指導原則：國軍一部集中華北持久抵抗，特注意山西之天然堡壘；國軍主力集中華東，攻擊上海之敵，力保吳淞上海要地，鞏固首都；另以最少限兵力守備華南各港。

中國在持久消耗戰略指導下，一方面必須阻止日軍攻勢，消耗日軍戰力；一方面又須保持本軍之主力，遷延決戰時機，俾得與日軍長久相持。中國軍因武器裝備均居劣勢，尤須避免與日軍在華北平原決戰。

就純軍事戰略觀點言：日軍擁有便利的海洋交通，機動靈活，且容易發揮陸海空三軍聯合威力。中國旣缺乏這些條件，不若利用長江流域湖沼山岳地帶比較得計。

一千餘年來，北方部族曾經多次自華北南下侵略長江漢水流域。今若不幸歷史重演，日軍利用其快速部隊沿平漢鐵路直趨漢口，並出洛陽堵塞潼關，則中國勢將被東西縱斷爲二，長江下游軍隊民衆及物資設備都無法西運。西北、西南大後方建立工作也徒勞無用，持久抵抗戰略自然也不能實現。故中國軍必須誘使日軍主力使用於華東而不在華北。

上海不僅是中國經濟金融中心，也是國際大都市。當日本輕易進佔北平天津以後，中國軍如再不在這一要地強韌作戰，國際人士尤其中國國民都會失望灰心甚至憤怒，中國政府也將難以獲得國民的擁護與支持，故中國軍隊在上海的犧牲是非常必要的。

而這種犧牲也是整體戰略所預計在內，中國最後勝利是從忍痛犧牲換來。

（原載香港明報月刊一九七六年七月第一二七期）

抗戰八年的重要會戰

一九三七年八月九日晚，上海發生日兵強入虹橋飛機場被阻殺事件。中日雙方都極緊張。十一日深夜，張治中奉命立即率領駐紮京滬鐵路沿線的中國軍精銳第八十七師及第八十八師向上海市推進。八月十三日，上海戰爭揭幕，中國陸軍空軍自始即採取攻勢，中國軍精銳又陸續自各地趕到參戰。這些事實獲得許多效果：一、中國軍的強韌戰力，激發了全國國民全面抗戰的熱衷決心。二、四川廣西雲南湖南廣東各省地方軍人看到中央軍勇敢犧牲，也消除了保存實力的舊觀念，爭先趕來上海參加民族聖戰。這是中國現代眞正統一一致對外的空前表現。三、是年十月十二日，羅斯福總統在白宮接見胡適博士，希望中國堅持作戰，定可獲得世界公論的同情。日本重光葵也指出：日本登陸吳淞的部隊，苦戰之中加上苦戰，無從前進，受到重大的損失，粘住在上海。因爲這是以國際都市爲中心不宣而戰的陸海空軍的戰鬪，所以事故百出，以致世界各國更加對日本引起惡感。四、上海南京地區軍需及民用工廠機器及熟練技工和重要物資，都在戰火中搶運往漢口轉西安或重慶，這對於持久抗戰發生極大的貢獻。

更加重要的是：日本自國內先後派遣五個師團在上海作戰，陷於苦戰後，又將華北平漢鐵路線作戰的日軍兩個師團及一支隊，南調上海作戰。正如日本防衛廳編印的戰史所指陳：（是年）十月初，參謀本部將主作戰自華北轉移上海方面。

華北日軍的南調，中國軍因獲得確保山西天然堡壘的餘裕時間。

山西省四面環山，省境都是山岳地帶，地處高原，是華北屋脊，乃一非常重要的戰略要點。蓋自山西東進可以控制河北省，南下足以逐鹿中原。尤以自北平天津不守後，山西省在戰略態勢上能使河北省境的日軍感受中國軍對它側背的嚴重威脅。

中國軍初以湯恩伯部兩個軍在察哈爾南部山地牽制北平天津日軍行動。八月八日起，中國軍在長城線居庸關、南口一帶與日軍作激烈陣地爭奪戰十八天。不幸張家口失守，湯恩伯部側背遭受威脅，祇得循山路向山西境內撤退。日軍也轉鋒指向山西的北境長城線。

山西屬中國第二戰區司令長官閻錫山指揮，早在戰爭發生以前，卽在娘子關、平型關、雁門關、偏關內長城線構築國防工事，封鎖諸關隘。九月二十二日拂曉，日軍逐漸接近內長城線。閻錫山命令傅作義趕往平型關前線指揮，當卽策訂作戰指導：一個師仍固守原陣地，兩個師向正面前進的日軍攻擊，第八路軍第一一五師林彪部擔任敵後各地的攻擊。二十五日晨，各軍按計劃開始攻擊。中國空軍也飛來支援戰鬪。是午，林彪部在攻擊前進中將平型關至靈邱間日軍交通截斷。日軍增加兵力繼續前進，中國軍各部配合在空軍支援下勇敢攻擊。二十七日，中國軍自陣亡日軍少佐遺體搜獲作戰命令，知日軍目的在突破平型關，威脅雁門關後方。中日兩軍均增加兵力，雙方激戰五日，因另一路日軍行動突出，閻錫山下令縮短防線，平型關不守。

十月一日，蔣委員長決心轉用平漢鐵路沿線軍隊四個半師馳援山西。十二日到達忻口前線，對自山西北部南下的日軍進行攻擊，拒止了日軍行動。同月二十四日，自四川步行北上的部隊到達山西立卽參加娘子關戰場，沒有能發揮阻擊力量，日軍因此迫近太原，忻口守軍不得不撤退。十一月八日，太原不守，適與中國軍自上海同時撤退。

日軍原計：山西將不戰而屈服，卽可實行「華北特殊化」。不料事實完全相反。並且自太原不守，閻錫山率部退守山西南部山地。從此直至戰爭結束，閻錫山始終率部在山西境內與日軍周旋，日軍也沒有能渡越黃河進攻陝西。

孫子曰：「善戰者致人而不致於人。」中國軍誘使日軍改變主攻方向，將主力自華北南調上海，就是實行了立於主動的最高原則。而日本陸軍既在華北肇事，其海軍必將在上海挑釁，更早在中國當局洞鑒之中，故中國上述這一原則能以如願實行，正是孫子所說「能使敵人自至者利之也，能使敵人不得至者害之也」。

日軍在杭州灣登陸，迫使中國軍不得不自上海撤退，蔣介石氏自承是在這地區「作戰戰略」

的疏忽，但並沒有影響整個抗日戰局。因爲中國軍隊早經決定「向國內退軍」的總體戰略，在上海戰場三個月的激戰得有上述一些收穫，可說犧牲已有代價。

克勞塞維茨指陳：統一計劃與集中兵力是作戰指導的最高主要原則。日本軍在華北及上海的行動，完全違反了這一原則。尤以中國軍堅強的抵抗，以致日軍「速戰速決」「不戰而使中國屈服」的想法完全落空。

以空間換取時間

中國軍自上海撤退，直至南京。

一九三七年十二月初旬，南京不守。蔣委員長爲爭取防衞武漢備戰時間，確立作戰指導方針：一、調集精銳，控制武漢及豫皖邊區，迅速整理補充。二、由華北及長江南岸抽出有力一部，加強魯中及淮南兵力，鞏固徐州，誘使日軍主力於津浦鐵路方面，以遲滯日軍上溯長江西進武漢；同時力保黃河北岸豫北晉南諸要地，以妨阻日軍南渡黃河，直衝武漢；並廣泛發動游擊戰，牽制消耗日軍。

津浦鐵路南段河川縱橫，北段山岳重疊，戰場遼闊，戰鬪性質複雜；而華北、華中日軍互不相統屬，沒有最高統一指揮官。這正是中國軍可以充分利用的日軍弱點。

一九三八年二月，津浦路南段日軍開始行動，中國軍情況最初不利，援軍到達前線後反攻，終將日軍擊退，迫使其退回淮河南岸，形成對峙。顯示日軍沒有積極企圖，中國軍即抽調兵力轉用於津浦北段，這是造成臺兒莊大捷的因素之一。

四月七日，日本大本營自東京電令華北、華中日軍南北夾擊徐州。中國軍顧慮華中華北日軍會合後長驅武漢、中國軍主力有被各個擊破之虞，因毅然決心抽調武漢防軍一部投入於戰略之凸角——徐州，擴張戰果，並控制精銳兵團於河南省歸德蘭封一帶，鞏固以徐州為中心的第五戰區後方，且以分散日軍的注意力。

日軍面對國軍精銳集中這一地區，企圖自皖北豫北迂迴包圍徐州。但中國軍以化整為零的機動退卻戰術，分別以小部隊自日軍包圍圈間隙脫離戰線，即湯恩伯部所屬德國製造重炮隊也完整的到達安全地區。這說明中國軍在本國境內熟習地理環境，隨時隨地可得糧食補給，而日軍武器裝備多而重，在敵國境內行動很不靈便。五月十九日，日軍進佔徐州，包圍殲滅中國全軍的企圖卻成泡影。

五月三十一日，中國軍再向平漢鐵路以西撤退，避免與日軍在豫東平原決戰。六月七日，中國軍掘毀黃河堤防，黃河水泛濫，日軍人員馬匹武器裝備都被水淹。黃河從此改道，日軍因此一時無法沿平漢鐵路南下，武漢北面威脅乃告解除，武漢且多獲得五月餘的戰備時間。

自上海南京不守，武漢即成為中國政治經濟的中心。當地的兵工廠紡織廠等正日夜趕工拆卸機器向四川陝西撤運。自宜昌用木船運輸這些機器物資西上重慶，自更需要時間。

日軍使用陸軍十三個師團進攻武漢，海空軍又充分協同動作。一九三八年六月初，安徽合肥方面的日軍，由大別山南北進出，向大別山北迂迴。這時日軍主力使用在長江北岸。七月二十六日，日軍攻佔九江，中國軍隊在長江南岸堅強反擊，予日軍甚大打擊；日軍乃逐次增加兵力於長江南岸，遂形成日軍在長江南北岸並頭西進形勢。

日軍始終輕視中國軍戰力，對中國軍部署的判斷多不正確，祇因掌握空中優勢，才得在複雜地形及炎熱夏季中緩慢推進。

早在武漢外圍戰初期，蔣委員長即指示武漢衞戍總司令陳誠：「日軍企圖消滅中國軍主力，結束戰局。中國軍必須力求戰而不決。」陳誠因此祇使用全部兵力的百分之六十進行這次消耗戰，保留百分之四十兵力作今後持久戰的基礎。陳誠估計日軍在攻佔武漢以後需要較長時間來考慮以後的計劃，中國軍將有恢復實力的機會及餘裕時間。陳誠原計劃八月底自武漢撤退，嗣因日軍猶豫不進，就將撤退時間表延緩至九月底，後來又延至雙十節，最後決定在十月二十日開始撤退。

自南京不守起計算，武漢保衞戰獲得了十個月零十二天的時間。如從徐州撤退起算，是爭取到了五個月零六天的時間。最重要的是蔣委員長誘使日軍主攻方向由「自北南下」改變成「自東西上」的戰略終於成功。中國從此再不必憂慮有被日軍東西縱斷爲兩部份的危險，一切可按一九三五年七月的計劃實行。

一九三八年十一月二十五日，即武漢撤退後一月，蔣委員長在第一次南岳軍事會議指出：中國一切不如日本，「如果不是在時間和空間上作整個的久遠打算，確立一種正確戰略來妥善運用，就不能予敵人以層層的打擊。」「反之，如果我們在去年盧溝橋事件發生，敵人佔我平津的時候，我們不依照這種一貫的戰略，運用妥善的方法來打擊敵人，攻破它的狡謀，消耗它的力量；而拿我們全部軍隊使用在平津一帶，與敵人爭一日之短長，那我們主力早就被敵人消滅，中華民國也許早就有滅亡的危險！但是到今天，我們和敵人打了十七個月，不但全國軍隊仍能繼續抵抗，使敵人愈陷愈深，不能自拔，而我們抗戰精神愈益堅強，抗戰必勝的自信心也不知道提高了幾多倍。」

孫子曰：「善戰者立於不敗之地，而不失敵之敗也。」中國軍隊和國民忍受慘重犧牲，終於獲得了這一戰略優勢。而日軍攻佔廣州武漢以後卻已達到戰略頂點、軍事攻勢終末點，也就是應用武力迫使中國屈服以解決戰爭的企圖並沒有如願以償，祇得自承陷於長期泥沼戰之中！

抗戰到底

進行一次現代戰爭，不祇是交戰雙方應有知己知彼的工夫，更重要的尤在了解國際形勢發展的趨勢。一九三四年七月，蔣委員長在廬山軍官訓練團演說，就對國內退軍這一戰略問題，指出：「日軍要佔領我們一省，至少時間就說是一個月，如統計起來，他們要佔領我們十八省，至少要費十八個月。這十八個月時間，國際形勢的變化還了得！何況他一月必不能迅速佔領我們一省哩！」「並且日本決沒有力量可以戰勝列強，它一天不能征服世界，也就一天不能滅亡中國、獨霸東亞。」

但當時歐美絕大多數人士看到日本的橫行、國際聯合會的失敗，都日漸傾向悲觀主義。一九三六年八月在美國舉行第六次太平洋國際學會中也是瀰漫着失敗主義論調。胡適博士因以「太平洋均勢的變化」為題在美國各大學發表演講，並撰文刋載「外交季刋」（一九三七年一月號）指出：這種失敗主義都是由於觀察太平洋形勢的錯誤。日本在遠東的獨霸，是過去的史實，而不適用於今日了。由於日本暴力引出來了三種勢力：一、蘇聯的回到太平洋上來做一個第一流的強國。二、環繞太平洋上的一切非亞洲民族的國家的新興的軍備。三、近五六年內新興的統一的中國在努力造成一個能夠抵禦日本侵略的力量。

胡適強調：在這個新均勢裏，日本祇是幾個因子中的一個因子，所以就不成為一個獨霸的局面。但如果這些新興勢力不能好好的組織起來朝着一個共同目標上去發展，勢將引領我們走向慘烈的國際大戰禍……先起於日本不斷侵略而迫使中國抗戰，逐漸把太平洋上有關國家蘇聯英國以及美國一個一個的捲入漩渦。現代世界戰爭與和平都是不能分割的，沒有一個太平洋關係國家可以希望倖免戰害。

不幸，這一論文刋佈不過半年，日本對中國侵略戰全面展開。

是年（一九三七年）九月二十六日胡適飛到美國。從此不論是對美國政府官員或是公開演說，都是強調：中國作了最壞打算、最大努力，長期抵抗日本的侵略，戰事延長至二三十年也在所不惜。

一九四〇年十月，胡適又手擬長電致重慶外交部陳述，我國的苦撐待變主張已經時間證明。世局演變有利中國。「私心所期望尤在太平洋海戰與日本海軍之毀滅。此意似近於夢想；然史實昭著：中日間和平比戰爭困難百倍。太平洋和平會議未必比太平洋海戰更易實現。」「日本霸權全賴海軍支持，此時未必敢冒險作孤注。」

但祇不過一年以後，日本海軍突襲珍珠港，胡適的「夢想」成爲眞實。這是一九三七年以來日本一連串錯誤中的更大錯誤，對於中國自然是有利的，中國軍民抗戰到底的決心也益加堅強。

早在一九三七年八月十四日，蔣委員長卽宣佈對日全面抗戰一開始，祇有抗戰到底，絕不能中途妥協停戰。一九三八年冬，蔣委員長說明「抗戰到底」就是要恢復盧溝橋事變以前的原狀。一九三九年秋，歐洲大戰爆發，蔣委員長再進一步說明「抗戰到底」的意義：

「我們抗戰目的，率直言之，就是要與歐洲戰爭——世界戰爭同時結束，也就是中日問題要與世界問題同時解決。……這並不是說歐洲乃至世界人類應重遭戰爭的慘禍，而是認定今日的世界問題竟不幸要由戰爭的途徑始能解決的事實。因爲中日問題並非簡單的中日兩國問題，乃是整個東亞亦即整個世界的問題，而且今日中國問題實為世界問題的中心，故中國問題的解決，一定要和整個東亞或整個世界問題同時解決，始能得到眞正的解決。……因此，中國抗戰在時間上，尤其最後問題的解決上一定要和世界戰爭連結起來。」

這是很坦白且堅決的表示了中國是世界一部份，安危與共，休戚相關。對日抗戰到底的眞義不僅是絕不中途妥協，更不會單獨講和。事實上：中國對日抗戰比歐洲戰爭早兩年餘發生，中日戰爭結束卻在歐洲戰爭結束以後三個月。

不幸，日本軍閥始終祇按他們自己膚淺的看法，在武力征服中國的目的無法達成以後，竟又企圖利用汪精衞作工具配合武力，雙管齊下，企望能以迫使中國屈服，在一九四〇年底解決「支那事變」。

早在一九三九年四月初，重慶、香港大公報先後登載情報消息：汪精衞及日本首相平沼騏一郎成立秘密協定：日軍將攻佔西安、南寧、長沙，以及其他戰略要點。八月九日，汪精衞又在廣州廣播電臺發言：希望廣東將領張發奎等與汪合作統治華南。九月三日，歐洲戰爭爆發。十二日，日本在南京設立「支那派遣軍總司令部」，統率在華北華中各地區日軍部隊，其中駐守武漢地帶的第十一軍，是日本在中國境內唯一純粹野戰部隊，共計官兵二十三萬餘人。

是年（一九三九）九月十六日至二十三日，日軍在江西湖南發動攻勢，是「支那派遣軍總司令部」成立以後第一次大動作，即中國戰史所稱第一次長沙會戰。但日軍戰史於此卻輕描淡寫稱作「贛湘會戰」。事實上：在湘贛間山嶺重重的複雜地區，日軍行動並沒有密切配合，分進而不合擊。中國軍在湘北正面前線堅強抵抗，甚至孤軍奮戰，並逆襲日軍。這樣強熾的戰志實在大出日軍意外。而中國軍早已將湘北至長沙間鐵路公路徹底破壞，農田都灌滿了水，田間祇有不到半公尺的小路可以通行，日軍行動因此受了很大阻礙。中國軍獲得了按計劃向湘北東面山地轉移的時間。日軍發現中國軍「一舉長距離的退避作戰」，自忖無法擊潰中國軍主力，沒有進攻長沙，十月一日，即下令開始退卻。日軍前線指揮官對於南京總司令部不頒佈「攻佔長沙要點加以確保」的消極態度非常不滿。

當時，中國軍主力駐屯湖南，預防日軍捲土重來攻擊這一著名糧食產地。不意日軍利用海輪自青島臺灣祕密運輸部隊南下，十一月十五日在廣西欽州灣登陸，二十四日即進佔南寧，企圖切斷中國西南國際交通線。

克勞塞維茨有云：「戰爭在任何時期皆不是獨立事物，而爲政治的手段；由此觀察方能正確，理解各種戰史。」這對桂南會戰正足以說明。

一、進攻南寧的日軍主力是第五師團，坂垣征四郎曾任師團長，在臺兒莊被中國軍打擊後，坂垣被調回東京擔任陸軍省大臣，主持對中國的和平陰謀。支那派遣軍總司令部成立，坂垣出任總參謀長，負責在南京就近指導汪精衞僞組織。東京今特遣這一與坂垣淵源深切的部隊擔任這一任務，而有關這一作戰的日本陸海軍中央協定寫明：「本作戰有關謀略及政務由陸軍擔任。」政治意義之濃厚由此可見。

二、蔣委員長桂林行營主任白崇禧及第四戰區司令長官張發奎，過去都有與中央政府對立的言行。並且一九三四年，白崇禧在廣西時曾聘有日本顧問。慣於注重中國人弱點的日本人，不了解白張當時擁護抗日政策的堅定立場，特派曾任白崇禧的顧問某日人隨軍進入南寧且覓得昔日傭僕；而張又是汪精衞廣播公開爭取的對象——日軍行動正如蔣委員長所了解：希望中國內部受其武力威脅而分裂，殊不知結果適得其反。

三、中國軍精銳主力第五軍，立卽奉命自湖南向廣西省境集中，同時駐重慶、貴陽、湖北、江西各地的精銳部隊也分途南下趕往廣西——第五軍第二百師是使用德國製重武器的機械化部隊，師長、副師長、參謀長、參謀主任都是留學歐洲各軍事學校的優秀人才。這表示中國軍以極大決心來阻擊日軍的前進，並鞏固西南交通樞紐——柳州。第二百師攻擊被日軍佔領的崑崙關高地，發射德國製十五公分榴彈炮彈逾二千餘發。這是一九三七年八月上海會戰以後，中國軍所表現出的強大攻堅能力。

四、日軍原計長久佔領這一地區，曾設立僞組織，並在各地架設永久性電線。但由於中國軍強大壓力，加以中國在廣西越南間又另築成一國際交通連絡線。日軍佔領這一地區的意義完全消失，惟有撤退。旋決定進入越南以切斷中國對外交通線。但這又是一極大錯誤，是引致美日對立的一個主要因素。

經過這一次桂南會戰，日本了解用武力迫使重慶屈服的困難，因又改弦更張，派員在香港與重慶情報人員接觸。日軍企圖藉此鬆懈重慶當局戰志，重慶當局則利用這機會玩弄日本人，以遲滯日本承認汪精衞僞組織的時間。一九四〇年六月，雙方竟擬訂舉行「長沙會談」：蔣介石、坂垣征四郎、汪精衞三人面對面會談「解決一切」計劃！等到日本人發覺被重慶玩弄時，十個月時間已過去了。

當日本軍事行動與和平陰謀交互進行時，一九三九、一九四〇年的兩個夏季，日本軍飛機更對重慶施行疲勞轟炸，企圖迫使中國屈服。結果仍是不能發生效果，而中國軍在華北及長江南北各地區的遊擊戰及掃蕩戰更加增強。

一九四一年七月，日軍決計於是年九月發動攻勢，對中國第九戰區「一大打擊」，佔領湖南省長沙及株州，擄掠糧食等重要物資。經過兵棋演習及幾次修訂計劃，決定使用總兵力計步兵四十五大隊、砲兵二十六大隊、空軍六中隊，另附海軍及戰車部隊。九月十八日，攻擊開始，自湘北正面南下的日軍，遭受中國軍強烈抵抗，加以道路破壞，日軍補給困難，尤其對中國軍部署的判斷多不正確，多次發生與中國軍不期而遇的遭遇戰，甚至長沙東北山區要地平江縣城的攻佔計劃也被迫放棄。事實上：中國軍已在長沙東北山區形成了側擊態勢，並自湘江西岸強渡反攻，日軍被迫撤退。

日本軍經常宣傳攻入某地、擊滅了中國軍後「反轉原態勢」！實則克勞塞維茨早經指出：「在戰場上不可能有其他的決戰方法，即令敵軍僅由於缺乏補給而退卻，也仍還是由於接受我軍威力的脅制。」

一九四一年十二月八日，日本突襲珍珠港，同時按預訂計劃攻擊香港。中國軍爲牽制日軍行動，自湖南境內派遣兩個軍乘火車南運廣東。十三日，日軍決定進攻湖南以牽制中國軍的南下。第九戰區司令長官薛岳在日軍攻擊開始以前卽策定：誘致日軍至長沙近郊，中國軍在長沙東北山區以側擊態勢切斷日軍交通線。

向內陸退軍的最佳戰例

筆者當時正在薛岳將軍的司令部參謀處工作，自始至終了解這一會戰進行經過。戰役結束以後根據軍中文電、俘獲的日軍文件、日本廣播等撰述「第三次長沙會戰」（刊載商務印書館印行「抗戰紀實」）。戰後日本防衞廳編行的「香港．長沙作戰」曾閱讀拙文加以比對並引用，證明筆者紀錄是正確的，也就是說：日軍被誘步步向長沙陷穽前進。

十二月二十四日，日軍攻勢開始。翌日，香港陷落。乘車南下的中國軍立卽原車迅速北上。同時，在湘北中國軍正堅強阻擊日軍。二十七日，日本首相東條英機向國會報告戰況，譏諷中國軍馳援香港的行動因受日軍攻勢的威脅已成畫餅。同時，日軍飛機偵察報告「中國軍向長沙退卻中」。駐在漢口指揮這一會戰的日本第十一軍司令官阿南惟幾卽不顧情報及兵站等準備的欠缺，獨斷專行下令前線部隊迅速向長沙攻擊前進。

當時，長沙守軍早已深溝高壘，構築陣地，炮兵隊携十五公分榴彈炮在長沙西岸岳麓山瞄準日軍前進路線。正如孫子所提示的：「善動敵者，形之，敵必從之；予之，敵必取之。」「以利動之，以卒待之。」

日軍爲攻佔長沙爭先前進。一九四二年一月一日正午，日軍第三師團開始向長沙南郊攻擊。三日早，日軍第六師團向長沙北郊攻擊。長沙守軍第十軍憑藉完整的心理與物資準備堅強據守各要點阻擊日軍，長沙西岸中國炮兵也集中火力猛轟。日軍彈藥缺乏，攻擊頓挫。長沙東北山區的中國軍卻已出現於日軍背後，節節切斷，層層包圍，日軍祇有爭奪渡河點準備撤退。

日軍第三師團特選長於夜戰的精兵一大隊，由加藤少佐率領，企圖乘夜暗突入中國軍步哨線。結果沒有成功，加藤且被中國兵殺死，自其遺屍上搜獲作戰命令。薛岳將軍因此了解日軍的企圖及携帶彈藥已經用完，大喜曰：「得此一紙，勝過一萬挺機關槍增援！」立卽嚴令包圍日軍各部隊加緊攻擊。

日軍第三師團企圖奪回加藤遺體，加強攻擊，但中國軍十五公分榴炮的破壞力太大，精神威脅尤巨。四日夜，阿南惟幾在苦惱憂愁中下令日軍立卽開始「反轉」。但由於中國軍的包圍，日軍各部隊經過「重圍」「苦戰」「死鬬」後才被救出脫走，幾個聯隊軍旗幾次都瀕於被中國軍砍倒奪獲的危險。

經過十天的東突西走的苦戰，日軍才能脫離中國軍包圍，反轉北上。

戰後刊行日軍戰史記載這一戰役，檢討作戰結果及意義，認爲日軍自始至終卽因種種錯誤陷入困難重重的狀況。所以致此的最大原因在對於彼我戰力評價的錯誤，且不顧情報與兵站準備的欠缺，冒然前進，步步走入中國軍的陷阱。全戰役中，日軍戰死一、五九一人，戰傷四、四一二人，比較策應對象——香港攻略戰日軍傷亡多二·五倍。

這是太平洋戰爭發生，日軍所向無敵，第一次大失敗；對同盟國說來：美英軍無力迎擊日軍，中國軍卻首開勝利記錄。美國陸軍戰史有云：「對中國和她的盟友們說來，長沙是一值得回憶的地名。」美國作家且都尊稱薛岳將軍是「長沙虎將」或「湖南虎將」。

三個月以後，卽一九四二年四月十八日，杜立德率領美國飛機轟炸東京。日本軍民受此意外衝擊，對於美機來自何方？一時無法解答。嗣在中國江西省南昌附近捕獲美機飛行員五人，才了解美機是自航空母艦起飛，轟炸日本後飛到中國浙江省衢州降落。

日本爲求本土安全，封殺美機再度使用這樣「奇策」，東京大本營卽於四月二十日命令支那派遣軍迅速使用兵力將浙江省各機場徹底破壞——支那派遣軍當卽決定使用步兵八十七個大隊執行這一任務。這與日本攻略東南亞各地的總兵力相當。計劃自浙贛鐵路東西夾擊：五月十六日，日軍開始攻擊浙江省境中國軍，三十一日，日軍向南昌南方發動攻勢。

浙贛戰役的爆發正值中、美、英三國合力保衞緬甸失利，日軍且進迫我雲南省境。蔣委員長權衡全局：鞏固西南大後方，確保國際交通線，顯然比較浙贛前線更加重要。因此，中國軍祇以最少兵力在浙贛鐵路西段逐次抵抗。

從此以後，日本陸軍對華作戰方針，特別強調摧破中國野戰軍、封殺在中國境內的中美空軍力量。但美國製造飛機日新月異，續航力增加。自四川成都區新築機場起飛的B——29重轟炸機可以飛達日本本土、東三省、臺灣等地，而日本陸軍卻沒有攻擊四川的能力。

一九四二年八月初，中美英三國聯合在印度藍伽設立訓練營，自中國國內挑選體格壯健官兵空運前往受訓。一九四三年二月，在雲南重新裝備訓練三十個師的工作也開始進行。這都是爲收復緬甸以及中國總反攻之用。

日軍爲打擊中國軍戰力，牽制中國軍向雲南的集中行動。一九四三年十一月二日，使用四十五個大隊兵力進攻湖南省常德，以威脅長沙衡陽及四川。中國軍堅強逐次抵抗，經過二十天的外圍戰鬪，日軍才迫近常德北郊開始攻城。守城部隊迎擊，日軍聯隊長二人當場被擊斃。

常德是筆者出生地，我知道它的城墻主要是作沅江泛濫的堤防，從沒有經過近代槍炮攻擊。如今一萬三千名守軍在這城墻內外阻擊日軍。十一月二十五日，日軍集中炮兵重火器連續猛射，日軍飛機也臨空助戰。中國守軍在美國第十四航空隊緊密合作支援下據守民房堅強抵抗。二十八日午，日軍用大炮轟破城墻北門，突入城內。二十九日又用同樣方式轟破東門。但中國軍據守民房繼續抵抗，日軍乃放火焚燒民房，守軍仍繼續逐屋抵抗，展開激烈的市街戰。十二月二日，日軍集全力壓迫殘餘守軍退向城內西南側。守軍戰志仍旺盛，日軍一聯隊長被槍傷。三日拂曉，日軍再度總攻擊城內各據點，午前進佔全城。

常德市街戰進行時，日軍努力封鎖常德南岸地區，阻止自長沙前來救援的中國軍前進，兩軍都奮力爭戰。中國軍師長兩人陣亡，部隊仍繼續前進。十二月八日，中國軍克復常德。

早在十一月二十五日日軍進攻常德時，中美空軍比翼飛渡臺灣海峽空襲臺灣新竹。日本大本營極感刺激：認爲盟軍空襲日本本土已達實行階段，因計劃在中國大陸打通作戰，以覆滅中美空軍基地。支那派遣軍總司令部得悉佔領常德報告後即電令前線指揮官：應確保常德城。但日軍前線指揮官因官兵傷亡疲勞病患太多，常德南岸中國援軍攻擊激烈，日軍無力支持，即於十一日夜全線開始撤退。南京東京日軍總部聞訊都非常震怒，嚴厲命令停止撤退：立即進行對常德再度攻勢並予以確保。東京大本營作戰部長且自東京飛到南京，力圖挽回頹勢。但前線日軍已無力再作攻擊，祇有撤退。這正如克勞塞維茨所提示：「敵軍深入我境，由於攻擊的種種困難而漸趨於疲弊。兵力的分散、飢餓、疾病等已經使其實力大爲減弱；但促使敵人不得不退卻者，還是由於懼怕我軍的威力」。

中國經得起最嚴酷的考驗

自一九四三年秋，美國艦艇飛機在太平洋及中國戰場很活躍，空襲日本本土及切斷日本海洋交通的可能性日見增加。日本爲策安全，決定對中國積極作戰，打通平漢粵漢湘桂三鐵路線，徹底破壞鐵路沿線的飛機場，封殺美國飛機活動。

日本為進行這一作戰，將防衞日本本土的地面部隊及最新式飛機都調到武漢地區，關東軍的飛機、重炮隊、步兵、工兵以及架設鐵路橋樑器材等都被輸送華北。日軍戰史記錄：參戰總兵力人員約五十一萬名、馬十萬匹、火炮一千五百門、自動車一萬五千輛。不僅是中日戰爭七年來空前使用的強大兵力，比較一九〇四——五年日俄戰爭的奉天會戰日軍兵力二四九、八〇〇人超過一倍，火炮多六百門，作戰地域與作戰距離更超過日俄戰爭數倍。日第十一軍參謀長認為這眞是「曠古之大作戰」「世紀之遠征」。

一九四四年四月十八日，日軍利用新架鐵橋渡過黃河，揭開了大戰序幕。戰車一個師團、騎兵一個旅團及炮兵步兵等共計十四萬八千人在河南平原奔馳。中國軍祇有輕武器的步兵應戰，自難發生阻擊效力。五月八日，日軍打通平漢鐵路。二十五日，攻佔洛陽，河南會戰卽告結束。

五月二十七日，日軍發動對粵漢鐵路攻勢，使用兵力共計三六二、〇〇〇人，馬六七、〇〇〇四，火炮一、二八二門，戰車一〇三輛，自動車九、四五〇輛，再加海軍空軍協力配合。日軍火力與機動力都遠超過這一地區的中國軍。日軍這次採迂廻攻擊長沙戰略：先攻長沙東北山區，海軍同時掃除洞庭湖及湘江水雷封鎖線，掩護載運十五公分榴彈炮在長沙西岸登陸，與中國軍十五公分榴彈炮抗衡，迫使長沙守軍孤立。六月十八日，長沙失陷。日軍乘勢南下急襲衡陽機場。

衡陽守軍利用河川城墻丘陵巧妙的編成陣線，堅強抵抗日軍飛機與十五公分榴炮轟擊下的三次猛烈總攻擊，迫使經過市街戰特別訓練的日軍第五十八師團難以前進。日軍經過四十七天的苦戰後，始進佔衡陽。但如美國陸軍戰史所指述：這一勝利並沒有爲日本解決問題，因爲日軍在太平洋戰況已更加惡化。

日本陸軍部曾有人對於發動這一大作戰目的發生疑問。因當時日本正準備與美國在菲律賓決戰，理應傾注全力以赴，並避免在其他地區的消耗。但也有人以爲這一作戰是日本陰慘不利戰局中的一線光明，寄予更大期望。

日軍自衡陽沿湘桂鐵路進攻廣西。十一月十日，日軍攻佔桂林柳州。旋卽轉向黔桂鐵路進攻。十二月二日，佔領獨山。

獨山的不守，自表面看來是中國戰場的最惡劣時刻：日軍迫近貴陽，重慶昆明都遭受威脅。但就全球戰局看卻是中國戰場否極泰來的轉捩點。英國首相邱吉爾就在這一天同意羅斯福總統的建議：將緬甸戰地的中國軍兩個師運送回中國，鞏衞昆明。這說明中國軍自印度與雲南兩面反攻緬甸已獲勝利，國際路線卽將暢通。魏德邁將軍從此積極展開整理補充中國軍的工作。日本以國家命運爲賭注的菲律賓雷伊泰決戰，卻於是年十二月二十五日完全失敗，日本海軍的水上艦艇實已完全失去機能，日本本土與東南亞資源地帶的連絡也被切斷，喪失了進行近代戰爭所需物資的支援；同時，日本伙伴德國在歐洲戰場也已呈現頹勢。

日軍戰史指稱：湘桂作戰對於中國一大打擊，自爲不爭事實；然而作戰構想之初，封殺美空軍在中國基地以保障本土安全的預計。卻因太平洋美軍已進迫中國南海東海而幻滅，日本支那派遣軍主力卻深陷入中國大陸偏西地區，面對美軍自東來攻態勢，日軍顯已處於不利狀況；故日軍突進桂林柳州地區的意義何在？實在值得檢討。但當時東京南京日本軍部沒有這樣冷靜客觀的考慮。後來且又深入湖南西部山區，企圖消滅中國軍及飛機場，結果仍屬徒勞無功。

毀滅敵人兵力、佔領敵人土地、征服敵人戰志，原就是結束戰爭的三種方式，但七年餘的事實，尤其湘桂大戰以後的情勢，證明中國可以經得起嚴酷的考驗，日軍使用上述三種方式都無法達到目的。這是中國「以空間換取時間」對日總體戰略指導的正確成功。

克勞塞維茨指陳：「時間的要素，同為交戰雙方所必需；但綜合當時利弊得失，彼此較量而互相抵消，可能期待時間的利益方面，顯然是屬於被侵略者。時間的本身，即可能會帶來一個變局。」中國在這一反侵略戰爭的處境與經過，正為西方兵聖名言作一證明。

中國軍武器裝備訓練以及參謀作業等都遠不及日本，在八年抗戰中軍事戰略戰術都免不了許多錯誤。但全戰爭的最高指導原則總體戰略正確，比較日軍的「無謀」「無策」完全不可同日而語。

孫子和西方現代大將都認為戰爭藝術如烹飪之道，必須五味調和。美國朋友們想想幾十年前所謂「雜碎」的滋味，再嚐嚐紐約或舊金山中國街飯店中國酒宴各種菜色的配合，應可了解中國人在第一次中日戰爭及第二次中日戰爭之間的演變進步。這種相互配合嚴密組織就是中國人在第二次中日戰爭中執行長期抗戰總體戰略心理力量的反映。（原刊香港明報月刊一九七七年第一三九期）

日本戰史簡介

揭開中日戰爭及太平洋戰爭序幕的「七七」盧溝橋事變，今已屆四十周年。戰火餘生或未經過這一慘禍的人們，在這歷史紀念時日，惟有閱讀戰史，才能認識了解當前亞洲與世界局勢形成的由來。

早在五十年代，英美卽已刋行戰史，其中有關中國戰區的多着重印緬戰場。惟美軍爲占領日本主力，有參閱日本資料的便利，編輯戰史時曾加比證，傳信程度增高。中華民國國防部最初刋行「抗戰簡史」一册，後又陸續編印「中日軍事史略」及各重要會戰專輯，完全是基於本身資料，絕少比證敵友已刋書刋，且大多戰術戰鬪經過記述。日本防衞廳硏修所戰史室著、東京朝雲新聞社印行的「戰史叢書」九十六册，最近才出齊，是有關各國戰史最後問世的。（目錄附後）

日人對這一「戰史叢書」號稱「大東亞戰爭公刋戰史」，是「安慰二百六十萬戰死將士英靈及其遺族」，並遺留給子孫國民的史書。自「敗戰」後許多史料消滅或散逸，二十年前，日本防衛廳戰史室祇有就殘餘史料以及被遣送回國將校一萬餘人的口述或筆記回憶，幾千次合同審議，最後才定稿交印。當這些工作進行時，民國四十九年（一九六〇）八九月間，筆者曾有機會訪問這一戰史室，會見室長西浦進和若干編纂官，他們大多是曾經在南京「支那派遣軍」總部工作，獲知筆者戰時曾在第九戰區長官部編纂戰史，並與同仁合編「抗戰紀實」（商務印書館刋），因格外表示歡迎，相互解答問題，並讓筆者充分利用原始文件及已有的口述或筆記回憶。今刋「戰史叢書」第四十七種「香港．長沙作戰」中卽多引用「抗戰紀實」。拙編「第二次中日戰爭史」（綜合月刋社出版）也引用若干上述回憶錄。這一段「戰史機緣」實在非常珍貴。

「戰史叢書」所謂「大東亞戰爭」卽我盟國習稱的太平洋戰爭。「叢書」九十六册大多是有關太平洋作戰，中國戰場部份祇有十四册，按其出版先後目錄如下：㈠一號作戰：河南之會戰、湖南之會戰、廣西之會戰各一册。㈡北支之治安戰二册。㈢昭和十七、八年之支那派遣軍（浙贛、常德作戰等）一册。㈣昭和二十年之支那派遣軍二册（卽一九四五年四月芷江作戰以及無條件投降「大陸一〇五萬將兵終戰淚」）。㈤香港．長沙作戰一册。㈥支那事變陸軍作戰三册。㈦中國方面海軍作戰二册。

「一號作戰」首先出版，由於資料比較完全編纂順利，也是日本傾全國之力企圖對我作有力最後一擊，迫使我屈服終告失敗紀錄。據稱日軍自國內及東北調集精銳連同在中國戰場主力總計兵員五十一萬人、馬十萬匹、火炮一千五百門、汽車一萬五千輛。這不僅是中日戰爭空前強大兵力，比較一九〇四——五年日俄戰爭的奉天會戰日軍兵力超過一倍，火炮多六百門，作戰地域與作戰距離更超過日俄戰爭數倍。「一號作戰」因稱作曠古未有之世紀大遠征。對衡陽攻略比喻日俄戰爭時旅順要塞攻略之重演。然而中國在湘桂作戰不利後仍不屈不撓。而日軍原計此戰結束「支那事變」封殺美空軍在華基地以保障本土安全，如今卻以大部精銳兵力深入中國大陸偏西地區，面對美軍自東來攻日本本土態勢！故「廣西之會戰」於此特提出「日軍突進桂林柳州地區意義何在？實在值得檢討」。因爲力圖對中國抗戰中樞四川加以打擊，日軍主力初不惜深入中國西南；不料海軍大敗，美軍自東來攻三島。日軍勢須自「西向」改變爲「東向」，這在中美陸空聯合大力壓迫下要作這樣大轉向，談何容易！實在是日軍戰略指導的莫大錯誤。

事實上：自「七七」事變發生，蔣委員長卽早已根據歷史敎訓地理條件國內外情勢，決定在淞滬戰場採取攻勢，誘引日軍主力自華北南下消耗於江南戰場。「北支之治安戰」記載：一九三七年「十月初，（日本）參謀本部將主作戰自華北轉移上海方面」。這就是日軍自主動轉趨被動的重大關鍵：平津不守後，日軍如果驅使騎兵及機械化兵團自華北平原「走歷史路線」南下，中國勢將被縱斷爲東西兩部份，江南與四川大後方完全隔絕，中國能否形成長期抗戰形勢是一極大疑問。但自華北日軍轉移淞滬，它原來可主動南下的優勢已被迫轉變爲自東向西仰攻的不利狀況。這是中國「定計於廟堂之上」智慧能力遠勝日本將帥的事實。也是日本自戰爭序幕開始就已鑄成戰略指導的重大錯誤。今日本「戰史叢書」中以「大本營陸軍部」十巨冊及「大本營陸軍部：大東亞戰爭開戰經緯」五冊記述自明治維新以來國防政策迄無條件投降各時期的政戰略以外，又另編「支那事變陸軍作戰」三冊，詳述自盧溝橋事變發生後政戰略指導：不擴大方針的崩壞、擴大，「支那事變」解決不成，終於捲入世界戰爭漩渦的實態研究。祇就已有事實檢討，不免流於支離，且沒有從深廣遠大處着眼，自然仍舊不了解中國政戰略指導的精義，檢討得失。

「北支之治安戰」中有所謂「閻錫山工作」，並刋出閻與日本第二軍軍長在太原會晤攝影。日人可能以爲是政治分化得意之筆，殊不知閻的政治手腕非常高明，這可能是一緩兵計，誘使日軍不南渡黃河攻擊潼關西安，閻也始終在山西省境，待機東向截擊河北省日軍。

「北支之治安戰」中對中共宣傳的「平型關勝利」「百團大戰」都加上「所謂」兩字。但用甚多篇幅記載中共軍構築工事內容及戰法特點。而所謂「北支之治安戰」，就是說日軍主力轉移江南，祇以補充兵編成混成旅團在華北施行所謂治安綏靖戰，而日軍最強大野戰軍從此以至「敗戰」始終集中京滬杭三角地區，尤其武漢地區。這一記載對於中共宣傳在華北牽制在華日軍最多兵力並用比例數字表示的說法是最有力的駁證。

太平洋戰爭爆發(一九四一年十二月八日)，日軍所向無敵，大有「擊滅英米」野心，但阻止華軍援救香港的長沙作戰(我方稱作第三次長沙會戰)卻完全失敗。當是年十二月二十四日日軍發動這一作戰時非常驕狂。二十五日，香港守軍投降。二十七日，日本首相東條英機在國會報告戰況，譏諷中國軍南下廣東的行動因受日軍攻勢威脅而成畫餅。同時，日偵察機報告湘北華軍正向長沙方面退卻中——日軍經過四年戰爭仍不認識了解中國「向內陸退軍」大戰略的精義。事實上：湘北華軍是向東北山區轉移，形成面對妄進的日軍側擊截擊態勢，長沙守軍早已深溝高壘嚴陣以待，火車南運廣東的我軍因香港陷落又迅速原車北上，尤出乎日本意料。「香港・長沙作戰」記述作戰經過，最後檢討作戰結果及意義，坦承日軍自始至終卽因種種錯誤陷入困難重重狀況。所以致此的最大原因在對於彼（中國）我（日軍）戰力評價錯誤，不顧情報與兵站準備的欠缺，步步走入中國軍的陷阱。全會戰中日軍戰死一千五百九十一人，戰傷四千四百一十二人，比較策應對象香港攻略的日軍傷亡多二倍半。「香港・長沙作戰」引用拙編「抗戰紀實」文字甚多，並刋有指揮長沙會戰的薛岳上將玉照。

綜觀日本「戰史叢書」體例及內容，冷靜平實的論述標準可說大體做到，特刋「海上護衞戰」一册說明戰敗之重大原因船舶損耗的實態，尤具匠心。對中國軍作戰勇敢的讚美多於貶詞，比較英國官民撰刋戰史輒指中國抗戰不力，對入緬國軍行動尤多誣辱不同。

日本「戰史叢書」體例頗多取法英美戰史，例如上述十數册有關政戰略指導卽其一例。今全書出版時正當美德學術界注意研究東亞及太平洋戰史，近百册裝訂精美的巨著在美國大圖書館中插架，實在引人注目。我國防部印行綠色封面平裝戰史就顯出不相稱了。

如上述：日人迄今不認識了解中國「向內陸退軍」長期抗戰的精義，我國實應根據大溪檔卷及黨政軍各種會議記錄與其他文件，迅速編纂一「中國對日總體戰略指導」，增加日本及世界對我了解，設如將這一戰史叢書中有關中國戰場部份編譯中文刊行，比較二十年前譯印「日軍在中國方面作戰紀錄」三卷，對我軍民尤有裨益。中日兩國必須相互認識了解，才可永久和平共處，才可永慰我萬千因抗戰死難軍民的英靈。

〔附〕日本戰史叢書九十六卷書目

《1》マレー進攻作戦

緒戦まず英国東洋の牙城を攻略—奇襲敵前上陸、大突進作戦、更にシンガポール要塞攻撃など、特に山下、小澤の名コンビが精彩。

¥3200

《2》比島攻略作戦

緒戦唯一のつまづき・本間将軍以下の苦悩—日本陸軍でもっとも古く、早くから研究されたのに、なぜ最大の苦渋をなめたのか。

¥3200

《3》蘭印攻略作戦

石油資源要域の獲得成る—南方進攻作戦の大眼目達成、しかも世界戦史に前例のない大渡洋上陸作戦、最初の空挺作戦が実行された。

¥2200

《4》一号作戦〈1〉河南の会戦

世紀の大遠征・一大野戦の火蓋—昭和十九年秋、支那派遣軍の実施した大陸縦貫一、五〇〇粁に及ぶ大作戦中、まず河南の進撃叙述。

¥4200

《5》ビルマ攻略作戦

攻戦略上の要衝攻略—ビルマ問題の生起から同作戦経過、スマトラ、アンダマン作戦の推移とともに、攻略上の諸問題を解明。

¥4200

《6》中部太平洋陸軍作戦(1)　マリアナ玉砕まで

太平洋の防波堤崩壊—第三十一軍十数万に及ぶ大兵が「我身をもって太平洋の防波堤たらん」として玉砕した悲劇の運命。

¥4200

《7》東部ニューギニア方面陸軍航空作戦

未知の戦場における悪戦苦闘—一年有半にわたる陸軍航空の悪戦状況を明らかにするとともに、その根本的原因を究明する。

¥2200

《8》大本営陸軍部(1)　昭和十五年五月まで

大東亜戦争陸軍戦史—明治百年近代日本の歩みのなかの陸軍、国防国策の推移、陸海軍間の問題などに関する類例のない通史。

¥4200

《9》陸軍軍需動員(1)　計画編

大正六〜昭和十二年約二〇年間にわたる陸軍軍需動員の計画準備！陸軍は早くから軍需品整備の基盤たる国力培養のため総動員を推進。

¥4200

《10》ハワイ作戦

開戦劈頭真珠湾奇襲・米太平洋艦隊主力潰滅—精鋭な飛行機隊の攻撃は全世界を驚倒させたが…諸問題解明のための現時点決定版。

¥3200

《11》沖縄方面陸軍作戦

熾烈な国土防衛戦の典型—約五〇万の島民が直接戦闘の渦中に入り地上寸土を争う血戦とあらゆる特攻が展開、全貌余す所なし。

¥3200

《12》マリアナ沖海戦

日米両海軍が全力をあげて戦った最大にして最後の大海戦—これに敗れた日本は敗戦への急湍をくだるのだが、将兵の勇戦偲ぶべし。

¥2200

《13》中部太平洋陸軍作戦(2)　ペリリュー・アンガウル・硫黄島

マリアナ以後の中部太平洋の激闘—ペリリュー、アンガウルの玉砕戦闘、硫黄島に展開された日米の肉弾相搏つ激戦を詳述。

¥4200

《14》南太平洋陸軍作戦(1)　ポートモレスビー・ガ島初期作戦

予定戦場以外に惹起した日米両軍死闘の序幕—ガ島に対する反抗開始と一木支隊の攻撃、スタンレー山系への突進、川口支隊攻撃等。

¥2200

《15》インパール作戦　ビルマの防衛

悲惨をきわめた問題の作戦に関する正しい戦史—このほか、アキャブ、フーコン、ウィンゲート掃蕩作戦など多彩なビルマ防衛記録。

¥4200

《16》一号作戦(2)湖南の会戦

世紀の大作戦・第二段階—全般戦局との関連を含めて、前巻に引き続き湘桂作戦中、華中における作戦を「湖南の会戦」に纏めた。

¥3200

《17》沖縄方面海軍作戦

必死必殺の特攻戦法—沖縄方面海軍作戦の経過とともに、航空、海上（大和特攻）、水中の特攻採用の背景、経緯等を叙述。

¥2200

《18》北支の治安戦(1)

毛沢東戦略と北支治安戦—北支治安戦（大東亜戦前）の全貌、特に昭和十五年八月第八路軍の「百団大戦」前後の事情を解明。

¥3200

《19》本土防空作戦

原爆投下で終止符を打たれた本土防空—大正末期から終戦にいたる本土防空の諸施策とその作戦の実態を明らかにして近代戦を探る。

¥2200

《20》大本営陸軍部(2)　昭和十六年十二月まで

開戦前の政戦略—前巻に続いて昭和十六年十一月一日、米英蘭に対し開戦を決意し、翌二日開戦日を十二月八日に決するまでを叙述。

¥4200

《21》北東方面陸軍作戦(1)　アッツの玉砕

アッツの玉砕とキスカ撤収作戦—洋上における最初の玉砕として内外を衝撃、しかしその直後キスカ撤収の奇蹟を生んだ。

¥2200

《22》西部ニューギニア方面陸軍航空作戦

陸軍航空主力の決戦—マッカーサー攻勢（ホランジア、ワクデ、ビアク、ヌンホル、サンサポール、モロタイ）の矢面に立った死闘。

¥2200

《23》豪北方面陸軍作戦
今村軍政と阿南統帥—陸軍上下の輿望を荷って豪北に向かい、マッカーサー攻勢の正面に立ちはだかった阿南大将の統帥を描く。 ¥4200

《24》比島・マレー 方面海軍進攻作戦
比島航空撃滅戦・マレー奇襲上陸・マレー沖海戦—緒戦の南方要域攻略作戦中 その前半すなわち比島、マレー方面海軍作戦の記録。 ¥2200

《25》イラワジ会戦 ビルマ防衛の破綻
ビルマ作戦慟哭の書—インパール退却作戦、雲南の勇戦敢闘からイラワジ会戦の経緯、崩壊及びメイクテイラ失陥までの血涙の記録。 ¥3200

《26》蘭印・ベンガル湾方面海軍進攻作戦
蘭印攻略・印度洋制圧—「ハワイ作戦」、「比島マレー方面海軍進攻作戦」とともに緒戦における海軍南方作戦の三部作である。 ¥2200

《27》関東軍(1) 対ソ戦備・ノモンハン事件
関東軍総巻・第一巻—日露戦争以後の対ソ作戦準備を概説しているが、重点は国境紛争事件、特に張鼓峯、ノモンハン事件である。 ¥3200

《28》南太平洋陸軍作戦(2) ガダルカナル・ブナ作戦
大本営会議によるガ島撤退—今村第八方面軍の統帥発動、翌年二月の撤収、東部ニューギニア第十八軍のブナ付近作戦等を収録。 ¥4200

《29》北東方面海軍作戦
ドウリットル空襲と北海の作戦—アリューシャン攻略から放棄までの記録、特に北海唯一の海戦・アッツ沖海戦、キスカ撤収等究明。 ¥2200

《30》一号作戦(3) 廣西の会戦
桂林・柳州の攻略と独山、八寨への追撃—B-29基地覆滅目的達成、蒋総統「中国にとって最悪の年」と嘆ぜしめた作戦であった。 ¥4200

《31》海軍軍戦備(1) 昭和十六年十一月まで
日本海軍の成長過程—日露戦争後から対米海軍建設を軍備、用兵思想、諸官制、人的軍備燃料、予算、戦備促進などにわたって詳述。 ¥2200

《32》シッタン・明号作戦
ビルマ戦線の崩壊と泰・仏印の防衛—ボースおよびオンサン悲願の行方と僅かに全うした泰 仏印の防衛のなかに今日の情勢を窺う。 ¥2200

《33》陸軍軍需動員(2) 実施編
国力・戦力ジリ貧推移の実相—昭和十二年秋軍需動員、総動員発動、大東亜戦突入、終戦の経過に伴う国家国軍の国力戦力低下の姿。 ¥2200

《34》南方進攻陸軍航空作戦
大陸から海洋に転じた陸軍航空の苦悩と活躍—緒戦における南方要域の攻略、すなわちマレー、比島、蘭印、ビルマ等の陸軍航空戦史 ¥2200

《35》大本営陸軍部(3) 昭和十七年四月まで
緒戦大勝後の苦悩・戦略転換期の難関—第二段作戦の遂行に当たっての陸海軍の論争経緯を明らかにする『果たして悔なきや?』 ¥2900

《36》沖縄・台湾・硫黄島方面 陸軍航空作戦
戦争末期、陸軍航空死闘の記録—重点は沖縄作戦、特に特攻であるが、同作戦における陸海軍、地上、航空間の機微解明に努める。 ¥2900

《37》海軍捷号作戦(1) 台湾沖航空戦まで
「勝利はわが頭上に」と狂喜させた台湾沖航空戦の全貌!海軍捷号作戦の経過、特に台湾沖航空戦の真実を究明する。 ¥2900

《38》中部太平洋方面海軍作戦(1) 昭和十七年五月まで
グアムの攻略とウェークの苦戦—開戦までの南洋の地誌等を序編とし、次いで主として第一段作戦、第二段作戦の初動に及ぶ。 ¥2900

《39》大本営海軍部・聯合艦隊(4) 第三段作戦前期
第三段作戦方針・山本長官戦死—ガ島撤退完了後、海軍は第三段作戦方針を発令して作戦を指導したが結局、山本長官戦死に終わる。 ¥2900

《40》南太平洋陸軍作戦(3) ムンダ・サラモア
本格的反攻に対する激戦苦闘—昭一八・二～一〇までの作戦、特に中部ソロモンのムンダ周辺と東部ニューギニアサラモア付近が焦点 ¥2900

《41》捷号陸軍作戦(1) レイテ決戦
戦われた唯一の日本軍決戦「捷号作戦」中のレイテ決戦—日米共に論議の末十九年十月比島方面決戦生起、台湾沖、レイテに進展。 ¥2900

《42》昭和二十年の支那派遣軍(1) 三月まで
南部粤漢鉄道打通作戦・老河口作戦—一号作戦の終末に伴う岡村総司令官の四川進攻具申経緯、その間敗退となった老河口作戦など。 ¥2900

《43》ミッドウェー海戦
完敗・戦勢転換の関頭に立つ—ミッドウェーの完敗は一ヵ月前の珊瑚海海戦・続いて生起したガ島と重なって遂に戦局は一変した。 ¥2900

《44》北東方面陸軍作戦(2)
千島・樺太・北海道の防衛
北方における対ソ本土防衛戦―昭和十八年五月から終戦までの北東方面対米作戦準備と現実に戦われた樺太、千島の対ソ作戦記録。
¥4200

《45》大本営海軍部・聯合艦隊(6)
第三段作戦後期
特別攻撃隊に採用・比島沖海戦―昭和十九年後半における統帥記録。なかでも注目すべきは岡田大将を中心とする倒閣運動であろう。
¥4200

《46》海上護衛戦
敗戦の重大原因となった船舶損耗の実態―協力国家的総合施策を包括しつつも特に海軍の立場から戦争全期を通ずる対策を記述。
¥2900

《47》香港・長沙作戦
香港要塞攻略と阿南統帥の真髄―開戦劈頭の香港攻略対英作戦とその前後に行なわれた長沙(第一、第二次)作戦を一括記述。
¥2900

《48》比島捷号陸軍航空作戦
第四航空軍の栄光と悲劇―連合軍のレイテ島上陸に始まって比島全域決戦に及ぶ。この間における惨烈をきわめた航空作戦の全貌。
¥2900

《49》南東方面海軍作戦(1)
ガ島奪回作戦開始まで
南太平洋上空海の激戦続く―開戦直後の要地攻略作戦 珊瑚海海戦 第一次及び第二次ソロモン海戦を重点に昭一七 八下旬まで。
¥4200

《50》北支の治安戦(2)
治安戦の実態を究明―大東亜戦争勃発時から終戦までの北支那方面軍が実施した中共党軍に対する治安戦の記録。特性把握に必読。
¥2900

《51》本土決戦準備(1)
関東の防衛
関東地方に準備した日米決戦の構想と防衛に関する変遷経緯と実態 本土決戦、特に関東地方の[illegible]
¥4200

《52》陸軍航空の軍備と運用(1)
昭和十三年初期まで
日本における航空の草分け陸軍航空[illegible]空は満洲大陸作戦基調に育成されたが[illegible]歳の若さで南方海洋作戦に玉砕した。
¥2900

《53》満洲方面陸軍航空作戦
内地で生れて満洲で育った陸軍航空―満洲における陸軍航空部隊の究明は、その本質を理解する唯一の手掛りになるであろう。
¥2900

《54》南西方面海軍作戦
第二段作戦以降
胸を痛めるマニラ海軍陸戦隊の玉砕―南方進攻作戦終了時から終戦までの南西海軍方面作戦を記述。ただし捷号作戦は別巻に収録。
¥2900

《55》昭和十七・八年の支那派遣軍
重慶進攻作戦準備の実態を解明―浙贛作戦、江北 江南殲滅作戦、常徳作戦など支那派遣軍中支方面における作戦を主に記述。
¥4200

《56》海軍捷号作戦(2)
フィリピン沖海戦
比島東方の一大艦隊決戦・フィリピン沖海戦の全貌―米軍比島来攻以後における捷号作戦の経過、特にフィリピン沖海戦の真実究明。
¥2900

《57》本土決戦準備(2)
九州の防衛
南九州に予想した日米決戦構想―本土決戦はまず南九州志布志湾から上陸する米軍を邀撃することから始まると判断した。
¥3200

《58》南太平洋陸軍作戦(4)
フィンシュハーヘン・ツルブ・タロキナ
南太平洋の最前線に反攻熾烈―十八年中期、我は敵の大反攻を真正面に受けとめた。特にフィンシュハーヘン ツルブ タロキナの血戦を描く。
¥3200

《59》大本営陸軍部(4)
昭和十七年八月まで
連合軍の反攻始まる―十七年六月のミッドウェー海戦は日米の立場を逆転。八月連合軍が突如ガ島上陸、中央の作戦指導大きく揺らぐ
¥3200

《60》 **捷号陸軍作戦(2)** ルソン決戦
戦没将兵四八万の血涙—比島戦没者の大部はルソン島におけるもの。大東亜戦争の呂宋島はまさに日露戦争の旅順であった。 ¥4200

《61》 **ビルマ・蘭印方面第三航空軍の作戦**
ビルマ方面攻防の熾烈な航空戦—昭和十七年七月以降のビルマ方面航空戦とパレンバン等要域の防空作戦から航空戦力の本質を究明。 ¥3200

《62》 **中部太平洋方面海軍作戦(2)** 昭和十七年六月以降
ガ島撤退、山本長官戦死—時運は我に味方せず 中部太平洋の島々は玉砕に玉砕を重ね、残る島々も餓死寸前で終戦の玉音を聞く。 ¥3200

《63》 **大本営陸軍部(5)** 昭和十七年十二月まで
ガ島撤退の聖断—船舶こそ戦局を左右する鍵であった。作戦か 国力造成か。本巻は省部の船舶論争を軸にガ島撤退決定の機微を詳述 ¥3200

《64》 **昭和二十年の支那派遣軍(2)** 終戦まで
大陸一〇五万の将兵終戦に涙す— 二十年四月以降における支那派遣軍の記録、特に芷江作戦、東面対米作戦転移 関東軍への増援など。 ¥4200

《65》 **大本営陸軍部 大東亜戦争開戦経緯(1)**
待望十年、開戦政戦略史(戦争指導)第一巻—欧州戦局の激動から筆を起こし、近衛第二次内閣の画期的新政策に及ぶ。 ¥3200

《66》 **大本営陸軍部(6)** 昭和十八年六月まで
困難な自彊必勝態勢の確立—十八年初頭のガ島撤収作戦からアッツ玉砕、キスカ撤収にいたる間の大本営の政戦略指導を解明。 ¥3200

《67》 **大本営陸軍部(7)** 昭和十八年十二月まで
絶対国防圏確立への努力—南東方面の戦線崩壊と太平洋方面の国防線後退問題に直面して苦悩する大本営の作戦指導を究明する。 ¥3200

《68》 **大本営陸軍部 大東亜戦争開戦経緯(2)**
いよいよ北部仏印進駐・南進の第一歩か—日独伊三国同盟締結から日蘭会商・国内進体制の進展など内外の施策目覚まし。 ¥3200

《69》 **大本営陸軍部 大東亜戦争開戦経緯(3)**
ついに汪精衛政府承認・日米交渉始まる—この間、対仏印泰施策、対南方施策要綱、日ソ中立条約締結等南方問題あわただし。 ¥3200

《70》 **大本営陸軍部 大東亜戦争開戦経緯(4)**
日蘭会商決裂・独ソ開戦—「関特演」発動と共に南部仏印進駐、賽は投げられた。そして九月六日の御前会議に及ぶ。 ¥3200

《71》 **大本営海軍部・聯合艦隊(5)** 第三段作戦中期
絶対国防圏の一角崩れる—相次ぐ敵の反攻により、日本軍必死の防衛も逐次崩壊、国運を賭けた「あ」号作戦も失敗、サイパン失陥に至る。 ¥3200

《72》 **中国方面海軍作戦(1)** 昭和十三年四月まで
揚子江と日本海軍—明治中期ころからの支那方面における日本海軍の警備状況および支那事変初期の海軍作戦を叙述。 ¥3200

《73》 **関東軍(2)** 関特演・終戦時の対ソ戦
未曾有の大動員・決意なき対ソ作戦準備—対ソ作戦のため発動された関特演は逐次骨抜きとなり、終戦時遂にソ軍の侵入となる。 ¥4200

《74》 **中国方面陸軍航空作戦**
中国大陸における陸軍航空第一線部隊の長期作戦—支那事変から大東亜戦争終末まで、間欠的な奥地戦略爆撃と連続する地上作戦協力。 ¥4200

《75》 **大本営陸軍部(8)** 昭和十九年七月まで
絶対国防圏崩壊—大本営の希望を托した絶対国防圏は米軍一連の攻勢に脆くも崩れ、マリアナ落ち、東条内閣は総辞職。 ¥4200

《76》 **大本営陸軍部 大東亜戦争開戦経緯(5)**
運命のハル・ノート、廟議開戦に決す—開戦直前の政府、陸海軍の苦悩と配慮を究明して余りなし。 ¥4200

《77》 **大本営海軍部・聯合艦隊(3)** 昭和十八年二月まで
南太平洋の戦局に暗澹の兆—ミッドウェー敗戦後最先端ガダルカナル島に前進基地を推進したのであったが遂にガ島撤退となる。 ¥4200

《78》 **陸軍航空の軍備と運用(2)** 昭和十七年前期まで
本格的な軍備拡充と空軍的用法醸成—支那事変、ノモンハン事件、仏印進駐等に続いて陸軍航空は南方進攻作戦に成功した。 ¥4200

《79》 **中国方面海軍作戦(2)** 昭和十三年四月以降
終戦まで八年間の支那方面海軍作戦—遡江作戦、封鎖作戦、航空作戦、仏印進駐と、大東亜開戦への道程を探り、更に終戦までを叙述。 ¥4200

《80》 **大本営海軍部・聯合艦隊(2)** 昭和十七年六月まで
ハワイ、マレー沖からミッドウェーへ—大東亜戦争開戦初期の赫々たる勝利からミッドウェー敗戦にいたる海軍の作戦指導を究明。 ¥4200

《81》大本営陸軍部(9) 昭和二十年一月まで
サイパン失陥後の決戦準備—戦勢の一挙転換を期して行なわれた捷号作戦準備と捷一号決戦の実施を主とし、本土決戦準備に及ぶ。
¥4200

《82》大本営陸軍部(10) 昭和二十年八月まで
終戦の詔勅遂に下る—原爆投下、ソ連の参戦は日本の継戦意志を打ち砕いた。本書は昭和二十年の大本営の政戦略指導を詳述。
¥4200

《83》南東方面海軍作戦(2) ガ島撤収まで
ガ島奪回作戦は勝敗の分岐点—ガ島奪回作戦南太平洋海戦、第三次ソロモン海戦等ガ島撤退に至るまでの経過を解明。
¥4200

《84》南太平洋陸軍作戦(5) アイタペ・プリアカ・ラバウル
国軍決戦に寄与せんと苦闘を継続—十九年春から敵主力は絶対国防圏城を突破し本土に近迫。当時のソロモン、東部ニューギニア戦。
¥4200

《85》本土方面海軍作戦
内戦部隊の黙々と続けられた日本近海での苦闘—華やかな外戦部隊の陰に地味な苦闘を続けた内戦部隊活動の記録。

《86》支那事変陸軍作戦(1) 昭和十三年一月まで
蘆溝橋事件から南京攻略へ—事変勃発の原因を究明し、不拡大方針の崩壊、国民政府を対手とせずの声明に至る政戦略指導を解明。

《87》陸軍航空兵器の開発・生産・補給
陸軍航空兵器の弱体が敗戦の原因となる—大東亜戦争の同武器体系の進展と、敗戦までの開発生産、補給の実態を究明敗戦の要因を探る。

《88》海軍軍戦備(2) 開戦以後
戦争中の艦艇航空機戦備の実相—邀撃戦備から戦局に随動、航空優先、二転三転の戦備計画とその実行経過を特攻、燃料を含め解明。

《89》支那事変陸軍作戦(2) 昭和十四年九月まで
不拡大方針から拡大へ—台児庄作戦から徐州会戦に、そして武漢攻略作戦へ。蔣政権は武漢から重慶に移り抗戦継続、新政権胎動。

《90》支那事変陸軍作戦(3) 昭和十六年十二月まで
事変の解決成らず、世界戦争の渦中へ—支那事変の解決をひたすら念願しながら遂に世界戦争の渦中に巻き込まれていく実態を究明。

《91》大本営海軍部・聯合艦隊(1) 開戦まで
日本海軍の開戦までの通史—創設から対米英開戦まで七十五年間の、日本海軍中央部の制度および施策を、軍令事項を重点に展望。

《92》南西方面陸軍作戦 マレー・蘭印の防衛
総力を挙げての昭南防衛作戦—終戦までの昭南を中心とする第七方面軍の防衛作戦を解明し、併せて南方軍政の概要を記述。

《93》大本営海軍部・聯合艦隊(7) 戦争最終期
本土決戦を前に終戦の詔勅下る—絶望的戦局下、いかにして勝利を求めんとしたか。比島沖海戦後から終戦に至る最高統帥の解明。

《94》陸軍航空の軍備と運用(3) 終戦まで
大東亜戦争陸軍航空決戦の全貌—連合軍の全面反攻特にマッカーサー攻勢に対決した陸軍航空の編成用法、統帥の解明。

《95》海軍航空概史
草創時代から終焉にいたる変遷—開戦初期大活躍の根源、その後の急速戦力低下の原因を究明し、海軍作戦航空面の背景を解説。

《96》南東方面海軍作戦(3) ガ島撤収後
ラバウルの孤立—聯合艦隊のほとんど全兵力を投入するなど、南東方面海軍作戦は必至の努力にもかかわらずラバウルついに孤立す。

從蘇俄課本談歷史是非爭奪戰

> 第二次世界大戰結束以來，東西集團卽展開激烈的歷史是非爭奪戰。中共與蘇俄同奏歪曲中國歷史的論調；日本且對戰史大作翻案文章。本國人豈能置身事外！

最近報載美聯社從倫敦發出電訊報導（臺北英文中國日報刊於民國六十五年十一月二十二日第二版）：一位對戰爭有興趣的英國音樂家賴龍斯（Graham Lyons）把他獲得的兩册蘇俄高中教科書譯輯成一册一百四十頁的英文書刊行，題名「第二次世界大戰的俄文敍述」（The Russian Version of the Second World War）。全書主旨在使西方世界人士認識了解：俄文敍述的第二次世界大戰與西方世界的記載截然不同！

俄文書抹煞盟國戰役

俄文書把所有盟國的戰役都完全抹煞淨盡：不祇對不列顛之戰、英國皇家海軍空軍的戰鬥等等沒有隻字敍述，卽如美國強大海空軍在太平洋對日軍的反擊與進攻，如菲律賓雷伊泰灣七日夜的攻擊等等也被一筆勾銷。書中祇有兩處提到羅斯福總統：一是敍述德黑蘭會議時，另一處是提到他的突然逝世。邱吉爾則被斥爲「殖民主義者」。至於美英對蘇俄的軍火物資援助也被指責是不規則的、作用非常微小。總之，在這二冊蘇俄教科書灌輸給學生的「知識」是第二次世界大戰中蘇俄「唯我獨尊」：祇是由於蘇俄軍民的作戰才先後擊敗德國、日本，重建世界和平。

據新聞報導，這位譯印蘇俄課本的英國音樂家今年四十歲。也就是說：他出生於第二次世界大戰爆發前夕，當他四歲至十歲間在故鄉正好飽嘗戰爭滋味，炸彈聲槍砲聲也應耳熟能辨。他的父兄家人或親近戚友可能曾參加不列顛之戰或諾曼地登陸戰——甚至光榮戰死，以身殉國。大概由於這些可能的事實引起他又對這一大戰的興趣，否則慘酷的戰場、殺人武器的呼嘯如何能與安祥悠雅的音樂韻律相互調和誘發他的靈感？

不論上述推測是否符合事實，或者另有其他誘因；賴龍斯先生總可稱作「有心人」：他將蘇俄在國外高唱「和平共存」，在國內施行「排斥西方」「唯我獨霸」「大國沙文主義」教育後代的深遠企圖揭發出來，對西方世界尤其倡導「低盪」人士是否會發生「清涼」作用今可不必懸揣，但歷史學家及政論家於此沒有多盡職責卻應警惕慚愧。

陰謀詭計變成政治神話

早在馬克斯和恩格斯著述中卽提示：研究、解釋和揭露資本主義國家的對外政策和外交是共產黨人最重要的任務之一。列寧也認爲這個問題有巨大的意義，他曾對人民羣衆沒有讀外交史書籍一點感到惋惜。他自一九〇五年以來就再三指示其黨徒：「要無條件對於鬪爭方式作歷史的考察。」一九五〇年，莫洛托夫慶祝史達林七十歲生日論文中更說，史達林「對各國歷史的深邃知識」是「蘇俄外交政策取得決定性成功的先決條件」。同時，由於一九四〇年至五八年間中文譯印的蘇俄史籍，特別是第二次世界大戰前後的外交史和國際關係史種類衆多，更可見蘇俄對於這一工作日益重視，並且將這一「共產黨人最重要的任務」傳授給中共黨徒。一九五五年至五七年，蘇俄專家列・庫達科夫在「北京國際關係學院」講授現代國際關係史（一九一七至一九四五年）兩年，他的俄文講義於一九五八年九月譯成中文（約八十萬字）刋行，卽一最顯明事例。

自一九一七年蘇俄共黨取得政權，卽強調宣傳資本主義國家「仇視蘇聯」，將「進攻蘇聯」，要求俄人及各國共產黨徒「爲保衞蘇聯而鬪爭」。一九二〇年初，列寧運用「利用並擴大他人的矛盾」的策略，初假美國壓力迫日本自西伯利亞撤兵，旋卽巧妙轉向，針對華盛頓會議後日本憤怨美國的情緒贊助日本反美。史達林執政後更努力於「誘導日本南進，促成日美直接衝突，以消除對俄威脅」的陰謀。一九三一年九一八事變以後，俄共指示中共「反日要預防親美」，而俄人卻對日本示好。接着一九三五年出售中東鐵路給「滿洲國」，一九四一年四月十二日，蘇日中立條約簽訂，史達林空前絕後出現在莫斯科車站與日本外相松岡洋右擁抱。都是有計劃使日本感覺北顧無憂而加緊侵略中國和努力南進，俄人即可集中力量於歐洲。而日本軍人愚昧無知，尤其陸軍叫囂多年防俄反共，一九四一年六月在德蘇戰爭爆發後，竟不把握機會北進，卻於是年十二月突襲珍珠港發動對美戰爭。蘇俄多年陰謀完全如願以償。

蘇俄在歐洲的部分是比較開發地區，時感英、法、德諸國的威脅，尤其是希特勒崛起後恐懼更甚。蘇俄利用及擴大英、法、德諸國的矛盾的手段也無所不用其極。一九三九年八月二十三日，蘇德互不侵犯條約簽訂是她翻雲覆雨手法的一高峯。這是一百八十度的大轉變。在蘇俄報紙上，多年被咒駡是瘋狗的希特勒在一夜之間被稱爲德意志元首。俄人都大感茫然，其他各國共黨更不知所措，無法作這樣的急轉彎，如美國共產黨的報紙就祇有暫時停刊。

蘇德互不侵犯條約的出現，是俄人故意讓德國無東顧之憂而得以集中兵力於西線。這年九月一日，德俄同時出兵瓜分波蘭。三日，英法對德宣戰。第二次世界大戰正式爆發。蘇俄撥弄多年的帝國主義國家相互間的戰爭終於出現。德軍在占領巴黎後，一九四一年六月二十二日轉向東指攻擊蘇俄。但俄人已爭取到約兩年的準備餘裕時間。英美且立即宣布援助蘇俄，並先後簽訂盟約，軍火物資源源而來。羅斯福總統對俄人需要有求必應，甚至明知蘇俄不是抵抗德軍的急需，而是戰後重建器材設備，也仍按照俄人的提示而供給。蘇俄由此獲得美國僅次於對英國的各種物資援助，當時價值約二百餘億美元。

這一切突變發生的現實和俄人在蘇俄境內習聞的政治神話完全是背道而馳。俄共在強敵壓境時惟有應用詭辯或輕描淡寫來掩飾，等到德國、日本先後投降、戰爭勝利結束，俄共爲重新教育俄人及各國共黨，就大放厥辭進一步抹煞一切，甚至歪曲顚倒全部事實眞相。

二次大戰歷史是非爭奪戰揭幕

一九四五年八月，第二次世界大戰甫告結束，東西集團卽蘇俄與戰時盟友美英的冷戰又行揭幕。這是世人熟知的事實。但這一冷戰範圍廣遠，其中「歷史是非爭奪戰」形象尤激烈，卻可能被一般人所忽略！

一九四六年至四七年，蘇俄政府刋行「第二次世界大戰前夜的文件和材料」（一九四八年，蘇聯外國文書籍出版社且刋行中文版），企圖表明蘇俄在英法出賣捷克的慕尼黑會議時如何主持正義，力圖援助捷克。同時且以文件說明美國對慕尼黑協定的實施也擔負責任。因此在一九四八年，美國國務院特自虜獲的德國外交部檔案中選出二百六十件譯成英文，刋行「德國外交文件：一九三九——一九四一」，以反證上述蘇俄文件和材料的不符事實。

蘇俄情報局也立卽自虜獲德國外交檔案中選擇若干譯印一册「揭破歷史捏造者——歷史事實考證」（一九五四年「人民出版社」中文刋行），「揭露美英違反同盟義務的基本事實」，並在編明中斷定美英「對開闢第二戰場一事進行拖延和破壞的政策絕非偶然的」。甚至毫不臉紅地說：「蘇聯在對盟國關係上的政策的特徵是：始終是眞摯的、一貫的，旣忠實執行自己所負的責任，並經常準備以戰友態度幫助自己的盟國……。蘇聯在過去這次戰爭中，作出了用眞正盟國態度對待一切與之共同抗戰的戰友的榜樣！」這眞是天曉得！盡信書者不如無書！

根據蘇俄自我體認：「大多數美國的僞造者了解到：在『揭破歷史揑造者——歷史事實考證』一書出版後，舊的說法已徹底破產，因此他們在自己的著作中比以前更加頑強地想論證美國在第二次世界大戰前夕奉行愛好和平政策的論點，他們力圖爲羅斯福政府開脫慫恿德日法西斯侵略的責任，把羅斯福政府形容爲徹底的反法西斯戰士與和平的保衛者，證明美國政府在戰爭前夕所奉行的政策是唯一正確的政策。」事實上，美國學術自由，大多數學人都屬自由主義，絕不是白宮御用文人，其所以「頑強」實在追求眞理。也就是蘇俄無法一手掩盡天下人耳目。

當蘇聯情報局刋行上述一册書後，蘇聯外交部檔案管理局又從德國外交部檔案中選擇譯印兩卷行世，加強譴責西方國家對第二次世界大戰爆發應擔負的責任。因此，美英兩國又繼續譯印虜獲的德國外交檔案（一九一八年至一九四五年），並不斷將本國外交檔案按年分別刋行。尤其英國在刋行「一九一九年至一九三九年大不列顚對外政策文件」多卷以後，更一變「五十年以前檔案始行公開」的長久傳統，將第二次世界大戰關係檔案完全公開，各國學人均可前往倫敦公共檔案局閱覽（美國國家檔案館早已如此），這是鐵幕深垂的蘇俄政府不敢這樣做的。因爲蘇俄公開編印的檔案文件多是按政治要求經過一番選擇，檔案局的收藏除非故意燬棄，遠比公開編印成書的材料完全，閱覽人可自由調閱。

蘇俄使出潑婦罵街方法

面對英美當政領軍人士如邱吉爾、赫爾刊行的各種回憶錄中有關第二次大戰的敍述，蘇俄外交部特刊印「一九四一——一九四五年偉大衞國戰爭期間蘇聯部長會議主席與美國總統和英國首相通信集」。蘇俄國家政治書籍局也編印「衞國戰爭期間的蘇聯對外政策」三卷。在這一彙集中包括了蘇俄的國家文件、材料、條約、協定、戰時蘇俄政府的照會、蘇俄參加戰時國際會議的決議案等；另外塔斯社的消息和闢謠更占不小的地位。

這一彙集中指出：「塔斯社的闢謠是一種特殊的文件。闢謠從前也有過，但它從未占有如在我國的對外政策中所占的地位。祇是由於兩種並存的體系的鬬爭，才出現了一種具有完全特別性質的文件。這種文件既不是外交照會，也不是備忘錄，也不是現有的外交名目中任何其他文件，而是叫做『塔斯社闢謠』。在這些闢謠中，揭露了資產階級報刊的反蘇誹謗和帝國主義各國政府的反蘇行爲，並說明了蘇聯政府的觀點。」

蘇聯政府刊行上述各種文件彙集以外，又編印若干專題著述，用來打擊美、英，並洗刷自己。例如一九五〇年刊「美國外交官的眞相」，一九五一年刊「美國是武裝干涉（蘇俄的）積極參加者和組織者」、「遠東國際關係：一八七〇——一九四五」、「美國建立世界霸權的計劃的破產」，一九五二年刊「爭奪太平洋的鬪爭」、「美國和日本在挑起太平洋戰爭中的作用」等等。

美、英兩國出版自由，印刷條件優厚，個人撰述回憶錄或文件集更是「面對現實」的優良傳統；政府檔案早經公開，具有特別造詣學人甚至得利用最近五年以前的檔案，各基金會又有大量獎助金鼓勵研究，大學教授及研究員因此種種便利都樂於工作，第二次世界大戰有關專題乃源源出版。蘇俄了解全球閱讀英文書籍的人遠較俄文書爲多，莫斯科出版品在質量上均難與美英的抗衡，且在西方國家尤極少銷售。因此，蘇俄惟有用潑罵街方式誣辱「美英的僞造戰爭歷史的人們以其大量的下流作品充斥市場」，「特別要考慮到這些作者是在完成向美國國務院或英國外交部的交貨」。而「以美國爲首的帝國主義者對第二次世界大戰進行廣泛的僞造」的目的是：「力圖使勞動人民忘記蘇聯在戰勝希特勒德國和帝國主義日本方面所起的決定性作用，以有利於他們準備反對蘇聯和人民民主國家的新戰爭」。蘇俄且指出「這種僞造所遵循的路線」約有下列四項：

誣指美國人僞造歷史

(一)這些書籍、論文和小册子裏忽視和抹煞蘇聯在擊潰希特勒德國和帝國主義日本所起的作用。「僞造者千方百計地歪曲和輕視德蘇戰場上歷次戰役」，「卻把英美軍隊的三等戰役例如北非戰役提到首位」。俄人且舉邱吉爾回憶錄第四卷記述一九四三年戰事為例證，全書有十二章記述英美軍事活動，而有關俄軍在史達林格勒的作戰只有三十八行。俄人不悟美英政要回憶錄的體例主要在記述自己親身經歷見聞，邱吉爾是英國首相，參加英美最高軍事戰略會議自然記述他所指揮的英美軍隊活動為主；他沒有參加蘇俄戰場，又如何憑空杜撰？然而俄人即以此橫加辱罵：邱吉爾回憶錄在「偽造歷史」中首屈一指。「這不論從該回憶錄的篇幅來講，不論從作為蘇聯的最凶惡的仇恨者（當時列寧這樣稱呼邱吉爾）的邱吉爾名望來說，不論從偽造的厚顏無恥的程度來講都是如此。」同時，俄人又誣蔑美國三位國務卿赫爾、貝爾納斯、斯退丁紐斯的回憶錄「都偽造歷史」！

(二)根據「偽造者的敍述」：把蘇聯的勝利或是說成由於偶然的原因，或是說成於氣候的條件。「蘇聯的最凶惡的敵人之一、英國反動的軍事作家李德爾・哈特硬說：希特勒軍隊失敗的主要原因之一似乎是在於……蘇聯境內道路的狀況。他詳細談到，由於這些道路上的泥濘、雨雪或沙礫，德國坦克的行動是如何困難。」

(三)「偽造者極力誇大」英美在戰時對蘇聯的供應所起的作用。俄人因此抹煞事實顛倒是非說：這種供應在蘇軍所利用的軍需品中「僅占百分之幾」，而這種軍需品的基本部分是蘇聯的工人和工程師在用蘇聯的機器和機械裝備的蘇聯工廠裏，用蘇聯的原料生產出來的；並且進一步說：「儘管由於蘇聯的一部分領土被占領而引起了緊張的軍事情況和經濟情況，蘇聯政府仍向英美兩國供應大量的原料，從而幫助了這兩個國家的軍事生產。」甚至反誣美國：「在給蘇聯援助方面製造一些困難，是美國反動派在德寇進攻蘇聯以後想與德國勾結以建立反蘇統一戰線的計劃的反映！」

（四）「反動的作者們誣蔑並歪曲蘇聯在戰爭中所抱的眞正的崇高的目的，竟將其說成是帝國主義的目的。」

明顯事實是，自一九三九年八月蘇俄出兵攻占波蘭以至一九四五年二月史達林在雅爾達會議向美國勒索參加對日作戰條件，隨時隨地都充分表現其帝國主義目的，史達林當時言論可作明證。卽蘇俄專家列・庫達科夫所著的「現代國際關係史」也毫無諱飾說：「克里米亞（雅爾達）會議是蘇聯對外政策的勝利，是巧妙地利用了蘇軍勝利的成果，是當時國際舞臺上形成的新力量對比的蘇聯外交的一次光輝成就。」又說：「關於遠東問題的協定是蘇聯外交在克里米亞會議上所取得的另一個巨大的勝利。會議的決議中所載的關於蘇聯參加對日戰爭的條件，幫助蘇聯大大地鞏固了它在遠東和太平洋上的陣地！」但同書對一九五五年美國國務院公佈的關於戰爭結束——關於一九四五年雅爾達會議的文件（按臺北聯合報社刋譯中文本）指責說：「這些文件除抱有其他目的外，還力圖汚蔑蘇聯在戰爭結束時期的對外政策。」

這充分說明：蘇俄巧取豪奪達成其帝國主義目的以後，極力掩飾一切，不容他人揭露其眞相！

蘇俄長期從事顛倒中國歷史

蘇俄為要征服中國，以消滅中國民族精神道德、毀壞中國人的自尊心作手段，是曾經長久設計進行的；其所用的方法就是儘量顚倒中國歷史上的是非黑白。早在一九二六年至二七年史達林與托洛斯基辯論中國問題時，蘇俄政治局卽已命令蘇俄歷史學人致力這一工作。一九三四年，蔣廷黻教授赴莫斯科研究考察時，發現俄人已將明末流寇張獻忠、李自成描述成「十七世紀的革命領袖」的種種事實，特於獨立評論撰文警醒本國人注意「莫斯科的中國觀念系統化到了何等田地！」

蘇俄強調宣傳它在歐洲如何「主持正義」、「保衞和平」、打擊德國的「偉大成就」時，對遠東太平洋種種演變也極盡歪曲事實地宣傳它的「偉大」以及他人的「反蘇」。例如一九二九年八月俄軍侵犯我東北，在俄人筆下卽指稱：「與其說是中國軍閥與蘇聯的衝突，還不如說是蘇聯與國際反動勢力、與準備進攻蘇聯的帝國主義列強力量的衝突。」九一八事變的發生也是日本「考慮到帝國主義國家的反蘇聯傾向，考慮到後者當時力圖使日本侵略的矛頭經過滿洲地區去反對蘇聯。」七七事變的爆發是「日本帝國主義者打算速戰速決，他們急忙開始軍事行動，指望阻撓中國內部民族力量的團結，阻止建立抗日統一戰線。他們把對華戰爭看作是反蘇戰爭的前奏。」

不僅如此，蘇俄書刊還進一步強調它在日本侵華戰爭發生後對太平洋局勢的穩定作用：「美國作者在舉出各種論據來說明日本沒有在一九三九年初在太平洋上對英、美、法三國屬地發動戰爭的原因。但他們故意忽略了一個最重要的決定因素——蘇聯在維護遠東和平方面所起的作用。實際上，對日本帝國主義發生影響的並不是美國海軍的演習，也不是美國的警告，而是日本好戰分子在哈勒欣河的失敗……當和平的堡壘蘇聯在遠東可以自由地支配自己的兵力，可以對日本侵略者施加而且不斷地施加了自己影響的時候，日本害怕進行大規模的戰爭。」

如上所述：列寧、史達林努力利用且擴大日、美的矛盾，誘導日本南進與美英衝突；有關文件具見他們兩人的文集。但在戰後，蘇聯書刊對此力加掩飾。對於日蘇相互承認卵翼的「滿洲國」、「蒙古人民共和國」以打擊中國抗戰助長日本侵略的日蘇中立條約，則被讚揚「是爲了鞏固遠東的和平」，「並且無疑地是將蘇聯外交所採取的、旨在阻止德日意侵略計劃實現的措施的總目標中的一個重要的成就。」「簽訂蘇日條約的消息引起了美國巨大的不滿。」日本從此北顧無憂，更決心南進了。

蘇俄自誇太平洋戰爭的「偉大成就」

日本突襲珍珠港引起了太平洋戰爭，蘇俄多年的陰謀如願以償，躊躇滿志之餘更極力貶低美國在這一戰爭的貢獻，而強調蘇俄的「偉大成就」：

「太平洋上的軍事行動不管規模和作用如何，在第二次世界大戰中是占次要地位。戰爭和全體人類的未來命運是在第二次世界大戰的主要戰場——蘇德戰場上決定的。蘇聯人民及其武裝部隊對希特勒德國及其盟國的鬪爭、對太平洋戰爭的進程也發生了具有決定意義的影響。」（列·庫達科夫撰「現代國際關係史」中文版第七六二頁）

「太平洋戰爭第一階段的特點是日本在力量上優於敵人，和日軍取得了迅速的勝利。這個階段從戰爭爆發起繼續到一九四二年八月止，日本的推進之所以被遏止是由於日本保存自己的力量以備進攻蘇聯。」（同上書第七七八頁）

「由於日本的精銳師團、半數的砲兵和三分之二的坦克集中在中國的東北，因此日本在太平洋戰場上就喪失了戰略進攻的主動權；在這以後，日本被迫在南線轉入防禦。從一九四二年底起，日本已經不發動進攻了。英美兩國沒有利用這一有利時機在歐洲和太平洋發動大規模戰事，而指望在戰爭結束以前保存自己的力量，以便強迫別人接受符合它們利益的和平條件和利用自己的武裝力量爭奪世界霸權。」（同上書第八三二頁）

「蘇軍的勝利為一九四三年在歐洲開闢第二戰場和為盟軍在太平洋上實行進攻創造了有利的條件。可是，美、英政府對履行自己的同盟義務實行怠工，拖延戰爭，並為此而提出了各種各樣的藉口。它們應對數百萬死者負責。」（同上書第八二九頁）

事實的眞相是：一九四一年十二月下旬卽珍珠港事變後三週，羅斯福、邱吉爾在華府會議中按照武器裝備生產程序及時間，決定一九四三年夏大舉反攻。而在珍珠港事變後四個月，美軍飛機即開始空襲東京，其後兩月，美海軍在中途島海域阻擊日本聯合艦隊，給予慘重打擊。又兩個月（一九四二年八月），美軍在所羅門羣島開始反攻。翌年二月，攻占瓜達爾卡納島。十一月，美軍在吉爾貝特羣島登陸，旋即以絕對優勢的飛機及艦艇進攻馬紹爾羣島。一九四四年夏，進占馬里亞納羣島。九月開始進攻菲律賓羣島，雷伊泰灣激戰尤慘烈，關係極重大。

凡此諸戰役不僅美國海軍戰史圖文均詳，日本防衞廳刊行戰史也有詳細記載。相互比證，眞相顯明。而蘇俄書刊卻於此抹煞殆盡，對雷伊泰之戰竟說：「美軍利用菲律賓抗日游擊運動的成就，在雷伊泰島登陸！」至於沖繩島戰役在俄人筆下更是極力譏諷：美國差不多動用了五十萬軍隊，用了三個月的時間才占領這個不大的島嶼！（現代國際關係史第八八三—八八四頁）

蘇俄和中共同奏歪曲歷史論調

蘇俄對戰時盟友且曾接受其軍火物資援助約二百餘億美元的美國，描述竟是如此顛倒是非抹煞事實，則其對久已視若仇讐的中華民國自更可任意臧否，何況它培植中共又已二十餘年！

自一九四三年八月俄國境內戰局好轉，蘇俄報刊即開始攻訐中國政府對日戰爭沒有盡力。是年十二月二十六日舉行德黑蘭會議，史達林更面對羅斯福、邱吉爾指責「國民黨政府抗日作戰不力」。從此這一論調就喧騰各國間。戰爭結束後，蘇俄的書刊在反覆強調這一論調以外，更宣傳「中共是主要抗日力量」：

「日本軍國主義者爲了準備大戰，就力圖結束對華戰爭，從一九三八年底起，日本統帥部就不得不調遣愈來愈多的兵力來對付解放區，因爲它認爲解放區是鼓舞全中國人民進行爭取民族獨立的鬪爭的主要抵抗力量。」（現代國際關係史第六八三頁）

「到一九四〇年七月，人民解放軍抗擊了一半以上的在華日軍。在三年戰爭期間，人民解放軍解放了一百五十多個縣城。解放區和游擊區的人口達一億人。從東北到海南島，到處都有共產黨所領導的武裝力量，它們進行着反對日本侵略者的鬪爭。」（同上書第六八五頁）

「蘇軍在斯達林格勒城下的具有世界歷史意義的勝利，也成爲在日本帝國主義者占領下的國家內抵抗運動取得輝煌成就的先決條件。

「的確，中國解放區戰場開始發生了重大的變化。人民軍隊由防禦轉入進攻。解放區人民、八路軍、新四軍以及游擊隊在蘇聯武裝部隊對法西斯軍隊的勝利鼓舞下，對日本侵略者發動大規模的鬪爭。中國共產黨是這個抗日鬪爭的靈魂。

「共產黨所領導的八路軍和新四軍，在中國的全部軍隊中所占不到五分之一，但在一九四三年卻牽制了百分之六十四的日軍和百分之九十五的僞軍。」（同上書第七九九頁）

對日抗戰時，蘇俄和中共相互依存，和聲合唱的節奏配合緊嚴，兩方對上述的論調更是大聲齊唱。一九四三年十二月，史達林在德黑蘭會議時攻訐「國民黨政府抗日作戰不力」以後，一九四四年三月，葉劍英在延安外國記者招待會中即大肆宣傳中共部隊牽制多數日軍數字比例。四月，中共大會時，朱德提出「論解放區戰場」、毛澤東講「論聯合政府」也提出這些比例數字。朝鮮半島戰爭發生，中共爲鼓勵「抗美援朝」士氣民心，不要懼怕「美帝紙老虎」，更強調宣傳抗日戰爭的勝利。一九五一年，開明書店刊行一册「中國人民怎樣打敗日本帝國主義」（二十四開本，約二百面），其中宣揚平型關之戰、百團大戰、日軍被牽制在解放區游擊區的比例數字以及國軍的「潰退」等等。從此這幾乎就成爲大陸刊行有關書刊的典型，因爲後出的各書都很少再譜新聲，一直是重彈舊調。一九五二年，大陸還發行「抗日戰爭十五周年紀念」郵票四枚，分別以「盧溝橋風雲」、「軍民動員」、「平型關勝利」、「領袖（朱毛）策劃反攻」爲主題。

毛共暗中勾結日軍

一九六〇年以來，蘇俄中共交惡，相互攻訐揭露，加以近十年來林彪、朱德先後被批，上述蘇俄及中共習用的有關抗日戰爭的論調又由他們自己否定。而日本防衞廳刊行戰史詳細具體列舉了在中國戰場軍隊武裝數目：一九三八年夏以至一九四五年八月，日本駐武漢地區第十一軍是在華最強大的正規野戰軍，一九四四年夏且遠自日本國內及東三省調派正規軍前來增援這一地區。至於華北戰場則自一九三八年夏以來衹是新入伍的補充兵編組成混成旅團，擔任綏靖治安而已。這自然是權威性記載，不衹使上述中共列舉牽制日軍比例不攻自破，卽國軍、美軍戰史中所估計的日軍數字也必須修正。

近十餘年來，由於蘇俄中共交惡，莫斯科一反過去讚揚論調，發行多種書刊揭露毛澤東如何「假抗日之名行奪權之實」：「一九三七年九月，毛澤東提出了所謂獨立進行游擊戰爭的原則。這一原則實際上意味着不參與反對日本的大型戰鬪，不妨礙日寇對國民黨軍隊的進攻。主要任務是把八路軍轉移到與作戰地區較遠的偏僻山區，以防同日軍衝突。當時毛澤完全醉心於各種陰謀詭計和派系鬪爭，致力於消滅自己的政治敵人和思想敵人。」

莫斯科發行王明（卽陳紹禹，一九三〇年曾任中共中央局負責人，戰時擔任中共駐共產國際代表）撰「孤僧命運」更記述：一九四〇年十月，毛澤東和王明談話曾說：「我們在戰爭中反正打不過日本，那麼爲什麼要同他們打哪？我們最好同日本以及汪精衞聯合起來打蔣介石。我知道：你會說我這是走親日賣國的路線。我不怕，我不怕當民族叛徒！」

王明的記述在一九七四年莫斯科出版的另一書籍也有相同的論證，這就是戰時共產國際派駐延安中共中央局聯絡員兼塔斯社軍事記者伏拉吉尼洛夫撰「一九四二年至一九四五年中國延安」(THE VLADIROV DIARIES: Yenan, China: 1942-1945. By Peter Vladimirov. 臺北聯合報譯刋中文本，題名「延安日記」）。據稱，延安中共中央領導與南京的日本「支那派遣軍」總司令部之間保持長時間的不斷聯繫。毛澤東長久向伏拉吉尼洛夫解釋這一事實的原因，想要說服他。毛澤東的特務稱作聯絡員，被派駐南京岡村寧次的總司令部，他根據需要，在南京與安徽新四軍司令部無阻地來回奔跑，他得到日本反偵察機構的精心保護。原籍爲日本人的這種特務在新四軍司令部裏，期待中共中央主席的情報；在新四軍司令部特務所獲的情報立即用無線電密碼播送到延安。

自大陸清算四人幫，最近在北平市區出現的大字報顯示，「北京大學」學生提出一個問題：「歷史學家是不是應受共產主義觀點的極端影響，不介紹全部歷史？」（紐約星島日報一九七七年一月七日第一版）。可見大陸青年對於中共多年傳佈的「歷史」已開始懷疑了。

亡羊補牢尚未為晚

共產黨人不僅要使歷史爲政治服務，甚至爲了服務政治，隨時隨地可以任意改變歷史史實，顚倒是非黑白。上述種種實在使人警惕。但我們千萬不可因蘇俄的「轉變」而沾沾自喜，因爲這並不能洗刷去三十年前蘇俄對中華民國的種種攻訐，何況事實上中華民國由於這些惡毒攻訐已蒙受非常嚴重損害，元氣大傷。如果說蘇俄的「轉變」對現實有任何可能的新啓示，那就是中華民國在「歷史是非爭奪戰」亡羊補牢尚未爲晚！

自滿清初葉文字獄繁興，三百餘年來中國讀書人習於逃避現實，繁瑣考證的乾嘉學派風氣至民國仍延續不已。國民黨以民族主義作號召，卻缺乏鼓舞民族精神、獎勵歷史尤其是近代史研究的實際行動。相反地，盡力宣傳岳飛、文天祥、史可法作萬民模範。不取法乎上，自然惟有自食惡果。更可惜的是，近三十年臺灣環境安定，對於國際歷史是非爭奪戰卻始終自安於不設防甚至甘心挨打！加強民族精神教育口號高唱入雲，卻缺乏歷史研究相互呼應來配合，以致一般情況每下愈況。提供資料刋載日本報紙，政策正確；但利用日文譯本向國人說教，甚至使學生作閱讀比賽，就走火入魔，本末倒置了。

中國歷史學人還沒有盡死，在八年抗戰後更不應勞日人代庖！尤其是古屋奎二既有被提供直接史料的權利，在臺灣甚至海外中國學人無論如何也應享有同等權利，不應「祇予外國不給家人」。但黎東方教授爲紀念 蔣公九十歲誕辰特撰的「蔣公介石序傳」最近刋行，卻再三說明他迄今還沒有接觸到直接史料！經過八年抗戰犧牲奮鬪，日本人爲什麼仍享特權！

公開史料刻不容緩

報載：國史館館長黃季陸及中央研究院近代史研究所所長王聿均先後在演講會提出迅速開放各種史料的迫切與重要。黃季陸且在立法院說：國史館自館長以至工友全部只有三十二人，開展工作困難。立法院是否在審議預算時增加了國史館的經費，未見續報。我以爲：國史館經費至少應按現額增加十倍，近代史研究所及各大學研究所經費也應同時增加。必須如此，中華民國才可以有比較多一點的人力物力應用在國際歷史是非爭奪戰。自然民國十六年以後各種史料的迅速公開更是刻不容緩。如上所述：目前亡羊補牢，尚未爲晚。但如不能迅赴事機，就恐怕時乎不再。

如果經費增加了，史料公開了，國史館、黨史會、近代史研究所、國立編譯館、公私立大學研究所即應破除自我本位觀念，全盤有計劃地調配人力分工合作。

首先自然是認識了解國外對中華民國歷史研究的實況，除上述共產國家的任意歪曲誣蔑我國書刊以外，近數十年來日本書籍資料也很重要。目前日本美國學人都在應用這些資料，這也是我國多年深固閉拒史料不許公開的結果。日本人近年正在大作翻案文章，例如日軍在南京大屠殺、日軍當時拍攝的影片及報紙記載等在戰犯法庭都曾被列為證物，現在開始否認了。至於日軍的暴行，他們反誣是中國人誇大宣傳。這種說法今也被美國人採信了。舉一反三，我們再自甘因循緘默，眞何以對死難軍民及今日與後代的國民？

然後綜合中外史料相互比對，力求折衷至當，千萬不可諱飾本身錯誤，以免再蹈覆轍。冷靜公平執筆，使當今與後代每一個中國人體認：這是一部可以傳信的中華民國史。

（原載綜合月刊民國六十六年二月號）

美國人在寫中華民國史

中華民國建國已六十有六年，內亂外患循環不已，政治經濟社會學術教育等方面更有很大變化。這些大事演變經過與得失究竟如何？世人亟欲認識了解。只可惜國內迄今還沒有一册具學術水準簡要可讀的民國史。缺乏「歷史的鏡子」，世人自然難以明是非定猶豫了。

但美國學人於我民國史實卻已撰成若干篇章，五六年內可能公開印行。這對於中國人說來，這是一値得歡迎的好消息？還是一使人羞痛的當頭棒！

自第二次世界大戰結束，中國近代史的研究卽成爲美國各大學熱門課程。資料的蒐集、人才的培養在各基金會大力協助下更進行不遺餘力。歐洲日本及東南亞各大學也聞風興起注意這一研究，並與美國交換學人相互訪問，實行當地研究，題材內容因此更加廣泛且深刻。

中國大陸局勢劇變，原祇以十九世紀爲時限的中國近代史研究已不能適應現實需要，於是又有當代中國（Contemporary China）研究，以中國大陸演變爲研究對象——不料尼克遜旋風吹開中國大陸門扉，美國學人有限度前往訪問後，發現自己研究完全是自言自語不符事實；更憬悟對中國認識太不夠，尤其自十九世紀急行跳遠到二十世紀中葉，實在是「大躍進」，浮而不實。於是再回頭研究民國時期史實。

根據「當代中國研究委員會」（Joint Committee on Contemporary China）決議而設立的「民國時期中國研究工作小組」（The Working Group on Republican China），由密歇根大學費維愷教授（Albert Feuerwerker）等共同主持，一九七四年決定：民國時期是指一九一二年至一九四九年而言，這是一過渡時期（Transition Period）。一九七五年十月，「民國時期中國研究新聞信」開始發行，至本年二月已刊五期，報導有關研究近況及資料以外，有一期專刊民國史實研究解說四篇，從各方面分別提示可能研究的方向與題材。這自然是鼓勵指導研究民國史實的新人一必要步驟。在這些解說中有的指出：這民國時期充滿了中國近代化的經驗，也有人強調：美國人不應藏有色眼鏡來看民國時期中國的成敗。當然也不免有不成熟甚至錯誤見解。

當代中國委員會等機構又資助學人舉行各種研討會，交換有關民國史實研究的意見和心得。例如一九七五年十月三日至五日假康奈爾大學舉行的「民國時期中國政治與商業研究計劃會議」，即在研討四大主題的解說，以便有興趣再分別進行研究：（一）商業與民國政治。（二）經濟成長與制度演變。（三）地方及區域商業與政治。（四）商業與政治關係的界說。一九七六年六月二十四日至二十七日在樸斯茅斯舉行的「中國日本在近代相互影響的研討會」，都是從不同方向進行探討各種問題。而一九七六年八月十六日至二十日在哈佛大學舉行的「民國時期研究工作會議」，尤關重要。哈佛費正清教授及哥倫比亞大學韋慕庭教授等二十三人出席，主要目的在討論上述民國史實解說四篇內容，以及費正清主編的「劍橋中國史」(Cambridge History of China)第十二、第十三兩卷已撰成的若干篇章內容——劍橋中國史第十卷記述十九世紀初葉及中期史實，已於一九七八年六月出版；第十一卷記述十九世紀後期卽晚清史實預訂一九七八年終問世。第十二、十三兩卷均記述民國史實也將於短期內刋行。這四卷書都是費正清主編，各專家分別執筆，仍舊是劍橋歷史原有體例。但劍橋歷史是承認歷史學人難免有民族情感的。如今我中國人沒有致力這一工作，自惟有拱手讓人。

近數十年來由於中外公私檔案的公開，有關十九世紀卽中國清代歷史的研究因此進展甚速，成書衆多，今如自羣書中採英擷華撰成劍橋中國史專題，當較便利。至民國史實的撰述卻不會如此簡易。第二次大戰以前日本美國英國德國政府檔案早已公開，固可供利用，但中國政府檔案仍未開放，沒有主體國本身立場的文件比對，載筆自有困難。然而中國檔案公開無期，不能長期等待，只有就現有外國及已刋行中國資料着手。

事實上，近十餘年來，美國出版有關民國時期史書已不甚少，哥倫比亞大學刋行「民國時期人名典」四巨册，洋洋大觀，內容豐富，超過同類的中日文書籍，是當今研究民國史實的基本要籍。周策縱著「五四運動史」，瑞萊特夫人主編「中國革命第一階段」等書都是用心力作（臺北早有影印本）。至於近五六年來有關民國史實著述也多佳作，其中哥倫比亞大學刊行韋慕庭教授著「孫逸仙：一位失敗的愛國者」，問世還不過半年，獲致好評衆多，因爲它已爲孫先生傳記開創新域：它並不是孫先生一生六十年大事全傳，卻著重孫先生晚年，特別是注意檢討他對蘇俄及共黨關係。這是過去所有中外文撰寫孫先生傳記所缺遺的。今由於一九六六年孫先生百年誕辰時莫斯科刊行一厚册紀念論文集（其中也採用臺北出版品）及齊赫文斯基等撰述有關孫先生對蘇俄態度等論文中首次公開若干蘇俄史料，加以各地學人研究馬林與中共早期歷史等論文，又利用美英政府密檔，以及新發現孫先生信件等；韋慕庭教授有這些新憑藉，加上他已逾花甲的學養功力，乃得撰成這一引用廣博、比對精審、註釋詳明、行文紮實的佳作。如一位書評人所說：有此新著，撰述孫先生全傳的道路從此平坦。

韋慕庭的名著以外，哈佛大學近五年來刊行的有關中國革命史籍有：「中國早期革命黨人：一九〇二至一九一一年上海重慶的急進知識份子」、「中國的民國革命：一八九五至一九一三年廣東史實」、「中國革命的序幕：一八九一至一九〇七年湖南省思想及制度演變」、「俄國與中國革命根基」等。柏克萊加州大學出版的「退向革命：中華革命黨」、「中國維新與革命：辛亥革命在湖南」、「爲民主而奮鬪：宋教仁與辛亥革命」、「一九一八——二三北京政治。」耶魯大學刊行「四川與中華民國：一九一一至一九三八年地方軍閥與中央權力」。

至於學術思想方面有譚昌霖著「二十世紀中國思想史」。李又寧著「社會主義初傳入中國」以及康奈爾大學新刊「中國社會主義（至一九〇七年）」。而今年三月二十五日至二十七日在紐約舉行的亞洲學會第二十九屆年會中有關中國無政府主義運動與人物的論文即有四篇之多，可見外人注意中國遭受外來思想的衝擊。同時，哈佛大學刊行「燕京大學與中美關係：一九一六至一九五二年」、「旅華美國傳教士的家鄉基地：一八八〇至一九二〇年」，更如一位學人所說民國時期中美關係實在太密切了。

經濟發展是民國時期研究重要的一環，上述「新聞信」中曾一再強調。近幾年新刊也不少，例如哈佛的「中國農民經濟：一八九〇至一九四〇年河北山東的農業發展」。史坦佛大學刊行的「中國現代經濟的歷史透視」。

中日戰爭是民國時期特關重要大事，美英學人於此正注意研究，英文新刊不多，史坦佛與哈佛各刊行一册有關汪僞組織史實以外，牛津大學出版社刊行：「日本在華北軍隊：一九三七至一九四一年」記述日軍運用政治及經濟控制華北有關事實及問題。

哥倫比亞大學刊行「百萬人委員會：一九五三至七一年中國遊說團政治」以及美國大學出版公司新刊「馬歇爾使華報告」（此為其極機密報告，一九七四年始准公開）、一九四一——四九年美國情報處與國務院情報及研究報告，其中很多關係中國，對於現實政治應可提供新知識。而哈佛刊行「日本在臺灣殖民教育：一八九五——一九四五」。讀來更增亡國之痛。

上文已再三說明：今所介紹祇是近五六年有關民國史實新刊，自然沒有包括在這時限以前的有關書刊，這並不是它們的價值問題，而是報紙篇幅不容許作全盤詳細記述，並且此文旨在以美國最新消息驚醒國人，（日本及歐洲各國有關民國史實研究也多進展，俟另文述。）尤其各史政當局，趕快下定決心努力工作。

多年以來，國人習聞當政言「我們有光榮歷史」，但極大多數人甚至史政當局也不能言及其詳，祇知喊北伐剿匪抗日現成話，而不知這祇是建國過程中的破壞工作，在這六十餘年中還有許多積極建設工作，例如近年臺灣甚至大陸若干物資建設，大多是抗戰前及戰時資源委員會人員，這些人才又是抗戰前及戰時各大學培養教育的，不幸我們自己於此不知表揚。事實上：資源委員會及前經濟部檔案都存放臺北，塵封深鎖不予利用。卻用剪報編印「革命文獻」「大事紀要」。各大專學校的中國現代史教材更是坐井觀天，不祇不能說明：中國現代史是世界現代史的一環，甚至五四運動、華盛頓會議等大事也抹煞不提，難怪許多大學畢業學生一到美國，看到中英文有關民國史實的書籍要驚異失措。

記述美國人在寫中華民國史消息時，實在感慨之至。但千言萬語歸結一句：誠懇企盼國內各史政當局——國史館、黨史會、中央研究院近代史研究所及各大學研究所趕快通力合作，集中人力物力，迅速行動，以民國七十年國慶節刊行一册可以傳信的中華民國史為大目標——當然各種史料檔案的立即開放，更是先務之急，否則依樣葫蘆八股充篇，又浪費公帑了。

（原刊聯合報民國六十六年四月十三日）

歷史課本必須徹底革新

民國六十六年四月二十一日臺灣省政府主席謝東閔在高中校長會議，提出「三民主義思想教育應從歷史地理課程的強化着手」主張，報刊甚多論列；但卻沒有涉及如何強化這兩科課程的基本主題。筆者根據多年經驗及體認，以爲首先必須迅速將現行中小學歷史課本全部重新編撰，也就是從課程內容的徹底革新著手，才可以達到強化課程的目標。

民族精神教育及三民主義思想教育倡導實行已有數十年，民國二十七年蔣委員長在武漢且提示：歷史地理是革命教育的主體——何以迄今極少績效，還要謝東閔主席提出上述主張？主要原因實在歷史地理課本內容陳腐，不能適應時代要求，更不能喚起學生以黃帝子孫爲榮的興趣。

八十年前，國內一般讀書人大多自「綱鑑易知錄」諸書獲知有關國史知識。一九〇三年，清廷實行新政新教育。翌年，商務印書館刊行「最新中學教科書」，其中歷史一科由夏曾佑撰述。

從此是書就成爲國內中學歷史課本的鼻祖。民國二十三年（一九三四年），商務印書館將它改名「中國古代史」列入大學叢書——中學教科書升級爲大學用書，顯示這三十餘年間歷史教育程度日在低降。如今更是每下愈況。

夏曾佑編撰上述歷史課本時還是滿清君主時代，加以商務書館這一套「最新教科書」是在日本人協助顧問並參考日本教科書體例而編輯。君主政治的演變爲全書主要內容，在當時環境時勢下自然無可厚非。事實上是書仍具有若干特點。這與民國十三年頃商務書館刊行呂思勉撰「白話本國史」痛斥歷代軍人跋扈亂政，「以古諷今」針對當時北洋軍閥的橫行，同樣具有時代意義。但民國建元之初，商務刊行「共和國教科書」，中華書局新創，編印「新中華教科書」，民國十二年頃，商務編印「新學制教科書」，後來又有「新時代教科書」。民國二十年代，各書局遵照教育部頒行根據三民主義教育宗旨制訂的課程標準編印「新課程標準教科書」。對日抗戰時教育部主編「國定本教科書」，中樞東移臺灣後教育部又編印「標準本教科書」。書名隨時更易，似乎與時代俱進，實則內容主體卻很少大改動，仍舊循「鼻祖」成規，也就是說七十餘年來中小學歷史課本始終不脫「綱鑑易知錄」本色：朝代的改換、帝皇的舉措、宦官外戚的亂政、藩鎭武夫的橫行跋扈等等充滿課本章節。這對青年學生有什麼激勵或啓發民族精神的作用呢？尤其二十年前高中標準本歷史教科書內容繁複，學生望而生厭：一個皇帝至少有三個名號（本名、年號、廟號）必須記憶，閱讀時才有頭緒。再加上許多帝后爭權奪利事實如玄武門之變、靖難之變、萬曆三大案等等甚至是聯考題目！這些對於現代生活知識是必要嗎？這些能擴大青年胸懷抱負嗎？尤其近代許多喪權辱國史實，教育部以爲這是使學生「知恥近乎勇」「明恥教戰」的好題材，卻沒有考慮到反效果：既不能培養民族的自尊自信，祇有加增崇洋心理。

十年以前，各地高中師生對標準本歷史教科書內容繁重嘖有煩言，教育部乃重加刪訂。旋又在中華文化復興運動聲中增加「中國文化史」一冊。疊床架屋，學生負擔有增無減。爲什麼不將標準本歷史教科書再大加刪削，並和「中國文化史」融爲一書呢？這樣才可給學生一整體有系統的觀念。謝東閔主席以全省行政首長既正式公開提出歷史地理課程應卽強化的主張，教育部李元簇部長素有實幹苦幹劍及履及美譽，蒞任伊始，就以這一歷史課本革新作爲開始吧！

三民主義精義在倫理民主科學，正是中華民族文化傳統，中小學歷史教科書自然應根據這三大要義作主體。孔孟儒家學說言行，是中國倫理道德的典範。夏曾佑編中學歷史教科書早指陳「中國之教化定於孔子」，卽已說明斯義。今重新編撰歷史課本，尤宜進一步說明孔孟學說言行與現代社會生活的關係。至於孔孟所謂「民爲貴君爲輕」「民爲邦本」，不祇是中華民族尊重民權自古已然，並且這些珍貴原理經明末耶穌會士西傳歐洲而爲法蘭西大革命播種。甚至我君主專制時代人治第一，卻沒有忽視法制。今就中央研究院近刊「中國法制史書目」著錄歷代有關書籍二千三百五十二種。文化遺產如此豐富，難怪日本取法我唐律且應用多年。至考試制度在鴉片戰爭後傳佈英美，正是中國對英國以德報怨仇的一大事例。鄧嗣禹教授撰「中國考試制度史」於此記載詳明。今如參考撰述新歷史課本，實在簡易。

近百餘年來，中國人震懾於歐美的船堅砲利物質科學發達，逐漸滋生自卑感崇洋心理。不幸歷史課本中有關我國科學發明除強調造紙印刷羅盤火藥以外記述太少，以致學生多有我國事事不如人的感傷。事實上：中國人在古代許多重要科學技術的發現與發明，都領先「希臘奇蹟」人物，並且與時俱進，能夠和擁有上古西方一切寶貴知識遺產的阿拉伯人並駕齊驅。在第三世紀至十三世紀一千年間，中國始終保持一種遠超過西方的科學知識水準。祇因以歐洲爲中心的世界歷史，完全抹煞了中國已往在科學及科學思想與技術工藝的種種貢獻，加以我國人歷史研究一向偏重政治史，對於科學工藝種種也數典忘祖。三百餘年前全球最早的一部紀錄科學工藝的明末宋應星著「天工開物」內容的重要性也是日本人首先提出（今中華叢書有譯本）。尤其李約瑟著「中國之科學與文明」英文巨著洋洋大觀，完全掃除歐洲人對中國科學的偏見與誤解。對於中國科學史的研究是空前重要的非常貢獻。它不但記述中國科學過去輝煌的成就，也指陳近三四百年來中國科學研究發明所以被阻滯不前的原因所在。這是新撰歷史課本取汲的最大最佳源泉。青年學生將因是書中譯本可供閱讀，學習興趣也必然增加，何況近二十年來已有三位中國人榮獲諾貝爾獎金，居留歐美的華人科學家衆多，與歐美人競爭過之無不及，更是承先啓後的最好激勵事例。

新撰歷史課本以倫理民主科學三大綱領爲主體以外，政治演變自然不能完全忽略，祇是應注重提要鈎玄將中國古代部落演進至列國分立終於一統、宮中府中混合一體演進爲內廷外朝各有所司。外患內亂固不可抹煞，但應祇取其對民族國家的演進有重大關係的擇要記述。社會組織與經濟發展尤不可忽略。唐宋時代沿海貿易繁盛，磁器不祇久已成為外人稱呼中國的代名，宋代以來且為南洋各地交易媒介貨幣代用品。近代不平等條約訂立與廢除可立專篇，藉以說明我國人由於思想蔽塞缺乏世界知識而遭受外人侵略，終因國人有接受挑戰能力並迅速產生適當反應而收回各種主權。如今不祇國內物質建設完全由國人應用西洋新技術，甚至中國人還是美國最著名建築師。而文學美術之見重於世（中國山水畫早於義大利近一千年），自然也要指陳。

今新撰歷史課本要容納上述種種，自必須徹底破除過去教本成規，不以三皇五帝堯舜禹湯以至宋元明清民國為時序分別記述，因為這樣枝離破碎的記述，在多年來祇用死背書方法的學生羣中能熟習各朝代演進大要的實在尠之又少。不如將這政治演變與政治制度列一專章。其餘倫理思想、民主思想、科學發現與發明、社會組織變遷、經濟的發展、城市的繁榮（西曆三世紀頃洛陽的繁榮，一千年後的倫敦還不能比擬）、文學創作、美術成品等等都應自成專章。這樣簡單明瞭，當可引起學習興趣，給予學生深刻印象。（中國文化史一課也融化於這歷史課本中，學生負擔也減少多多）。

「徹底革新歷史課本」這一呼籲，如果被教育部接受，教部自然先須聘請專家及中小學教員修訂「課程標準」，同時也宜公開徵求意見，以便集思廣益。「標準」制訂以後再約請人執筆撰述——筆者二十餘年來曾耳聞目睹三位撰述歷史課本的著名學者，自己不動手，要兒子或學生代筆甚至就舊課本剪貼；他們答覆筆者驚詫質詢時說：「中國官場的事不過如此，反正幾年以後又會重新改編的」。這些言語事實恍惚在眼前。因此企盼教育部在延聘撰述人時不要被其虛名所蔽，一定要注意其人品德；決心編好這一課本。因爲上述種種有關參考書是夠用的。

要完成「徹底革新歷史課本」這一工作，至少需時二三年，爲時不算太短，然而如能眞正本良心做好這一工作，糾正過去七十餘年的因循延誤，是非常值得且必要的。

（原刊臺北聯合報副刊民國六十六年五月二十二日）

〔附錄〕「歷史課本必須徹底革新」讀後

蓋　仙

五月二十二日聯副上有位吳相湘教授寫了一篇「歷史課本必須徹底革新」。我和吳教授素昧生平，因爲看了他的這篇文章才去向史學界朋友去打聽他是誰？方知他讀書很廣，飽有學問，書生氣很重的一位學者。我呢？凡夫俗子，除了寫寫逗人一笑的文字以外，兼有市儈之風。根本和他老人家扯不上任何關係。不過我平常對於歷史倒也有些興趣。從小愛看三國演義，大了拿史書當小說看，眞人眞事，比看武俠小說和武打電影強多了。當初關雲長沒有小說可看，只好常拿著一本線裝木刻的春秋當閒書消遣。諸位讀者您別提出三國時代有沒有線裝的木版書的問題來問我，我不是歷史家，僅僅根據一般俗畫的關公像而說的。關公還是挺深的老花眼，否則爲什麼一般畫像上的關公看書怎麼全用右手舉得遠遠的呢，還聽說有位古人有酒無肴，竟以漢書下酒。這些事兒（包括我、關雲長、看漢書等）全證明了歷史是何等有意思。

不過這句話——歷史有意思——恐怕沒有高中學生會信。他們中大多數認爲是一堆陳年、變味、受潮的炒花生，不吃不行，吃吧眞難下嚥。還得死背人名（還有號、別號、謚；若是皇上還得有廟號和年號以及改元），何年有何大事，何地有何條約。雖然上下五千年，確實的信史也有三千之譜。濃縮成兩册敎科書，也眞不容易編。只好記點政治變遷，和朝代興亡而已。不過我卻不信那像說故事一般的歷史怎麼敎得令學生厭惡如此。於是我決心試試，經過多方活動、拜托，終於在一個私中裏找了兩節本國史來敎。試試看能不能以「說書」——本省稱之爲「講古」——的方式來引人入勝。豈知未開始之前先得做進度表，我一塡表就涼了半截兒，內容太豐富，古事少，今事多。古事中又以政治的紛爭居多，民族的光輝居少。今事呢——清中葉以後的外交恥辱層出不窮。吳相湘教授說得一點不錯，這樣的歷史旣不能發揮民族精神，而且令人越學越自卑。原意是要叫人「知恥」然後才能發奮圖強，結果呢，「恥」是知了，「強」也努力去圖了，圖的方法是「變做外國人」就算了。我想不明白，從前的不平等條約、租界、外國駐軍、關稅、領事裁判權……等等的倒楣事兒都已經在抗戰時取消了，何必還要在敎科書中細細的講之不已呢！

我謀幹來的那兩節歷史，進度表預算得緊緊的，一切都以配合考大學爲原則。多講兩句閒話，就跟不上。儘是些王安石變法、張居正一條鞭什麼的。學生聽得不耐煩，我也敎不起勁兒來。於是趁別的老師請假，敎務處請我去監堂的機會，講上一堂漢武唐宗的光輝外戰，平常亂紛紛的學生個個聳耳而聽，你想叫他們亂都亂不了。連下了課還要我講完了才散。由此可見學生之不愛上歷史課並非不熱心，也不是老師不好，實在是課本的內容須要檢討。

清末廢科舉、辦學校，所有的敎科書都得從頭編起。上海商務印書館的創辦人張元濟先生請他的好友夏曾佑先生（字穗卿）編中國歷史，穗卿先生是十四歲中秀才，二十八歲（光緒十六年）庚寅科的進士，點翰林。他雖科甲出身，卻不是只會時文的腐儒。那時候西學第二次東來，各國的史地、文哲、科學，全有了譯本。穗卿先生博覽羣書，對於佛學也很深入（但並不拜佛吃素），他把這些知識全做了客觀的分析。所以在他寫的歷史教科書中講到中國最古的傳疑時代時，引用了若干世界性的傳說。對古代的宗教思想有不少他個人全新的見解。有些人說他的這些見解一直到今天仍是新的。所以這部書的名字在民國二十三年改為「中國古代史」，現在在臺灣商務印書館中還有得賣，聽說在大陸上也找得到，不知確否，可稱得上「歷久而不衰」，

光緒二十八年（一九〇二）西太后自西安回北京，次年就興辦學校。在北京有京師大學堂——北大和師大的前身。和五城中學（師大附中的前身），到了三十一年明令停止科舉。許多舉人進士全上了大學堂，秀才們和同等程度的上了中學。那時的入學考試想必沒有英文和數學。總之學生們的國文造詣全很高。所以穗卿先生的那部歷史文筆雖很深，在當日的學生們讀起來可決不費勁，最可惜的是這部書沒寫完。原版是四號字印的，四冊（六冊？）民初以後絕了版。到民國二十三年再印時放為六號字，印了五五〇頁，因為原書到隋朝為止。因此改稱為中國古代史，寫這本書的時候是丁憂在滬，沒寫完，丁憂期滿，又復出仕，沒工夫續完。

穗卿先生為什麼如此博學，也許和他的父親有關。他父親名紫笙，字鸞翔，中過舉人，同治三年（一八六四）壯年逝世，是一位清代的數學家，著有少廣縋鑿（開平方、開諸乘方）、洞方術圖解（許是三角函數）、致曲術（求圓和橢的面積，以及拋物線、螺線、擺線等等）。按說這與本文無關，不過言及穗卿先生的家學淵源，附帶一提。

吳教授說我們的歷史課內容該改改了。必然有人說歷史怎能改，難道去揑造史實嗎？這當然不可，而且也不

必。我們要減少若干瑣碎，增加能發揚民族光輝的成份，鼓勵學生以做中國人而自傲。譬如漢代的武功、唐代的貿易、爲前人所不注意的中國科學家的成就。「中國之科學與文明」由英國李約瑟寫了洋洋六大本（尚未完工）。而我們學生能知道多少？蒙恬造筆根本靠不住（殷代已有筆墨）；蔡倫的紙，以至火藥和指南針也全數語帶過。我看過一本中學用的「中國文化史」居然連宋瓷都沒講到（大概沒上故宮博物院去參觀過）。可歎！近代史是過去的恥辱。由外國人來寫中國的科學史才是現代的奇恥大辱。不過這是我——市井小人——的看法。想專家們必自有高見。如果有專門的大學者指責咱一頓，咱坦誠接受，因爲一介小人被大學者一罵，必然身價提高，託福成名，那就不勝感謝之至了。

老實說，我雖看過些史書，可眞不知道中國古人在科學上發明了多少東西，不久前買了一本「古代的中國科學家」，看了之後才知道：痲疹黏膜斑是櫻寧生滑壽發現的，北宋沈括的機械、秦九韶的數學、魏伯陽和葛洪的鍊丹（化學）、李時珍的本草綱目（博物）經西人譯述，達爾文稱之爲「中國百科全書」。可是聽說這本書並不能暢銷。這是因爲青年人提起歷史來都頭痛之故。改革吧！越快越好。

吳敎授究竟是書生，不懂生意之道，蓋房子的轉包出去乃是常事，寫敎科書也許類似，何足爲奇。您何必特別的提出來，招人不痛快，竊爲智者所不取。

最後又說到夏穗卿先生一代通儒。逝於民國十五年，他有二位哲嗣，老大夏元瑮（字浮筠）是有名的物理學家，愛因斯坦的入室弟子，省內有幾位物理學界的退休前輩是他的學生。老二麼！聽說不大成材，一會兒拿筆，一會兒拿刀，一會兒揹照相機。年紀一把，卻終日東跑西顛，各處亂蓋。有人說夏穗卿先生在天之靈怎的不把這傢伙叫了去，世上也少個厭物。我想這位老二是「老而彌健」，沒準兒玉皇大帝要多留他在世上再混個幾十年，好在文壇上點綴少許風趣，把幽默不斷的帶給讀者。

（原刊民國六十六年六月十五日聯合報副刊）

「歷史課本必須徹底革新讀後」的讀後

臺靜農

讀了蓋仙的大文，介紹夏曾佑先生的「中國歷史」教科書，甚有意義。此書是近代第一部具有學術性的歷史教科書，早年北大國文課的「中國學術論著集要」，就從此書中選出「儒家與方士之糅合」「黃老之疑義」「儒家與方士分離卽道教之原始」「佛之事略」四篇。他用新的觀念探討古代思想，不特在當時是創見，至今猶有啓發性與參考的價值。

我近年很想知道夏先生的生平，苦於無從考查，今據蓋仙先生說，夏先生二十八歲中光緒十六年（一八九〇）進士，那麼夏先生當生於一八六三年（同治二年），他與當時維新人物康有爲、汪康年同時，康比他大五歲（一八五八），汪比他大三歲（一八六〇）。嚴復比他大十歲（一八五三），他又大梁啓超十歲（一八七三）。這些人的思想與學術，應與夏先生都有關係的。蓋仙與夏先生既有瓜葛，那就請蓋仙將夏先生再作一詳細的介紹，如除中國歷史外，還有什麼著作？交游那些人？作過什麼官等等。

至於蓋仙說：中國歷史寫到隋朝爲止，以後出仕沒有工夫續完。可是，四十年前我在北平時，問過徐森玉先生，他說續編是完成了，被張菊先生在輪船上丢了，這事發生於何時何地，當時雖沒有詳細問，但寫成了稿子丢了，給我的印象太深，每一想到，便爲之惋惜。今據蓋仙說，夏先生的續編壓根兒沒寫，也就罷了！

徐先生又說：夏先生晚年頗溺於酒，有次去看他，滿屋酒氣，幾不能與客應對。我想夏先生平日生活，沒有比蓋仙知道的更詳細的了，這也值得告訴讀夏先生書的人們。

國父年譜應徹底改編

一九七六年十一月十二日是 國父孫逸仙先生誕生一百十周年紀念日。年年此日，集會演講，印刷出刊，已經是虛應故事。祇有去年此日中華民國史料中心刋行一册「研究中山先生的史料與史學」，是唯一的例外。因爲全書三分之二都是未經發表過的新作，內容上，介紹中文史料史著與外文史料史著的，各居其半。不論是中文或是外文史料，有一共同的特點，便是新——幾乎每一篇專文內都有新史料和新觀念——同時，是書編者還特別呼籲今後研究中山先生生平、思想與事功的人，切不可把自己局限於故步自封、一知半解、陳陳相因、奉旨宣科的落伍觀念中。

這一册書的出版，可能是林白樂博士（Paul Myron Anthony Linebarger）在臺北參加中山先生百年誕辰演講——在歷史性的出版物中，中國人的孫中山已掩蓋了世界公民的孫中山——所產生的反應。這一反應出現在演講以後十年，不免有姍姍來遲之感；然而比較痲木不仁已是不同。

「反應」以後的次一步驟，自然應該是根據是書所提示的中外文新史料史籍和新觀念，將「國父年譜」（增訂本）徹底改編。

事實非常明顯：「國父全集」民國六十二年新版刊行不久，新發現的資料又層出不窮；比較這全集新本早出版四年的「國父年譜」增訂本自然更顯露許多不足不實的地方，何況還有許多中外新史料史籍不斷的出版！如再抱殘守闕，敝帚自珍，眞要貽笑國際，更無以對後代國民。例如全集新本「論著」類新增「中國現狀與未來」一文，是一八九七年三月一日在倫敦刊佈，是國父生平第一次對國外人士公開發表的政治主張，爲過去諸本全集所未有，自是國父年譜增訂本所不載。今因這一文章的出現，年譜增訂本一九〇四年以「中國問題之眞解決」「爲先生首次發佈之對外宣言」，自然是一錯誤。而協助刋行「中國問題之眞解決」之「美人威廉士 Williams」全名爲何？年譜增訂本並未指明，全集新本刋行以後才發現威廉士全名（見「研究中山先生的史料與史學」第一六四頁）。其他類似如此不足不實例證尤多。更重要的是若干重大事實的錯誤。今姑以民國十年國父與馬林初次會晤一事爲例。

十餘年前筆者在臺北即見趙恒惕致譚延闓手書最末有「荷蘭人馬林已到，日內赴桂」語句（註一），當時極感驚異。因國父年譜引據鄧家彥憶述「馬丁謁總理記實」一文很明白地描述馬林自廣州赴桂林謁國父經過。就當時中國交通情況論，不論馬林自歐洲到上海或香港，內行自然都以先到廣州為順理成章，何以他竟取道湖南長沙再入廣西？久思不得其解，疑團難釋。民國五十九年三月，正中書局轉來紐西蘭一位賓先生（Dov Bing）是年二月二十日來信提及閱讀拙撰「陳炯明與俄共中共關係初探」（「中國現代史叢刊」第二冊）文後極感興趣，因彼兩年來曾經閱讀馬林本人手撰的荷蘭文、德文、俄文著述多種，亟盼再參閱更多中文資料——從此筆者就注意賓君論文及有關著述。後來得閱賓君在紐西蘭阿克蘭大學碩士論文：「革命在中國：史涅夫列策略」（Revolution in China: Sneevietian Strategy）（註二）和他在「中國季刊」（China Quarterly）一九七一年冬季號，刊載論文：「史涅夫列與中共的初期」（Sneeviet and the Early Years of the CCP）。同時，伊沙克司（Harold R. Isaacs）也將他於一九三五年八月十九日在荷蘭阿姆斯特丹訪問史涅夫列記錄全文發表於「中國季刊」一九七一年春季號。一九七三年賓君又撰「張繼與馬林首次拜訪孫逸仙博士」（Chang Chi and Ma-lin's First Visit to Dr. Sun Yat-sen. Issues & Studies IX:6 1973 March）於是多年疑問得獲若干解答。祇因當時正忙於編著「第二次中日戰爭史」，不暇撰述有關這一問題的文字。

史涅夫列（Hendricus Johannes Francisus Marie Sneeviet）是馬林眞姓名。他是荷蘭籍馬克斯主義革命份子，初在本國致力工人運動。一九一四年五月，在荷屬東印度爪哇創立印尼共產黨，不久卽與回教聯盟合作，四年之間發展至速。一九一八年十二月被當地政府驅逐出境，仍回荷蘭。一九二〇年七月，共產國際第二次大會在莫斯科舉行，他被邀請以印尼共黨代表身份出席，旋被列寧指派參加「民族與殖民地問題委員會」，並擔任秘書，報告在印尼工作經驗，又會同列寧及羅易（M. Roy）草擬這一委員會向大會提出的綱要。因此受列寧賞識。當時他開始使用馬林（Maring）假名。一九二一年四月以共產國際直接特派代表東來中國時，也仍用這一假名字。在這前後他使用過的假名約十三個之多，上述鄧家彥回憶中提及的馬丁（Martin）即其中之一。

是年六月三日，馬林到達上海，他並未携特別任務的指令，祇注意認識了解中國情況，與多方面都有交往，和國民黨也有接觸，對 國父孫先生與吳佩孚、張作霖等政治主張的異同也有一些認識。是年秋，他得晤張繼。（湘按：伊沙克司記錄英文人名譯音作 Chiang Ki，但馬林對其有描述：此人爲孫逸仙的非常重要代表，曾任第一屆中國國會議員，與孫逸仙派議員積極反對（袁世凱）外國借款；其人的政治素養與其對西方情況的瞭解，比較我所遇見的任何人爲高。與張生平符合。且證之「張溥泉先生全集」第一九五頁記載：張自述介紹馬林往謁孫先生。雙方記載不謀而合，姓名譯音有一字母之差，當是馬林乃荷蘭人之故。）因由張繼介紹，獲得國民黨約他往見孫先生的邀請。是年十二月十日他乃與張太雷同行離滬，取道湖南長沙前往桂林謁孫先生。

馬林在長沙曾往晤湖南當政者趙恒惕——馬林對伊沙克司憶述這段往事時還說明「趙是被認爲國民黨之友」。由此比對趙致譚延闓手書最末語句，其行程正相符合。而這一語句應係趙曾得譚事先函電告知馬林行蹤而特別提及，甚或馬林這一行程是曾經譚趙一番安排——下述幾項事實當可支持這一推論。

伊沙克司記錄馬林的話語有云：「聽說長沙有一青年學生組織與紗廠工人聯合工作；我在長沙與他們接觸，並在一天晚上對這些學生演講階級鬥爭、俄國革命以及需要他們協助組織更多的工會。」

今按馬林這段憶往事實非常重要，比對中文資料也多相合。這可能就是馬林取道長沙前往桂林的一主要因素。

自民國元年譚延闓至友龍璋組織中華民國工黨，當選爲副領袖，「勞工神聖」即成爲一時口頭禪。二次革命發生，工黨解散。五四運動前後湖南政界陳家鼐等組織中華工會，三湘地方工商業主也組織湖南工業總會。民國九年（一九二〇年）湖南甲種工業學校畢業生黃愛（曾在天津參加五四運動）、龐人銓等發起組織「湖南勞工會」，以「改造物質的生活，增進勞工的知識」爲宗旨，是年十一月二十一日在長沙教育會坪舉行成立大會——勞工會會員最初以工業學校畢業生最多。會務組織分爲三部：幹事部多爲黃、龐等人，介紹部是工業總會中的工商業主，評議部多是工人擔任——這就馬林憶往提及的那個團體，在當時國內實在是最早成立的惟一全省性勞工會，並且實際與紗廠工人有組織關係。這比較馬林憶往的前一段提及在上海知悉中共份子與勞工間祇有極少的個別接觸，並沒有進行眞實組織工作；自不可相提並論。馬林自動或被動意欲前往實地視察，自爲合理（註三）。

湖南勞工會成立後進行的重大工作，是發動第一紗廠收歸公有運動。這一紗廠原是民國二年（一九一三年）湖南官商合辦的企業，祇因南北軍閥再三在湘境爭戰，以致紗廠迄未能完全開工。譚延闓、趙恒惕先後主持湘政，曾將其租予華實公司經營。民國九年（一九二〇年）華實又將其轉租予外省富商，湖南工商教育各界非常不滿，掀起軒然大波。勞工會在當時與各方面「分」「合」殊關重要。就勞工會「對於省自治意見復省自治根本法籌備處書」看來，勞工會對譚、趙當時積極進行的湘省自治運動採取合作態度（此自治根本法即趙致譚手扎之省憲法），也就是說勞工會與省政當局利害相當一致，並不尖銳對立。譚、趙同意甚或安排馬林取道長沙一觀湘省勞工運動再南下廣西，自是一種政治策略手段的運用。（張繼曾到湖南贊助自治，並訂聯省自治一名詞。但馬林取道長沙赴廣西是不是張繼有所主張，今不能詳。）（註四）

綜合上陳中西史料不謀而合諸要點，足以說明馬林取道長沙赴桂林謁孫先生乃一眞確之事實。「國父年譜增訂本」下册第八五三——四頁根據鄧家彥文所作的錯誤記載已不攻自破。其次，同書同頁記載馬林問孫先生之革命基礎爲何云云，今比對馬林憶往記錄亦有極大差異。據馬林稱孫先生在與他會談時，也利用機會以很長時間和張太雷討論需要青年參加國民革命的問題。當時，孫先生宣稱馬克斯主義並沒有什麼新的東西！兩千年以前中國經書就早已經說過了（湘按：此似指禮運大同篇）。「我要用孫先生對我解釋他如何將某一有前途的青年吸收入國民黨的事做例證，來闡明孫先生心裏的神奇的特徵——『整整八天，每天八小時，我對他解釋我是與自孔子到現在的中國革命家完全志同道合的。假如在我有生之年，中國沒有重大改變的話，就要再等六百多年，中國才會有進一步的發展。』」（英文原件有引號）

今按這段憶述，與孫先生自民國八年以後許多演講及談話的精義完全一貫，主要是用以勸告中國若干青年不要盲目崇拜洋人。而「國父年譜增訂本」第八五四頁記載卻作爲孫先生對馬林的答語。完全歪曲孫先生話語的對象和深意（張太雷謁孫先生時已是馬克斯主義信徒）。事實上：戴傳賢、張繼兩人當時都不在桂林參加這一會談，事後得自他人轉述，故戴、張兩人記載頗多歧異，自是展轉失眞，不足爲據，無待煩言。民國五十八年夏，筆者在臺北陽明山賓館訪問孫哲生先生時，曾特以這一段話語叩詢。哲生先生肯定答覆：在他參與的會談中並沒有聽見如戴、張所記述的話語。

馬林憶述在桂林小住約兩週，曾對國父大本營官佐演講俄國革命。至於他與國父會談重點，在指陳對勞工階級的羣衆運動與宣傳的必要，爪哇羣衆組織——全國性的回教聯盟等。孫先生則向馬林敍述國民黨歷史、策略，討袁之役在海外活動、與華僑關係等——馬林在憶述雙方談話這些主題以後，用較多語句回憶上述孫先生對張太雷一段話，可見他於此印象非常深刻，其史料價值不容忽略，自不待言。

馬林在一九二二年一月初自桂林到達廣州，正值香港發生中國海員大罷工。給予他極深印象，認爲這是國民黨與工人組織有實際接觸。這對於他後來許多建議很有影響。是年四月二十三日，馬林乘船離滬，經星加坡、馬賽、阿姆斯特丹、柏林等地，七月中到達莫斯科。十七日向共產國際報告在中國經過，力言孫先生領導國民黨已與青年工人建立極好關係，將可發展國民革命運動。翌日，共產國際執委會正式決議執行馬林對中國的方案，並卽命令中共與馬林密切合作。

馬林在莫斯科只停留二周，旋卽奉命與蘇俄專使越飛（Abraham Joffe）同來中國。八月十二日，越飛到北京與北洋政府進行會談。馬林赴上海秘密積極執行共產國際及俄共政治局交付的任務——當世界各國政府及報紙都集中注意越飛在北京的會談時，馬林則往來北京上海間，秘密溝通孫先生與越飛之間的意見——當孫先生居留上海以及其後回抵廣州，馬林每周謁孫先生三四次，根據他與越飛面談或通信的指示交換意見。五閱月間，一切成熟，一九二三年一月，越飛南下上海，卽與孫先生共同發佈聯合宣言。十月，馬林離華回俄，歸途中在哈爾濱遇鮑羅廷東來。

上述這些事實是「國父年譜」所不載。但「年譜」民國十一年（一九二二年）八月二十五日有「蘇俄代表越飛派人來晤」記載，而不能確定何人。賓先生（Dov Bing）綜合馬林對伊沙克司憶述及馬林手撰其他兩篇回憶孫先生文章，以爲其人卽馬林。

馬林兩次來華言行，正是黃季陸撰「國父年譜增訂本」前言所謂「最容易引起爭論的聯俄容共等問題」的重要環節，不幸中文資料缺乏，「年譜」抱殘守闕，錯漏百出，以致世人莫明眞相。今所發現的馬林有關文件大多在四五十年前刊佈或記錄，沒有經過俄共有意的竄改，因此，徹底改編「國父年譜」時應無所顧忌加以參閱引用。

× × × × ×

國父孫先生言行不爲世人了解甚或誤解由來已久，各帝國主義國家的政客及報紙有意或無意的造謠誣蔑是一因素。例如民國十年初，日本報紙多載孫先生「赤化」或親米（美）。與孫先生數十年肝膽相照的老友宮崎寅藏特與萱野長知於是年三月自日本經上海、香港到廣州訪孫，當面詢問眞相。孫先生答覆：這些說法都是日本當局心胸一廂情願想法！同時很感慨說：世界變化很大，中國國民依然是中國國民，雖以時代變化，思想多有進步，在實質上，中國依然如故；中國國民如對我的主張有幾分了解，我將引爲意外欣喜。多年以來，我等主張三民主義，期待此主義之徹底實行。——宮崎也非常感慨：相距日疏，久不相見，懷疑知己友人心事，凡夫淺見，人間常情，今百聞不如一見，到穗之日，一切釋然冰解。因此特撰訪問記刋載上海日日新聞（今收入「宮崎滔天全集」）。這是宮崎對老友最後一大貢獻，澄淸世人若干誤解。其重要性不下於二十餘年前他撰刋「三十三年之夢」！也是他與孫最後一次聚首。因其後約一年，宮崎逝世。（孫先生對宮崎的感慨語，與上述對張太雷話語前後輝映。是年，孫先生演講三民主義特色，指斥社會主義錯誤的次數特多，可以想見孫先生心情。）

宮崎寅藏對於孫先生及中國革命的貢獻，實在可與英國康德黎爵士相提並論。今宮崎全集刋行，在「國父年譜」徹底改編時實應多加引用，一定可提供許多新史料改正若干錯誤（例如同盟會英文譯名，今行世諸書莫衷一是。「宮崎全集」第一卷篇首插圖：一九〇七年同盟會委任狀，上鈐圓形印章，外圈英文 The China Federal Association，內圈右爲「中國」，中爲「同盟會」，左爲「印章」兩字。這自是正式譯名）。

國父天下爲公、虛懷若谷的胸懷，是他能融合中西文化，廣結天下英豪，實行救中國的基礎。民國建立之初，他毫不遲疑地接受王寵惠請一澳洲青年記者端納（William Henry Donald）（註五）擬具的「臨時大總統對外宣言」——端納在「宣言」稿送往南京後發現遺漏「信教自由」一條。孫先生完全同意將這一文件正式發表。從此，端納成爲孫先生密友，他參與若干重大決策，甚至對孫家事也表示意見。孫先生謁明太祖陵的興奮情緒更給予他深刻印象。民國元年（一九一二年）三月二十一日，孫先生同意端納應用民國政府文件以撰寫中國革命史的兩件書翰，以及民元九月，孫先生接受鐵路全權任務後，即在南下火車中展排地圖開始計劃種種事實，都是「國父全集」與「年譜」所遺漏，今後徹底改編時自不應再忽略。

另一位受孫先生信任的國際友人狄克博（Dr. De Colbert）也是久被遺忘的人。據曾與狄克博同住廣州永漢路並偕往晉謁孫先生的李少陵憶述（「萬象」創刊號，民國四十一年三月十五日臺南刊行）。狄克博曾向孫先生建議在海南島創立大規模新村，其中有農場、工廠、學校、報社、醫院等。孫先生接納這一建議，並特派二人前往當地實地視察，祇因地方不靖，未能著手進行。狄克博又曾建議設立海上大學，周遊世界，並在海船上授課學習，以培養有世界實際知識的革命青年——更重要的是民國十一年六月二十八日狄克博與李少陵冒險通過陳炯明叛軍防守線，同乘小電艇至永豐艦晉謁孫先生。狄克博將孫先生致許崇智手令密藏皮靴後跟，再同李至韶關入江西許軍防地——李少陵根據自己日記發表這一回憶已三十餘年，「國父年譜」徹底改編時實在應加注意再搜求新史料。

本文列舉這些外國人士與孫先生交往事實，旨在說明中國革命的國際意義，並爲林白樂博士提示孫先生是世界公民作一註釋。並且嚴格言之，在中文歷史著述如「國父年譜」（增訂本），實際上連中國公民的面目也沒有表現出來。這就不祇是「年譜」記載不實不足，更重要的是「年譜」體例謬誤：祇是按年月縷列編號手頭所有的孫先生事實，前後互不照應，始末更不周全，尤其不必要的顧忌太多，沒有體認這是表現孫先生言行、尤其偉大人格（屢敗屢戰，天下爲公）的實錄。如上所述，孫先生生平久被世人誤解，身歿以後五十餘年，仍沒有一册能完全表露他「如何想」「如何做」「爲什麼這樣想」「爲什麼這樣做」以及他「這一思想淵源如何」「這一行動的效果與影響如何」的實錄。年譜只是孤立的、枯燥的、斷爛的、一條一條記載，又如何能夠澄清世人誤解、解答世人的疑問！

「民國十五年以前之蔣介石先生」、「戴季陶先生編年傳記」、「三水梁燕孫先生年譜」應久爲世人熟知。這三書在體例上除按年月列舉譜主言行事實以外，每一年末還舉述當年國內外有關大事。比較「國父年譜」自然勝過一籌，但仍沒有能用簡要文字將當時國內外環境實況全盤說明，以顯示譜主言行的由來和動向。而「國父年譜」連有關大事都沒有舉述，又如何能使世人認

識了解 國父本「失敗是進步之母」精神在內外夾攻的惡劣環境中努力開拓新路的苦心！

國父所處時代是十九世紀後期與二十世紀初期，中國的困難是一方面由於中西文化有衝突，他方面由於西方文化本身又自有衝突——中國最初模仿十九世紀的西方文化，還祇觸及皮毛，旋又勢必進一步學習二十世紀西方文化，否則卽不能與各國並立於世界。但二十世紀西方文化與十九世紀在本身上就有衝突。當時國人能認識了解這一情勢或在對西方某種文化有較多知識的都非常稀少。國父主張平均地權，而淺見黨員竟改爲平均人權！民國元年十月 國父對江亢虎領導的中國社會黨演說「社會主義之派別及批評」，更是苦口婆心給予盲目崇拜外國學理的人一劑清涼劑。「五四」前後國人痛心軍閥惡政，各種報刋雜陳，思想龐亂，如近年新編行「五四時期報刋介紹」及雜誌索引諸書所指陳——不幸，「國父年譜」於此種種都未措意，卽李雲漢撰「從容共到清黨」書中所引用的文件也完全忽視，祇記載軍政大事。許多大事的重要環節尤其當時環境都未說明，以致世人誤解愈深，且集矢於一身。

「研究中山先生的史料與史學」一書，旣提示許多新史料、新史籍、新觀念，國民黨黨史會必須立卽將「國父年譜」徹底改編，另立新體例。例如將當時中外大事，尤其中外關係、中外思想界的變化、社會經濟新景象等等，分別記載每頁上下兩短欄，其中長欄記譜主事實。如今印刷有各種字體，並可用各種油墨套印。這些技術問題容易解決，主要在發凡起例之初卽應虔誠：將國父是生長於當時中國及世界中的一人顯現出來！吳稚暉所謂孫先生是平凡的偉人，林白樂說孫先生是世界公民，最足發人猛省。千萬不要再將孫先生孤立於國人與世人之外！要知他曾經是深受中國國民和世界人士重要影響的，他的言行都是這些影響的反應。

當前臺灣經濟發展，這是可以做應該做的事，且黨史會有足夠財力人力，如再將「革命文獻」、「大事紀要」等停刊，更可集中人力財力進行徹底改編「國父年譜」工作。正心誠意，三年一定有成——如今曾經親接　國父音容的人已如鳳毛麟角，六七十歲人士了解　國父生平的也很稀少，至於青少年於此認識如何，當局應早有正確報告。總之，國民黨黨史會應該趕快動手做這件大事，不能再勞動古屋奎二了。

註一　趙氏手扎末只有「十二月十九」未寫年份，但其中有「憲法已定一月一日公佈」語，可確定其爲民國十年（一九二一年）手書，因湖南省憲法確公佈於民國十一年元旦。是函乃事先歡迎譚回湘參加，自在十一年元旦以前也。又馬林到達長沙時日，似在趙作此扎以前一二日。因馬林自述曾晤趙。依當時情況趙正忙於省憲，似不可能對於外賓到達當日即予接見。

註二　「研究中山先生的史料與史學」第三一五頁指陳是文「最有貢獻」所在。

註三　當時毛澤東在湘雖已有若干活動，但與黃、龐思想言行大有歧異。參見拙撰「黃龐紀念册的史料價值」（「傳記文學」第二十五卷第一期，總號第一四六號，民國六十三年七月出版）。

註四　賓君「張繼與馬林首次拜訪孫逸仙博士」引馬林一九二二年三月十九日論述：黃愛龐人銓於是年一月七日領導紗廠罷工，與警衛衝突。同月十七日被省當局逮捕處死。而中文資料指此次罷工是湖南罷工有激烈行動的開始。當時湘省公署宣布「黃愛龐人銓盛倡無政府主義，假勞工會名義，煽惑人心」。對勞工會似仍留餘地。但該會其餘人員都逃亡外省。

註五　民國二十年代，端納曾任蔣委員長伉儷的顧問。

（原載「傳記文學」第二十九卷第五期）

國父言行有關的蘇俄論述

一九七八年三月十二日，是　國父孫逸仙先生逝世五十三周年。每年此日，總免不了一項形式化的紀念——在這漫長的半個世紀中，這種形式化的紀念，也很多變更：例如二十、三十年代常見的「革命尙未成功，同志仍須努力」遺訓，如今已經束之高閣；「革新」卻成爲時代流行曲！惟一不變應萬變的，祇有「國父全集」、「國父年譜」、「國父傳記」，始終抱殘守闕，絕不放眼世界，五十年來迄未努力搜集引用各國新發表的有關史料。

自第二次世界大戰結束，德國及日本政府檔案經盟軍攝製顯微影片或刊印成書公開發行，美英法各國政府檔案又先後縮短保密時限提前開放，十餘年來，美國注意訪求俄文有關論述；中國以及世界現代史的研究專著因此增加新內容，並且將過去各國政治宣傳所歪曲或隱蔽的若干事實眞相揭露，使「歷史鏡子」功用能夠發揮。

這些成果顯然是我國史學界，尤其是編撰國父全集、年譜、傳記時必須注意的，其中近兩年間韋慕庭教授著「孫逸仙」（Sun Yat-sen: Frustrated Patriot by C. Martin Wilbur. Columbia University Press, New York, 1976），索禮齋編：「孫逸仙關係的蘇俄學術論述目錄」（下文簡稱「書目」）（Soviet Scholarly Resources on Sun Yat-sen, An Annotated Bibliography, Compiled by Richard Sorich, St. John's University, New York, 1977），更是不可忽略。因爲這兩種書籍提供了孫先生與俄國關係的主要史實或文獻目錄，正是我國編印的國父全集、年譜、傳記長久以來孤陋無知或有意缺漏的。

蘇俄論述具有挑戰性

民國十二、三年，國父演講時曾一再提及倫敦蒙難後（一八九六年十月）與流亡英國的俄國革命黨人交往情形。今美國史丹佛大學胡佛圖書館收藏史料中，有一八九七年三月十五日孫先生致當時旅居英倫俄國革命黨人 Felix Volkhovsky 信函一件及簽名贈送伏氏「倫敦蒙難記」一册。俄文雜誌且有研討兩人交往的論文。而「倫敦蒙難記」及孫先生最初發表的對外人聲明「中國的現在與未來」，在一八九七年夏季卽被譯成俄文，在俄國著名雜誌「俄羅斯之財富」刊載。可見孫先生與俄國革命黨人交往之早以及相互間的尊敬。

一九〇五年夏，中國革命同盟會在日本東京成立後，孫先生及黃克強、宋敎仁諸先生又曾與旅日的俄國革命黨人往還並相互討論，宋教仁手撰「我之歷史」是今已見及的惟一中文直接史料。「國父年譜」增訂本上册第二八一頁有：「一九〇六年十一月十五日，與俄國流亡人士吉爾約尼徹夜會談」記載，應與美國學人引據日文報刊的研究——與孫先生相會的是俄國社會革命黨恐怖活動首領 Grigori Gershuni 是同一人。

但同年同月八日及二十六日孫先生有致俄革命黨人魯塞爾 (Roussel 本名 N. K. Sudzilovkii) 手札兩件，當時日文報刊卽有記載，近年中英文書刊也多著錄。「國父年譜」及國內書籍卻迄未見提及。並且自一九〇六年冬以後，尤其一九一七年俄共當政後，孫先生與俄人交往情形如何？國內書刊更完全無知隔絕！而「書目」第三九種記列寧格勒檔案庫存有一九〇六至一九一六年中國政情資料剪輯的俄文譯述，大多是中文報刊的剪輯，也有歐洲及俄國報刊有關記載，共計七千種，其中有關孫先生一九一〇——一三年計二六二頁，所有當時孫先生論文演講都經譯成俄文。俄人對孫先生的注重如此，與我們的忽視俄人言行，恰成鮮明對比。

如今索禮齋、韋慕庭兩教授的新書行世，正是爲我們打開窗戶讓新鮮空氣流通的最佳調節器。

索禮齋編「孫逸仙關係的蘇俄學術論述目錄」，是美國紐約聖若望大學亞洲研究中心，經臺北太平洋文化基金會資助編印出版。該校副校長兼亞洲研究中心主任薛光前博士在此書「緒言」中指陳：對於孫先生言行的眞正深刻研究與了解，今日極感需要。認識俄人於此的研究成績，意義尤見特別重大。因中俄隣近關係密切，蘇俄黨政軍及學術機關收藏有關孫先生的文件檔案資料甚多，多年以來俄人又保持對孫先生研究的高度興趣，應用這些史料的研究或自理論分析的有關論述已不在少數——不論其觀點是俄國人的、蘇維埃的、馬克斯主義的，民主國家學術界，於此都是隔膜無知。如今自這些具有挑戰性的景象，了解另一立場有關論述的歧異不同，自然會產生新啓示，大有助於認識孫先生言行全貌。

索禮齋二十餘年前在美國史丹佛大學胡佛研究所致力蘇俄研究，卽注意蘇俄學人有關孫先生的論述，後又從事研究中國近代史事。他利用對中俄語言能力，涉獵廣泛。出任紐約哥倫比亞大學中國文獻資料中心主任，工作更多便利。這一册「孫逸仙關係的蘇俄學術論述目錄」的主要憑藉是：一九六六年莫斯科刊行「孫逸仙傳記書目指引」（全書一二一頁，利用俄境所有俄文及外國文書刊〔含臺北出版品〕作根據。蘇俄研究孫先生專家撰導言）。一九六六年以後新出版品則利用美國伊利諾大學亞洲研究中心刊行的「蘇聯有關亞洲新書目錄」（自俄文「新書目錄」中選取有關亞洲的出版品，每年一册，已刊至一九七五年份），並自美國國會圖書館編製目錄補充最近出版的蘇俄刊物中有關孫先生論述題目。

有關論述約三八五種

索禮齋編印的這一「書目」內容著錄三百八十五種有關的書籍或雜誌報紙論文，書名論題、著者、出版時地以外，並有或詳或簡的說明。

值得注意的是：「三八五」種這一數字，比較二十餘年前袁同禮編印的「中國關係的西文書目」（China in Western Literature），「美國各圖書館收藏俄人有關中國研究書目」（Russian Works on China-1918-1960-in American Libraries）中俄人撰述有關孫逸仙書刊數字超出將近一百倍。時間累積，尤其一九六六年孫先生一百年誕辰紀念促使有關書刊增加多而且速，自是主要因素。而美國學術機構在此以前沒有注意搜集調查，也不無關係。

俄人學習中國語文，已有二百五十餘年。早在一七二八年（清雍正六年）清廷卽允准俄國學生居留北京學習漢滿文字。一七四一年，第一次派來中國的俄國學生學成回抵聖彼得堡，卽奉令設立語文學校傳授漢滿蒙古語文，並研究及論述中國歷史及地理等書籍。時在北美革命獨立以前三十五年！卽英法朝野也沒有注意及此。一九一八年以來，俄共更注意中國人「怎樣想怎樣說怎樣寫」，又有第五縱隊供給情報；故俄國人對中國語文能力及一般歷史文化與現代情勢演變的認識了解，淵源久遠，基礎厚重，自與歐美其他各國的「漢學家」、「中國通」不同。十餘年前，筆者任敎新加坡南洋大學時常與肄業該校的俄國學生接觸，獲得直接印象。因此，對索禮齋「書目」中列舉蘇俄敎授論述應用中文資料甚感興趣。例如「書目」第二十七種 Borokh, L. N. 撰「孫逸仙論中國應加速發展」（一九七六年刊）卽就一九六三年臺北刊行國父全集「演講」類第一篇「中國應設共和國」（一九〇五年八月十三日在日本東京對留學生演講）兩種不同記錄的內容加以討論。這一演講的第一紀錄中有「我們決不要隨天演的變更，定要爲人事的變更，其進步方速」。另一紀錄中又有「吾儕不可謂中國不能共和，如謂不能，是反夫進化之公理也」諸語，Borokh 因強調指出這一不被人注意的演講實在非常重要：由此可看出孫先生當時受達爾文與亨利喬治的影響已形成自己意見，而孫對馬爾塞斯觀念的批評也由此顯見。

「書目」第八十五種 Garushiants, Iu. M. 撰「孫中山選集俄文譯本評論」。指這一譯本以中共刊行「孫中山選集」作根據，而原書選擇即不恰當，有許多不可原諒的錯漏，不著錄三民主義即一顯例。又對「中國存亡問題」的刪節也不適宜。同「書目」第八十二種，Garushiants 撰「評中共刊行辛亥革命資料」。又第八十六種「中華民國首任大總統孫逸仙：一九一一年十二月至一九一二年四月言行紀」：共列舉五二五項，大多根據中文史料。也是同一人編撰。他又另編印「中國辛亥革命關係的蘇俄史學論述」，指斥若干蘇俄論述將孫逸仙列爲布爾喬亞階級或理想家的錯誤。

上述兩例可見俄人對孫先生言行的研究，小處著手、大處著眼兼而有之。惟其具有中國語文基礎才能對孫先生言行全貌作精密分析與討論。這樣事例絕不易在美國刊行有關孫先生著述中發現，即日本、英、法同一性質出版品也不能相提並論。

同「書目」第三一二種是「三民主義」俄文譯本，一九二八年孫逸仙大學中國研究所刊行，全書四五四頁。是否全譯，「書目」未有說明。同「書目」第三一三種是「實業計劃」俄文譯本，一九二六年刊行，全書一四三頁。這兩種譯本近五十年來是否繼續刊行今不詳。但「書目」第三〇八種「實業計劃」中俄對照本，一九四七年刊，八六頁，是軍官外語學院第三種中國語文課本（文言）。蘇俄政府對孫先生主要著作的注意程度由此可見。

列寧自言對中國認識不足

極權國家沒有學術自由，臧否人物完全遵循共黨領袖路線。蘇俄有關孫先生言行研究，自然必須引據列寧對孫的觀點評論。「書目」指出蘇俄作家撰述列寧對孫先生與中國評論的文章甚多，都是說列寧對孫的讚揚。「書目」第一八一種即列寧撰有關孫先生論述的彙集而以「亞洲的覺醒」作書名——一九一二年七月十五日刊行「中國的民主與民粹主義」，是列寧評論孫先生言論的第一篇，是他閱讀比利時社會主義刊物「人民」登載孫先生是年初在南京演講「中國的次一步」（自中文譯法文）以後的反應。但索禮齋在「書目」第一八一種說明中指出：一九六四年「孫中山選集」俄文與臺北刊「國父全集」第五册英文本刊載這一演講內容甚多實質的歧異。然則列寧當時所見法文譯本是否完全正確，不無疑問——「書目」同條說明又指出：「列寧全集」第三十二卷刊載：一九二一年一月，列寧很謙遜的自我批評：「我除閱讀過孫逸仙二三篇論文和幾本書及報紙記述以外，我對中國南方的革命及叛亂實在毫無所知。」

同「書目」第四十三種舉述一九二六年刊行「少年共產國際」代表達林（Dalin, Sergei）有關中國革命的書。達林曾於一九二二年四月至六月，與孫先生多次會談，於孫言行較多直接認識。因此他在是書中指陳：列寧對中國情況的認識不足，對孫逸仙的評論有若干錯誤——「書目」指出：沒有發現蘇俄其他書刋有這種論點！

孫先生與俄國革命黨人早有交往，對俄國帝政腐惡及革命黨目標甚有認識。一九一七年，俄國革命成功後，孫致電祝賀鼓勵，與列寧在辛亥革命後發表評論，意義相同。鄒魯著「中國國民黨史稿」（第三四二頁）有云：「民國七年（一九一八），總理由粵來滬，曾致電蘇俄祝其革命之成功，並鼓勵其努力奮鬥。時各國正嫉惡蘇俄，列寧得總理電，大爲感動，視爲東方之光明。」這一記事不見於「國父年譜」及「國父全集」，但鄒魯必有根據。今按「書目」第一二〇、一九六、二九二、三四九種諸書都引據大陸新刋中文記載，述及此一電文，與鄒魯書內容頗有異同。著名中國近代史專家齊赫文斯基教授（Tikhvinskil, S. L.）的論述且指出：孫致列寧電尚未在蘇俄史庫發現，但有一九一八年八月一日蘇俄人民外交委員長齊采林（Chicherin）覆孫信（「書目」第二九二種書刋有全文）可證確有來信——據一九二一年八月二十八日孫致齊采林信（詳見後）稱並未收到是信。是則這一事實詳情還有待孫先生原信的發現才能明確，

孫先生婉謝訪俄邀請

「書目」第二九二種「中蘇關係文獻集：一九一七——一九五七」，內容文獻二五九種，其

中十一種與孫先生有關（第一種即一九一八年八月一日齊采林致孫信），另有一年表，列舉未經選入「文獻集」的若干文件，例如一九二〇年十月三十一日、一九二三年十二月四日齊采林致孫先生兩函。今參證他書尚可知其內容。

又「書目」第三〇二種「孫中山選集」俄文本——根據中共刊中文本譯述以外，蘇俄編者又增加八篇文件，其中一件是一九二〇年七月十六日，孫先生致劉自榮（譯音）信，是「中蘇關係文獻集」刊行以後的新發現，有關孫與列寧的交往。

「書目」第一五四種 Khuseinov, S. S. 撰「中蘇關係新文獻」刊佈自蘇俄檔案庫發現的「俄境華工聯盟」（一九一八年冬成立）主席劉自榮與孫先生來往函電。據稱孫、劉來往函電曾經上海「民國日報」一九二〇年七月十三日刊佈，俄文原件卻是新發現——美國韋慕庭教授著「孫逸仙」引據蘇俄齊赫文斯基教授著作（「書目」第三三種）指稱：一九二〇年六月初，俄境華工聯盟在莫斯科舉行會議，推舉孫先生與列寧為大會榮譽主席。劉自榮致電孫報告一切並謹代表列寧歡迎孫訪問蘇俄，旋又有電致孫請求中國迅速承認蘇俄。孫復電稱：中國需首先進行另一革命以推翻軍閥政治，無暇外遊。惟將來往電文刊載「民國日報」，並託旅居紐約的馬素將正式電文拍發至哥本哈根之李維諾夫（M. Litvinov）轉電莫斯科劉自榮。

韋慕庭著「孫逸仙」書又指陳：大約就在同時，列寧經倫敦拍發一法文電邀請孫前往蘇俄實地視察「我們的工作」，孫仍婉謝。——韋慕庭這一記事是根據當時協助孫譯電文的美國人

George Sokolsky 的憶述。此人是一年二十五歲的青年新聞記者，俄國大革命時居留彼得格勒，擔任當地英文報紙「俄國每日新聞」編輯，因得與列寧、託洛斯基、布哈林等交往，目睹耳聞俄共奪得政權的實情。一九一八年三月被驅逐出境乘西伯利亞鐵道火車至哈爾濱，轉至天津，在當地「華北星報」工作一短時期後南下上海，在「上海新聞」社覓得工作。據其於一九六〇年頃回憶（此人所有文件及口述回憶現存哥倫比亞大學）：當時他每天下午都會見孫先生討論編輯方針。列寧法文電到達後，他爲孫譯成英文，並爲孫草擬覆電。

孫先生信任這一美國青年，可能是他具有俄國革命的直接經驗可供參考。但出乎意外的應是：這一美國青年對孫與俄人來往事情隨時報告美國駐上海總領事轉報華府國務院。（孫當時自不知此事。）韋慕庭書卽曾引用國務院檔案中有關報告。例如一九二〇年三月，孫在上海曾接見蘇俄將校兩人的情報。

當列寧邀孫先生遊俄時，共產國際派遣這一年二十七歲的代表胡定康（Gregory Voitinsky）到達中國，積極推動組織「社會主義青年團」。並謁見孫先生。「書目」第三七一種卽他於一九二五年三月十五日（孫先生逝世後三日）發表的「我與孫先生的會談」。據稱：一九二〇年春及一九二四年夏在上海廣州晉謁孫先生。韋慕庭書曾加引據。（「國父年譜」增訂本第八〇二頁於此記載錯誤。）據胡定康指稱：孫的興趣全在力求鞏固華南。而地理遠隔，無法與俄國建立關係，共同奮鬪。這是孫先生對蘇俄亟欲與中國建交要求又一次婉拒。

中英日文書刊多種記載一九二一年初，蘇俄在廣州設立通信社事，而極少指陳其與孫的會晤。「書目」第二七五種是一九二一年四月，孫與蘇俄記者談述廣州政府軍政情形記錄，原刊是年七月十七日「蘇維埃西伯利亞」報，被人遺忘逾五十年，一九七四年才發現撰成論文流傳，並有英譯全文。

孫先生對俄祇願私人接觸

如上所述：一九二〇年十月三十一日，齊采林致信孫先生。是信幾經輾轉，翌年六月中才被送到。蘇俄迄未將是信全文公開發表。韋慕庭著「孫逸仙」傳引據陳友仁（孫先生英文秘書）記載，知其內容三要點：（一）讚揚中國反抗帝國主義的奮鬭。（二）提議立卽開始中蘇商業關係。（三）力促中國以果決行動與蘇俄建立友誼。也就是要求中國立卽承認蘇俄！孫先生復信仍加婉拒。「書目」第二一六A種卽此「孫逸仙未公開的文獻」，一九五〇年莫斯科刊行後，中英文書刊多有著錄。惟「國父年譜」、「國父全集」迄未提及，特迻譯全文於左：

親愛的齊采林：

我收到了你一九二〇年十月三十一日從莫斯科寄來的信，這封信是一九二一年六月十四日到達的。我之所以遲遲未卽作復，是因爲想見見爲你送信的使者，他本來應當是從哈爾濱將信寄給我的，因爲他至今還未能來廣州看我，我就決定先回答你兄弟般的敬禮和關於恢復中俄商業關係的建議。

首先，我應當告訴你：這是我從你或蘇俄某一位那裏所收到的第一封信，而且是唯一的一封信。最近兩年來，在資本主義的報紙上曾經有幾次報導，斷言好像莫斯科向我作過一些正式的建議。其實任何這樣的建議都沒有用信件或其他方式通知過我。萬一你的同僚中有誰已往曾寄信給我或現在正寄信給我，那末，讓我告訴你：我還沒有收到過一封信。

我應當簡要的向你說明中國是怎樣一個情況——回溯到一九一一——一九一二年。當時我的政治事業，在一九一一年十月開始並迅速普及全國的革命中，獲得了自己決定性的表現。革命的結果，是推翻了滿淸，並建立了中華民國。我當時被選爲總統。在我就職後不久，我便辭職讓位於袁世凱。因爲我所完全信賴的一些朋友們，在當時比我對中國內部關係有更確切的知識，他們以袁世凱得外國列強信任，能統一全國和確保民國的鞏固來說服我。現在我的朋友們都承認：我的辭職是一個巨大的政治錯誤。它的政治後果正像在俄國，如果讓高爾察克、尤登尼奇，或弗蘭格爾跑到莫斯科去代替列寧而就會發生的一樣。袁世凱很快就開始了恢復帝制的勾當。如你所知：我們已經將他擊敗了。

他死了以後，列強仍然在政治上和財政上支持一些土皇帝和軍閥，其中一個是過去的匪頭子張作霖，他在名義上是滿洲軍隊的統帥和督軍，但實際上是北京政府所聽命的主子，而他本人卻又在一切重大與日本有關的事情上聽命於東京。因此，可以正確斷言：在與日本切身利益有關的一切重大政策問題上，北京實際是東京的工具。莫斯科在自己與北京的一切正式關係上應當好好地估計到這個情況。祇有在首都實行徹底清洗之後——當我到那裏時，這種清洗將會發生——蘇俄才可以期望與中國恢復友好的關係。

在你寫信給我以後，我當選爲廣州（護法）政府的總統，這個政府是合法的政府。因爲：（一）它本身的權限是根據一九一二年在南京召開的第一次立憲會議所通過的臨時約法和一部唯一的中華民國組織法。（二）它的成立是爲了執行於法定的中國國會中按照約法所賦予全權的政權機關的決議，現在國會會議正在廣州舉行。我的政府也是實際的政府，它的權限已經爲中國西南諸省與其權力所及的其他各省所承認。

現在因爲地理條件，我還不可能和你們發生有效的商業關係。祇要看一看中國地圖，你就可以看出我的政府管轄下的領土是在揚子江以南，而在這片領土與滿洲和蒙古的「門戶」之間——祇有經過這些「門戶」才可能建立商業關係——有張作霖及其同盟者橫梗著。祇要還未建築起包括在我所計劃的中國鐵道系統內的大鐵道幹線，那就沒有而且也不可能有任何通過新疆的「門戶」。

當我還沒有肅清那些於首都的革命後第二天便在全國各地出現的反動份子和反革命分子時，莫斯科就應當等待一下。你最近三四年來的親身經驗，會使你能夠了解我所面臨的是何等艱難的事業。我最近九、十年以來都在從事於這一艱難的事業。如果不發生某種情勢下的積極的外國干涉，我希望能在短期內完成這一事業。外國干涉是很少可能的，因爲這涉及到西方列強，它們大概已被北京餵飽了。在這個期間，我希望與你及莫斯科的其他友人獲得私人的接觸。我非常注意你們的事業，特別是你們蘇維埃的組織、你們軍隊和教育的組織。我希望知道你和其他友人在這些事情方面，特別是在教育方面所能告訴的一切。像莫斯科一樣，我希望在青年一代——明天的勞動者們的頭腦中深深地打下中華民國的基礎。

向你和我的朋友列寧以及所有爲了人類自由事業而有許多成就的友人們致敬。

你的眞摯的孫逸仙

又：這封信是經倫敦蘇俄商務代表團寄的，如果它能安全無阻地到達你手中，就請通知我，以便今後能經過同一個中間人與你聯繫。如果從莫斯科來的信件將由你們在倫敦的使節轉寄的話，我就這樣地建立聯繫來接收他們。

英國注意馬林在桂林言行

孫先生在這函件中詳細說明中國情況，尤其北京政府是列強的工具，希望俄人了解：必須等待孫先生北伐成功在北京建立政府，才可以與蘇俄建交。很明顯的提示俄人不可與北京政府交往。但俄國卻施兩面要脅策略南北同時接觸，優林代表團訪問北京以後，越飛又準備啓行東來。至於孫先生在是函中提及民元讓位於袁的失當更是前所未見的論點。「胡漢民自傳」正可作最適當註釋。

一九二一年冬：共產國際代表馬林東來，拙撰「國父年譜應徹底改編」曾有簡述。「書目」第一二七、一二八、二〇七種即記述一九二〇——二二年蘇俄人在中國活動情形的稀見論文，都是引據俄國檔案及其他文獻。其中人名除胡定康、馬林以外，Mamaev Stoyanovich (Miner), Nikol'skii （Vasilii） 等都是其他論述未見涉及的。又「書目」第二一七種記一俄國漢學家 Abram Evseevich. Khodorov 於一九二一年初見孫先生，也未見之他書。韋慕庭著「孫逸仙」書中引用其中有關馬林事實，據指稱：馬林曾在長沙會見湖南督軍趙恆惕。趙並派小隊衞士護送馬林南行。是年十二月二十三日到達桂林謁孫先生。

韋慕庭並指陳：馬林會見孫先生事，香港英國軍方情報人員曾努力搜求一切。獲得雙方「秘密協議」文件後並轉告美國駐香港總領事。今美國務院檔案中還收存有這一無法證實的奇特文件——馬林是孫先生與越飛「共同宣言」的居間奔走最力的人，拙撰「國父年譜應徹底改編」中已指陳，今不贅。

一九二三年四月至六月，少年共產國際代表達林曾與孫先生作多次長談，孫因此對蘇俄又多認識，達林也由於這樣直接的經驗深感列寧對中國認識不夠。「書目」第四〇、四一、四三種都是達林的當時論述或晚年回憶，惜未見中文史料記載可以比對。據達林指述孫先生再三說明廣東離蘇俄太遠，一俟北伐軍到達漢口即可正式承認蘇俄；但目前無法辦理，因香港近在咫尺，英國人隨時會以此作口實採取敵對行動！證之上述英人注意馬林與孫會談，可見孫先生當時立場非常正確適切。

中國解決社會問題有利條件

達林又指陳：孫先生非常了解現代階級鬪爭源於資本主義，故特別注意防制資本主義在中國出現：節制私人資本、平均地權兩大綱領目的在此。（「書目」第一七九種是一討論孫先生防制資本主義在中國出現的論文）今按孫先生早在同盟會成立之初卽曾作此宣示，但俄人多不認識了解這一要領。一九〇六年冬，孫先生致俄國革命黨人魯塞爾兩英文信中就已說明要俄人不必憂慮中國忽視社會經濟問題。這兩信原件今存莫斯科檔案局，一九五六年發表，中譯如下：

（一）

東京 一九〇六年十一月八日

致魯塞爾博士（註）

敬愛的先生：

我很滿意地拜讀了你的有趣的文章「中國之謎」。它給我很深刻的印象。你的思想卓越，你的胸襟寬濶。在西方代表人物中，我很少見到有像你這樣能爲中國復興和實際保證中國千百萬受苦受難居民生存條件的思想主持正義的人。但是你相信在你再三對他們提出這些號召的美國資本家和專家中間，會有許多能被勸說來參加這一高尚事業的人嗎？

我深恐中國問題是絕不能引起歐美人士注意的，但是我希望由於你的善意號召，全世界大公無私的人們將會逐漸理解：佔全世界人口四分之一的國家的復興，將是全人類的福音。

致以最崇高的敬禮和眞誠的祝賀。

孫逸仙

(二)

東京 一九〇六年十一月二十六日

致魯塞爾博士

敬愛的先生：

我在幾天前收到你本月十六日的來信，因爲事忙未能及早奉復。

可能我未曾正確理解你對美國資本家的呼籲，但是，如果不是純粹的利他主義態度的話，我認爲這種呼籲是沒有任何好處的。他們不至於笨到這般地步：實行商業的自殺來幫助中國擁有自己的工業威力而成爲獨立的國家。我堅決相信：如果我們稍微表現出要走向這條道路的趨向時，那麼整個歐美資本主義世界就會高嚷著所謂工業的「黃禍」了。因此，他們的利益首先在於使中國永遠成爲工業落後的犧牲品，這也是十分明白和容易理解的。

但是從我和我的同志們一開始革命運動那時起，我們同樣地也要在社會範圍方面擴大革命運動。

而且，在解決社會問題時，我們比我們的西方兄弟們具有更多的有利條件；因爲在現代文明的發展方面，我們完全還處在未開墾的境況，我們這裏還沒出現自己的金融寡頭。因之在我們的道路上也沒有現代文明高度發展的國家裏那種重大的障礙。

中國是一個相當淸一色的貧窮國家，大多數居民過着貧困的生活，凡是想改善大家生活條件的任何願望，都會受到一致的贊同。直到最近幾年，現代文明還沒有觸動過中國，直到目前我們還沒有嚐到它的善果，也沒有受到它的惡果。而且，當我們在我們社會生活中確立現代文明時，我們有可能選擇那些符合我們願望的東西，我們不指望外來的援助（不管這種援助的願望如何），它如果不是出於眞正利他主義動機的話。

既然你願中國的更新終能夠加速歐美的社會革命。那麼，資本家關於這個趨勢知道得越少那就越好。更不用說，不應當向他們乞求援助來實現最終會使他們本身利益遭到損失的那種事業了。

你譴責那些新制度和新發明是正確的。但自從中國海禁大開並與外間世界交通以來，它們已趨於緩和了。至於傳敎士的聲明，我不能肯定是否正確，因爲我還缺乏任何事實根據。

毫無疑義，最近時期中國的革命運動具有單純的政治性質，而不是經濟的性質，但是它將爲我們未來的經濟發展打下基礎。

我沒有出版過你所說的「社會主義」報，而且我也不知道該報在此間我國同胞中間有否傳播。我的同志們每月所出版的報紙叫做「民報」，意思就是人民，它祇出中文版。

如能隨時從你處獲得消息，我將非常高興。

致以眞誠的祝願

孫逸仙

孫先生對社會主義各種派別學說、中國歷史環境及當前情勢、歐美資本主義國家近況，蘇俄推行共產主義失敗改行新經濟政策種種事實，具有深遠切實的認識與了解；故一九二三年一月二十六日，與蘇俄特使越飛共同宣言開宗明義即指陳：「共產組織甚至蘇維埃制度，事實上均不能引用於中國，因中國並無使此項共產制度或蘇維埃制度可以成功之情況也。」這實在是孫先生一貫的見解，利用這一機會再度鄭重宣示。而「共同宣言」的出現更是孫先生針對蘇俄南北要脅兩面策略的巧妙手法，目的在截斷蘇俄與北京政府的談判。而「容共」則爲防制共黨獨樹一幟導引誤入歧途。不幸這一力圖控制局勢的決策執行不過兩年，孫先生即因肝疾逝世。從此內部政爭戰亂不已，日本又加緊侵略，遂使蘇俄中共乘機擴張。這就不是孫先生的責任了。

指責蘇俄與北京談判危機

韋慕庭著「孫逸仙」書指陳：越飛自北京南下至上海會見孫先生以前曾有四件書翰寄孫，孫有三次復信，原件都保存莫斯科，全文沒有公開刋佈，但蘇俄齊赫文斯基教授曾經閱及並摘要發表在他的著作中。據稱：越飛信中述及蘇俄國內外現況與其本人與北京政府談判的困難。孫先生復信則表示極不了解蘇俄外交政策目的何在？甚至也難看出它與其他外國政策有何不同！蘇俄爲何不等待他在華南重握政權並再度北伐至北京後再談商中蘇關係正常化？孫信中對謠傳蘇俄將出兵黑龍江，並與吳佩孚聯盟以驅逐張作霖出東三省，表示關切——是年十二月六日，孫且致信列寧警告與北京現政府談判的危機（「書目」第一二九種曾自莫斯科檔案庫摘錄孫信俄文譯本，韋慕庭書第三三四頁有英譯文兩段）。

韋慕庭綜合俄文史料指陳：孫先生當時對蘇俄竟與北京政府談判深感苦惱。

但半個世紀以來，國內外人士由於有關中國史料機構的深固閉拒，不公開有關史料，對孫先生當時因應的艱難困苦完全無法知曉，以致產生許多誤解或曲解！現在既有這一册「孫逸仙關係的蘇俄學術論述目錄」刋行，國民黨黨史會理應按圖索驥，立卽迅速搜求，比對中文史料，詳加考釋，於其誇大失實處加以駁正，眞實可信的應卽採錄，編入國父全集、年譜、傳記。這是不可或缺的重要環節，千萬不可「聽任歷史缺席裁判」，坐讓孫先生永遠含憾於紫金山麓！

孫越共同宣言以後，鮑羅廷（Mikhail Markovich Borodin）、加倫將軍（Gen. Gallen, 本名 V. K. Bücher）等相繼來廣州擔任政治軍事顧問。「書目」第二〇種列鮑羅廷之妻撰回憶錄，一九二八年刊行，二一六頁，是鮑羅廷在華活動的已刊惟一直接史料。「書目」第一三〇——一三二種都關係加倫在粵工作，其中有加倫本人報告十一件（其中一部份已經英譯刊載倫敦出版「中國季刊」），並有許多從未刊行的照片。「書目」第三十五種是一册關於蘇俄顧問在廣東：一九二四——二七年的記載（臺北美軍顧問團已有英譯本），內容所有在華的俄國顧問工作，比前兩書範圍廣泛而可相互補充，也有稀見照片。

「書目」第二一六種記新發現的孫先生函電：一九二四年一月二十一日電、同年十一月六日自廣州致齊采林信。「書目」未述及其內容，但都是「國父全集」所未著錄。

辛亥革命與外交政策

由上述種種可知俄國收藏有關孫先生史料豐富，值得重視。而蘇俄學人應用這些史料及其他中俄英文資料撰著的論述尤不可忽略。

自孫先生早年生活、倫敦蒙難、興中會、同盟會以至民國成立以後各階段，蘇俄學人都有專門論述，其中辛亥革命是孫先生「言」付諸「行」的具體表現，「書目」多處指陳在一九二七——三七年時更是俄人熱烈論題：這一辛亥革命性質是布爾喬亞的或是布爾喬亞民主的？三四十年來爭論迄未休止，但「書目」第二二五種指陳：三十年代於此的討論比較一九四九至五九年間受毛共影響的觀點顯然眞實。「書目」第八三種也指出：這仍是蘇俄學人一具有政治情感的論題。「書目」第五五種是列寧格勒大學 Efimov, G. V. 教授著「中國布爾喬亞革命與孫逸仙：一九一一——一九一三」，一九七四年刊，四一三頁。Efimov 是蘇俄研究孫先生與其時代的權威學者之一，此書是他多年研究心得的結晶——索禮齋指陳：是書性質似將引起西方學人的論駁。美國於一九六八年刊：瑞瑪麗（Mary Wright）主編「中國革命第一階段」（China in Revolution: The First Phase, 1900-1913）與此書內涵時代相同而論點各異。自是立場不同的原故。中國學人顯然應速撰著一基於自己國家立場的辛亥大革命史。

一九五一年刊 Efimov 著「中國近代現代史綱要」，五七五頁，其中五分之一篇幅有關孫先生。這是蘇俄史學界研究中國近代現代史的里程碑，流行二十年，一九七二年才被齊赫文斯基主編的「中國近代史」（自十七世紀至一九一九年）取代。齊氏全書六三七頁，其中約八〇頁有關孫先生言行。就「書目」列舉齊赫文斯基論述共二十五種，比較 Efimov 論述多十種，他討論孫先生外交觀點與實際的文字尤可注意，因爲他引用廣泛，蘇俄密檔也多閱讀。他指斥西方國家人士當孫先生健在時對他太低估。

「書目」第一六〇種記同盟會時代，孫先生曾於日本東京會見越南革命黨人 Phan Poi Thiau 等。又第三三一種引用「胡志明選集」中一九二四年胡文。這是孫先生「中華民族自求解放並協助弱小民族獨立解放」的最佳事例。中文書刊卻少提及。

「書目」第三五七種記 Vilenskii-Sibiriakov, Vladimir 撰「中國革命之父：孫逸仙」。一九二四年刊第二版，全書一九六頁。是俄國最早的孫先生傳略。「書目」指陳：是書對孫逸仙的觀點，多年來流行於蘇俄，他的分析評論更爲俄人所取法。Vilenskii 認爲孫自幼受歐洲式教育，卻不斷接觸中國文化，力圖融會中西文化。至於民元讓位袁世凱，是客觀眞實力量的反應，並非孫判斷錯誤。孫在外交領域實行中國自主政策，對任何外國都無所偏好，與蘇俄接觸祇是因它放棄在遠東侵略政策。孫是革命首領，贊同蘇俄革命並注意研究它的經驗，祇是試圖選用這種經驗在中國革命事業上——以今看來：這確是深知孫先生心意的論述。五十餘年前，俄人就已有如此認識，值得注意。

「書目」第七四種記 Ermashev 撰「孫逸仙」，一九六四年刊，三一八頁。著者是蘇俄著名研究中國近代史專家，以深入淺出方式，用生動美妙文筆撰述的一般人閱讀個人傳記。並經摘要選入各國解放運動領袖傳記指引。可讀性應該很高。

「書目」列出俄人對美國人或旅美中國人所撰有關孫先生言行或革命運動的論述都有嚴格批評。立場不同自是主因，但其注意「知彼」，卻與中美學人對蘇俄有關論述絕少觸及，恰成鮮明對照。如今有此「孫逸仙關係的蘇俄學術論述目錄」出版，中美學人應該急起直追了。

註 魯塞爾於一九一七年俄國革命後移居我國天津，一九三〇年逝世。或謂一九一〇年汪精衛刺清攝政王曾得其協助；惜未見確實記載。（原載「傳記文學」第三十二卷第三期）

晏陽初掃除天下文盲

晏陽初是中國現代平民教育與鄉村建設運動的先驅。他在國內若干地區尤其河北省定縣有計劃地推行這一工作，獲得全國及國際友人的支持讚揚。一九三九年，國內實行「新縣制」，卽採取定縣實驗的若干成效。一九四三年，他與愛因斯坦、杜威、亨利・福特等同被膺選爲現代具有革命性貢獻的世界十大名人。一九四七年，他在華府爭取得以美國援華款項十分之一設立中國農村復興委員會。一九五五年、一九七〇年，他又兩次榮列全球最重要一百名人之林，因爲他將在中國工作的方法與經驗推行到東南亞、非洲、南美各地都獲致極大成效。

晏陽初是四川巴中人，一八九三年十月二十六日生於一個世代書香的家庭。幼年在父親教導下習讀四書五經。一九〇三年，清廷推行新政新教育。他的開明父親就決心送他到約一百里外保寧（今閬中）縣境一教會學堂研讀西學。這是英國基督教內地會爲傳佈福音而設立的，校長亞德士（William Aldis）與學生同起居，愛撫周備。晏陽初深受這種虔誠基督教精神的薰陶，因此立定救人救世宏願，後來逐漸見諸行事。飲水思源，永不忘亞德士的教誨，他特取 William 作兒子的英文名字，以誌紀念。四年修業期滿，他轉往成都一美國教會中學。兩年畢業後卽被當地人士主辦的中學延聘擔任西學教師。

當時各縣學生聚集成都，各學堂都缺少宿舍，英國教會於是特設立寄宿舍一所，福禮斯特（Forrester）負責主持，史梯瓦特（James Stewart）任副主管，並聘晏陽初任華籍副主管。晏陽初和這兩位英國青年傳教士共同生活，並時常爲史梯瓦特的講道擔任譯述，從此習慣於面對羣衆作誠摯感人的說話，對他一生大有影響。他的另一兒子英文名 Stewart 就是紀念這一永難忘的友誼和珍貴經驗。

一九一三年，他因史梯瓦特兄長的邀約前往香港，原擬入學聖保羅學院（今香港大學前身），嗣因算學、物理、化學程度不足，被送入聖史梯芬斯預備學校。他加倍努力並在暑假補習，這年九月以最高成績通過聖保羅學院入學考試。依規定，凡英國籍學生可獲獎學金。當學院院長詢問他願否爲英國公民？他搖頭婉拒：「對一中國人說來，這代價太高！」他自費入學約三年；深感香港殖民地氣味過濃，不宜讀書，一九一六年夏啓行前往美國入耶魯大學。

他在這常春籐學府求學生活非常愉快，他在正常課業以外又參加各種活動，是棒球選手，又因歌喉好被選入教堂唱詩班，因而獲食宿費用，他還繼續不斷得到獎學金，順利完成了學業。更重要的是他實際體認了美國民主平等的眞諦：前總統塔虎脫（William Taft）任滿後在校園執教鞭，和一般教授一樣學不厭誨人不倦。塔虎脫的兒子、富豪洛克斐勒的兒子們都和晏陽初同學，且交往親切，從來沒有表現一點富貴子弟的臭味。他因此認識家世或金錢並不能使一個人在美國成功，一切必須個人本身的努力奮鬥。這和中國若干人依賴父祖餘蔭而權勢赫赫，大不相同。

當時，第一次世界大戰正激烈進行，中國勞工二十餘萬人在法國戰場做工，精神物質生活都很單調枯燥：這些人不識法國語文，同胞相互間又因各省籍貫不同而語言隔閡，異國寄旅自不免思念家鄉，卻苦於不識字不會讀寫家信。蔡元培、李石曾等曾設立華工學校，招考敎師二十餘人，以失學青年勞工爲敎讀對象。但極大多數的文盲仍迫切需要更多的人力、物力援助。

一九一八年（民國七年），晏陽初在耶魯大學畢業，深感自美國參戰後，世界變化劇烈，民主自由平等觀念勢將普及各國。他爲認識了解新情況的實情，即參加美國基督敎青年會戰事工作會組織的工作隊前往法國戰場，協助中國勞工（歐美稱作中國苦力）的社會福利。

在法國自編課本教授華工

他到達法國戰場後，與中國勞工共同起居，亟欲進行工作。當他正苦於不知如何着手以及那項工作是急需時，某晚，一勞工來到他的房間請他寫一封家信，他即按那一勞工口述寫好。翌晚又有二、三勞工前來作同樣請求，或請他讀寄來的家信。從此，他每日就忙於爲勞工們寫讀家信。他因此發現了他們最大的需要是如何寫、如何讀。這些勞工雖然是文盲，卻並不是無知識，也不是缺乏學習能力，祇是沒有學習的機會。他由於這一體驗產生了一個想法：爲何不教他們自己去讀去寫呢？

但用什麼教材去教他們讀和寫呢？

當時國內「五四」白話文學運動已經發生，晏陽初決定就用白話文教讀。不幸國內還沒有適合這些勞工的課本；他祇有根據與勞工交往的經驗，找出他們常用的以及進一步生活需要的知識語文等等，自己動手在中國字典字彙裏收集最常用的字，大約一千餘，編成淺顯實用的課本。這就是後來國內推行平民教育普遍應用的「平民千字課」最早雛型。例如第一課：「一人二手，二人四手，三人六手，四人八手，五人十手」。

他在用心編輯這種教材時，又向勞工們灌輸「你們自己也能學會讀書寫字」的新觀念。但勞工們都疑懼或躊躇，說來說去幸有四十人（年約二十至五十歲間）願「冒險」一試，參加爲期四個月每晚一小時的學習。結果三十五人順利完成，他們在結業式中用粉筆在黑板上寫字，引起許多勞工的興趣，紛紛要求參加。他因此前往巴黎徵求中國學生八十餘人前來，並使已學會讀寫的人來教其他的人。這種方法更普遍擴大許多文盲學習的機會。基督教青年會美籍人士眼見這情景感奮得流淚，稱之爲「奇蹟」。

他為幫助已經學習千字課的勞工繼續學習，並「輔助華工的道德、聯絡華工的感情」，一九一九年一月十五日創刊「基督教青年會駐法華工周報」，手寫石印，內容用白話文報告中國及世界大事。發行以後迅速獲得勞工們熱烈歡迎。有一勞工寫信給晏陽初說：周報使他開始得知天下大事，但售價太廉，可能賠累而停刊；玆特將三年儲蓄的三百六十五法郎寄上，供作維持費用。這一充滿感情的信函和金錢使他非常激動，從此決心獻身「為解除苦力的苦，開發苦力的力」的工作。六十年如一日，從沒有躊躇或見異思遷。

民國二十三年刊行的「第一次中國教育年鑑」、「中國近七十年來教育記事」都記載了晏陽初在法國自編課本教授華工的事實，並指陳「此即我國平民教育運動之起源」。

自巴黎和會開幕後，法境華工陸續回中國。晏陽初往美國入普林斯頓大學攻讀歷史學碩士。民國十年（一九二一年）秋，中華基督教青年會全國協會總幹事余日章訪美，邀約晏回國參加青年會工作——當時青年會原設有「智育部」，專作科學巡迴演講。晏問余日章：「我可否在協會特別致力於平民教育事業？」余日章欣然同意。晏即與新婚許氏夫人束裝回國，主持青年會智育部新設立「平民教育科」。首先修訂印行「平民千字課」。

全國共起推行平民教育

當時，湖南省政當局正高談「省憲」「自治」，少數教育界人士體認這樣衆多不識字的人民何能侈言自治，因此有設立平民學校計劃。但因爲經費無着，祇在各中學附設平民學校十餘所。而當時長沙基督教青年會主辦的平民學校卻有聲有色。民國十一年三月，晏陽初自上海到長沙，與紳、商、學各界聯合舉行全城平民教育運動大遊行，四處巡廻演講不識字的痛苦及平民教育的重要，並用圖畫說明文盲等於睜眼瞎子。這事感人至深，加以青年會全國協會支持財力，很快地在長沙各小學及廟宇附設平民學校二百餘所。九百六十七名成年學生在完成學業時手捧「識字國民」證書都非常欣喜。

他在國內第一次推行平民教育獲致了成效，引起各方共鳴。民國十二年二月，他到達山東煙臺與青年會同仁舉行大規模的平民教育運動，不識字或失學的男女二千餘人參加平民學校就讀。同時，浙江杭州嘉興也有同樣運動。六月二十日，熊朱其慧（前國務總理熊希齡夫人）、陶行知等人發起的南京平民教育促進會成立，辦理平民學校。半年間成立一百二十六校，學生五千餘人。八月二十六日，熊朱其慧女士在北京清華學校召開第一次全國平民教育大會，二十省平民教育會代表六百餘人參加，議決簡章，當日宣佈成立中華平民教育促進會總會，發表宣言指陳：平民教育是普及教育的基礎，更是解決生計、消弭亂機、奠定國本的方法。

全國平民教育大會選舉全國董事四十人（每省兩人），執行董事九人：熊朱其慧（董事長）、張伯苓、蔣夢麟、張訓欽、陳寶泉、周作民、陶行知、蔡廷幹、周詒春。總幹事兼總務行政晏陽初。傅葆眞博士主持鄉村教育，湯茂如碩士主持城市教育，董時進博士主持監督與訓練，馮銳博士及李景漢、甘博兩碩士共同負責調查與研究，邱椿博士主持平民文學部。

著名教育家銀行家擔任平民教育總會執行董事，留學歸國的高級知識份子主持各部門實際工作。這說明原屬晏陽初個人創意的工作已獲得全國重要階層有力人士的充分實際支持，且推廣到全國各省地方。陳筑山撰「中華平民教育運動歌」歌詞顯示了這種精神：「茫茫海宇尋同志，歷盡了風塵，結合了同仁；共事業，勵精神，並肩作長城。力惡不出己，一心為平民。奮鬥與犧牲，務把文盲除盡，男男女女老老少少一齊見光明——一齊見光明，青天無片雲，愈努力，愈起勁，勇往向前程，飛渡了黃河，踏過了崑崙，喚醒舊邦人，大家起作新民，意誠心正，身修齊家國治天下平！」

平民教育重心在各縣鄉村

民國十三年秋，平民教育總會開始在直隸（河北）省境實行兩大計劃：一在京兆區即北京附近二十縣，一在保定道內二十縣普遍提倡鄉村平民教育。不到半年間，保定道內十二縣設立的平民學校學生計達六千餘人。京兆區的實驗尤具意義：中華民國首都附近各縣城郊鄉村在京兆尹薛篤弼（相當於北伐後北平特別市市長，轄區遠較特別市廣大）熱心提倡下，自京兆尹公署職員眷屬開始習讀。二十縣縣長參加平民教育訓練會議後返回本縣按計劃積極推行。表現的成效對於晏陽初是一新啓示。

在這以前，晏陽初都是在城市推行平民教育，如今開始走向鄉村。比較了在城市與鄉村工作的經驗顯示，在鄉村推行平民教育比在城市更便利。因鄉村居民素被疏忽不顧，祇要有人做一點點對他們有益的事，他們就很受感動。在鄉村又沒有城市的若干引誘及流言蜚語。參加平民學校的人都按時上課，切實用功，一般學習成績比較城市的學生好。尤其鄉村都是若干家庭聚集的小社會，日常共處，彼此了解，相互間具有強烈家族精神及共同責任意識的維繫，這是推廣平民教育工作獲致成功的主要因素；而在城市裏環境複雜，人品不齊，這一因素不是缺乏就是非常微弱。

晏陽初和平民教育會同仁積累的經驗更認識到：消除文盲的識字運動祇是平民教育的初步和基礎工作；作新民的教育才是平民教育的教育事業。所謂新民是中國全體人民新人格的建設。而所謂「新」是我國民族自身在原有的生命裏創造出新生命的新；在進行創造時既不盲從地抄襲外國人的東西，也不固執地保守中國的古董，更絕不假定一個玄想的「新」來作一切工作的死目標。

這種新是深信用科學方法由許多的事實和長久的經驗而產生的結果。晏陽初和同仁因此決心完全抱持學習與追求的態度，在鄉村生活裏根據最低限度的計劃來創製一個作新民的教育方案：文藝、生計、公民、衞生四大教育包含生活需要上的一切，從首至尾聯鎖進行（四者缺一不可，必須如此才能消除文盲、疾病、貧窮及被壓迫的積弊），作兒童、青年及成人全部教育的內容。

而平民學校是一切工作的出發點。因爲必須先同鄉民發生師生關係，取得相當信仰，才能進行社會調查，探查一般農民實際需要；平民教育畢業生大多數是農民，可以直接把農業科學介紹到鄉村裏去進行農業改進的工作。

京兆和保定的平民教育工作繼續在進行。到了民國十五年十月，平民教育總會又開始將直隸省定縣作爲「華北試驗區」，懷抱六大目的：㈠站在全國最大多數農民的立場，爲今後平民教育尋找出一個中心政策。㈡從鄉村做起，爲今後平民教育開闢一個以縣爲單位的實驗區；中國幅員雖大，人口衆多，也不過是一千九百二十餘縣集合而成，政治經濟社會乃至於全民族的文化也是根據縣單位的生活構成。㈢藉縣單位的平民教育先除全國青年文盲，再創與此銜接的兒童教育及成人教育，打破貴族階級教育制度，創設平等化的全民教育制，以培養作主人翁的新民。㈣探查民衆的生活狀況和實際需要，並參據國家的政治主張及當代教育理論來制定教育內容，希望能顧及全民利益。㈤探查民衆的社會生活及經濟能力，作爲製作課程、教材、教法及設備等事項的根據，並經過繼續不斷的研究實驗而完成。㈥探查民衆思想態度和生活興趣，而培植相當的導師以引人民向上發展，並隨時矯正其墮落的趨向。

定縣是一平原，人口總計約四十萬，適爲全中國當時四萬萬人口的千分之一，農產及手工業相當發達，有京漢鐵路貫通，是華北內陸樸實農村的典型。因此被選作試驗基地。

首先在翟城村開辦平民學校，逐漸推廣到六十餘村。馮銳博士主持的普及農業科學工作也和平民學校的推廣同樣進行。定縣士紳與縣政府及人民團體在考察翟城村農業改進工作後，深信有推行於全縣的價值，堅請馮銳博士（美國康奈爾大學農學博士，在德國、丹麥及羅馬國際農業研究所、美國農業部繼續研究；曾任廣東嶺南農科大學及南京東南大學農科教授）就縣城附近創設農業表證場，並劃出公地四十畝由平民教育總會開闢。同時其他各區也請求列入平民學校範圍內。平民教育總會因此決定將鄉村平民教育的研究、實驗、編輯等工作集中在翟城村及縣城兩處，推行工作偏重第一區第三區內一百五十餘村，同時兼顧其餘四區各村。全縣實驗的趨勢於此已經顯明。

事實上，平民教育總會在定縣工作三年間已有很多收穫：研究方面根據已往的基礎產生了一個有系統的全盤計劃；實驗方面已把各級平民學校課程、教材、教學、測驗以及一切實施方法參據以往辦理城市平民學校的經驗，到定縣來通盤實驗了一次；編輯方面也集成了不少的初稿。甘博與李景漢等主持的社會調查更有助於了解農民的實際狀況與需要。良好情勢既已形成，民國十八年五月，晏陽初自美募捐成功回國，到定縣詳細視察後與各部主任協同考慮兩月餘，乃決定將平民教育總會中心工作集中於定縣，幹部人才與家屬也於一年內完全遷至定縣。從此原是都市化的全國平民教育總會的組織和行政都遷移到鄉村生活的定縣來推動工作。

美國友人精神物質的支援

「平民教育」原是晏陽初自海外帶回國內，海外友人對他在國內推行的成效自然十分注意。民國十四年，他撰刋兩册英文書：(一)Educating China's Millions for Democracy (二)The Mass Education Movement in China。報導平民教育運動發展情況及其重要意義。這年夏，太平洋關係各國學術會議第一次大會在夏威夷舉行，晏陽初前往參加，這兩册書和他的口頭報告引起各國代表的濃厚興趣。當地華僑聆聽了他的演講後，立即捐款給平民教育運動。

民國十七年六月，「太平洋事情」(Pacific Affairs) 刋載晏陽初有關平民教育運動新進展的報告，這可以說是和他再度訪問美國行程相互配合。向美國全國教育協會演講、接受耶魯大學贈授名譽文學碩士學位、向美國友人募集推進平民教育運動的款項是他這次西行的三項任務，結果都順利完成。捐款共得美金五十萬元，大多來自各大企業。汽車大王亨利福特捐助一萬美元，並對晏陽初說：「我欣賞你這一觀念。你走的教育平民的路正和我努力大量生產平民化汽車一樣。」

後來，當有人向晏質疑：「你在一縣耗費了七年時間，豈不是需要一萬三千年才能完成全中國一千九百縣的平民教育工作！」晏就提醒這些人：「亨利・福特耗費很長時間才完成第一個模型，但這模型完成以後，一百萬輛汽車就陸續出廠了！」這一說辭極具說明力量，因此捐款運動進行順利圓滿，密爾版克紀念基金會 (Milbank Memorial Fund) 捐助金錢以外，還特派專家擔任技術顧問，協助定縣推行中國空前未有的鄉村公共衞生計劃。

起，民國十九年八月，晏陽初和平民教育總會同仁以及來自各地志願參加這一工作的高級知識份子包括陳筑山、鄭錦、陳鶴琴、謝扶雅等人正式開始推行以定縣作研究實驗及訓練中心的十年計劃——「十年」分作三期：第一期三年，偏重文藝教育；第二期三年，偏重生計教育；第三期四年，偏重公民教育。衞生教育則貫徹十年。最初且劃出六十一村總計約四萬四千餘人作「研究社區」，同時推行這四面一體的教育，隨時注意問題，改進技術，作全縣推行的根據。

定縣的研究實驗十年計劃

平民教育總會在定縣社會調查數字顯示：全縣沒有一所西醫院，縣境內四百九十二個鄉村中有二百二十村沒有任何醫藥，其餘二百五十二個村祇有當地中醫自製自售的土產藥材。全縣人民有百分之三十都因缺乏醫藥而死亡，這正是國內一千九百餘縣的一般情況。當時國內只有少數通都大邑有外國富豪或教會設立的西醫院，全國各地醫學院合計不到十所，學生不多（當時青年多偏向文法科）。據估計，約七萬五千中國人才可分配到一名合格西醫。事實上，這少數西醫祇能集居城市醫院，到其他地方也無用武之處。至於公共衞生更是從來沒有聽聞的新奇事。

民國十八年秋，晏陽初獲得密爾版克基金的捐助，即聘請北京協和醫學院畢業的姚尋源醫生(H. Y. Yao)擔任平民教育總會衞生部主任，首先在定縣設立幾所小型施診所，並進行衞生情況調查，籌備進一步擴展。翌年春，佈種牛痘預防天花工作獲致很大成功。密爾版克基金會研究部主任 Edgar Sydenstricker 也來定縣擔任技術顧問。北京協和醫學院兩位美籍公共衞生教授、北平衞生中心的中美專家、國立助產學校校長及國民政府行政院衞生署署長劉瑞恒等人也到定縣共同商訂推行計劃，以期使這一新創的公共衞生工作和平民教育在定縣已有的活動密切聯繫。例如自平民學校畢業生中選取優秀者再加訓練作爲本地衞生工作員。他們接近村民，容易獲得各種情況，提供平民教育會設在鄉村的四所衞生實驗站研究。

平民教育總會在定縣城設立縣衞生中心，有病床五十張的醫院以及化驗室藥房等設備。住院病人都是經區衞生站轉送病情較重的。他們平均住院十五日，每日醫藥費平均計相當美金一元七角九分，病人祇支付四角。各區衞生站有合格的醫生、外科助手、護士等，每日施診外還管理各村衞生工作員、當地接生婆、學校衞生、防疫注射等（最初徵聘醫校畢業生十六人，祇有三人願嘗試這新工作，其餘的都說所受教育沒有提供他們爲鄉民服務的知識，深感沒有能取得鄉民信任的自信。降至今日臺灣仍有許多醫學畢業生貪戀城市，不願下鄉服務，士大夫優越感加上工商社會賺錢至上觀念作祟，莫此爲甚）。

定縣衞生中心、各區衞生站、鄉村衞生工作員又指導城鄉居民改良「井」，淨化飲水。同時推行食物的清潔，登記出生及死亡等。城鄉居民對這些新奇事都樂意接受，固然由於醫藥衞生工作「立竿見影」，也由於文藝與生計教育早已推行見效，知識比以前開通，經濟也較爲擴展，對於新的事物自然不深閉固拒敬而遠之。

定縣的十年計劃實行以前，早已在城鄉各地設立初級及高級平民學校、初級及高級實驗平民學校、平民育才學校，進行消除文盲、提供較多知識、培育本地的領導人才。同時還與清華大學合作研究教育心理，在三萬人中測驗其正確學習年齡與能力，以決定那一年齡羣應加強教育並選取適合其能力的教育。更重要的是，「整體鄉村學校實驗」目的在尋求一完全適應鄉村生活需要的自國民學校以至大學的整體教育制度與內容，徹底糾正多年來取自西洋爲城市而設計的學校教育。

配合「整數鄉村學校實驗」，也同時實驗家庭型教育，目的在發現如何將衞生習慣、健康知識等課程由接受平民學校教育的青年婦女及兒童帶到家庭，使老年婦女也能接受。再則試驗兒童保育及家庭經濟等適應中國家庭的方式，提供「整體鄉村學校實驗」中學、大學女生之用。

社會型教育在使平民學校畢業生擔負起文化與社會活動，如利用巡廻文庫閱讀書籍、按時讀「農民」周報、組織戲劇社辯論社、寫貼新聞壁報、植樹、修理道路、農產展覽、禁賭、禁鴉片煙等，並選取畢業生參加農民講習所，成爲模範農民。最重要目的在使開通及有組織的青年農民進一步成爲鄉村建設計劃的核心。

如上所述，鄉村建設包含文藝、生計、衞生、公民四種教育，缺一不可。平民教育總會在定縣實行十年計劃時，文藝教育最高目的是使中華民族靈魂在現代世界重現活力。應用國音字母教一般鄉民學「平民千字課」比較迅速便利。國語統一會且採納定縣實驗研究報告對國音字母做了若干修正。平民教育總會又編纂內含一、三千字及詞的平民袖珍字典，供給平民學校畢業生自學進修。

收集名謠編印成書

平民教育總會平民文學部同仁在鄉村居住工作，徹底消除傳統文人與平民隔離的積習，實際了解平民心理與需要。他們根據「四面教育」理想與觀念，編輯了歷史地理科學的詩歌、戲曲故事等小册三百五十餘種。

宋朝詩人蘇東坡在定縣任官時曾創製的民謠如挿秧歌等歷代口耳相傳，從無記錄。平民教育總會平民文學部及社會調查部共同努力搜集，收穫豐富，編印成二卷約五十萬字。這是「活」的平民文學，極具民族文化遺產的價值。它的重要性不祇是語言學研究憑據，也提供國內作家進一步了解自己文化與創作的豐富資料。

曾在美國哥倫比亞大學研究戲劇的熊佛西博士也來定縣鄉村，與農民共同起居，努力自農民實際生活尋取靈感，企望經由改良舊戲創製新戲，重建農民新生活。例如他針對國內農村普遍存在的高利貸及喜爭論是非兩大問題，創作「孔大爺」、「鋤頭錢二」兩劇，描述沒有組織的文盲農民羣遭受貪婪毒狠放高利貸的地主壓搾的情形，觀戲的農民多有切身之痛，感動之餘對平民教育會工作更加熱心。平民學校畢業的青年農民且多參加戲劇社，自己演出，露天戲院也陸續建設。

平民教育總會視聽教育部則應用圖畫、壁畫卡通、電影來說明鄉村建設運動各種活動；並進行一項試驗，企求發現顯示具體觀念並喚醒農民潛在藝術意識的最有效技術，同時研究民間藝術實態，進一步發展眞正平民藝術。

平民教育總會綜合多年研究，選擇上古至宋朝民族英雄與男女偉人事實，藉著課本、傳記、戲劇、圖畫、演講、唱歌來增加農民的民族意識，同時注意將歷史人物事實融滙現代的需要。

平民教育總會還在定縣設立了無線電廣播電臺，內容包括新聞、音樂、平劇以及鄉村建設的知識、縣政設施等。最初在各鄉村分別放置收音機，由平民學校畢業生負責管理開關，登記前來聽廣播的姓名並詢問他們收聽後的反應，特別注意他們的心智在聆聽這一奇異機器的聲音後是否比較開放？後來又在平民敎育總會工廠表演製造眞空管收音機的能力，每架售價相當美金二十六元，鼓勵農民分期付款購買，每月祇需相當美金一元。事實證明這是推行鄉村建設最有效的利器。

改良農藝家畜及手工業

華北各級農業學校一向祇重講授，沒有注意實際的應用。平民教育總會經濟部在定縣對「研究」與「實際應用」並重，一切基於農民觀點，其結果也須適應農民本身水準。改良農藝的研究實驗是與金陵大學合作。農村工業主體——紡織所需的棉花經引進優良美國品種後產量增加。同時麥粟高粱等品種也多改良。南開大學負責經濟調查，提供產需資料，金城銀行供給信用合作貸款及運輸產品。若干從平民學校畢業的農民因參與這三方面工作，獲得較多知識。養猪是每一農家另一副業，也引進了華北各地五種優良種猪與本地產猪比較飼養，後又因「波蘭——中國種猪」飼養實驗成功，農民收益大為增加。

定縣居民六萬八千戶中，約有四萬人紡紗，三萬人織布。在改良棉花品種時，平民教育總會也在定縣設立工廠一所，製造經改良的手搖紡織機，引進具有減低成本、增加產量的技術與設備，並選取各村平民學校畢業生前來工廠做學徒。學習期滿後仍回本村設立工廠，與合作社聯繫，製造機器供給農民，處理本地原產棉花。因為改良棉種普遍推廣全縣需要時間，經由組織與訓練來應用改良的紡織機，對帶給農村手工業一種既經濟又具效率的制度具有很大貢獻，並消除了國內多年來農業與工人分離的積弊。

農產增產時，平民教育總會又指導各村平民學校畢業生為核心，組織「自助社」，作新農村經濟制度發展中減輕農民財務負擔的主要措施。特約中國銀行、金城銀行在定縣衝要中心地建築倉庫五所，與各自助社共同協助農民用農產存倉貸款，利率為每月百分之零點八，是高利貸的三分之一，農民因此不再受無理壓榨，或被迫於收穫後立即拋售產品。民國二十二年，定縣農民麥產即因此多獲利四分之一。大地主最初曾派人張貼「打倒晏陽初」、「打倒平民教育運動」標誌。但已無法挽回以往權勢。

「整體合作社」是繼「自助社」後更具積極性的經濟發展組織，目的在使各村農民的購買、生產、出售都經由合作社，農民可得低利貸款，消除農村資金不足及產品種類繁多、零擔購買不如大量集中買賣合算的積弊。平民教育總會規定，參加整體合作社的社員須是實地從事耕作的農民、活躍的生產者，而且必須識字讀書。所有候選社員都接受有關「合作」的原則與方法以及運用整體合作社的訓練。經挑選出的優秀社員再接受特別技術訓練，使他們成爲合作社經營管理職員。

「整體合作社」推行成效顯示，所有社員都加入合作採購，合作售賣產品所得的利潤又用作更有利益的計劃。例如有十二個村合作社卽用利潤建立了小型倉庫，供鄰近各村使用，而與上述兩銀行倉庫聯繫，又可獲利。合作生產帶來養猪及織布量的增加尤見顯著。

農民講習所的目的是訓練農民領袖，分設在定縣五個中心區，每年訓練三十二個村的三百名學生。敎師輪流在五個講習所講課，內容都有關改良農藝知識及管理整體合作社要領等；自本地挑選的模範農民則在田間實際工作，使講授與實用相互配合。春秋農忙時上課兩日，冬季農閒時上課二至三週，這是整體敎育制度的一部分。這一制度的最高目的是啓發具有正確觀念、理想及技術能力的新型農民。

定縣鄉村建設實驗的成效

定縣的實驗研究顯示：中國要實行鄉村建設，各縣政府的效率是主要問題。平民教育總會是一個私人團體，不能干預縣政府的種種。要清除縣政府多年積弊，實賴中央政府的決心與措施。民國二十一年初冬，內政部次長甘乃光到定縣實地視察，深感縣政府必須重加改組，才能適應如定縣所發展的鄉村建設。同年十二月十日，全國內政會議在南京開幕，革新改組縣政府成為中心議題。會議提供內政部的主要決議案之一即基於甘乃光視察定縣的心得與觀感。這一決議案建議：鄉村建設以縣為單位在各省進行實驗研究；各省應設立政治社會建設講習所，主持研究實驗工作，直接全權管理經劃定作實驗的區域。這一決議案經送陳中央政治會議核定成為法規。

民國二十二年春，各省遵照這法規先後設立政治社會建設講習所。河北省政府為充分利用定縣實驗成效基礎，特將這一講習所設在定縣與平民教育總會合作，並聘請晏陽初兼任所長，講習所各部主管也聘請平民教育會各部門專家擔任。南開大學經濟研究所及政治系參加研究：㈠現行縣政府行政組織、手續、效率的弱點所在，作成改革建議。㈡村自治組織的功能、影響與領導人才。㈢根據定縣一百五十餘年來有關土地所有狀及田賦文件，研究土地所有、轉讓、田賦等問題，以為發展公平及有效的土地制度的根據。

研究工作進行時，講習所又推動若干實驗：㈠警察與民團合作，以期發展更有效的公共安全組織。㈡設立縣司法處，縣長不再兼理司法，可集中時間精力於鄉村建設。㈢設立縣代表會，為實行縣自治理想的一大措施。㈣革新若干地方行政機構，以適應鄉村建設，增加發展中的經濟制度效率。

講習所又選擇定縣的鄉縣為示範縣、縣長、區長及各處主任都曾在定縣接受「鄉村建設第一階段」訓練後才就職，充分了解設立平民學校、平民學校畢業同學會、合作社、縣衞生站及村衞生工作員、民防隊等組織活動。

定縣的實驗喚起全國的農村意識：政治、教育、社會領袖開始將農村認作自己活動區域，知識分子也轉向以農村問題為寫作的對象。若干省都劃訂實驗縣，要求定縣給予技術援助並訓練領導人才。四川、雲南、綏遠、廣東諸省都派人到定縣學習研究。

定縣實驗主要成效顯示：㈠發現鄉村的實際需要是什麼。㈡不同領域的高級專家都能發揮特長來適應鄉村的各種需要。㈢平民教育總會與各大學合作，相互都獲利益：平民教育總會得到專門技術的援助，各大學經由在定縣鄉村作實地研究因而理解中國人生活的實際。這種具創造性的研究及新型教育是全國的先驅。㈣全國目標一致：民國二十年代國內政治社會各方面都有很多紛歧衝突，但無論南北東西各方完全一致同意鄉村建設為國家建設的基礎，全國統一將由此一致目標而形成。

民國二十六年，定縣棉花價值達一百八十萬元，比較五年以前超過十五倍。當時正組織第一次地方民主選舉。不幸「七七」事變發生，日本侵華戰爭開始，定縣位於平漢鐵路線，旋被日軍占領。鄉村建設工作被迫中輟，但居民愛國心增高，繼續不斷對日軍消極或積極地抵抗。

中日戰時西南大後方的鄉村建設

中國對日開始全面抗戰，晏陽初與平民教育總會若干同仁南下，旋被湖南省政府邀請協助創辦地方行政幹部學校，華北江南各大專學校教師學生五千餘人志願參加工作，運用定縣的經驗組織訓練三湘民衆，保家衞國。長沙三次會戰及常德會戰時都表現了民衆的力量，證明晏陽初努力的成效。同時，全國其他各地共計約八百處鄉村建設中心也在積極推行工作。

民國二十九年元旦，國內自由區開始實行新縣制，大體上是根據定縣實驗的成效而制訂，以「敎、養、衞」爲中心。「敎」即定縣的識字文藝教育，「養」即定縣生計與衞生教育，「衞」即定縣的公民教育，戰時特重保家衞國的組織與訓練。各縣下轄區保分別設中心學校、保國民學校、衞生所、衞生工作站等。這年秋，平民教育總會經中央政府核准，並指撥重慶以北七十哩處土地五百畝作校址，創設全國鄉村建設學院，培植實行「新縣制」後需要的人才。江、浙、湘、閩、粵、桂、川、陝八省省政府且主動捐款充作設備費。各省政府對於這一私人學術機構如此熱心支援，是空前創舉，也顯示各方對鄉村建設工作人員的迫切需要。

全國鄉村建設學院先設教育、社會福利、農業、水利工程四系，後續增設公共衞生、地方政府兩系，完全根據平民教育總會揭示社會建設四大要項——人民的教育、人民的健康、人民的生計、人民的政府爲施教目標。教育部認爲平民教育總會致力平民教育與鄉村建設已有二十年經驗，特准自由編製這一學院的課程。因此，這一學院得本學術自由、理論與實際並重、實行自治等三大原則發展。

民國三十二年夏，晏陽初赴美國為鄉村學院募捐。中華民國大使館轉給他一封來自哥白尼（Copernicus）褒揚會的信件，通知他：這年五月二十四日是發明地球轉動理論的哥白尼逝世四百年紀念，南北美洲幾百所高級學術機構經審愼決定在這天於紐約市褒揚經一致選出的現代具有革命性貢獻的十位世界名人（Ten most outstanding revolutionaries）——杜威、福特、愛因斯坦、華德廸斯奈（Walt Disney）、萊特（Orville Wright 飛機發明人）與晏陽初等十人。晏陽初親自蒞會接受這一稀有的榮譽。

一九四四年至四五年間，美國四所大學（Syracuse University, University of Maine, Temple, University of Louisville）先後以名譽文學博士贈授晏陽初。一九四五年十一月，美國舊金山市議會決議贈予晏陽初榮譽市民，這與倫敦市議會贈予艾森豪元帥榮譽市民同時出現報端，非常引人注意。舊金山此舉尤具特別意義：六十八年前，舊金山市民曾舉行露天集會及遊行時吶喊「中國人必須滾走！」如今由於中國人民刻苦奮鬪贏得對日本長期抗戰勝利，美國朝野對中國觀感改變，就以對晏陽初的榮寵表示對中國人的尊敬。

抗戰勝利以後，晏陽初與平民教育總會同仁決定在四川省選定十一縣推行工作，另以璧山縣為中心模範區。二十位專家及全國鄉村建設學院學生四十人參加工作。首先展開文盲識字班，在學生認識五百字以後，教師卽選擇聰敏的前往鄉村擔任「導生」，教村民識字。如此循環發展，各村文盲識字人數及速度都迅速增加。哥倫比亞大學蕭特威（James Shotwell）教授目睹「導生」活動情形感動得流淚。

晏陽初條款產生中國農村復興委員會

民國三十六年，印度、古巴、墨西哥、利比亞等國政府及聯合國文教組織先後邀聘晏陽初主持基本教育計劃，企盼他把在中國的偉大工作擴展到全世界。晏陽初知道全球人數有四分之三是文盲，且衣食不足又爲疾病所苦，今後要建設一較好的世界不在金或鐵，而是在人。這項工作確實非常重要。然而中國的鄉村建設還正開始，不能捨近求遠，祇有婉謝外國邀請。他於是前往美國會晤國務卿馬歇爾商討美國援助中國鄉村建設計劃。許多美國友人及有力報紙都發表言論支持晏陽初的計劃。杜魯門總統約見他，讚揚他推行平民教育的成就，並表示擬將美國對華經濟援助款項全部作鄉村建設用途。晏陽初婉謝杜魯門盛意，說明中國在戰後百廢待舉，政府辦理城市與交通建設都需鉅款，經援中如撥一部分專作鄉村建設卽可。他又向馬歇爾國務卿提出一備忘錄說明此意，並建議設立中美聯合委員會處理一切。

當美國國會進行討論美國援華案時，因爲晏陽初是外國人，不能到國會作證，乃由加州參議員道格拉斯（Helen Gahagen Douglas）邀集晏陽初及參議院委員會同仁共進午餐。晏陽初在這長達三小時的午宴席上詳細說明並解答問題，強調鄉村建設對中國的重要性。一九四八年（民國三十七年）三月三十一日，美國國會特於經濟援華法案中列入「中美合作復興中國農村以經援款十分之一充作經費」專案，完全採納晏陽初的建議。這就是美國第十屆國會第四七二法案的第四七條款，也被通稱「晏陽初條款」（The Jimmy Yen Provision）。同年八月五日，中美兩國政府換文設立中國農村復興聯合委員會。十月一日，這一聯合委員會在南京正式成立，中國委員三人：蔣夢麟、晏陽初、沈宗瀚。美國委員兩人：穆懿爾（R. T. Moyer）、貝克（J. E. Baker）。

農復會在大陸工作不過一年，卽因神州變色被迫遷移臺灣省。幸在湖南修建洞庭湖堤防已告完成，農民得在堤內種稻。四川省工作維持至一九五〇年十二月一日共軍勒令解散平民教育總會及全國鄉村建設學院。

中國情勢惡化，但農復會自晏陽初奠立基礎，在臺灣近三十年來輝煌的成就已被全球奉爲模範。

國際平民教育運動的發展

一九五一年秋，晏陽初與若干美國友人及支持者在紐約市集會，一致認定他在中國三十年的工作經驗應提供給其他未開發國家。當卽決定組織「國際平民教育運動」（The International Mass Education Movement）。一九五二年二月，他代表這一組織前往亞洲各國實地考察。東南亞各國都歡迎他來主持這一工作。他決定先自菲律賓開始。

菲律賓政府與各界領袖共同組織「菲律賓鄉村重建運動」，完全採用晏陽初在中國定縣的方案推行。先在馬尼拉近郊實驗，隨卽又推廣到虎克黨出沒中心及其他地區。事實證明，中菲兩國歷史文化背景完全不同，鄉村農民的苦痛卻沒有兩樣。晏陽初應用定縣的方案，菲律賓農民正有對症下藥的感受：知識開通，生活改善。一九六〇年，菲律賓總統加拉西為表揚他這一「寧靜而輝煌革命」的成功，特贈授總統勛章及麥格塞塞獎金。

菲律賓應用中國方案的成效，鼓勵了美國熱心人士進一步支援晏陽初在菲律賓馬尼拉南郊建立「國際鄉村建設研究所」(International Institute of Rural Reconstruction)，以應用研究、地區作業、訓練領導人才、國際推廣為四大目標。

應用研究以傳佈農業技術、家庭計劃研究為主。地區作業則是劃定區域，設立「社會實驗區」。訓練領導人才計劃分三項：專門訓練四個月，廣泛訓練二至三月，特殊要求訓練六周至二個月，主要在培養領導人具備「走到民間，和他們生活一起，向他們學習，為他們計劃，從他們懂得」的觀念，並認識教育、生計、衞生、自治四項缺一不可方案的內容與進行方法。自一九六五年起，亞洲、非洲、南美十四個國家一百八十三人前來受訓。一九七三年菲律賓有一千九百人參加受訓。

國際推廣自一九六五年分別在東南亞的泰國、西非洲加納（Ghana）、南美的哥倫比亞、瓜地馬拉，推行平民教育與鄉村建設。一切方案基於在中國與非律賓的成績及經驗。不到五年，各國也已分別具有成效。

一九七一年在加納舉行「亞非鄉村建設會議」，亞非二十個國家參加。一九七四年三月，哥倫比亞舉行「鄉村發展交往策略國際會議」也都是國際推廣工作。

一九六七年五月二日，「國際鄉村建設研究所」館舍落成，舉行奉獻典禮，聯合國、美英及亞非、南美各國代表一千五百人參加，讚揚晏陽初生平努力的理想見諸事實，將四十年珍貴豐富的鄉村建設經驗提供全球。晏陽初則指陳這是中國人對世界文化的一項新貢獻。

事實上，晏陽初的工作比美國的「和平工作團」早三十五年，更重要的是他首先創立「人民對人民運動」(People to People Movement)。晏陽初多次再三強調：亞洲人不要救濟祇願解放（Relief is not the answer, but release)。惟有通過四合一的鄉村建設方案，讓大多數亞洲人自助重建家園；也惟有絕大多數人能受這樣的教育，世界和平與民主建設才可達成。晏陽初因此指陳：羅斯福總統倡導「四大自由」，事實上，第五種自由——免於無知的自由（Freedom from Ignorance）更是重要。沒有它，其他自由是空言無補。必須除天下文盲，作世界新民，人類才有前途。他以爲美國人時常對亞洲人談民主，卻沒有想到多數亞洲人正苦於饑餓疾苦！

從史廸威的生平談知人論世

自孔聖提示：「不患人之不己知，患不知人也」；孫子指陳：「知己知彼，百戰不殆」；認識了解他人（不論是友朋或敵人）的重要性，自古已然。近代交通通訊發達，人際國際關係更形錯綜複雜，歐美許多傳記作者或專欄作家都注意以往或當代各方面舉足輕重人物的生理心理狀態、個性、教育、思想、能力、交遊、黨派、嗜好、言行等等，力圖尋繹這些人對國事世局所以產生直接間接、或大或小影響的由來，甚或用來預測若干大事演變的動向。可見「知人論世」工作的重要及複雜困難於今爲甚。

對英美人士的認識膚淺

中國對日抗戰前及發生以後，主管機關密切注意、分析日本領軍主政人物的更迭以預測其動向，曾經獲得若干成效；但對於美英人士的認識了解卻始終祇有皮毛之見，因此我國在戰時戰後都受到不利影響。根據官方資料，一九五二年一月十四日我國駐美大使顧維鈞博士與美國國務院顧問杜勒斯談話有下述記載：

杜：邱吉爾首相對　蔣總統究以何故而成見頗深？

顧：第二次世界大戰期間，中、英兩國政策見解不同，未免發生種種磨擦，而英國種種負我之處亦引起我方反感甚多，但艾登外相對我國態度當較優。

杜：不！邱相成見雖深，尙能採取遠大眼光。此次余與艾登談中日和約事，艾登對貴方態度不肯放鬆，較邱吉爾爲更劣，殊出意外。

顧維鈞自民國四年（一九一五年）多卽出任駐美公使，後又持節巴黎九年，多次出席國際會議，並膺任外交總長。民國三十年卽對日抗戰時他擔任駐英大使四年，爲我國外交界少數優秀先進之一，對於英國兩重要主政人士對我國態度的了解竟是如此錯誤的皮毛之見。等而下之者，說洋涇濱英語或對駐在國語文祇識之無的人持節外邦，不注意當地政情民意，卻忙於「內交」以固寵，那能不辱使命貽害國家？而二、三次下旗歸國不引爲恥還好官自爲者比比皆是。近數十年來吃「洋務」飯的人墮落如此，令人驚嘆。

一九七六年是太平洋戰爭爆發、中美結盟共同對日作戰三十五周年。當時是中美兩國關係的最高峯，舉國欣幸。後來何以竟迅速作拋物線下降，今且達新轉捩點？本國論者多寬於責己嚴於責人。但平心虛心檢討反省，中美雙方相互認識了解不夠深刻，尤其我們對於美國主政領軍以及學術界人士缺乏正確印象，因應不當，第三者遂乘隙而入，利用且擴大矛盾，實爲主要關鍵。

對史廸威的認識值得反省

在中美共同對日作戰的陣線上，美國史廸威將軍是一樞紐中心人物。我國人在當時對他的生平、壯志野心以及在中國的經驗觀感，究竟認識了解多少？實在值得反省。

二十年前，英國官方刋行的第二次世界史「大戰略」（Grand Strategy）描述史廸威是一動輒闖禍的人（the bull in the china shop），應用成語形容其人其地可說恰如其分。就是美國出版的有關書籍也坦白指出史廸威個性焦躁尖刻，並不是理想人才；但他在中國的經歷與認識、華語能力、服行任務的堅忍信心等，在對日戰爭發生時可謂美國派往中國戰區工作的第一等人選。杜查曼夫人撰著「史廸威和美國人在中國的經驗：一九一一——四五」（Stilwell and the American Experience in China 1911-45 by Barbara W. Tuchinan）一書，是根據史廸威家藏日記、手稿、文件以及公私檔案、書刋、史廸威傳記，將人、時、地擴大成爲一以史廸威爲中心而襯托出中美關係的演變。杜查曼夫人這樣佈局可說把握了問題的核心，也是傳記文學必要的途徑、正確體裁。值得注意的是：此書以「史廸威和美國人在中國的經驗」爲名多少有可作「歷史鏡子」的涵義。中國既深受「史廸威事件」的重大影響，在痛定思痛、虛心靜氣檢討反省的時侯，此書正可作一最好的反射鏡。

史廸威先世是一六三八年來自英格蘭的移民，祖父營商，頗有資財；父親是哥倫比亞大學法律學博士，一八八〇年結婚，初生一女。一八八三年三月十九日長子出生，卽約瑟夫·史廸威（Joseph Warren Stilwell）。他自幼好動，喜網球，讀書很努力，自信心強。十六歲時，父親原擬使他入耶魯大學，嗣因發生美國古巴戰爭，菲律賓羣島動亂不安，美國參加八國聯軍出兵中國等一連串事件，乃決定偃文習武。

他於一九〇〇年進入西點軍校，一九〇四年畢業，在全班一百二十四人中名列第三十二，得按志願分發步兵，前往駐在菲律賓的美軍服務。一九〇四年十月，此年二十一歲的陸軍少尉史廸威乘運輸船東來後，頗表現勇敢。一九〇六年二月，他奉調回西點軍校擔任現代語言系講師。這是一九〇四年級回校任教的第一人，這是由於他在校肄業時卽顯露語言天才，法語且居全班第一。

史廸威在西點母校任教四年餘，前三年教英語、法語、西班牙語，第四學年轉任戰術講師。課餘擔任籃球、棒球及田徑教練，且有三次公費到中南美洲國家旅行，熟練西班牙語文。但他始終感覺學校範圍太小，不夠廻旋，每年請求調職到海外去。一九一一年一月，重上征途，仍往菲律賓美軍區第十二步兵團服務。這年九月中他利用假期往日本遊歷，並開始學習日語。）

辛亥革命時初訪中國

中國辛亥大革命發生時，史廸威正在日本旅行。十一月中他送夫人乘輪回美國後乃乘輪西行。十一月二十三日到達上海，小居十七日，目睹外國人的飛揚跋扈，親見上海縣城及南市革命軍人的精神振奮。這是他對這文明古國最初的印象。他旋自上海南下香港，看到報載廣東、廣西革命軍活動消息，轉往廣州及梧州一行，航行西江一周，目睹兩岸死人累累。十二月九日他回馬尼拉。翌年一月隨第十二步兵團調返美國加州駐紮一年餘。

一九一三年八月，史廸威又被調回西點母校任教。翌年六月至馬德里正努力熟練西班牙語文時，歐洲大戰爆發。他仍回校任教，眼見戰局擴大，極想再赴歐洲觀戰。一九一六年四月，美國決定擴充正規軍五年計劃。是年夏，史廸威被調任紐約州第一訓練營教官，訓練平民擔任預備軍官。這是他生平第一次爲戰爭服役。九月，他經歷了十二年的中尉官階終被升任上尉。

一九一七年四月，美國參加歐洲大戰，軍力急需擴充。八月，史廸威調升少校臨時官階，在第八十師擔任訓練。一九一八年一月，奉調到法境美國遠征軍總司令潘興將軍(John J. Pershing 一八六〇——一九四八年)麾下主管情報工作。當凡爾登會戰開始前後，他遇見兩位對他的後半生事功大有關係的人：一位是炮兵上校史汀生(Henry L. Stimson 一八六七——一九五〇年)，前任塔虎脫總統的陸軍部長。二十三年後卽一九四一年十月，又出任羅斯福總統之陸軍部長，是派遣史廸威前來中國戰區工作的直接主管。另一位卽馬歇爾中校（George C. Marshall 一八八〇——一九五九年），時任美第一軍後勤副主管。一九四一年對日戰爭時任美國參謀總長，支持讚揚史廸威最力。

一九一九年七月，大戰旣告結束，史廸威返回美國。他隨卽前往華府陸軍部訪晤任職人事處的西點同班學友，詢問是否有被派往海外工作的可能？當時中日山東問題正在巴黎和會辯論，其友人答覆他：軍事情報處正擬派人前往中國。由於史廸威具學習外語的才能又曾任情報工作，是年八月六日卽被派任代表陸軍的第一位華語軍官。他當卽携眷前往加州大學柏克萊校區學習中國語文。一年以後卽一九二〇年八月五日，全家乘輪東來，九月二十日到達北京。

美國第一位華語軍官

早在一九一〇年，北京卽已設立「華北聯合語言學校」，供傳敎士學習華語，後擴大範圍，允許在華工作的外國顧問及商人入學。聘有敎師一百人，用直接敎學法輔敎三百名學生，除授中國語文以外，尙有中國歷史、宗敎、經濟、當代事情等課程。

史廸威在學約半年，卽被紅十字會華洋義賑委員會自陸軍借調擔任山西築路工程師。他原未受工程敎育，祇因爲這是一個實際應用華語及認識中國民情風俗的好機會，卽和其他十餘名外國傳敎士及商人都接受這一以工代賑的救災工作。自汾陽西行至黃河邊全長八十二哩二十二呎寬的公路建築，他深入民間接觸各色人等，並會見閻錫山。一九二一年十一月，工程完成，史迪威與義賑會人員及新聞記者同乘汽車經行全線作通車禮。這事引起馮玉祥的興趣，要求義賑會派史迪威到陝西建築潼關至西安的公路。一九二二年四月初，史迪威抵西安會見馮玉祥。他發現馮玉祥對軍事的興趣遠過築路工程。他受馮玉祥邀約參觀兵工廠、兵營及工廠等，馮並再三詢問有關飛機坦克武器問題。築路工作在史迪威設計下，由兵工擔任。這是馮與史迪威初識，抗戰前及戰時兩人又多次相聚。一九四六年在史迪威逝世後數日，馮玉祥且轉往美國加州史家弔唁。

一九二二年九月，史迪威奉派赴東三省、西伯利亞、朝鮮、日本旅行，觀察華盛頓會議後日軍自西伯利亞撤退實況。

一九二三年四月，史迪威開始不攜譯員，只帶一僕肩挑行李在中國兩個不同地區作廣泛深入旅行。他先到浙江，次到江西、湖南內地，或乘帆船，或步行，沿途接觸各種人和事。六月下旬，他北遊外蒙古，途中住宿蒙古包。

同年七月九日，他結束在中國四年華語軍官訓練，乘輪回美國。當時他已經四十歲過四個月，海行途中，不勝「四十無聞焉」的感慨。回國以後決心再求深造，先修步兵課程約一年後，一九二五年至二六年度，他入設立在 Fort Leavenworth 參謀指揮學校。按美陸軍規定：任何軍官必須在此校畢業才取得高級司令官候選人資格，因此在學軍官都非常用功。畢業成績公佈：艾森豪（Dwight D. Eisenhower 一八九〇——一九六九年，西點軍校一九一五級）名列第一。

當史廸威正擬前往法國參謀大學進修時，陸軍部又調派他到中國工作。一九二六年八月二十日，他全家乘輪東來。

與馬歇爾共事相處歡洽

自一九〇一年辛丑和約後，各國卽有軍隊駐守北京至天津海口，美國也調派原駐在非律賓的第十五步兵團中兩營，由團長李威爾（Isaac Newell）統率官佐五十人、士兵八百人負擔這一任務。史廸威是新任營長之一。他到達天津兵營後不到一週，歐洲戰場舊侶現任該團執行官馬歇爾中校卽連續以茶會酒宴歡迎，引起同僚驚異。因爲馬歇爾在第十五步兵團官兵心目中是「全軍最具軍人嚴肅面孔的人」，以其個性剛強，談話冷淡，對人從不呼名而祇稱姓，公認他是最不易交友的人，今對史廸威卻如此親熱。不久，這一位沒有兒女的馬歇爾中校對史廸威的兒女們也表現愛與友好。兩人相處歡洽約一年。一九二七年五月，馬歇爾奉調回國。

當時國民革命軍已領有長江一帶，馬歇爾向潘興將軍報告：革命軍可隨時進而控制北方。美國駐華公使馬慕瑞（John V. A. MacMurray 一八八一——一九六〇年）爲搜集實地情況，特選派史廸威擔任這一任務。是年五月二十六日，他携僕人老趙同乘津浦火車南下濟南，革命軍到達後，他又繼續南下，再由上海乘輪北返。他在上美國公使報告中對革命軍殊多好評，並推崇蔣總司令將是安定中國的人物。他在美國報紙且公開指責美國人對中國一無所知，對中國革命尤多誤解。

馬歇爾回國後出任賓林（Fort Benning）步兵學校副監督。他到職後提議革新這一陸軍基本戰術教育機構的計劃。過去的制度祇注重解答教室課本中提出的問題，從未注意戰場現實，完全是紙上談兵。馬歇爾在天津參加第十五步兵團多次野外演習時，發現擔任軍官的步校最優秀畢業生都不知如何適應地形及假設情況寫出書面作戰命令。這一深刻印象是馬歇爾堅決主張革新的一個主要動機。他更認定史廸威是與他有相同見解、志同道合的夥伴，特保留該校戰術科科長虛位以待史廸威自中國任滿歸來。

一九二九年四月，史廸威離華回國，六月到賓林步兵學校任戰術科科長。這是他與馬歇爾第三度共事一堂，也是美國陸軍所謂「賓林革命」的兩個主角。

史廸威到校後親自監督每一戰術訓練，經常提出許多奇異問題考驗學員的反應。因爲該校旨在培養營長、連長階級軍官，學生需要隨機應變。他任職一年以後，馬歇爾認爲他有指揮天才。他也自承是一有遠見與高度智慧的領導人才。惺惺相惜，兩人關係更加密切。史廸威在該校曾以在中國的經驗提示學員注意他國的事情，並演述「東方人心理」，指出東西方人的若干不同處，特別說到中國人講「面子」。

一九三三年五月，正當中日塘沽協定時，史廸威完成在賓林步校的任期，被調往加州聖第牙哥第九軍區訓練預備官兵，將現實戰場演習原則作訓練中心課程，是他在此任職兩年的新改變。

第四次來華出任美使館武官

一九三五年一月，史迪威奉國務卿赫爾（Cordell Hull 一八七一——一九五五年）任命爲駐華使館陸軍上校武官。當時，日本正急於實現「華北特殊化」陰謀。因此，友朋賀史迪威新任命時都不免想到「誰知道我們是否會轉入漩渦？」六月，史迪威乘輪東來，旋卽隨詹森公使（Nelson T. Johnson 一八八七——一九五四年）至南京，向國民政府呈遞使館升格爲大使到任國書。再南行至暹羅（泰國）訪問。十一月回北平。

當時，我國若干軍人政客假藉抗日名義反抗南京，各地民衆情緒尤浮燥，並多不滿政府言行。美國駐華使領館不斷向華府報告。蔣委員長爲期待美國援助，特對詹森大使表示「中國繼續不斷以武力抵抗日本」政策。詹森認爲中國政府是否在作眞正軍事準備是這一政策的最好說明，此對美國政策關係重要；爲獲得直接情報，特派史迪威往各地廣泛旅行。

一九三六年四月，史迪威南下廣州到梧州轉南寧會見李宗仁等人，當時兩廣仍獨樹異幟。史迪威旅行時不取正途，多利用公路車、木船、步行或乘火車三等廂接近平民，與他們交談。後再經漢口回北平。六月他再南下洛陽，經鄭州、開封到徐州。他沒有看到增加軍隊或演習，也沒有建築防禦工事，因此他回報詹森：「沒有發現對抗日本將來侵攻的有計劃防禦部署」。在七月、九月，史迪威兩次到南京，參觀步兵砲兵學校，會見何應欽等軍事主管。十月往東三省旅行，會見若干日本軍人。他的這些旅行報告在華府各機關傳閱甚廣。西安事變發生，美、英、法各國深恐中國混亂，特命駐華武官前往洛陽表示關切，迫使叛軍早送蔣委員長出危城。但史廸威等人於耶誕節抵洛陽不久，蔣委員長也自西安飛到這一古城。

一九三七年六月，史廸威往綏遠及蒙古旅行。七七事變時他正在北平，目睹一切事件的發生和變化。直到這年十二月初，他才到達南京，中日全面抗戰已展開，國民政府也西遷重慶，但重要軍政機關仍留在武漢辦公。

一九三八年一月，史廸威經過多次要求後，中國政府終於同意他訪問各戰區前線後方，從此江西、湖南、湖北、河南等地都有他的足跡。也曾到蘭州看俄國飛機武器援華實況。

早在中國抗戰發生以前，史廸威即認識中國武力一時無法與日本比較，但中國人民有偉大潛力。洪秀全率太平軍轉戰多省、左宗棠西征回疆的事實都是對懷疑中國軍事力量的最好駁證；尤其左宗棠的西征充分表現他完全瞭解並控制情況、實行計劃周詳的行動、敏捷且旺盛的追擊，表現了軍隊統帥的最佳才能。史廸威在各戰場訪問後更認定中國士兵的確優良，如果有良好營養、武器、裝備、照顧，尤其是良好的領導指揮，就不會如目前一樣浪費人力；兵役制度被歪曲更是浪費人力。而若干部隊的七五公分榴砲大多在上海徐州戰場不曾開火，還是如內戰時期軍人保存武器實力一樣。這些印象充滿在史廸威寄回華府的報告中，對於美國援華政策實質發生了影響。

是年（一九三八）夏，史廸威回北平與家人團聚。華府軍事情報處據報，認爲他在戰事正進行時離開戰時要地是一嚴重錯誤。八月二十六日，他遵令仍回到漢口。武漢撤退前，他在湘桂各地旅行，十二月十九日到重慶，旋奉華府電令卽回北平，結束在華工作。二十八日他晉見蔣委員長夫婦辭行。除夕，自渝飛昆明會見陳納德將軍（Claire Chennault 一八九〇——一九五八年）。當時兩人還沒有任何芥蔕。

少將師長指揮陸軍大演習

一九三九年五月，史廸威乘輪離華時，馬歇爾正代理陸軍參謀總長，並將於九月一日眞除。他首先關注的是陸軍升遷緩慢的僵局，力求改革，而預定立卽升任少將的兩人之一卽史廸威。八月三日，當史廸威訪問暹羅、荷、印、馬來亞等三月到達火奴魯魯時，無線電傳來他被升任少將的消息。一月後，歐洲大戰爆發。

當時，美國陸軍包括預備役官兵在國際上位居第十九，在葡萄牙之後；按人口比例論武裝人數則位列第四十五，可以行動的陸軍隊伍約計十七萬四千人，相當於一九二〇年國會立法授權平時兵力的三分之二弱，祇有三個組織的師，其中百分之五十且不完全，主要是缺乏受過師級訓練的軍官及汽車運輸隊，此外還有六個部分組織的師，其中兩個騎兵師（一個有武裝）的武器還是一九一九年出品。因此種種，新任參謀總長馬歇爾向國會報告：美國在世界列為第三級武裝力量，防守東西兩岸尚不足，更談不到遠征。陸軍部因此計劃緊急擴充兵力至五十萬人。

史廸威在回國途中已奉晉升少將，到達美國後又被任命爲駐德州第二師第三旅旅長，但他憤憤不平，因爲美國政府只注意歐洲，對遠東局勢演變的影響完全缺乏了解。馬歇爾安慰他：趕快去德州，幫助我們走出困境。這年九月二十四日，史廸威到職，當前任務是使用第二師作速度與機動力測驗。

一九四〇年五月十日，正當德軍侵入荷蘭、比利時，美國舉行歷史上空前的陸軍大演習，出動官兵七萬人在數州地區進行。演習分藍軍與紅軍，藍軍四萬人爲美國防守軍，紅軍三萬人爲侵略美國軍。史廸威被派任紅軍步兵指揮官。結果紅軍勝利。主要是由於史廸威運用部隊夜間運動方法。六月中，法國崩潰，德軍在六周內完成在第一次世界大戰四年間未曾占領巴黎的願望。美國政策更加猶豫。

七月一日，史廸威調任駐加州第七師師長，這是每一軍官的希望。他每日工作十六小時，忙於計劃、監督、視察、訓練官兵。九月，日本加入德、義軸心國。史廸威在舊金山記者俱樂部作非公開演說：美國對日戰爭已成定局，不能再猶豫。如給予中國軍隊的武器裝備，並有美軍兩師參戰，他能驅逐日軍出中國境內。美國援華武器計劃終於一九四一年十月間開始，而美軍顧問團炮兵上校史萊尼（George Sliney）向華府報告，證實史廸威以前所謂「中國軍人只知保存實力」觀點：中國需要武器，將不用於對日作戰，祇是在他國武力打敗日本以後，使用這些武器作內戰。

一九四一年十二月八日，日本突襲珍珠港，太平洋戰爭爆發，史廸威正在加州第七師。十二月二十二日忽奉陸軍部電召立卽往華府。當他到達陸軍部戰爭計劃部，副處長艾森豪面告：「你已被選爲美軍在法屬西非登陸作戰司令官，這是美軍在這次戰爭中第一個攻擊行動，特請你來參加擬訂計劃。」這一消息使史廸威驚訝發呆。後來他才知悉這一新命是馬歇爾提名，讚揚他是最佳訓練者、巧妙的戰術家，經幾位宿將完全同意，他並列於九位受勳將領名單之首。

當時，美英早已決定先歐後亞的總戰略。而英、美軍在遠東處處失利，英國企圖保護緬甸印度，竟不惜扣留到達仰光的美國援華武器物質，卻又不同意中國援救香港、緬甸，中英關係極不正常。羅斯福總統決定設立中國戰區統帥部，劃分作戰區域，請蔣委員長任統帥。

一九四二年元旦，馬歇爾告史廸威：華府正擬派一高級軍官東行，曾任潘興總司令部參謀長、現任美第一軍軍長段灡（Hugh A. Drum 一八七九——一九五一）或將往重慶協調一切，祇是他毫無中國經驗。馬歇爾問史廸威的興趣。史廸威答說：「我？怎麼行！謝謝你！中國人記得我祇是一個小上校，滿脚泥土，喜歡與苦力及士兵混在一起的。段灡很有份量，假以時日，又有譯員，他將慢慢做決定並堅持其威嚴。」

段灡初以爲這將是繼潘興後一大建功機會，特携四、五十名參謀人員同到華府以便計劃一切。嗣聞中國情勢複雜，中英正多糾紛，尤其美國對華政策祇是使中國繼續留在戰場，並無意且無力立卽派遣遠征軍東行。段灡不願接受這一沒有部隊隨行的空頭銜，於是史廸威乃爲唯一人選。而當時中國的蔣委員長電請羅斯福總統選派一位美國軍官擔任中國戰區統帥之參謀長人選也正在華府研討中。

遠征西非未成改調東來中國

是年（一九四二年）一月十四日晚，史廸威被邀約至陸軍部部長史汀生寓所，面告史廸威已被任命前往中國。兩人長談一小時半，史汀生獲得非常良好的印象，因爲史廸威敍述中國軍人剛勇畫面比史汀生以前收到的資料是更加直接且原始，具有極高見解。史廸威又指陳：如欲此次使命完全成功，有賴蔣委員長能撥調若干部隊由美國人指揮。史汀生保證：蔣委員長已有此建議，外交部長宋子文且已有承諾。史汀生在自己的日記上寫道：「我發現一位對我們將來臨的問題都非常有用的人才」。從此，史汀生全心全力堅強支持史廸威。兩天以後，馬歇爾約史廸威對此使命作長時間會談。馬歇爾告語史廸威：史汀生最初並未考慮把此使命畀予史廸威，因爲已內定他率軍遠征西非。馬歇爾因此又一次詢問史廸威：你想中國之行很好麼？史廸威答說：祇要我有指揮軍隊權力就是好的。馬歇爾又說：你將升任中將，但遠東及太平洋戰局變化極大，你可能甫到中國又被調往澳大利亞去指揮。

當時緬甸的英軍失利，不得已要求中國軍隊往援。一月十九日，史汀生約中國外交部長宋子文會談，並面致一說帖，說明派遣一美軍官至中國種種條件。宋子文面告已奉蔣委員長來電同意美國軍官執行管理(executive control)中國入緬軍隊，且特別說此一美軍官應爲中將，而非在重慶的美軍顧問團團長麥格魯少將(John Magruder 一八八七——一九五八年)。當宋子文聞史廸威已被選任時，面告史汀生：這眞是美國陸軍中擔任此職的最佳人選。蔣委員長得宋報告後亦來電表示歡迎。一月二十三日，馬歇爾再面詢史廸威「你願意去?」史廸威答說一切遵令而行。於是開始查閱有關中國文件並與各部門洽商一切。

當時日軍步步勝利，馬歇爾憂慮英軍能否固守新加坡、仰光，因此面告史廸威：中國之行將爲一賭博，必要時在澳大利亞待命。馬歇爾戰略認定南太平洋爲盟軍攻擊地域。史廸威對局勢也不敢樂觀，但他回加州與家人話別時對放棄遠征西非原計劃不感失望，而以能協助中國對日本作戰爲幸事。二月十一日，史廸威率參謀人員三十五名飛到邁亞密，經過兩次發動機械錯誤，十三日星期五才順利起飛，取道南美、非洲、中東到達印度。途中得到日軍占領新加坡的消息。二十三日，緬甸英軍在西塘河(Sittang River)陣地被日軍突破。二十八日，中國軍進入緬甸，但由於英國一再延誤，對交通補給情報等又完全沒有準備，華軍早失戎機，日軍步步占先。三月六日仰光失守。

同一天，史廸威在重慶晉謁蔣委員長。他所面對的就是上述這一困難情勢。

一身兼六要職得意忘形

史廸威到重慶以後至一九四四年十月二十五日奉命解職調回華府的這兩年半時間裏，他的一切言行都記載在梁和鈞博士引據　蔣總統大溪資料及美國檔案文件撰成的「史廸威事件」一書，中英本流行甚廣，本文自不必贅述。但應特予指陳的卽梁博士指出宋子文沒有遵蔣委員長指示，將史廸威職務權力向美國澄清。

一月十九日，史汀生面致宋子文說帖以及美國陸軍部發表的任命：史廸威身兼六職：①美軍駐華軍事代表；②在緬甸的中美軍隊司令官；③對華租借物資管理統制人；④滇緬公路監督人；⑤在華的美國空軍指揮官；⑥中國戰區參謀長。

蔣委員長接到宋子文電報後覆電指示：「所列各點自可贊同，但其在華之美代表以及高級軍官，皆應受中國戰區參謀長之節制指揮，而聯軍參謀長須受統帥之命令而行，此點應先決定，則其他皆可根本解決。」但宋子文奉電後竟沒有轉告美國陸軍部要求美方澄清，就在一月二十九日和史汀生部長交換函件，完全允許美國的要求，造成了後來蔣委員長與美國軍部間關於史廸威職權及地位的不同解釋。梁和鈞的書中曾特別指出這點。

杜查曼夫人書中也指出：一月十九日，史汀生與宋子文會談時曾說：重慶來電對美軍官「指揮」(Command) 在緬甸境內中國軍隊一節改用「執行管理」(executive control) 兩字，涵義不顯明，應予澄清。但宋子文以爲不需要再電蔣委員長，這樣就已足夠了。

中美兩位作家不約而同地指出這一要點，實在是把握「史廸威事件」的根源。後來許多不愉快事件不斷發生，終致不歡而散，都因宋子文未愼之於始。事實上：宋子文這種獨斷專行一手遮天的作法行之久矣。

綜觀上述，史廸威多年來所企求的卽統率軍隊遠征海外，揚名異域。當時放棄指揮美軍登陸西非原計改向東來，更亟欲一償打擊日軍的素志，不料緬甸情況迅途惡化，史廸威到達戰場已無法扭轉頹勢，甚至維持殘局也不可得。他不自反本身從來沒有實地指揮戰鬪的經驗，尤其缺乏面對逆境所需要的冷靜沉着工夫（曾國藩所謂屢敗屢戰，先求穩定再講變化），加以血濃於水的優越感，因此他不責怪英軍貽誤戎機是他「出師未捷」主因，反而遷怒於華軍不聽從他的指揮。從此許多不愉快事件不斷發生。

上述史廸威和史萊尼報告華府「中國軍保存武器」的事實，加上馬歇爾也熟知中國軍隊的習氣，應是史廸威受命擔任「對華租借物資管理統制人」的由來。他旣掌握大權，操縱把持，不惜集中美國援華物資極大部分於印緬以供反攻北緬，洗雪他個人初戰失敗的恥辱，不注意中國戰場及美國在華空軍的迫切需要。蔣委員長再三向羅斯福總統說明，史廸威自恃有史汀生和馬歇爾的堅強支持，一九四三年二月九日竟向馬歇爾建議：「對華援助必須採取以此易彼的交換手段」；對於蔣委員長「必須表示嚴厲的語調」。羅斯福總統閱覽後非常不愉快，在三月八日寫給馬歇爾的信中告誡說：「我深覺史廸威所提對待蔣委員長的辦法是大有錯誤。」「吾人須知蔣委員經歷艱辛，始進爲四萬萬人之領袖……蔣委員長自有其保持優越地位的必要……他是一位行政首長兼統帥，豈可使用對待摩洛哥蘇丹的辦法向他作嚴厲的語調或要挾！」由此可見其身兼六要職得意忘形竟至如此。

然而史廸威飛揚跋扈以及其與馬歇爾內外相結，經過羅斯福總統來壓迫蔣委員長的情形在後來還更甚於此，至一九四四年七月至十月達到頂點。蔣委員長爲國家忍耐也到最大限度，迫不得已要求美國調回史廸威。幸羅斯福總統英斷下令史廸威立卽回國，另派魏德邁（Albert C. Wedemeyer 一八九七年——）繼任，中美關係乃得危而復安。凡此種種，梁和鈞博士撰「史廸威事件」記述翔實，此不贅述。

軍人末路：不死沙場病倒床榻

一九四五年一月二十三日，史廸威受任美陸軍地面部隊司令官在國內督訓部隊。但他仍希望有機會到太平洋戰區來，並能率軍在中國沿岸登陸作戰。而太平洋戰區統帥麥克阿瑟（Douglas MacArthur 一八八〇——一九六四年）與史廸威是西點軍校上下相距祇一年的同學，相知甚得。五月二十五日，史廸威自美國飛抵菲律賓馬尼拉麥帥總部，表面任務是調查戰地各軍司令官的需要，實則是他和馬歇爾密商決定親往當地相機找尋統軍作戰的職位。他曾往沖繩訪問他曾經統率過的第十軍第七師官兵。

六月十八日，史廸威離菲前夕，麥克阿瑟問他願否擔任太平洋戰區司令部（卽麥帥總部）參謀長？史迪威答說：不！我祇願任戰地指揮官。麥帥說：如你不計較以四星上將屈就軍長，並能獲得馬歇爾同意，卽可任命你爲第十軍軍長。因第十軍配屬海軍進攻沖繩後，其軍長卻傾向海軍總司令尼米滋（Chester W. Nimitz 一八八五——一九六六年），與麥帥不甚和諧，如能將他們從海軍圈內拖出最好。翌日，史迪威離菲。當他到達回國途中第一站關島時，突聞第十軍軍長在沖繩被炮彈傷亡消息。旋得麥帥電令任史迪威爲第十軍軍長，促他立卽東來。

六月二十三日，史迪威到達沖繩就任第十軍軍長，準備進攻日本本土。八月六日、九日，美國原子彈先後投炸廣島、長崎。十四日，日本無條件投降。九月二十六日，史迪威獲知第十軍不擔負占領日本任務卽調回國消息後，電報馬歇爾再度要求往中國北平訪問舊友。旋得覆電不准。十月十八日，史迪威回美。第十軍解散後，他暫任戰爭裝備會主席。一九四六年一月，奉命擔任第六軍軍長兼西部防守司令，總部設立舊金山附近，離他家甚近。四月，馬歇爾以杜魯門總統特使東來前，史迪威答覆他的詢問時肯定此行不會成功。八月，史迪威身體忽感不適，九月二十八日入醫院，十月三日動胃癌割治手術。未見奏效。

史迪威生前曾榮獲若干勳獎章，但他最企望的卻是一枚「戰鬪步兵徽章」。十一日卽他去世前一日，陸軍部次長特自華府攜此徽章來到舊金山，爲避免史迪威悲傷末日將至，未及在病榻上爲他佩帶。十二日，史迪威逝世。

虛心做知人論世的工作

本文篇首已指陳，知人論世的重要性自古已然，於今爲甚。不幸三十五年來我們始終忽視孔聖的提示。「不患人之不己知」的另一面也就是今所謂國際宣傳始終未達國際水準，完全自我中心，不虛心考慮他人希望知道什麼、願意知道什麼、應該知道什麼，尤其從不肯面對現實，以致「八股」不受人重視。

至於「患不知人也」之被忽視的結果更形嚴重，對於國際共黨人和事的硏究和刋佈旣早懸爲厲禁，卽友邦歷史和當代人和事的硏究與刋佈也非常稀少。卽偶爾有之，又多難把握時效且欠缺平實，如前數年臺北一著名書局刋行美國務卿季辛吉生平，竟用「季辛吉這小子」作書名，不僅大失風度，更表現我國人虛矯積弊仍未消除。

不論史廸威在中國是非功過如何，他對近三十五年中美關係演變的重要性卻不容忽視。今記述他的生平，企望國人痛自反省，從此虛心去做知人論世的工作。

(原刋民國六十五年十二月綜合月刋)

英人赫德主持中國海關四十五年

英人赫德擔任中國海關總稅務司四十五年，建立了海關新制，兼理郵務、學堂、海軍以及外交談判。他自言一切工作都是為中國和英國利益。歷史家評論則以他當時權勢等於是為維多利亞女王在東亞建立一非正式的帝國，卻也表現不平等條約制度的建設性一面；不論如何，他介紹西方事物，增加中外相互認識的努力不應抹煞。

羅拔·赫德（Robert Hart），一八三五年二月二十日生於北愛爾蘭一個小鎮兩代營商的家庭，自幼讀書勤奮，十五歲半即通過愛爾蘭皇后大學伯里法斯學院的註册考試，比較法定入學年齡早兩年。他主修文學院課程。第一年即以成績優良獲得奬學金，以後每年如此。三年期滿後通過考試入榮譽學位班。一年畢業，獲得攻讀現代歷史及現代語言的高級奬學金；但他卻想進修哲學與法律的碩士課程。

幸運地來到中國

正當他猶豫不決，幸運來臨了：愛爾蘭皇后大學校長因英國駐香港總督請求，選擇優秀畢業生到中國或日本工作。伯里法斯學院院長得校長通知後，公告畢業生報名與試。當院長發現赫德也在這三十六人的報名單內，立刻取消了這一考試，把赫德的姓名成績送陳大學轉送香港總督。一八五四年五月，赫德懷抱這一幸運且愉快的機會到達香港。當時是中英鴉片戰爭簽訂南京條約後十二年。

經過商務監督講解中國情況幾個月後，赫德在這年十月被派往寧波英國領事館擔任額外譯員。他在一中國教師指導協助下，根據莫禮遜（Robert Morrison）編輯的漢英字典習讀孟子。這是他一生努力學習中國語文的開始。一八五五年六月升任助理譯員。

赫德在寧波英國領事館服務三年半，獲得許多有關中外貿易的第一手知識；加以寧波隣近上海，可隨時注意上海中國海關被英、法、美三國領事控制代徵出入口稅的經過。二十三歲的上海英國領事館署理副領事李泰國（Horatio Nelson Lay）會說中國話而獲得上海海關英方督察職位，尤令赫德羨慕。

一八五八年三月，赫德調任廣州英領署二級助理。四月，被派任英法聯軍占領甫兩月的廣州行政委員會秘書。六月，英法聯軍北上脅迫清廷簽訂中英中法新約：開放長江通商、鴉片納稅入口，外人主管中國海關。一八五九年九月，清廷任命李泰國爲海關總稅務司，負責將沿海各口岸海關按上海規例重新改組。十月，李泰國到廣州改組海關，赫德早已辭卸英國領事館職務，專任廣州海關副稅務司。

獲恭親王信任

一八六一年春，李泰國因病回英國診治，臨行派費士萊（G. H. Fitz Roy）與赫德共同代理總稅務司職責。李泰國離華前拒絕往北京晉謁新成立的總理衙門王大臣，使英國駐華公使卜魯斯（F. W. A. Bruce）非常失望。五月，卜魯斯邀請赫德北上。赫德立即欣然就道。這對中國及世界產生極重大的結果，赫德本身自更是鴻運高照，展開錦繡前程。

六月五日，赫德到達北京，携帶有關海關章則統計等文件前往總理衙門。恭親王、文祥幾次接見詳詢一切，應答滿意。六月三十日，赫德離北京時已獲得恭親王文祥的完全信任，且稱呼他作「我們的赫德」！英國公使卜魯斯因此報告倫敦：這一事實具有非常重大的意義，因爲三年前清廷指認英人是夷狄，甚至半年前還不願接見李泰國。如今議政王這樣親切禮遇爲中國服務的英國人，對北京及各省官民都會發生影響。

這年七月至八月，赫德在天津組成新制海關。旋再度晉京向總理衙門報告，估計每年全國關稅收入約銀一千萬兩，各海關行政費用總計約七十餘萬兩，以後貿易發展，收支都將增加。這對於清廷實在是極大財源。太平軍起義後，各地田賦收入大減，上海廣州海關又被外人控制；今有此偌大稅收，自然企望新制海關成功，而赫德也以誠實、有效率為新制海關中外職員的主要守則。從此以至一九四〇年中國收回主權時，海關始終保持廉潔明快有效率的美譽。

李泰國離華時祇管轄上海、廣州、汕頭三地海關。自長江開放後，一八六一年四月，鎮江海關成立。漢口、九江兩海關起初當地官吏不同意由外國人擔任稅務司，中國人祇任監督的新制。經過赫德前往當地說明，加以清廷亟願假手外人促使這一關稅統一於中央政府，增加國庫收入，並加強中央控制地方的威力。一八六二年，九江、漢口海關設立。寧波、烟台、牛莊、福州、廈門各地海關也先後組成。一般人稱這些海關作「洋關」或「新關」，專負徵收輪船載貨的出入口稅，至於帆船貨運仍由原設關卡即世人稱作「常關」稽徵。

汲引各國專門人才

一八六三年十一月三十日，赫德正式受命擔任中國海關總稅務司。這是李泰國在倫敦為中國購買海軍船隻越權擅權的結果。李泰國竟將這一艦隊做為屬於海關總稅務司指揮下的國際化武力。總理衙門及曾國藩、李鴻章都一致同意寧願不要這一艦隊而不可喪失軍隊指揮權。英使卜魯斯與赫德也認為李泰國言行不當。李泰國因此不安於位。（參見本書第三八一——三頁）

李泰國最初自英國東來時不過是讀過中學的十四歲少年，到達中國後時常和中國人混在一起學會了中國語文，因此進入英國領事館工作，又轉任中國海關職務。他的學養基礎不足以組織新海關之初的人事，大多是任用在華的英國教士、商人或軍人。赫德出身於高等學府，認識教育程度的重要，接任總稅務司卽開始建立新人事制度，自英國本土徵聘有學歷、有經驗人士以外，一八六四年六月，赫德請求美國駐華公使蒲安臣（Anson Burlingame）協助向美國著名大學徵聘優秀畢業生。哈佛大學、耶魯大學、紐約聯合學院各一人應徵東來，他們在三年後或任稅務司，或在總稅務司署主持統計報告出版工作，或在公餘研究中國財政問題，都有貢獻。

赫德汲引與中國有通商關係的各國人才來工作，而中國海關薪俸比較駐華外交領事職位的收入高，自然許多優秀人才都願參與這一工作。一八七四年，四名哈佛大學畢業生東來，其中馬士（Hosea Ballou Morse）主持海關造册處，後擔任臺灣淡水等海關稅務司多年。退休以後撰述有關中國書籍數種，其中「中華帝國國際關係史」（The International Relations of the Chinese Empire）是二十世紀二十年代有關中國近代外交史名著，甚至在近數十年來中外史料大量公開以後，這一完全基於歐美國家利益觀點的著述仍是研究中國近代外交史的參考書。

一八七〇年夏德（Friedrich Hirth）以德國萊不尼兹大學及柏林大學哲學博士、文學碩士榮銜東來服務，更可見中國海關誘引力強大。夏德初在海關造册處工作，後來輪調在上海、臺灣淡水、鎭江、宜昌各地海關任稅務司。一九〇二年轉往美國哥倫比亞大學講授中國歷史，爲美國各大學研究中國歷史文化的先驅之一。他的著作「中國古代史」以及「中國人通西亞的先鋒——

張謇」諸書，對歐美的「漢學」具有啓迪作用。

馬士與夏德諸人研究中國歷史卓然有成，除了他們本身的基本學養好、海關薪俸高、生活安定、退休條件優厚等等因素以外，最主要的是赫德始終堅持的一項制度：任何初入海關服務的外國人都必須學習中國語言、文學、歷史，每年經過考試，達到標準才可升級。自助理、副稅務司晉升至稅務司，必須通過考試具有自由運用中國語言文字的能力，才可和各地海關擔任監督的中國人合作愉快無間。

赫德並且規定各稅務司輪調各地工作，多認識中國情況。他又再三提示海關洋員：謹記自己是在爲中國服務，應多和中國人來往。因此，海關稅務司中很多人利用公餘研究中國事物，除上述兩人外，還有通曉中國植物、鳥類、昆蟲種種專家，都有著作行世，對增加中外相互認識了解多有貢獻。自一九四〇年中國人擔任各地稅務司以後，卻很少在公餘研究學術並有著述刊行。

海關統計貿易報告極具史料價值

海關造册處（Statistical Department）一八七三年設立，它的出版品是研究中國近代社會經濟財政演變的第一手史料。

英人接管中國海關之初卽決定，所有收入開支都明確記帳，並公開印行，以昭大信。一八五九年至一八六四年各地海關年度報告都在當地印行。一八六五年才集中於上海彙集刊印。赫德獲得曾在英國財政部工作多年的金登幹（James Duncan Campbell）東來參加海關策劃記帳統計制度，規定一致格式。貿易報告自然須涉及當地政治社會情勢，但必須保持客觀不容有任何攻擊人事的語句；貿易統計報表採用英國模式。自一八六五年至一八八一年，這兩項文件原分別刊印，一八八二年起每年彙集一册印刷，中英文並行。

赫德規定每一海關報告付印時祇限於四開紙四頁。從此內容更見簡要，但涵蓋當時中國歷史地理經濟記載的史料價值卻很豐富。加上另有各種專刊、論文、備忘錄等都是有關中國當時眞確記錄，例如醫學報告（海關兼負檢疫工作）、鴉片、茶、中國音樂、絲、黃蔴、人參、貨幣、鐵路、內地稅、田賦、毛皮貨、醫院、走私、釐金、常關、颱風等隨時都有專題研究刊印。

在海關洋員薪俸優厚，比較中國職員高出極多。並且所有重要高級職位都是洋員。一八七五年海關第一次印行職員名錄顯示，華員共計一千四百十七人，洋員共計四百零八人。洋員中計英國人二百五十二人、美國人四十七人、德國人三十四人、法國人二十六人、瑞典十二人、丹麥九人、西班牙五人、義大利三人、奥地利五人、比利時四人，挪威、匈牙利、荷蘭、葡萄牙各二人，俄羅斯、瑞士、希臘各一人。

洋員中任稅務司的計二十三人、副稅務司十二人、助理八十人。在室內工作的華員職位沒有一人超過「語言書記」（Linguist Clerk）。這在當時自然會引起中國人反感。但「赫德與中國海關」一書指陳：總理衙門大臣文祥反對海關任用高級華員，深恐他們又將舊式海關貪汚積習帶到新海關；此外華員如主持某地海關可能遭受地方官壓力，影響中央政府稅收。一九〇八年，稅務學堂成立，才有計劃地培植中國人才。（後來很多出任各關稅務司甚至總稅務司。不幸近年臺灣海關職員甚多貪污案件，文祥難道眞有先見之明！）

赫德認爲增加航行安全是擴展貿易的前提，而中國從來沒有這些設備，他因此努力在中國沿海設立燈塔或燈塔船、測量沿海沿江航道、設置浮標、管理領港人員等。這對於外國尤其英國商船自然增多便利。一八六七年七月至一八六八年六月這一年間進入中國各通商口岸的外國商船共計六千八百八十七艘，其中英國船三千八百六十一艘、美國船一千五百十一艘、普魯士船一千零四十二艘、荷蘭船一百二十三艘、法國船一百十三艘、暹羅船八十二艘、丹麥船六十艘、瑞典船三十六艘、西班牙船三十一艘、俄羅斯船十三艘、夏威夷船四艘、奧地利船三艘、比利時船、義大利船、南美船、日本船各二艘。進口英輪超過所有入口外輪總數之半，這與英人超過海關洋員半數都顯示英國當時對華侵略的主要地位。

赫德總綰全國關務，總理衙門每遇大事都與諮商，他也經常將有關清廷內幕情況報告英國駐華公使，顯示他的橋樑作用，自不諱言一切是爲中國也爲英國而工作！

擴充同文館，創立新郵政

一八五八年英國根據中英條約獲得中國海關行政權，這同一條約也迫使中國不得不創設同文館及新式郵政。

同文館於一八六二年六月開設之初，原祇教授英語，後來增設法文、俄文班，旨在培養外語人才，適應外交需要。但赫德以爲中國地大、人衆、物產豐富，國內的開拓發展實在和對外關係同等重要，也就是說應卽培植科學人才研習西洋技藝。恭親王文祥採納這一意見，一八六六年奏准於同文館增設天文算學班。當時赫德正擬回英國休假，趁便在歐洲聘請教師。一位年輕的法國人畢利幹（A. Bellequin）應約東來。他除了引起同文館學生研究化學的興趣，又給中國人寫了第一本以中文書寫的化學教本「化學指南」。在畢利幹著作出版以前，丁韙良（W. A. P. Martin）編撰一册關於物理學的書「格物入門」，最先爲化學錫以現有的名稱（卽鉀鈉氫氧等）。但丁韙良仍尊崇畢利幹是「中國化學之父」。

自同文館設立，頑固守舊人士詈罵反對不遺餘力，且散佈了編撰的許多對聯，例如「未同而言．斯文將喪」、「孔門弟子．鬼谷先生」。「鬼計本多端，使小朝廷設同文之館；軍機無遠略，誘佳弟子拜異類爲師」。儘管如此，同文館少數學生中也多有成就。例如一八六六年因赫德的建議，總理衙門總辦斌椿（赫德的漢文教師）帶同文館學生三人與赫德同行訪問歐美，其中張德彝成績優良，光緒中葉且被選任爲光緒皇帝英文教習，後來升任中國出使英國大臣。事實上，清末民初許多駐外公使都是出身同文館。

赫德自英國回北京後卽要求同文館各教授提出對中國教育的建議。一八六九年，他推薦丁韙良主持館務，並答允每年自海關撥一整款以便維持並繼續擴充，從此二十五年間未嘗中斷。一八八七年學生多達一百二十名，科系課程也大增加。如丁韙良自述：對於這一學堂說來，「赫德算是父親，我祇是一個看媽而已」。不論如何，他們兩人熱心合作努力，中國學習西洋科學的新制教育機構的初基從此奠立。後來戊戌維新（一八九八年）創立京師大學堂，同文館改稱譯學館歸併在內。這是赫德在頑固守舊勢力圈中搏鬪所得一個成績。

中國自古用驛傳遞送官文書，民間設民信局。但早在鴉片戰爭前即一八三四年，英國竟在廣州城外設一郵局，一八四二年又在香港設郵局。英法在上海獲得租界後成立工部局，也辦理上海與各通商口岸來往郵件。中國郵政主權遂被破壞。一八五八年中英條約規定，中國擔負冬季封港後駐北京使節對外郵件暢通無阻的義務。一八六一年夏，赫德首次到北京時建議總理衙門設立一全國性統一郵局，沒有被採納實行。

延至一八七六年才在北京海關總稅務司公署及各地海關設立郵務處，收寄各使館往來郵件。一八七八年三月二十三日，天津郵務辦事處開始收寄中國一般商民寄北京郵件。赫德又囑馬士（H. B. Morse）設計繪製代表帝皇權威象徵的雲龍圖案郵票，由海關造册處印製發行。這是中國近代新郵政發行郵票的首一紀錄，時在近代世界第一張新式郵票在英國出現後三十八年。一八九四年慈禧太后六十壽辰，赫德特製紀念郵票九種發行。在中國郵政史上也是新紀錄。

當海關兼辦郵務時，上海租界工部局郵局業務也日趨發達，郵票收入可觀。一八九二年傳說這一郵局竟企圖加入萬國郵政聯盟，理由是認爲上海與德國漢堡自由市相似。赫德聞訊立卽電令駐倫敦代表金登幹前往萬國郵政聯盟總部說明：上海並不是如漢堡一樣的自由市，它祇是中國一個通商口岸；並且聲明中國卽將申請加入這一聯盟。赫德又乘機向總理衙門再度催促設立全國性郵局。因國內外種種情勢的阻撓，延至一八九六年春，淸廷才明發上諭設立全國郵政總局。但這一總局實際獨立出現卽全國郵務完全脫離海關，卻在一九一一年五月二十八日以後。時赫德已逝世了。

主動負責訂購英製炮艦

自一八六五年海關總稅務司公署自上海移設北京，赫德更被總理衙門視爲國際事務的顧問。他又時常周旋於外國公使間試探各國意向，權勢驚人，甚至英國公使威妥瑪（Thomas Wade)都不免嫉妒他。一八七六年中英烟臺談判時，威妥瑪竟不支持設立中國全國郵政局計劃就是不願見赫德權勢增大，也是不滿赫德在若干問題上顧及中國立場，並不完全爲英國利益。

這可說是赫德的高明處，他時時自儆並告誡各外籍同仁，他們是在爲中國政府服務的客卿。但他處理有關中國事務並不是完全被動 地等待總理衙門的諮詢或要求，有時主動機先地負擔責任，甚至獨斷專行。

自一八六七年巴黎博覽會至一九〇五年比利時列日（Liège）博覽會三十餘年間，全球舉行二十八次博覽會，中國都經由赫德主持籌備而不斷參加，使衆多外國人得睹中國藝術、工藝、農產以及中外貿易發展的圖表等，增加歐美人對中國的認識。

一八五一年，倫敦博覽會開國際博覽會先河，時在鴉片戰爭南京條約以後九年，中英貿易既未擴展，中國人閉關自守，不願與「夷人」來往的頑固觀念仍舊，當然不會參加這一盛會。一八六七年巴黎博覽會舉行時，上距英法聯軍焚掠圓明園不過六、七年，赫德趁休假之便親往參加，使中國事物出現花都，這自然不尋常。祇是一切草創諸多不全。一八七三年維也納博覽會揭幕，中國因赫德積極籌備而獲好評。從此這就成爲中國參加同樣性質大會的典型，一切都由海關籌備展覽。一九〇五年，清廷新設商部，才接辦這一工作。

日本懷抱侵略臺灣的野心甚久，一八七四年四月乃藉口臺東高山族人殺害琉球船員事件出兵臺灣，設立臺灣事務局，以大限重信爲長官，並在長崎設立侵略軍事根據地，派陸軍中將西鄉從道爲臺灣軍務都督，指揮軍隊三千餘人侵襲臺灣東部。旋又派大久保利通爲特使、柳原前光爲駐華公使赴北京，企圖脅迫清廷承認其武力侵臺事實。

當清廷拒絕時，大久保、柳原且以離華返日表示決絕。英使威妥瑪恐中日交戰影響英國對華貿易，促清廷退讓以便繼續談判。而赫德在這戰雲瀰漫時即急電駐倫敦代表金登幹迅速訪購來復槍、子彈、大海軍砲、特別是炮船。赫德以爲中國必須充實武裝才可挽救危機。面對危難正是他爲中國服務的時機。他事先並未獲得總理衙門指示。中日經英使調停以賠款交換撤兵了結此案後，總理衙門仍允許赫德赴天津與直隸總督李鴻章商決。後來又同意自關稅項下支付赫德和李鴻章決定購船的各項費用。

李鴻章與赫德決定向英國訂購砲船四艘，其中二艘排水量各為三百三十噸，吃水深七呎六吋，時速九浬，各配二十六噸半重、口徑十一吋砲一尊、彈藥五三六磅。另二艘排水量為四百四十噸，吃水深八呎，時速九浬，各配三十八噸重、口徑十二吋砲一尊、彈藥八百磅（當時英國最大軍艦排水量九千三百三十噸，裝配十二吋口徑三十八磅重的大砲兩尊）。

經過金登幹向英國外交部海軍部說明，獲致同意後卽交造船廠定製。砲船完成以後，懸掛英國旗由英國海員駕駛東來。兩艘三百三十噸砲船於一八七六年六月十九日自英國啓行，十一月二十日到達天津；另兩艘船於一八七七年三月一日離英國，六月二十五日行抵福州交中國官方驗收。這樣小噸位船隻配載重砲遠涉海洋終於平安到達，英人都感驚奇。這是中國近代海軍擁有英製鐵甲船的開始。在這以前，福州及江南製造局曾分別在法人及美人協助下自造木質兵輪。

李鴻章很欣賞這幾艘砲艦，再囑赫德增購四艘：排水量各為四百四十噸、時速十浬，並用鋼甲取代鐵甲，槍砲武裝也多改良。這引起山東巡撫與兩廣總督的興趣：山東訂購兩艘，廣東一艘，都仍由英人駛到中國交接。

赫德向總理衙門及李鴻章說這些砲船祇能作海岸防守，中國還需要有攻擊性能的艦隻，才可發揮鞏固海疆的效力。因此清廷又命赫德在英國訂購時速十六浬的新式巡洋艦兩艘。完成後，懸掛中國龍旗由北洋艦隊提督丁汝昌率領中國海軍官兵駕駛，一八八一年八月九日自英國啓行，十月中旬安抵中國。這和清廷特派李鳳苞赴德國訂造的兩艘巡洋艦形成中國新海軍主力。

啓開中法談判門扉

當時中國國境遭受外國窺伺侵略，日本侵琉球、臺灣；俄國更久踞新疆伊犂，一八八〇年中俄兩國戰機因此一觸卽發。赫德急電請戈登東來爲中國整訓陸軍。不料一項國際大陰謀在北京發展，戈登憤怒不願一見赫德（參見「英人戈登在中國工作眞相」文）。不久法國侵略越南又引起中法戰爭。赫德自始主張和平，在北京一直活動了十二個月，又再費了三個月，積極地使清廷當政醇親王對他的主張具有深刻印象而終告成功。

如一八八四年十一月赫德致金登幹函所指陳：「整個中法談判就是件反常的事。兩方面都不想打仗，但誰也不肯理睬誰，他們兩方的爭執倒成了任何人都可以揷一手來試圖解決的公開地盤，結果是造成新的誤解和彼此抵消所取得的成績。」「中國要和平，但不肯丟臉以取得和平。不幸這裏所認爲丟臉的，倒並不是喪失事物的實質，而是丟掉他的虛名。」「談判的人往往越出範圍，爭辯題目以外不相干的事。如果先把要點解決，其他自然會解決。」「賠款數目並不重要；困難是與誰談判，李鴻章是大人物，但他背後還有總理衙門、御史和宮庭的陰謀等等，因此沒有忠實履行諾言的保障。」

赫德因此決心不顧以往幾次嘗試的失敗而繼續努力：「我現在正在拼命地抓住裂縫的兩端，以使它們能重新接合。我把事情全抓在我自己手裏，並儘量保守秘密，連李鴻章都不知道實情，而且沒有碰到它！」

原來早在這年（一八八四）年九月，赫德卽曾電令駐倫敦代表金登幹立卽前往巴黎，設法拜晤法國內閣總理兼外交部長茹費理（J. Ferry）直接試探法國眞意。結果不得其門而入，祇看到法國報紙刋載：「中國如能割讓基隆九十九年，法可不索賠款」。十月，中國海關供應船「飛虎」在臺灣安平附近公開辦理正常燈塔業務時被法艦扣留，指爲私與岸上交通破壞封鎖。法艦隊司令不理「飛虎」船長說明，聲言「除非赫德能在巴黎解決，拒絕釋放。」

十二月，英國調停中法糾紛不成。一八八五年一月六日，赫德電令金登幹再往巴黎拜晤茹費理，利用要求釋放「飛虎」機會表明赫德有意出面調停：「總稅務司可與中國最高當局直接聯繫，如能得法國確實意見，或可能使活動成功。」結果茹費理願信任赫德，談判門扉因此敞開。一月二十九日赫德致金登幹電「事正進行，中國最高當局正在考慮。」又另電「請茹費理注意：李鴻章現在並無權力在任何方面接觸這項問題，請勿讓李督方面的任何嘗試影響現經皇帝批准進行的談判。」「我祇能把所有的事悶藏在自己肚子裏，連總理衙門方面我也不敢把每一件事都告訴他們。」

茹費理也請金登幹電陳：「我對赫德爵士給我的希望，感覺滿意。我同意只通過一個唯一的居間人，即他自己，並對每一件事保持極度的秘密，直到我們能恢復公開談判為止。」後來談判成功，北京內外高官大吏非常驚詫。因清廷曾明發上諭「法人無理，已飭決戰，嗣後有以和議進者，定即軍法從事。」張之洞、彭玉麐電斥李鴻章，李復電說：「查進和議者二赤，我不過隨同畫諾而已。」

赫德在北京及國際政壇權勢聲威與其敢於獨斷專行玩弄秘密外交實況，由此可見一般。一八八五年二月二十八日，光緒皇帝批准這一巴黎秘密談判方案：中國願批准一八八四年五月天津條約，法國不另有要求，並儘速停止敵對行為及解除臺灣封鎖。清廷並授金登幹全權簽訂上述方案，作為初步協議或談判起點。正當雙方作進一步補充說明時，中國軍馮子材部收復諒山。法軍敗訊傳到巴黎，三月三十日茹費理內閣被迫辭職。赫德恐功敗垂成，一再電巴黎要求立即簽字。但仍延至四月四日才完成手續。臺灣澎湖的局勢從此逐漸緩和，中國在越南的主權卻已斷送。一年之後緬甸也在赫德所謂「實質」「虛名」下拱手讓予英國。一八八七年三月，清廷因赫德建議派金登幹與葡萄牙簽約：葡國同意按香港辦法在澳門協同中國緝查鴉片等走私，中國承認「葡國永駐，管理澳門以及屬澳之地。」又將澳門主權讓人。（澳門原屬租借，一八四八年葡人還依舊例交年租銀五百兩，一八六二年赫德建議將葡人在澳財產讓售美人，中國收回基地，堵塞走私。未成功。）

當時，英國駐華公使巴夏禮（H. S. Parkes）病逝北京，倫敦來電擬以赫德繼任。赫德向總理衙門報告這一消息時曾推介幼弟詹姆士繼任總稅務司。兄弟兩人合作「對中國大有貢獻」！但李鴻章有意保薦天津海關稅務司德人德璀林（G. Detrig）出主總稅務司。總理衙門深恐李鴻章在海關的影響增加，赫德也不願海關大權落入德人掌握，影響英國利益。加以慈禧太后傳旨願赫德繼續在海關工作。八月二十六日，赫德上電英外相婉謝新命（八月十五日他已公開說明即將辭卸總稅務司），他指陳：相信照舊在海關供職對中英關係與兩國利益都有作用；如改任公使卻不能確言將有良好成績，而海關功能可能將被中立化或不幸破壞；因海關多年以來實際上擔負了推進中國新政大任，是改善行政組織效率與增加工商實業的核心。

清廷對中法越南談判急於讓步議和，實因日本乘機侵略朝鮮。一八八四年春，李鴻章、伊藤博文簽訂天津條約又種下甲午戰爭禍根。

赫德當時在北京與清廷及各國公使時有接觸，了解局勢發展眞相。他認爲總理衙門對外國調停過度信任，並且總以爲日本願意談判，以致造成僵局。而俄國人在天津故意挑逗，經過半月忽又推卸一切責任以玩弄李鴻章，更使時機逝去。

一八九四年七月二十五日，中國運兵船被日艦擊沉，中國朝野激昂。赫德寄金登幹信指陳：「現在中國除了千分之一極少數人外，其餘九百九十九人都相信大中國可以打垮小日本，我雖明曉得如設法與日本早日解決，對中國仍舊是便宜的；在這種情形下也無從開口了。」

九月，中國海陸軍敗訊頻傳，赫德嘆惜當英人琅威理（W. M. Lang）在中國的時候，中國人沒有能好好地用他的才能。他走後「中國人自己把海軍搞得一團糟」。總理衙門要求赫德行動。但他說「我現在很為難：一方面明知中國已沒有足夠的軍力，很難建議怎樣繼續打下去；另一方面也深悉日本不願罷手，所以也無法提議如何談判。」惟一辦法祇是再三電告倫敦：「如果英國不採取行動，恐怕中國也只有聽俄國的擺佈。中國如果和俄國聯合，東方的前途勢將全部改觀。」但英國遲疑沒有任何行動。

十一月四日，赫德電金登幹：「此間（北京）經常拉鋸：早晨高談大舉備戰，晚上就不惜一切退讓。如果隨他們自己去搞，明春可能看到日本皇朝建立！」總理衙門企求各國調停，赫德因電金登幹函詢德國前駐華公使巴蘭德是否同意就任中國駐歐洲特命全權公使。想利用他縱橫捭闔長才說動英法德諸國聯合行動對抗日本。巴蘭德回信推辭，並指陳各國聯合行動的建議都不成熟，中國應表示堅強而絕不能輕易住手，否則會一敗塗地。

情勢繼續發展，赫德認識英國迄無任何表示，德法俄卻在秘密活動不讓中日自行解決，藉此一方面先肯定自己的利益，並為以後奪取其他權利張本；另一方面也就此分佔戰敗國財產。赫德因此建議清廷「最好由兩當事國自己趕快解決。」一八九五年二月中，李鴻章到北京請訓以便赴馬關議和時，赫德發現「李鴻章最近幾天的腦海裏裝了過多的建議忠告等等，可能把好好壞壞的東西都攪作一鍋粥，糊里糊塗把事情弄糟了。」

果然，二月二十三日李鴻章拜晤英使歐格訥（N. R. O'Conor）時，就將英國傳教士李提摩太（Timothy Richard）獻陳的挽救中國「妙策」提出，企圖誘引英國支持中國不喪失任何領土而結束戰爭：「中國政府爲了報答這一援助，將實際上在一定年限之內把中國的全部行政管理移交英國，並且使英國獨享改組和控制陸海軍各機關、修築鐵路、開發礦山權利，而且還加開幾個新的口岸，對英國通商。」歐格訥看出這一「中國志願成爲印度第二」方案是「釣餌」，李鴻章一定對法、俄兩公使也放過同樣「釣餌」，故沒有表示任何意見。倫敦也沒有爲這一誘引所動。

赫德獲悉日本對中國苛刻條件後致電倫敦：「對日通商航海條約將開放整個中國，眞好像成了美國尼加拉瓜大瀑布；但是這股滔滔洪流會反衝過來的。今後過不了一百年，西方國家就可以知道了！日本的行動也許是世界進化的最大事件，在它發展過程中，整個的東方都會感覺日本的強橫！」

事實上：赫德「預言」後不過五十年，日本先後發動對華侵略戰及「大東亞戰爭」，高喊「擊滅英美」！

一八九五年十二月八日，赫德致金登幹信說明：「北京中國人方面的政治氣球有些可異，我以爲現在突然發生政變也無足爲奇。有一幫正在支持皇帝，另外有一幫人支持太后。這兩方面總有一天會有一方先動手，將另一方推倒。那一些追逐李佳白（Gilbert Reid）和李提摩太的翰林先生們原來是有政治目的，他們正在利用二李，而不是爲二李所利用。李佳白已發覺這種情形，想要脫身；李提摩太還在充滿熱狂和希望。他們二人都是值得稱許的人物，但是要想靠他們來改革政治、推動政治，也未免是太天眞的想法」。這是戊戌（一八九八）維新喜劇開場旋即以政變悲劇閉幕的預言。

赫德這些言行具見二十餘年前中文譯印有關中國海關專著及哈佛大學近刊赫德書信集兩卷，是研究中國近代史的重要史料。

中國門戶開放政策的由來

自俄、德、法三國干涉日本將馬關條約割讓的遼東半島退還中國，旋又強要中國借款淸償對日賠款，俄國且提出共享分管海關的權利。事實上，當時中國海關正缺少能幹的英國人，美、德、法三國的人已比英國人多，而且都有較好的文化修養工作能力。正如赫德感覺：「最近三國對待總理衙門和我的態度與前大不相同，甚非佳兆。我們面對着風暴，不免要暫時屈身。這種情勢正像歐格訥所說：王牌都在別人手裏，我們祇有打長算盤了。」而俄、德各據東三省及山東省爲勢力範圍，日本在中國設工廠生產貨品行銷內地，在在對於英國政治商業利益加強打擊。美國亟欲與俄國協商，和緩局勢。

一八九九年九月，美國宣佈中國門戶開放政策，要求各國公認在中國商業機會平等利益均霑，破除勢力範圍的藩籬。事實上，英人是原始策劃者。

赫德主持的中國海關實際上是通商各國人機會平等利益均霑，因爲海關洋員包括二十六個國籍。而一八九六年春新任英國駐華公使竇納樂（Sir Claude MacDonald）久駐非洲，熟悉歐洲各國在這所謂「黑暗大陸」爭奪終於協議門戶開放的經過。一八九八年春，當各國「瓜分」中國聲浪中，竇納樂與淸廷軍機大臣總理衙門大臣翁同龢討論「聯數大國立約三事爲綱：不占中國土地、不壞各國商務、不侵中國政權」。同年冬，英國查理伯勒斯福勛爵（Lord Charles Bresford）在上海公開發表門戶開放演說。同時有關「門戶開放」政策也已在美國進行討論。

一八九八年春，中國海關英籍稅務司希貝斯萊（A. E. Hippisley）前往美國度假。是年夏，在巴的摩爾（Baltimore）與在中國熟識多年的老友柔克義（W. W. Rockhill）時常過從。柔克義當時是美國務卿海約翰（John Hay）最信任的遠東事務顧問，他對希貝斯萊提出「中國門戶開放」主張非常贊成，立卽引見海約翰，也獲得強烈同情。

一八九九年，希貝斯萊將啓程離美赴歐時特寄長函給柔克義，力促美國應卽居領導地位喚起歐洲各國注意對華政策：不侵占中國領土或建立勢力範圍，而共同携手維持在華商業機會的均等。八月十七日，希貝斯萊在柔克義鼓勵下，將有關論點寫成一備忘錄。二十八日，柔克義根據這一文件再增加若干美國人觀點送陳海約翰，獲得首肯。九月六日，海約翰電令駐歐亞各地大使卽向有關國家提出「中國門戶開放政策」。從此「瓜分」中國危機緩和。不到一年，八國聯軍因鎭壓義和團「扶淸滅洋」運動進占北京。辛丑條約內容苛刻，卻沒有領土割讓。可以說卽這一政策的效用。而它的淵源實在出自中國海關英籍稅務司。

一九〇〇年八月十五日，八國聯軍進入北京後，赫德在九死一生之餘，自念已逾六十歲，應否立即退休或是繼續工作？考慮結果是正當這紛亂無秩序時際不容拋棄「中外橋樑」的重責。

一九〇三年，清廷以實行「新政」號召全國，若干自歐美、日本留學回國的學生先後參加政府工作，顯示中國已有新人，收回外人主持的若干行政權。一九〇六年五月九日，上諭派鐵良與唐紹儀管理海關及其人事，規定今後赫德不能祗向外務部報告，應同時報告新設立的稅務局。

促進中外貿易發展

赫德面對這一勢將削減他的權力的措施仍不退後。但他年齡超過七十，實在早應退休讓賢。他迫不得已擬具六名繼任人名單請清廷決定。英國政府原有意加以干涉，且支持希貝斯萊繼任。但一九一〇年三月二十三日清廷自動就六名繼任人中圈選安格聯（Francis A. Aglen）代理總稅務司。

當時，赫德回英休假，清廷仍保持他的職位及薪俸。一九一一年九月二十日，赫德在英國逝世，清廷特賜「太子太保」以示榮哀。

赫德在中國海關服務四十九年，其中四十五年擔任總稅務司，在職時間之長久與其權勢震人，不祗是中國近代史上空前絕後惟一的客卿，即在中國幾千年歷史中也很難再找到另一相似的事例。

赫德在職四十餘年間，中外貿易尤其洋貨入口增加甚速：一八六四年入口貨值約一千五百五十萬鎊，出口一千六百二十萬鎊，中國出超。以後都是入超。一九〇一至一九〇五年平均每年入口貨值約四千八百萬鎊，出口貨值三千萬鎊。出口完全是農產品如茶絲大豆等，入口貨是工業製品和農產品，其中菸草進口增加尤速。一九〇五年菸草入口值六十六萬四千鎊，供給英、美、日本在華公司製造紙捲菸銷行。也就是除開吸鴉片（當時稱作洋煙）以外，中國人又改變原來吸水煙袋的習慣，喜嗜外國機製紙捲煙。其他類似的社會習慣的改變也多且快。

洋貨大量傾銷入口的引誘，中國國民經濟也逐漸被壓榨得終致破產。赫德諸人發展中國國際貿易是利是害，自不必贅言了。

徐日昇對中國的貢獻

> 天主教傳教士徐日昇有系統地介紹了西洋音樂樂理，經清康熙皇帝採入中國樂書。一六八九年，他協助簽訂中俄尼布楚條約，我國東北邊省因此獲得一百五十餘年的安寧。

自明末清初，天主教耶穌會士利瑪竇、湯若望、南懷仁等先後東來傳播聖教，西洋科學技術也隨着他們輸入中國。其中天文曆算、輿地測繪等由於現實的需要，很快就被中國朝廷採納應用了；繪畫美術也因帝皇的好奇與興趣而引起注意，音樂更是獲得非常榮寵。素以禮樂之邦自負的中國文明古國也認定泰西的「聲律節奏，覈之經史所載律呂宮調，實相表裏。」實在是近代中西文化交流史上珍貴的篇頁，是天主教傳教士夢寐難求的。

這一「非常榮寵」的出現，利瑪竇、湯若望、南懷仁是篳路藍縷以啓山林的先驅，徐日昇的音樂天賦與忠誠效力是決定因素。

明朝皇帝對西琴感興趣

天主教舉行彌撒佈教，神父教友隨着樂器齊唱聖歌是一項禮儀。一五八二年（明萬曆十年）多，羅明堅（Michel Ruggieri 一五四三年——一六〇七年）在廣東肇慶建立第一所耶穌會會堂，也陳列了聲調悠揚的新樂器。在當時，澳門經葡萄牙租借約四十年，已能仿製西洋樂器，利瑪竇因此訂製絃管琴一架作爲呈獻明帝禮品。一六〇〇年（明萬曆二十八年），利瑪竇到北京將這一西琴（近代鋼琴的先範）和聖母像等進奉萬曆皇帝。皇帝眼見這一西琴「視中州異形，撫之有異音」，興趣甚濃，特命樂工四人跟隨同利瑪竇來京的另一傳教士龐廸我（Didace de Pantoja 一五七一年——一六一八年）學習撫琴。利瑪竇且將聖詠幾首譯意，用中文繕呈皇帝。

一六一〇年利瑪竇逝世後，當時人撰墓碑有「理窮性命，玄精象緯；樂工音律，法盡方圓」可見他傳佈西樂在當時已與天文曆算同受重視。

一六三四年（明崇禎七年），湯若望將望遠鏡、天體儀呈獻崇禎帝，很受重視，旋奉命主持西法修訂曆書工作。一六四〇年（崇禎十三年），宮內寶庫裏發現四十年前利瑪竇進奉的西琴，崇禎帝因動心願一聆歐洲音樂，特命湯若望將這琴加以修理並把琴弦調好，湯若望非常欣幸地奉行這一使命，他要藉這個機會用歌聲與樂聲把天主教傳入宮殿之中。又因他在幼年曾學習撫琴演奏，於是用中文寫了一篇有關西琴的文字，附錄一篇聖詠歌調的解釋，一併進呈並在御前演奏。同時，他又函召在河南省的徐復元修士前來協助他再製一西琴；後來因徐復元病逝未得成功。

清順治帝入關統治中國，湯若望很受禮遇尊重，賜號「通玄教師」，但卻沒有引起皇帝對西洋音樂的興趣。一六五六年（清順治十三年），荷蘭使臣進呈一琴，並有著名琴師同來，隨帶一喇叭，順治帝也沒有一命試奏。

一六六七年（清康熙六年）夏，帝臨朝親政，清初反對西洋曆法風波平息，南懷仁（Ferdinandus Verbiest 一六二三年至一六八八年）主持欽天監，特受禮遇，且常奉旨召入宮中講說西學。當時，帝尚未到二十歲，求知慾、好奇心都很旺盛，對西洋天文曆算以至音樂技藝都願親自一試。一六七二年（康熙十一年）孟夏某日談及音樂，南懷仁奏陳：澳門現有一傳教士徐日昇精於音樂。帝卽傳諭迅速迎接來京。禮部特派五品主事及七品筆帖式各一員，會同南懷仁指派的欽天監官員二人及兵部差官率兵丁騎驛南下迎護北上。這是以前任何傳教士從來沒有享受過的榮寵禮遇。

清康熙帝和徐日昇同唱西洋歌曲

徐日昇（Thomas Pereira 一六四五年至一七〇八年）於一六四五年（清順治二年）生於葡萄牙一貴族世家。完成正規初等教育後入耶穌會修院，自幼罕有的音樂天賦也隨後天教育而更精進。一六六三年，他加入耶穌會。一六六六年（清康熙五年）二十一歲時，經選派自葡京里斯本乘船遠航東來，在印度短暫停留後卽轉到澳門——這是歐洲傳教士前往中國內陸必經的入口，也是耶穌會對里斯本及北京兩地通信聯絡的中心。因此，南懷仁能知道他抵達澳門，把握機會奏報皇帝，他卽蒙寵召晉京。沿途驛站公館禮遇周全，極盡榮耀。他進入北京時更受到如凱旋式的熱烈歡迎。徐日昇覲見康熙帝時進獻豎琴（Harpsicaru）一具，風琴一具。

按當時規定：西洋傳教士奉准居留京師，都在欽天監治理曆法名義下支領起居生活費用，並肄習中國語言文字，甚至學習滿洲語言，以便奉召入宮當差時聆旨及奏對不感困難。這大約需五、六年時間才可嫻熟。徐日昇自然不能例外。

一六七九年（康熙十八年）某日，徐日昇等入宮當差，聆聽內廷樂工奏雅樂，卽用西洋音符記錄其曲調。康熙帝頗感驚奇，乃命徐日昇與閔明我（Philippus-Maria Grimaldi）同奏以前進呈的西琴。帝聆聽後喜悅，又命樂工奏中國音樂，帝且自奏中樂一曲助興。徐日昇當時就用記事本將樂工演奏的曲調用西洋音符記錄，俟樂工演奏完畢，他就照樣重奏一次，好像練習有素似的，連一個音調的錯誤都沒有。康熙帝又曾親自考察徐日昇所譯中文歌曲。徐不僅能默記歌曲，且能用中國音符名稱記錄，也能記誦中文歌詞。康熙帝驚喜之餘更盛讚西洋音樂的和諧、優雅、平正；尤其徐日昇在極短時間就能演奏中國音樂毫無錯誤，不愧天賦。康熙帝也學習西洋音樂，於音符中 Soi、Fa 的區別研討尤多。經過多次練習後，康熙帝也能唱幾首西洋樂曲，跟着耶穌會士合唱且節拍正確。帝嘗說：「西樂的悠雅，舉世無比。徐日昇的技藝更是中國無匹的。」因此，寵眷益隆，有時還令徐日昇擔負特別任務。

中國、俄國、天主教會的三角關係

一六八一年（康熙二十年），國內動亂平息，清廷統治全國力量增強，康熙帝因此決心積極準備面對侵犯我國黑龍江流域的俄人。

俄人在一六四四年侵入黑龍江時，正當明朝覆亡，清帝入關，中國的新統治者忙於定鼎中原，無暇顧及俄人乘機進侵他們的發祥地。一六五四年（清順治十一年）俄人又侵松花江。一六五七年（順治十四年），俄人在尼布楚河與石勒喀河會流處建立尼布楚城，作爲經營黑龍江上流的根據地。一六七〇年（康熙九年），俄皇命尼布楚總管遣使至北京勸說「中國歸依俄國大皇帝陛下統治之下」（這一文件今仍庋藏北平，影印本見「故宮俄文史料」）。

在這次俄使到來的前後，中俄雙方還有幾次使者的往返。只因除偶一應用蒙古語文以外，沒有雙方都通曉的某一種共同言語文字表達意旨，交換見解，使節的來往等於各說各話自言自語，沒有能發生溝通意見的任何功用。而天主教會卻很希望中俄和平，開闢一條新交通線：自歐洲經莫斯科及西伯利亞前來中國的陸地途徑。

自歐洲東來中國的天主教士原都是在葡京里斯本搭乘商船海行。只因當時交通工具及醫療衞生設備都非常簡陋，航行所需時間往往過於久長，數百人擁擠一船，疾病傳染嚴重。如遇暴風海難，常有多人死亡。例如一六一八年四月湯若望與其他傳敎士二十一人同行東來，經過十五個月餘到達澳門，比較起來已是相當迅速，但是二十二位傳敎士平安到達的只有八人，其餘都在途中因染病喪生了。截至那時東來的傳敎士約計六百人，平安到中國的不過一百人，犧牲實在巨大。加以郵信路程並不安全可靠，羅馬敎會管理傳敎士更是困難。

自利瑪竇初到中國就注重研究由歐洲到中國的陸路交通問題。一六二七年（明天啓七年）秋，湯若望自北京奉敎會命往西安，居留三年餘，一項主要任務就是想在這古代以來中國與中亞細亞交通要道的起點，實地搜集研究有關這一道路的現況實情。一六二九年，他向羅馬提出的詳細報告現仍保存。後來，若干傳敎士曾力圖開闢自波斯到中國的陸路交通；但許多自然困難及人爲阻礙使這一企望落空。

一六六六年，湯若望病逝。一六六九年（康熙八年），南懷仁主持欽天監，又首創自中國經西伯利亞莫斯科以達羅馬陸路交通的構想。故當俄使史巴察爾（N. G. Spathar）於一六七六年（康熙十五年）五月到北京，南懷仁卽體認：如果中俄關係和諧，自中國經過俄境前往羅馬道路將有開闢的可能。中俄雙方使節往返缺乏共同語言文字，而南懷仁在康熙帝前可知無不言，言無不盡。於是他就在中國理藩院和俄使之間往來奔走，主要的服務是用拉丁語文爲雙方傳達意見。當中國拒絕俄國一切要求並不給予回文，且令俄使卽日離境時，南懷仁又爲俄使出具到達北京的證明信，以便其回國銷差；自然這也是爲爭取俄人對天主敎會的好感。

南懷仁企求在中國、俄國、天主敎會建立三角關係的初次嘗試沒有獲得成功。又逢俄國新舊君主更換，俄使史巴察爾不受重視；中國更不歡喜俄國人，且警告俄人即刻自動毀去在黑龍江北岸建立的雅克薩城，否則武力解決。中、俄雙方關係逐漸緊張。但南懷仁在北京仍爲建立這一新奇的三角關係繼續努力，並且幾次寄信巴黎鼓勵法蘭西耶穌會士爲開闢這一新途徑而努力，羅馬敎會對此也再接再厲。

出席中俄會議獲非常恩寵

一六六五年（康熙二十四年）五月，中國大軍北伐，一舉摧毀雅克薩城。莫斯科在這前後陸續接到中國措詞強硬的幾件文書——中文正本外還附有拉丁文譯本。俄人認爲這是天主教耶穌會士協助中國人背叛了歐洲人的利益。不久雅克薩敗訊傳到，俄人更憤怨耶穌會士煽動中國人，提供火器及作戰技術給中國。但面對中國強大力量惟有忍耐。

俄國兩名停戰使節到達北京時且請求康熙帝旨准前往教堂叩禮天主。帝特命禮部及理藩院兩侍郎帶他們前往並一併在天主臺前叩頭。如果說這是南懷仁企盼建立的三角關係已有表面行動，不如說是康熙帝能把握主動控制局勢。南懷仁發現俄人使者只能使用本國語文，因此當他們登上回程時，特以致史巴察爾信託他們帶回，信中主要內容是提醒俄人應派通曉拉丁文的代表東來。

並提議派徐日昇訪問俄國協助俄人。同時並告知：閔明我已携帶中國皇帝致俄國君主信件正在前往羅馬及莫斯科途中。

閔明我的西行奉有兩項使命：一是康熙帝個人特使報聘羅馬及莫斯科，尤其企盼中俄在東北亞國境糾紛能由此行而得到決定性答復。一是南懷仁的代表，主要目的在獲致通過西伯利亞的許可。閔明我到達歐洲後曾以極多時間拜訪著名學者，他深知康熙帝與俄彼得大帝都很留心歐西科學，尤其彼得大帝最敬重德國數理哲學家萊不尼茲（Leibnitz 一六四七年至一七一六年）。閔明我獲得萊不尼茲致彼得大帝介紹信；結果仍被拒絕入俄境。

一六八七年（康熙二十六年），南懷仁老病不支，仍念念不忘通過西伯利亞道路問題，更將一切希望寄託於徐日昇一身，企求莫斯科能接受他的訪問。一八八八年一月二十九日，南懷仁逝世。兩個半月以後，四月十三日，中俄議界會議決定舉行，康熙帝頒旨：「朕看所用西洋人眞實而誠懇可信。羅刹（俄）着徐日昇去。會喇第諾（拉丁）文字，其文妥當。汝等（理藩院）也行移文往說羅刹。」當日，徐日昇又奏請加派上月新到北京的法國敎士張誠（Joannes Franciscus Gerbillon 一六五四年至一七〇七年，是法國國王路易十四應南懷仁的要求特派東來的）同行。奉旨照准，並蒙各賜蟒服一件，鞍襯各二副，御服御貂外衣各二襲。這都是非常恩寵。是年五月，徐日昇、張誠隨中國代表團索額圖、佟國綱等一行自北京取道張家口、庫倫前往外蒙古邊境色楞格會俄國代表，不料前途路阻折回北京。但徐日昇無論如何已踏上南懷仁夢寐以求的西伯利亞道路。

尼布楚會議的中國代表高等顧問

一六八九年（康熙二十八年）四月，中國代表團自北京再度出發，改往尼布楚與俄人代表會晤，雙方都有數千官兵隨行，並在會議時耀武揚威。可以說這一會議自始至終是在刀光劍影下舉行。中俄兩國從來沒有相互的認識，又素有「世界強國唯我獨尊」的自負自傲，雙方經過多年武裝衝突及使節往返都無結果，惡感更增加。如今要心平氣和靜坐會議桌旁商議劃定國界，實在是不容易。

近代歷史學人根據中俄已經公開史料指陳：當時兩國政府都決心不願再有戰爭，企望和平解決。俄人且認爲如通商能得便利，則可承認全黑龍江流域包括雅克薩爲中國領土；這和中國政府目的已無甚懸殊。但這是事後先見之明。事實上，這一底牌在會議時雙方都不自動揭露，必然要經過若干「漫天叫價就地還錢」的往返回合。因此，這一會議進行的技術是否適中恰當，就關係會議的失敗。

很幸運的，徐日昇、張誠在這一會議中擔當了重要角色，促成了這一會議的圓滿結果。

張誠的日記自在巴黎刋佈迄今約逾二百年，早已是中外學人研究尼布楚會議必需參考的主要史料。最近二十餘年，徐日昇葡文日記又被發現並經研究比證後譯成英文刋佈（The Jesuits and the S ɔ-Russian Treaty of Nerchinsk (1689) by Joseph Sebes, S. J. Rome, 1961），這一會議詳情因此更加顯明。

中外以往的著述對徐日昇、張誠都認為只是譯員角色。今按徐日昇日記等書的記述，事實並不盡然。如上所述：徐日昇自一六七二年奉召入京，恩寵異常。據「熙朝定案」載，徐日昇奏摺自言：「以臣等語音易習滿書，特令學習滿書，凡俄羅斯等處行文俱在內閣翻譯，臣等何幸蒙聖主任用不疑。」西文記載更指陳：康熙帝時常在宮庭大臣前公開讚揚徐日昇，並說「我把他看作自己人一樣！」奉命參加中國代表團商議中俄邊界時，徐日昇多次聆訓，索額圖、佟國綱都在御前奉旨：會議時遇事與徐日昇商討，聽從徐的意見，帝且特授徐日昇在滿洲八旗崇高的「參領」官銜，使他與滿洲親貴索、佟的地位過之無不及。可以說：徐日昇是奉特旨參加中國代表團的高等顧問。甚至是代表皇帝個人的監督。

至於張誠是經徐日昇奏薦同行，距其初到北京不過兩月，中國及滿洲語文既未習熟，又尚未在內廷當差，其地位遠不及徐之尊貴。因此張誠的日記對此種種自然沒有記述，史料價值也不能與徐日昇的日記相提並論。

尼布楚會議是遠隔東西幾萬里的兩國代表同坐一處進行商議的第一次。索額圖、佟綱國更不知中國以外天地情況。幸徐日昇同行隨時提示一切，彌補了他們學識技術上許多缺漏，尤以講說有關國際法（Law of Nations）的主要原則，關係非常重要。

自一六二四年歐洲刊行「戰時與平時法律」(On the Law of War and Peace by Hugo Grotius)，一六四八年出版「威斯特發里亞和平」(The Peace of Westphalia)，歐洲國家間卽漸有國際公法可資遵循。天主教教士在修院例須肄習法學，對此都有認識。一六四八年，衞匡國(Martin Martini 一六一四年至一六六一年)在杭州傳教時卽曾開始選譯有關國際法書籍爲中文，可惜沒有引起中國人的注意。

尼布楚條約有悠久光榮的歷史

尼布楚會議時，依國際法所示程序進行，中國代表最初驚訝，甚至反感，經徐日昇詳細說明，克服了若干不必要的困難。徐日昇更再三提示：國際法的主要原則是國與國間基於平等互惠，注重信義。當索額圖等再三指斥俄人侵略黑龍江的往事，徐日昇又提醒他這只有增加雙方惡感且浪費時力，今惟有恪遵聖旨力求早日達成和議劃定國界，以約束俄人對當前與將來行動才有實際利益。徐日昇且提示應了解俄人並非野蠻的夷人，必須給予信任，這樣簽約劃界才可永守不渝。徐日昇的種種說明解釋對索額圖等人具有決定性的建設作用。

自一六八九年八月二十一日中俄代表於尼布楚初晤，以迄九月七日簽訂條約，其間曾因雙方意見不合，會議中斷四次，又一次瀕於實際戰鬥邊緣。後來化干戈爲玉帛，徐日昇、張誠奔走調協，厥功至大。尤以九月二日俄人送來「不惜一戰」文書拒絕中國建議，徐日昇、張誠往返兩國代表間連續四日，晚間則忙於整理白晝已獲結論，極少睡眠。六日，俄國代表團拉丁文譯員前來同譯條約正本文字，另有中文、滿文、俄文副本都必須趕在是晚擬妥，一切完竣時已至七日晨。而俄人對於中俄皇帝名次及簽約盟誓方式又持異議。徐日昇惟有不顧疲倦騎馬趕往說明，獲致協議。當日，中俄代表在尼布楚鳴炮誓天簽訂國界條約。

如當今歷史學人指陳：徐日昇在尼布楚會議裏的言行儘量支持贊助中國代表團，同時安撫俄國代表團不使他們走極端，終於調和雙方達成協議。自然康熙帝於此始終把握主動，處置得法：軍事上有充分的準備以作外交的後盾，外交上又替俄國留有餘地，更是主要的決定因素。

尼布楚條約簽訂後，中俄在東北亞的國界從此劃定，俄人必須自侵略近四十年的黑龍江流域北退往興安嶺以北，東面濱海，這是中俄在東北亞的自然界線。也就是說，按照這條約，不但黑龍江、吉林、遼寧三省完全是中國的領土，即現今俄屬阿穆爾省及濱海省也是中國的領土。俄人東侵行動大受阻擊，後來康熙帝對外蒙古的軍事也從此沒有遭遇俄人任何的牽制。因此，尼布楚條約在當時以及後來長久歲月說來都是成功的。

中國史學家指出，尼布楚條約爲中國東北疆省保持了一百五十餘年的安寧。依這條約劃定的中俄自然疆界，到一八五八年至六〇年中俄瑷琿條約北京條約才將它完全破壞。因此，在國際條約中，尼布楚條約可說是具有悠久光榮歷史。事實上，俄國人自當時以迄今日都對此極不滿意。一六八九年十月（尼布楚條約簽訂後一月），彼得大帝卽命令關閉天主敎耶穌會在莫斯科的教堂及教士住所，驅逐所有耶穌會教士離開俄境。所有當時會議史料經過帝制及共黨專政約二百八十餘年迄今仍不公開。尤其蘇俄歷史學人習於叫喊「俄羅斯偉大」以及現代玩弄外交陰謀的成就（如雅爾達會議），但對於尼布楚條約迄今仍認定是俄國外交的失敗。一九五八年，蘇俄科學院歷史研究所刊行一册「中俄第一個條約」（英譯名：The First Russo-Chinese Treaty of the Year 1689）卽一例證。

尼布楚條約的歷史評價如此，徐日昇對中國的貢獻自然顯明易見。

徐日昇等教士御前長跪演奏西樂

自中俄國界劃定，康熙帝北顧無憂。徐日昇仍以治理曆法名義與另一教士安多（Antonius Thomas）共同主持欽天監。一六九二年（康熙三十年），杭州地方官指斥天主教爲邪教並毀壞教堂驅逐教士。徐日昇、安多立卽上疏抗辯：「若以爲邪教，不足取信，何以自順治初年以至今日，命先臣（南懷仁）製造軍器，臣閔明我持兵部印文泛海差往俄羅斯，臣徐日昇張誠賜參領職銜差往俄羅斯二次乎！」言詞率直，且不惜自矜功勞。禮部等衙門奉旨會議後奏陳：「西洋人……現今治理曆法，用兵之際，力造軍器火炮，差往阿羅素，誠心效力，克成其事，勞績甚多。各省居住西洋人並無爲惡亂行之處，又並非左道惑衆，異端生事。喇嘛僧道等寺廟尚容人燒香行走，西洋人並無違法之事，反行禁止，似屬不宜。」康熙帝當卽命令各省：將各省天主堂俱照舊存留，凡進香供奉之人仍許照常行走，不必禁止。

康熙帝的開明、王公大臣對天主教士的是非公論，壓抑了地方官無知的妄行。歐洲各國傳教士因仍繼續東來，中西文化交流工作也與日俱增。西洋音樂從此在中國生根，更是康熙朝盛事。

如上所述：康熙帝對於西洋音樂與趣甚濃，耶穌會因特注意選派精於音樂的教士東來。一六九九年（康熙三十八年），帝南巡。三月初到江蘇省鎮江金山，在御艦召見新進到華的法蘭西耶穌會士九人，並聆聽他們演奏西樂。連續表演數日。帝曾提出若干奇異問題，對於西樂規律頗表驚奇，因此有意以西樂改善中國舊有音樂。帝回京後又常命徐日昇及法國教士南光國（Ludovicus Pernon）等舉行合奏。衆教士奏樂時長跽於地。某日，合奏歷四小時，後知教士已疲倦不堪，帝特親爲酌酒以示慰勞。南光國且爲帝製造樂器或爲調音並教授帝習西樂，諸皇子也隨同學習。徐日昇且在中國人協助下特撰「律呂纂要」一書，有中文、滿文兩種寫本，上供御覽研讀。此書分上下兩篇，各十有三說，共二十六說，篇目如下：

上篇：專發明音樂之高下：樂用五線說、五線所用啓發四聲號說、剛柔樂說、樂音說、拉朔乏鳴勒烏、拉樂音說、乏半音說、樂音不合說、樂名序說、掌中樂名序說、讀音條例說、易用樂音說、審音樂音說。

下篇：專發明音樂之長短：樂音長短之度說、音樂長短之形說、八形號之式說、用八形號誌、排寫長短形號說、樂音遲速之三形號說、用遲速三形號說、三分樂度說、一樂中平分度、三分度互易之說、樂音間歇說、樂圖說、觀樂圖說、辨識六音說。

「律呂纂要」文字簡明，其中最有趣的如「掌中樂名說」將樂名序列於手掌中以便記憶：「能於指間掐算熟記，則凡樂圖於指間查對，即可以洞晰其樂之以何音始，以何音接，何音終矣。」

欽定律呂正義續篇中的樂理

一七〇二年（康熙四十一年）九月，南光國病逝。一七〇八年（康熙四十七年）十二月二十四日，徐日昇息勞辭世。三年以後，義大利籍教士德理格（Theodoricus Pedrini 一六七〇至一七四六年）到華，繼續以音樂專長供奉內廷。再二年即一七一三年（康熙五十二年）頒行「欽定律呂正義」，其中「續編」「總說」開宗明義指陳：

「我朝定鼎以來……遠人慕化而來者漸多。有西洋波爾都哈國（葡）人徐日昇者，其法專以弦音清濁二均遞轉和聲爲本，其書大要有二：一則論管律弦度生聲之由，聲字相合不相合之故；一則定審音合度之規，用剛柔二記以辨陰陽二調之異，用長短遲速等號以節聲字之分。……後相繼又有壹大里呀國人德理格者亦精律學，與徐日昇所傳源流無二。以其所講聲歷節奏，覈之經史所載律呂宮調實相表裏，故取其條例形號……使談理者有實據而入用者亦有所持循云。」

「律呂正義」是康熙朝整理古典制禮作樂的重要工作，比較對證精益求精，尤着重趕上時代取法乎上的「新」，採擇徐日昇撰「律呂纂要」以外，更注意德理格傳入的新知識。德理格上羅馬教皇報告有云：「至於律呂一學，大皇帝猶澈其根源，命臣德理格在皇三子、皇十五子、皇十六子殿下前，每日講究其精微，修造新書，此書不日告成。此律呂新書內凡中國外國鐘磬絲竹之樂器分別其比例，查算其根原，改正其錯訛，無一不備美。」可見「律呂正義續篇」總說所謂西洋人「所講聲律節奏，覈之經史所載律呂宮調實相表裏」，實在是詳愼比對後的明確結論。

「律呂正義續篇」的「六字定位」節云：「西法只用六字，自下而上曰烏勒乏朔拉。」這是採自徐日昇書。德理格在徐日昇後四十年到北京，西洋音樂在這長時間內自然有若干進步，「續篇」於此也曾加比較增删且採納新說。「續篇」的「新法七字明中音互用」節云：「七樂名之中，因以六字配七音，獨遺第七音之分，故二半音之位，總以鳴乏之半音上下相借爲用，是以七樂名之字，彼此互易，而音不易，致使學者觀之，反似淆雜而無統。今依西法之又一例，其烏勒鳴乏朔拉之第七音，乃增一犀字，如此七字配七樂名……始足七樂名之位，而七音之全半互易爲用者，一覽卽明焉。」可見今日通行的西洋音樂七樂名早在二百六十餘年前就已被採入中國皇帝欽定樂書。

西洋音樂從此在中國生根

康熙帝既肯定了西洋音樂與中國音樂具有相等地位，西洋音樂從此就在中國生根。後人只有繼續補充，不敢否定它的價值。最顯明的事實是：一七四一年（乾隆六年），乾隆帝敕編「呂律正義後編」上諭云：「繼志述事，責在後人，如果有所未備，理宜紹續前典。」因此王公大臣們奏覆皇帝時也只能遵循「續篇」所提示的途徑：

「臣問得西洋人在京師明於樂律者三人：一名德理格……一名魏繼晉（Florianus Bahr），一名魯仲賢（Joannes Walter）。德理格已七十一歲，康熙年間考定中和韶樂纂修律呂正義時，伊亦曾預奔走，能言其事。……考其樂器大都絲竹之音居多，令其吹彈，其音不特不若大樂之中和，較之俗樂更爲噍殺促數。但德理格能以彼處樂器作中國之曲，魏、魯二人倚聲和之立成，可知其理之同也。其法以烏勒鳴朔拉西七字統總音，烏勒鳴朔拉爲全聲，乏西爲半聲，可旋轉爲七調，則古樂之五聲二變，伶人之工尺七調又同也。細按之：烏字似宮，乏字似變徵，西字似變宮，其旋宮起調等法，律呂正義續篇詳之，可知聲音之道，無間中西，特制器審音不相侔耳。」

奉旨：「知道了，爾與莊親王商量。欽此。」這是中國朝廷對中西音樂地位相等的又一次肯定。

乾隆帝對西洋音樂的興趣不及康熙帝的濃厚，但由於欽定律呂正義續編的存在，不敢自作聰敏妄加干涉。他對於擅長西洋畫的傳教士郎世甯等就時常指令按中國方法作畫，以致陰陽遠近不可復見，使郎世甯等都苦於繪製不中不西的圖畫。相形之下，西洋音樂比較幸運：康熙朝播種生根以後發芽茁壯雖相當遲緩；從此卻沒有遭遇干擾摧殘。

近數十年來，我國人欣賞西洋音樂遠甚於對西洋圖畫的興趣，尤其青年們喜愛熱門西樂特甚。當這些人搖滾狂歡時，是不是知曉徐日昇等人在御前跽地奏樂的辛苦呢？

傅蘭雅與中國近代譯學

英人傅蘭雅在我江南機器製造局，譯述西洋科學技術書籍二十八年，是中國近代譯學史上重要階段：上繼二百餘年前利瑪竇評介西學餘緒，發揚光大；提示「譯西書第一要事爲名目」，並編製中西名目對照表，力求譯名一致標準化；爲近百年來譯學界建立偉大指標。加以他注意使西洋科學技術普及於中國一般社會，對我國人維新思想具有啓發作用。一八九六年起擔任美國加州大學東方語文講座教授十七年，美國西岸研究中國文化基礎從此奠定。溝通中西文化，一身任之近五十年。這樣經歷極少人可以相提並論。

傅蘭雅英文原名 John Fryer，一八三九年八月六日，生於英國亥司（Hythe, Kent）一清苦牧師家庭。半工半讀完成中等教育後，獲政府第一等獎學金，進入倫敦一所專門訓練教師的

Highbury Training College。一八六○年畢業時有兩項工作由他選擇：一在英國本土，另一即香港聖保羅書院院長職位。由於他的父母長久以來深受自東亞回國的教士與商人影響，對中國具有濃厚興趣，他母親且時常煮米飯佐食表現這種興趣。傅蘭雅在這樣環境中長大，今有東行工作機會，自然樂於接受。一八六一年八月，他滿懷興奮到達香港就任新職。

聖保羅書院着重培養中國青年擔任傳教牧師。傅蘭雅主持校務兼授英文，並且學習中國文字和說廣東話。一八六三年，傅蘭雅北上擔任新成立的同文館英國語文教師。其實到北京去學習中國官話卻是他此行的基本目的。

傅蘭雅在北京和中外高官大吏如總理衙門大臣文祥及英美駐華公使參贊等都有來往，增加他對中國的認識和了解。傳統的中國教育制度與方法很使他驚訝：學童祇知遵循老師聲音背誦，卻不了解字義；絕少人願學習外國語文，同文館二十餘名學生祇是由於每月可領幾兩銀子而來！這使得傅蘭雅教授興趣大大減低。一八六五年夏他南下上海，就任中西書院院長。

中西書院創立初意在教授中國人學習英國語文及基督教義。傅蘭雅就職後發現學生都是通商口岸中國商人、錢莊、買辦的兒子，熱心學習英國語文。因此他決定等到學生具有英文基礎後再閱讀聖經，以免學生因宗教氣氛濃厚而不願來學。一八六六年五月，傅蘭雅又決定：學生每日上午上三小時英文課程，下午上三小時中文課程，他並且隨學生在中文課堂學習。這不祇是以「身教」學生習讀中文的重要，他自己對中國語文的程度也與日俱增。同時對於教習英文也越來越厭倦。

傅蘭雅發現學生們都用全力學習英國語文，卻不注意中國語文課程，尤其很多學生在學習初級英語後即離開學校回到自己父兄商店去工作。很少人對宗教有興趣。因此，一八六八年五月二十日，中西書院宣告關閉。

中西書院開辦不過十年，學生大約二百餘人，為各通商口岸商行培植了若干對外貿易的人。其中曾受傅蘭雅教授的鄭觀應最為突出，他在經商營利餘暇仍留心國事世局以及中西強弱所在。經他多次增訂刊佈的國是意見「盛世危言」，更發生若干作用。孫逸仙先生在創立興中會以前曾和這位具有革新思想的香山同鄉多有往還，兩人在思想上且互有影響。

早在一八六六年十一月，傅蘭雅即利用課餘主編「中文教會新報」刊載中外新聞及評論。他按時譯述西洋報刊論述，並撰寫社論發表對中國朝野建議。例如一八六七年北京同文館增設天文算術班時，他撰論建議應進一步選拔二十歲以下學習歐洲語文三年的聰敏青年前往歐洲大學肄業。他並提示日本已認識世界各國競爭激烈，展開明治維新，中國亟應急起直追。事實上：他已注意到中國人對學習西洋科學等等的願望，企盼閱讀中文書刊多傳佈這些西方知識。因此，當中西書院關閉時，即一八六八年五月，傅蘭雅決定應聘到江南機器製造局翻譯館工作，從此獻身這一事業二十八年。

華蘅芳徐壽建議創設翻譯館

江南機器製造局於一八六五年開工，是清季自強運動的產物。規模宏大，位居全球大兵工廠前列，在東亞更是無雙巨霸。初以製造西式兵艦槍炮爲主要工作，後逐漸擴增。創立翻譯館，廣方言館也奉命撥歸管理，都是介紹西洋科學技術的重要舉措。

翻譯館的創設是製造局幫辦徐壽（1818-1884）、華蘅芳（1833-1902）建議。他們弱冠時對明末天主敎士譯述天算各書卽已有心得，後旅居上海與美國耶魯第一位中國畢業生容閎（1828-1911）及著名算學家李善蘭（1811-1882）等交往，並獲讀基督敎會主辦「墨海書館」刊行李善蘭與傳敎士新譯諸書，更加驚羡，用功益勤。事實上：當時上距利瑪竇等東來譯介西學已有二百餘年，西洋科學技術年有進展，英國產業革命後更是日新月異。不幸中國自一七一五年嚴禁天主敎傳佈，西學東傳橋樑中斷已一百五十餘年，完全不知西洋科學進展近況。徐、華諸人幸有天賦及機緣才發現「新大陸」。一八六一年，徐、華入曾國藩軍幕，奉命參考西書繪圖與工自製輪船。四年以後，在完全自力摸索歷經困難下造成一二十五噸小輪試航長江成功。因此，是年江南機器製造局開工，我國人極具信心與希望。華、徐參與製造局工作之餘，每一回憶自己苦學的困難，殊不願國人再浪費不必要的時間精力，因建議製造局總辦轉報曾國藩：「將西國要書譯出，不獨自增識見，並可刋印播傳，以便國人盡知」。且卽寄信英國購買「泰西大類編書」（按卽大英百科全書）擬擇要翻譯，俟書成後可在各省設院講習，使國人了解新知。

一八六八年十一月，清廷正式批准江南製造局增設翻譯館，但實際工作早在半年前即已開始，傅蘭雅也已到職與華、徐詳細研討工作計劃及細則。後來又加聘瑪高溫（John MacGowan）、偉烈亞力（Alexander Wylie）、金楷理（Reverend Carl Kreyer）等人參加。他們都是華、徐舊識，祇是另有專業，不能全日工作，後來也沒有長久供職。祇有傅蘭雅獻身於此二十八年。

中國人參加譯述的有華蘅芳、徐壽及其子徐建寅。著名算學家李善蘭也曾一度到館工作，後應聘北京同文館算學總教習才離滬北上。另一精研算學的賈步緯以及通醫術的趙靜涵，曉時事洋務的蔡寵九、鄭熙臺等也受聘任職。一位留美十年的醫學博士舒高地在翻譯館是一主角，同時在廣方言館教授英文。這是他於中英語文都能運用又具醫學專長，譯述醫書尤多便利。

譯西書門類、方法與敬業精神

翻譯館創立後，傅蘭雅、華蘅芳、徐壽等幾經商討，決定了兩大問題：（一）如何選擇西書譯述？（二）譯述時主要守則。

最初，華、徐原計譯述英國百科全書；但傅蘭雅認爲是書若干卷內容太簡略，且近代所有新理新法多未列入，故必須選擇更大更新書籍才可翻譯。乃放棄初計，而以選譯單册格致（科學）

新書爲優先。平常選書法，是傅蘭雅等與華、徐等選擇適合自身所急用的，不論其書與他書是否配合；至於水陸兵勇武備有關各書，經上峯指示多較他書先行譯述。

傅蘭雅當時向英美各書店訂購書單今仍有若干存世，試一比較其譯印書目，可見其努力求取新出版品。

至於譯書方法：傅蘭雅等西洋人先將所欲譯述書熟讀完全明瞭其內容，再與中國人同譯：西人以西書意義逐句讀成華語，中國人用筆述之。若有難言處，則與中國人斟酌何法可以說明。若中國人仍不明瞭，西人再加解說務使明達。全書譯竣，中國人將初稿改正潤色，使適合於中國文法。若干重要書付刊時中西人再同加核對。至平常書多不必核對，都由中國人訂正。因如上述華徐賈趙舒諸人都學有專長；工作興趣濃厚，尤爲主因——華蘅芳序「代數術」(Algebre by Wm. Wallace）有云：「傅（蘭雅）君口述之，余筆記之，一日數千言，不厭其艱苦，凡兩月而脫稿，繕寫付梓，經年告成」。又華序「地學淺釋」有云：「其時余寓虹口，所携一童一僕，此外別無伴侶，而此書之稿本、改本、清本以及草圖，皆一手任之，蓋自恃精力之強，不自知其勞苦也。晨起食罷卽往瑪（高溫）家，日中而歸，食罷復往，以至於暮」。如此敬業負責精神，成績自然可觀。

一八七一年，翻譯館第一次刊行譯書三種：㈠傅蘭雅口譯徐壽筆述「化學鑑原」（Well's Principles and Applications of Chemistry by David A. Wells, New York）。㈡傅蘭雅口譯

徐建寅筆述「化學分原」(An Introduction to Practical Chemistry, Including Analysis by John E. Bowman. 5th rev. London ed.)。㊂傅蘭雅口譯徐建寅筆述「運規約指」(Practical Geometry by Wm. Burchett)。譯名一目瞭然，尤以前兩書以「分原」「鑑原」區別更見用心。又如所譯「西藝知新」(Modern Arts and Manufactures of the West)、「寶藏興焉」(A Practical Treatise on Metallurgy)、「藝器記珠」(Pocket Book of Useful Formulae for Civil and Mechanical Engineers)、「延年益壽論」(How to Live Long) 等都顯示在古文及八股盛行環境裏應用淺顯文言書名吸引讀者的苦心。

一八七一年至一八八〇年間，江南製造局刊行傅蘭雅譯書三十四册，其中製造八册、算學七册、軍事六册、工程測量四册、航海四册、化學二册、物理二册、醫學一册。一八八〇至一八九六年間刊行譯書七十八册，其中物理學十四册、化學七册、地理學地質學氣象學共七册、算學六册。法律三册、政治經濟一册、西洋歷史一册、政府一册……顯示這一時期着重自然科學並曾旁及社會科學人文學。這在當時祇知學習西人船堅炮利環境中是一突出。傅蘭雅爲加強所譯書刊佈，江南製造局印行以外，還利用其他出版機構傳佈。總計他一生中譯西書計一五八種（今國立臺灣大學圖書館有此書全部）。這不僅是空前的並且是迄今還沒有被打破的個人譯述最多紀錄。但這大「量」出品卻並沒有影響它的「質」。前國立北京大學化學系主任曾昭掄教授於一九四一年公開指陳：傅蘭雅譯書的品質精湛遠勝其後五十年間（即一八九一——一九四一）國人的譯述

（東方雜誌第三十八卷第一號「建國三十年紀念號」曾昭掄撰「中國學術的進展」）。可見傅蘭雅與華蘅芳徐壽等中國同僚對於譯述的謹慎用心，而他們開始工作時卽認識把握譯學的主要關鍵，實在是成功的原因。

譯西書第一要事為名目

自歐人挾堅船利炮東來，非常輕侮中國，不願華人學習其科學技術，甚至發表言論指陳中國文學古老生硬，若用以譯述泰西格致與製造等事，將成笑談。況近年西洋所有格致門類甚多，名目尤繁，而中國並無其學與其名，焉能譯妥?!是一不能超越的困難——但傅蘭雅完全不同意這種說法。他以爲不祇明末利瑪竇諸人譯述西書成功先例具在，卽二三百年前，英國也多假藉希臘羅馬諸國文字以作格致與製造品的新名，後來逐漸減除不用，或改換更妥當的；中國自然也難免要經過這一途程。

傅蘭雅並且進一步認識：西人在中國初譯格致各書時，若留意於名目，互相同意，最初被選用的名辭如能穩妥，後來就不必再大加更改。因此，他提出「譯西書第一要事爲名目」一重要原則。並且鄭重指陳：若所用名目必爲中華字典內的字義，不可另有解釋，則譯書事永不能成。然中國語言文字與他國略同，都是隨時逐漸生新，並非一旦而忽然俱有，故前時能生新字新義，後亦可產生新字新義，以至無窮。中西交涉既年多一年，如貿易或交涉事內有新意新物，必設華學新名，始能明顯。這些新名有文雅的也有粗拙的。不論如何，今譯格致西書新名若能應用一致最爲理想，切不可混亂。例如傳教第一要名，有稱「造化萬物之主」，有曰「天主」，有作「上帝」，有曰「眞神」，都未能同心合意，致使名不正言不順事不成。前車之鑑，足資警惕。因此，傅、華、徐等商議多時後略定要事三項：

第一、華文已有之名：設擬一名目爲華文已有，而字典內無處可查，則有二法：㈠可查中國已有格致或工藝等書，以及二百年前在中國天主教士及近年基督教士譯著格致工藝諸書。㈡訪問中國客商或製造或工藝等應知此名目的人士。

第二、設立新名：若華文並無此名，必須另設新名，則有三法：㈠以平常字加偏旁而爲新名，仍讀其本音，如鎂、鉮、碲、矽等；或以字典內的字釋以新義而爲新名，如鉑、鉀、鈷、鋅等。㈡用幾個字解釋某物時，卽以此解釋爲新名，而字數以少爲妙，如養氣、輕氣、火輪船、風雨表等。㈢用華字寫西名，以官音（北京官話）爲主，而西字各音亦代以常用相同的華字，凡以前譯書人已用慣的都可沿襲應用，使華人可一見而知爲西名；至所已設之新名，不過暫爲試用，若以後能查尋得中國已有古名，或見所設者不妥，仍可更易。

第三、作中西名目字彙：凡譯書時所設新名，無論爲事物人地等名，都宜隨時抄錄於華英小簿，後刊書時可附書末，以便閱者核察西書或詢問西人。而各書內所有之名，宜彙成總書，製成大部，則以後譯書有所稽察，可免混名之弊。

這三項原則自然不可能包涵譯學上各種問題，但指出了主要的大前提卻是具有劃時期的貢獻。傅、華、徐等當時詳愼訂定的西洋科學技術若干中文譯名迄今一百餘年已沿用成習，即初中學生初讀理化課本一經教師實驗表證即能瞭解輕氣養氣字義實質。至於跟隨西洋科學技術的進步而繼續不斷出現的中譯新字新辭，可說是傅蘭雅所謂「後日亦可產新字新義以至無窮」觀念的具體實踐。而嚴復自力譯述西洋社會科學書籍時「一名之立，旬月踟躕」，更顯示他懍於「譯西書第一要事爲名目」指標當前的愼重將事。

編製中文科學字彙術語表

傅蘭雅對於「作中西名目字彙」曾經擴大努力。因當時還有許多傳敎士在各地從事譯述工作，所用名詞術語紛歧不一。一八六九年，傅蘭雅表示對當時存在的各種不同科學字彙非常不滿，建議中國境內漢學家應編製一中譯科學字彙表，以適應譯述人的需要。一八七一年六月，傅蘭雅自製一科學字彙表刋載敎會報紙。一敎會醫院院長喜約翰（John Kerr）編譯化學課本時即加以採用。一八八八年，傅蘭雅因又刋行一「譯述手册」（內含四種：㈠化學材料中西名目表。㈡西藥大成藥品中西名目表。㈢金石中西名目表。㈣汽機中西名目表），將江南製造局譯書所用化學、人體醫學、礦物學中文字彙術語羅列其中。

一八九〇年，傅敎士會議在上海舉行。傅蘭雅以凡俗人身份在這一會議中宣讀「科學的術語」論文，強調說明術語紛歧不同的弊害以及求取一致的方法。他責難西洋人完全忽視中國文字——西人多以爲華文不能顯明泰西近年的科學，非用西文，則甚難傳佈中國。這等人看江南製造局譯書工作，不過枉費工力而已。也有人以爲西學雖可勉強譯以華文，然不久英語必爲萬國公言，可以不必譯書——傅蘭雅駁斥這等謬論，鄭重說明：「中國書文流傳自古，數千年來未有或替，不特國人視之甚重，卽國家亦賴以治國。有自主之大國，棄其書文而盡用他邦語言文字者耶」？傅蘭雅並且進一步指陳：中國古雅美妙的語文具有許多理由比較其他語文更適合作爲世界公言，任何意欲介紹西方科學的人於此必不可忽視或亂用。

傅蘭雅且建議設立譯述字彙標準化委員會，將十六世紀天主教士及十九世紀基督教士譯介西學的字彙加以滙集並採取其中被一般人接受的編製成表作爲標準。所有已出版的技術譯述如再版時都須改變其原有術語換用標準術語。這一建議經被接受，一委員會也在不久以後設立，但傅蘭雅不是這一委員會成員，祇在牽涉到有關他的問題時才被邀參加——這委員會兩名美國傳教士指出：江南製造局譯述化學書中的字彙並不完全一致，甚至若干名詞也不恰當。傅蘭雅承認難免有歧異，卻以爲所有名詞都很恰當不肯更改；加以委員會份子都是傳教士，殊不願一凡俗人指責他們譯述工作不當。因此這一委員會沒有能繼續存在。

對於西洋科學譯述字彙名辭正式認眞加以滙集審訂編製成册，是一九三三年國立編譯館在南京成立以後的工作之一，上距傅蘭雅最初倡議已六十年（現仍繼續這一工作）。這些名辭字彙的中譯都是依中國國音作標準。而上錄傅蘭雅所謂「用華字寫書名，以官音(北京官話)為主」，遠在中國應用國音字母推行國語統一運動以前，可說是非常正確的先見之明。但在今日海內外中文報刋書籍於人名地名事物仍多沿用方言譯音華字，如美國電影城 Hollywood，臺灣按國音譯作好萊塢，香港譯作荷里活，新加坡譯作何羅衞。再如英國著名科學家 Newton(Sir Issac, 1642-1727)有譯作牛頓的，也有譯奈端的。又如最近逝世的美國著名金嗓歌王 Bing Crosby，臺灣報刋譯作平克勞斯貝，香港報刋譯作氷歌羅士比。其他類似事例甚多，紛歧雜亂，實在困擾讀者。全球中文報紙協會經常集會，是不是能促成標準化呢？(香港刋行繆鑫正等編「英漢中外地名詞滙」應可供參考)。

格致書院與格致彙編

傅蘭雅在江南製造局工作之餘，更充分運用時間精神努力傳播科學知識，企盼普及於中國一般社會。

一八七四年，上海傳教士與中外紳商組設一「格致書院」。這是兩年前「中國益智會」在北京創立後，中國境內又一傳播西洋科學知識的機構。傅蘭雅、徐壽是這格致書院主要人物，傅蘭雅兼任秘書，擔負推動工作的實際責任。最初設立一圖書室，陳列中西科學書籍與電報機器、高溫計、伏特電壓計等實物，以及火車鐵道照片等等。企望由此引起中國一般社會人士的興趣，再進一步擴展成爲工藝學校。一八八四年，格致書院開始舉辦論文比賽。這是傅蘭雅針對中國人熱心時務對策及考試的方式以鼓勵華人多讀、多想、多寫有關西方事物的一措施。每年按四季舉行，請當地高官命題頒獎。題目自然都關係中國與西學，例如「中國海防議」、「中國當前促進富強主要急務」、「中國建鐵路利弊論」、「中西科學異同之比較」、「絲茶生產貿易不振原因安在？如何補救之」等。最初四年每次參加人數自二十六名至八十一人不等，大約半數是教會中學或大學學生。每季優勝前三名論文都彙印成册發行，因此很引起一般人興趣，參加人數年有增加。這是格致書院獲得比較成功的一項工作。

一八九四年，傅蘭雅開始在格致書院作有系統的講課，分別是採礦、電器、測量、建築工程、汽機、製造六項，他應用純熟華語配合幻燈片說明。後來又增設算學課程。參加聽講的人更加踴躍。一八九六年二月，傅蘭雅公開表示：這可說是實現了格致書院最初創立的原計：使它成爲中國境內傳授西洋科技的中心之一。

傅蘭雅基於編刊「敎會新報」的經驗，體認報紙雜誌可以普遍到達中國全境各地，比較格致書院功用更加廣大。一八七五年十一月因又宣告：一由他主編專門傳佈西洋科學的月刊即將問世。不久，北京「中國益智會」寄信傅蘭雅：該會決定解散，原已編印的「中西聞見錄」雜誌同時停刊，願讓予傅蘭雅將它合併於新創雜誌，所有訂戶及撰稿人名單也一併轉讓。傅蘭雅獲得這一意外的鼓勵與便利，聲勢更加壯大。一八七六年二月，這一月刊用「格致彙編」名稱正式發行，是中國近代科學雜誌元祖。主旨在報導西洋一般性科學消息。介紹已刊各種中譯科學書籍、傳授科學課程或有關演講等，文字以外並刊載有關圖片。北京同文館中外籍教授及傳教士等撰述長篇或短篇論文，並自由選刊英美雜誌文字圖片，內容充實。另有「編者通信」一欄，答復遠近讀者各種函詢。讀者興趣因更增加，這一雜誌的功用也顯現出來。傅蘭雅為此忙碌而愉快，不得不聘一助手協助處理與日俱增的函件。

格致彙編創刊的最初兩年按時出版。後因傅蘭雅回英國度假，每期刊行時日稍有延緩。一八七九年至一八八一年又恢復正常。但一八九〇年至一八九一年間祇刊行三期，自後未再繼續出版——這一雜誌每月最高發行數字約四千餘份，流傳國內各地。當時英美人在華刊行的報紙對這一月刊都加以贊揚，但指出如果內容能再加通俗淺顯，一般讀者興趣必定增加，影響也就更廣大。

主編學校教科書．創設科學書庫

傅蘭雅精力過人，對於傳佈西洋科技更具有非常熱誠。因此除上述各項工作以外，又有兩項工作自動或被動的加在他的肩上。

一八七七年，基督教在華各派全會在上海舉行，傅蘭雅與幾名凡俗人也被邀參加。全會決定設立益智書會（The Schoal and Textbook Series Committee），從事編輯一套學校教科書，使中國人同時得學習中英語文及各種知識，傅蘭雅被選任秘書。幾次會議後決定編輯初級與高級學校教科書各一套，其中包含算學、測量、天文、地質、化學、動物、地理、歷史、語言、音樂。「教科書」一名從此開始出現於中國。

一八七九年十月，傅蘭雅卸去益智書會秘書職務，改任是會總編輯，主持全部教科書編輯工作。一八八六年，一百零四種教科書出版，其中四分之一是傅蘭雅執筆，內計天文、地理、化學、氣象、歷史、科學字彙等十二種，植物、機械、礦物等掛圖及手册五種，天文、地理、地質、化學、聲學等綱要八種。另編「西洋的工業」掛圖八種綱要十種。其餘七十餘種也多經傅蘭雅過目審閱。這是中國近代教科書元祖。

一八九〇年，基督教在華各派全會改組成爲中國教育會 (The Education Association of China)。一八九三年七月，教育會聘傅蘭雅爲中國紀錄報 (Chinese Recorder) 教育欄編輯。這一每月刊載一次的專欄，主旨爲使在華教育工作人員得有切磋討論本身種種問題的機會。傅蘭雅曾提出化學術語一主題加以論列。可見他眞是念念不忘科學字彙術語的標準化。

傅蘭雅努力譯述及編輯工作時也體認出版品銷售流通的重要。當時中國各地祇有古書店，卽教會在上海設立的印書館也祇售賣本版書，還沒有一綜合性書店爲一般讀者服務。一八八五年，傅蘭雅因特創立中國科學書庫，發售江南製造局譯刊書、外國學人及傳教士譯著以外，同時也販賣中國經史文學書籍。一八八六年書庫售書目錄列舉中外書籍、地圖、掛圖等三百七十一種。兩年後的目錄增至西學書六百五十種、中國書二百二十八種。不久，北京、煙臺、奉天、天津、杭州、汕頭、福州、厦門、香港等地先後開設書庫分店。先後銷售書籍十五萬册。一八九五年中日甲午戰爭後，中國人對書籍出版更感需要。一八九七年，商務印書館創立。科學書庫營業更盛。傅蘭雅寄信北京同文館總教習丁韙良（William A. P. Martin）指陳：這些事實都有助於中國教育進步，正是我們時刻不敢稍懈的追求目標。

啓發中國人的維新思想

傅蘭雅這樣廣泛的努力，大約經過十餘年才在中國社會引起反應或影響。這在當時守舊錮蔽的環境加以交通通訊極不便利的情況是不足怪的。

一八八二年，康有爲赴北京應鄉試歸途經上海，目睹黃浦灘上繁華，益知西人治術確有根本，乃大購西書回廣東講求，聲光化電重學及各國史志都加涉獵，從此「始盡釋故見」。一八八五年，康病甚，讀西醫書，「以信西學之故，創試西藥，如方爲之，乃漸效」。這是康自傅蘭雅譯書所受切身利益。是年刊行傅蘭雅口譯、應祖錫筆述的「佐治芻言」（"Homely Words to Aid Governance" in Chambers's Educational course, ed. by Wm. and Robt. Chambers）並且是當時所有歐洲書中文譯本對康有爲影響最大的。是書說明人生的目的是同登康樂，人人應工作，不應懶惰，並且強調人人平等，譴責各國間的戰爭，指示聯合衆邦爲一國的好處。一八八七年康撰「大同書」時於這些論點都加以利用。但康並不完全贊同是書其他若干論點：「英人傅氏之論生計，欲以十里養千人爲井田，其意仁甚。然亦不可行也。蓋許人民買賣私產，卽各有私產，則貧富不齊，終無由均……蓋非太平之道。」因此康頗不滿足，認爲傅蘭雅譯述西洋政治書籍太少。

一八九〇年春，梁啓超十八歲，往北京會試時經過上海，始見江南製造局譯述西書，「心好之，以無力不能購也」。兩年後才盡購江南局譯書及傅蘭雅主編「格致彙編」用心閱讀並「息慮而熟思」：「今日時事，非俟鐵路大興之後，則凡百無可言者」。一八九七年更編製「西學書目表」，序例指陳「國家欲自強，以多譯西學書爲本；學者欲自立，以多讀西書爲功」。全表列舉西書三二九種，其中傅蘭雅譯書計一一九種，占總數三分之一。梁對「佐治芻言」也曾特加讚揚。

康梁是戊戌（一八九八）維新運動主角，傅蘭雅譯著對他們維新思想具有啓發作用，事實顯明。祇可惜他們沒有機緣與傅蘭雅相聚討論。

譚嗣同是戊戌維新六君子中惟一曾與傅蘭雅晤談的。譚是格致彙編創刊後的熱心讀者。一八九四年北上途中道經上海特往拜訪傅蘭雅。在傅處看到萬年前化石、計算器、X光相片等，深感「天地以日新，生物無一瞬不新」；「奈何自以爲有得，而不思猛進乎？由是訪學之念益急」。而傅蘭雅更告語譚：「格致而有止境，卽格致可廢也。今雖萃五大洲人研格致，不過百千萬藺絲，僅引其端焉。久之又久，新而益新，更百年不知若何神妙？況累千年萬年十萬百萬千萬萬年，殆於不可思議。大約人身必能變化，星月必可通往，惜乎生早，不得見焉」，傅蘭雅富想像創新觀念對科學進步有深刻認識由此可見。事實上：在這「預言」後七十餘年，科學進步，即已達到「人身必能變化，星月必可通往」境界。祇可惜中國迄今沒有能迎頭趕上。

科學觀念與科學研究在中國不能普遍發展，傳統包袱尤其所謂物質文明與精神文明重輕辯論，是重重障礙中一主要因素。這在譚嗣同與傅蘭雅初次晤聚時即見其端。譚上歐陽夫子函稟有云：「傅蘭雅精於格致者也，近於格致亦稍有微詞，以其不能直見心之本原也。嗣同既悟心源，便欲以心度一切苦惱衆生，以心挽刧者，不惟發願救本國，並被極彼盛之西國，與夫含生之類，一切皆度之」。

譚嗣同原計多與傅蘭雅討論這一問題，嗣因傅離滬赴美而未果。幸在中國科學書庫購得一八九六年新刊傅譯述「治心免病法」（Ideal Suggestion through Mental Photography by Henry Wood, 2nd ed. Boston, 1894）二卷。譚「讀之不覺奇喜」：「以爲今之亂爲開闢未有，則亂後之治亦必爲開闢未有，可於此書卜之也。……此書已入佛家之小乘法，於吾儒誠之一字，亦甚能見到。由此長進不已，至萬萬年，大約一切衆生，無不成佛者」。這種推論顯然不是傅蘭雅選譯是書的初意。

一八九六年，傅蘭雅應聘到美國西岸柏克萊（Berkeley）加州大學擔任東方語言文學講座教授。先後開設中國日本語言、歷史、文學、政府、法律、哲學、宗教、社會情況、對外貿易等課程及專題討論。在職十七年，一九一三年退休。美國西岸研究中國文化語文的堅實基礎從此奠定。

傅蘭雅在加大任課餘暇，仍繼續爲江南製造局譯書十四種。因他深信「中國多年舊習，必賴譯書等法始漸生新」，故於此孜孜不倦。他對於中國生徒出洋求學回國後，「惟以所學者爲資本，賴以致富」，極少人努力譯書工作，非常失望不滿。

傅蘭雅熱愛中國，企盼中國推陳出新富強勝昔。同時，他也注意協助中國殘障人民。一九一一年，他捐款在上海設立聾啞學校，在漢口設立盲人學校。一九二八年逝世時遺囑：捐款在上海設立盲女學校，捐款創建中國盲人講習所，他的兒子 George B. Fryer 負責主持一切，直至一九五〇年。

日本書中譯本粗製濫造的流弊

一八七一年，江南製造局譯書開始問世時，適日本特派柳原前光來華，特購取多種回國傚行。從此猛力加鞭，很快地就超越中國。中國人且以譯述日本書爲吸收新知的捷徑。

一八九七年，董康、趙元益等合資創設「譯書公會」。趙曾在江南製造局擔任譯述工作，董是日本留學生。因此，「譯書公會章程」說明：「玆已向倫敦巴黎各大書肆多購近時切要之書，精延翻譯高手」。「至日本爲同文之國，所譯西籍最多，以和文化中文取徑較易，本會尤爲此兢兢焉」。從此，如一九〇四年編成的「譯書經眼錄」序例所指陳：「於是日本文之譯本，遂充斥於市肆，推行於學校，最使一時之學術，寖成風尚；而我國文體亦遂因之稍稍變矣。」

按「譯書經眼錄」統計一八九七年至一九〇四年八年間，中譯各國書共計五三三種，其中譯自日文的占總數五分之三卽三二一種，譯自英美書籍計八七種。法文書一五種，德文書二五種，俄文書四種，其他八一種。

清末民初，政局動盪，教育學術界尤不安定，譯書工作自難進步。一九二五年三月，章士釗任北京政府教育總長，認識「自上海製造局倡譯書以還，垂四五十年，譯事迄無進步；而文字轉形蕪俚，所學未遑探索，彎刀妄割，謬種流傳」。因此宣佈：「教育部設編譯館，要求各大學教授通力合作，優加獎勵，務使期年之間有新著數十百種，布之黌舍，辭理並當，饜人取求」。祇以政局變化，計劃未得實行。

國民政府建都南京後五年，國立編譯館才正式組設成功。審定各書局編輯敎科書、審訂編製若干自然科學或應用科學名詞、編譯若干西書，是編譯館三項主要工作。對於西洋社會科學與人文學名著的譯述既少，有關名辭字彙的審定編製印行的工作也沒有積極進行。而上海書商自日文粗製濫造的譯書充斥市面。因此，一九四〇年一月，戴傳賢特手撰提案文，鄭重請國民政府迅速組織審定人文科學名詞委員會：

「中國自派遣日本留學生以來，文字文法文章，受日本影響最大。在（第一次）歐戰以前，日本文體裁用語，大體可謂爲漢學派，故影響於中國者，利多而害少。歐戰開始（一九一四年）以至於今日，入於第二翻譯期，因彼等漢文根底太差，識字不眞，文法文章修辭之素養，又復異常淺薄。且作家多迫於生計，譯著目的，僅在易取金錢，出版公司又復只在營利；於是粗製濫造之譯者，幾占百分之九九，用字則別字連篇，行文則沙泥並下。以量言之，誠超過日俄戰前（一九〇四）數十百倍。而以質言之，則眞毫無可取。始則其弊僅在翻譯，繼則著作亦受此惡劣影響。其後官公文書翰札，亦復語不成語，文不成文。且各人著作，自爲體例，亂雜無章，達於極點。在此時期，中國留日學生所受影響之惡劣，更有甚於日本自身者。以文字祖國，乃至於是，其可憂慮，不知紀極。今對日抗戰，已二年有半，對倭軍事之侵略，不知犧牲若干萬生命。而文字上之肅清抵抗工作，乃尚未曾有人注意。試讀報紙雜誌教本文書，便可知此事關係之大，並不亞於軍事。矯正之法多端，而正名實爲根本。擬請飭下國立中央研究院與編譯館，迅速組織審定人文科學名詞委員會。斟酌古今，綜覈名實，制定法律經濟政治文學美術用語，限期一年至一年六個月完成。以後一切譯著教科書，必須一律使用公定名言；公文書類，尤宜嚴格。庶幾正本清源，數十年來被日本一知半解之徒所破壞之中國文字，得以漸納諸正軌」。

戴傳賢是國內通曉日本事情最深刻的少數人士之一，所著「日本論」迄今還受日本人注意，在當時國民政府居元老地位，發言建議尤具權威性。加以這一提案文結論還強調：「此事爲建國大端，古來以議禮制度考文三者爲統一要政，我總理（孫先生）於此，尤視爲救國建國之精神所在」。自然應受重視，見諸實行。然而細按「戴季陶先生編年傳記」，卻沒有此事進一步發展的相關記錄；其他文獻也未提及有這樣一委員會的設立及其成就如何？事實上：三十餘年來，編譯館及其他學術機構並沒有刋行一册社會科學與人文學名詞。香港近刋江紹倫編「英漢社會科學、教育學詞彙」一册，也祇聊備一格而已。戴傳賢指陳的種種惡劣影響，決沒有渲染誇大。國內出版界及譯者自日文書粗製濫造的譯本，文字蕪雜，名詞字彙紛歧混亂，其所表達的觀念理論自然極不正確，讀者所接受的知識價值如何，不言可喻。戴傳賢所謂「正名實爲根本」，實卽重申七十年前傅蘭雅提示「譯西書第一要事爲名目」。不幸，國人竟捨西趨東作投機取巧捷徑。學術教育不能進步國事也更紛亂不堪。今特舉述傅蘭雅種種努力，如有心人能感愧奮起，亡羊補牢，猶未爲晚！

（原載「書評書目」第五十六期）

英人戈登在中國工作的真相

戈登參加英法聯軍焚掠北京圓明園，率領洋槍隊打擊太平軍。一八八〇年再度來華消弭擁護李鴻章做皇帝的國際大陰謀，這一切都是爲英國的利益。

三十五年前，中美併肩對日本作戰，史廸威將軍受命指揮進入印緬的中國軍隊。當時美國報刊形容這是一八六三年英國戈登將軍以後，又一位外國軍官統率指揮中國軍隊。戰後出版的英文書籍也依樣葫蘆沿用這一典故（戰後有一美國郵輪取名「戈登將軍」，荷花色船身，我的三弟即乘此輪回國。）

其實，無論就時代環境、國際情勢、中國地位、戰爭性質等等方面分析研究，史廸威和戈登兩人在中國的工作完全不能相提並論。妄加比擬，祇是以錯雜觀念誤導世人。尤其近百年來英國書刊常用「中國戈登」（Chinese Gordon）一詞，更是誇張渲染荒誕。因爲戈登曾參加刼掠圓明園，怎麼可稱作中國友人呢？本文是要說明戈登在中國的實情，澄清多年來以訛傳訛的說法。

克里米亞戰爭的經驗與啓示

查理士・喬治・戈登（Charles George Gordon），一八三三年一月二十八日出生於英國倫敦近郊一個世代職業軍人的家庭。十歲時，他的父親特送他進入英國西部一所最著名的文法學校。他在這一學校肄業五年，沒有顯示傾向學者的特殊興趣，對於圖畫美術及繪製地圖卻表現了嗜好。同時他自知兄弟姐妹衆多，父親負擔太重，決心仍步父兄後塵從軍。經過一年的特殊準備訓練，他通過直接進入皇家軍事學校的考試。一八四八年正式入學。在校四年，沒有突出的成績，對於工程製圖等課目卻很有興趣，使他決心不追隨他父親主修炮兵，而專心於工程。一八五二年六月二十三日，戈登通過考試，受任皇家工兵二級中尉，執行測量及設計等任務時勤奮努力。一八五四年二月，他奉調往威爾斯彭布魯克海軍基地參加新要塞的建築工作。

這年三月，英法與俄國發生戰爭。戈登的父親統率皇家炮兵駐守直不羅陀。九月，戈登的兩位兄長隨英法聯軍在克里米亞半島登陸攻擊俄軍。十二月四日，戈登也奉派往前線。一八五五年二月十四日，戈登輪值在第一線的戰壕守衞，這是他生平第一次實際體驗戰場現實情況。

一八五八年十二月，戈登奉調回英國，計在克里米亞及其附近服役約四年。在這一不算短的時間所積累的戰鬪經驗，尤其在實戰中對英法與俄軍攻防工事的認識了解，更是血汗的結晶。這些都成爲他後來在中國工作的基礎。

一八五九年四月，戈登升任上尉，在倫敦近郊教練新官兵。六月，英法聯軍艦隊在渤海大沽口被中國守軍擊退。消息傳到英國，英國政府決定增強兵力討伐中國。戈登自動請求參加遠征軍，一八六〇年七月二十二日乘船東來。這就是所謂「英法聯軍戰役」，也有稱作「修約戰爭」或「第二次鴉片戰爭」的。事實上，早在當時的英國議會以及近年公開的英國政府檔案中已經承認：這是又一次對中國最不道德的侵略戰爭。

英國自一八四二年中英南京條約獲得了賠款、割地、五口通商協定、關稅領事裁判權等政治經濟權益，仍不饜足；企圖進一步擴大並增加各種權益，以便利英國商品（甚至包括食鹽）在中國大陸銷售，英國主要的要求包括㈠鴉片貿易合法並確定最低入口稅率、㈡增開通商口岸、㈢自由航行長江等內河、㈣自由進入內地、㈤廢除內地轉口稅。但已簽訂的南京條約是「萬年和約」，沒有修訂規定。利用最惠國待遇妄引中美條約一體辦理，倫敦政府法律官員又認定完全不合國際法：「優惠特權是指關於外國個別人民權利和享受，並不包括政府之間涉及條約的規定」。但英國外交人員仍不顧一切，向中國提出無理的修約要求。

最不道德的侵華戰爭

拖延了兩年仍無結果，英人認定祇有使用武力強迫中國就範。一八五六年三月，克里米亞戰爭結束。十月，英人卽藉口毫無法律根據的「亞羅船案」發動戰爭，進犯廣州。英國政府爲鼓動輿論，特在倫敦編印一册「在洋受辱有關通信滙編」。香港總督兼駐華公使包令（Bowring, J.）也用中文刋行「丙辰粵事公牘要略」，將戰爭責任加在兩廣總督葉名琛身上，並威脅滿清朝廷早日屈服。但英國國會卻沒有被迷惑，且引起軒然大波。

一八五七年二月二十四日，英國上議院討論譴責在中國的英國官員全部行動的議案，許多議員再三重複說：「我爲我的國家感到羞恥。」三月四日晨，下院更出現了最多榮譽的一次議案表決：「本院認爲：目前擺在案頭的文件，對於最近亞羅事件在廣州採取的暴烈措施不能構成令人滿意的根據！」習於獨裁專橫的首相巴麥尊（Palmerston, H. J. T.）竟不辭職，且於三月五日解散國會。巴麥尊在新國會競選時更顚倒是非說：「一個傲慢的蠻子在廣州掌握大權，侮辱了英國旗，破壞了條約義務，懸賞購買在那裏的英國人民的頭顱，並計劃用謀害刺殺和毒藥來消滅他們。」這樣的危言聳聽自然收到了欺騙恫嚇的效果。巴麥尊因他的黨徒取得下院多數席位仍擔任首相，他決定擴大對中國戰爭，並協同法、美、俄一致行動。

一八五七年十二月，英法聯軍占領廣州，擄走總督葉名琛。翌年五月二十六日，英法聯軍經海道進抵天津，淸廷在武力壓迫下祇得派員與英法代表商議新約。一個月後，簽訂中英天津條約。十一月又在上海簽訂通商章程善後條約。英人多年的企圖完全如願以償（惟一例外是英鹽運銷中國暫被擱置）。英國代表額爾金（Elgin, Earl of）在得意之餘承認：「我們已經在我們親手造成的廢墟上裝滿了自己的錢袋，我們的良心和人們的評判都不會寬恕我們的。」「我確切知道我們的行動是可恥的。」法使也承認：這樣使中國屈辱的致命條款祇有在暴力之下才能實行。

焚掠圓明園

滿清朝廷在城下之盟以後力圖亡羊補牢，增強大沽口炮臺及阻塞水道，以免外國軍艦橫衝直撞，再來天津作新的無理要求。

一八五九年六月二十日，英法強大艦隊護送公使赴北京交換條約批准書，不顧中國事先的通知——大沽水道阻塞，請由陸路入京師，直隸總督將在北塘迎候——堅持打通水道，不走陸路。二十五日，英法艦隊開始攻擊大沽，中國守軍還擊，雙方激戰，結果英艦十三艦中五艘被擊沈，二艘被俘，六艘喪失戰鬪能力，英法海軍司令都受重傷。

敗訊傳到西方，倫敦震動。國會議員紛紛指責這是英公使和海軍司令都缺乏理性和謹慎的證據，因爲當時卽使不是和平時期，至少相當於休戰時期，一個國家的內河是外國戰船的自然通道嗎？並且一個沒有批准的條約如何能被認爲約束了中國政府？國會議論如此，卻壓不下「我們不能容忍被中國人打退」的高調。巴麥尊首相更是瘋狂宣佈：「我們要派一支陸海軍去攻擊並占領北京，把皇帝從那裏趕出去而把我們的公使送進去。我們一定要用各種辦法迫使中國人悔恨這次暴行。」一支英國增援部隊開始編成東來，戈登自動請求參加這一打擊中國的侵略戰爭。

一八六〇年九月底，戈登隨軍到達天津，原在中國作戰的英法聯軍已迫近北京城郊。十月十一日，戈登率工兵協同炮兵準備攻城。北京城牆既高且厚，如有決心原可固守，因爲英軍大炮威力還沒法摧毀它的一角。不幸，清咸豐帝既已出奔，留守京師的王公大臣竟在英軍威脅下屈服，十三日自動開放城門。在七天前，英法步騎兵已進陷圓明園，大肆搶刼園中所藏各種珍寶，許多人掠得三、四十鎊純金，許多較重古物都被破壞。英軍還不以爲足，十月十八、十九日又在園中四處放火，園中二百餘座建築物都在火海中消失。

戈登曾經在圓明園焚毀以前趕到這一著名的文化藝術宮殿，他眼見每一個人都在放肆地搶刼，「我自己所得或不及許多人那樣豐富，但我已盡力而爲了。」戈登沒有列舉他的所得，他的傳記作者包羅傑（D. C. Boulger）卻說他「購買」了皇帝寶座及黃緞繡龍的坐褥等等帶回英國。這些東西是皇帝權威的象徵，現在落入戰勝國，正是中國受屈辱的表現。戈登注意這一「紀念品」，比較其他軍人祇知刼奪金銀珍寶可說別具險惡用心。

法國文學家斥英法是強盜

額爾金是焚掠圓明園的實際負責人，他曾面對英國內若干責難而自我辯護說：「我不以爲在藝術方面，我們從那個國家有多少東西可學。」巴麥尊首相則完全批准這一暴行：「我衷心慪與：額爾金和格蘭特決定燒毁圓明園，以這種永久標誌來表示我們對於那些韃靼人的奸詐和殘暴的憤怒是絕對必要的。如果北京皇宮遭遇同樣的命運，我會同樣十分高興。」

幸公道在人心，法國偉大文學家嚣俄（Victor Hugo）對於這一暴行特表示抗議，且斥責英法是强盜：「把我們各大教室的寶藏集攏在一起也是抵不上東方這所龐大的輝煌的博物院的。」「我們歐洲人是文明人，在我們眼中，中國人是野蠻人；可是你看文明人對野蠻人幹了些什麼！」

這年（一八六〇年）十一月，英法聯軍大部分自北京南撤避寒，祇留英軍三千人占據天津及大沽口。戈登率領工兵在津沽一帶建築兵營及馬廐，並多次來往津沽間測量海河。一八六一年十二月，他與同僚數人乘馬往長城，僱一略通英語的華人同行作翻譯兼嚮導。他先到張家口，再轉大同、太原返回北京、天津。此行目的在偵察內外長城線與俄境交通路線。

戈登駐紮天津的十八個月間，充分利用時機測繪附近地圖。英國外交官則在北京以直接影響加於恭親王，促成咸豐辛酉政變（一八六一年十一月），慈禧恭王執政，完全實行中英條約。英人曾賂買清吏查閱清內閣文件，探明清廷新政策及對俄態度。英人乃改變打擊清廷政策，轉而協助清廷鎭壓太平軍，以維護通商權益。

一八六二年五月三日，戈登奉調到達上海，主持建築防禦太平軍工事，確保上海周圍三十哩的安寧。十個月以後，戈登出任「常勝軍會帶」，進一步對太平軍採取攻勢。

自一八五三年三月太平天國建都天京（南京），英法各國爲維護上海洋商貿易，採取武裝中立。九月，小刀會起義占領上海縣城。外國官商爲鞏固上海租界地位及控制上海海關，竟炮轟清軍兵營，迫使中國讓步實現其企圖，旋卽轉向協助清軍鎭壓小刀會活動。一八六〇年春，太平軍攻克杭州、蘇州、無錫等地，上海震恐，地方官商要求法軍協防，同時資助美國人華爾（F. T. Ward）召募在上海的外國無業遊民組織「洋槍隊」，向太平軍進攻，占領松江。一八六一年秋，華爾改組這一支隊伍成爲約二千餘人的中外混合軍，以歐美人的軍官，召募中國人當兵，英國供應武器裝備訓練。

常勝軍轉入英人掌握

一八六二年初，華爾新訓練的隊伍配合清軍抗禦太平軍對上海的攻擊，英法正式放棄中立，調派正規軍在上海佈防。清廷因此給華爾官銜，並稱他的洋槍隊爲「常勝軍」。旋李鴻章率淮軍到上海，不久出任江蘇巡撫，配合外國軍隊行動並與他們保持均衡力量。九月中，常勝軍往浙江增援清軍，太平軍堅強奮戰，華爾被擊斃。美英法各國爲繼任人選曾有爭論，終由華爾原來助手美人白齊文（H. A. Burgevine）接任統率這一支中外混合隊伍，但李鴻章仍支持英國人充當。十一月，李以英人馬格里（H. Macartney）擔任白齊文的軍事秘書，哈倫（J. Y. Hollard）任常勝軍參謀長。一八六三年初，李鴻章藉故撤去白齊文，並與英國駐華陸軍司令協議會同管帶「

常勝軍」條約十六款。從此「常勝軍」轉入英人掌握，李鴻章也取得較多的過問機會。

當時常勝軍已自動擴充至四千五百人；李鴻章以九萬二千餘銀兩發放給該軍四十二日糧餉還不敷用，實由洋人太多，開銷太重，卻未見人人得力。李鴻章乃與英人協議：委任前任蘇松太道吳煦督帶常勝軍，中英軍官各一人爲會同管帶，全軍人數以三千名爲度，由中國官吏經管發給口糧及軍裝、火器。在協議條款第一條卽訂明：「現在常勝軍暫交英國兵官哈倫管帶，隨後奏明交英國兵官戈登管帶，並爲中國武官。中國派提中營副將李恒嵩會同管帶。」

另款訂明：「英國管帶官如欲交卸，必先知會領事轉咨提督（今按卽英國駐華陸軍司令），提督准其交卸再由領事陳明撫臺方准交卸。如中國官不依此管帶官，應由中國官會同領事審明告知提督，卽爲革去。如管帶官自欲告退，或中國官欲爲辭去，均須於三個月前預先說明。」這說明戈登出任這一職務曾經且必須由北京倫敦核准，中國並沒有自由任免權。協議第二款訂明：「凡常勝軍出隊如遠在百里以外攻打城池，須預先與英法兩國商量。」更可見中國指揮調度且有一定限度。

常勝軍驕橫跋扈

一八六三年三月二十五日，戈登以英國陸軍少校兼滿清總兵銜在北江正式接統常勝軍。他之膺選實因江南地區湖泊河流縱橫，城鎮牆垣都在河川附近，戰術戰鬪活動由工兵出身的軍官擔任比較可以因地制宜，運用自如。

常勝軍與淮軍協同作戰並不是名實相符的所向克捷。他們能在松江向西北推進，主要原因是這一地區的太平軍改變戰略，集中兵力固守蘇州。英國駐華公使普魯斯（Bruce, F. W. A.）又提示戈登「奪回蘇州，肅清產絲區和運河沿岸，這就是我們的利益所關。」但戈登屯兵堅城之下，傷亡重大，難以進展。是年（一八六三年）十二月一日，戈登還自承「倘若李鴻章不用最好的條件來引誘諸王來降，我們進攻蘇州必會失敗。」十二月四日，太平軍蘇州守將投降。李鴻章自毀諾言殺死降將，戈登憤怒向李鴻章尋釁，且一度離軍他去。英使普魯斯告誡戈登：「我們支持這個政府是由於利益的動機，不是由於感情。我們的利益既然一貫不變，我們就一定要堅決排除任何因難，而絕不採取任何足以沖淡這種政策的效果的步驟，這種政策是至今我們所奉行，也是你如此成功地執行了的。」戈登的會帶常勝軍的眞正性質由此暴露無遺。

一八六四年二月，經中國海關總稅務司英人赫德（Robert Hart）調停（赫德當時說：「此時此刻，戈登掌握中國命運比任何人重要，如他受榮寵，在五月以前可以敉平太平天國的紛擾。」這完全是英人自我本位的誇大，實際情形是太平天國內訌後又受湘軍威力壓迫，已搖搖欲墜。曾國藩舉足輕重，勝過任何人。）戈登與李鴻章暫釋嫌怨，常勝軍淮軍仍協同前進攻擊太平軍。攻金壇時，戈登膝部被太平軍擊傷。副手代替指揮，旋亦受傷。太平軍困獸猶鬭，常勝軍暮氣已現，由此可見。

李鴻章致曾國藩述洋兵事說：「與官軍同剿，洋兵每任意欺淩。」曾經與常勝軍淮軍對陣的太平軍忠王李秀成對此更有深刻認識：「打入城者，（洋）鬼把城門。凡見淸官兵，不准自取一物，大小男女任其帶盡，淸官兵不敢與言。若淸朝官兵多言者，不計爾官職大小，亂打不饒。我天王不肯用鬼兵者爲此也。有一千之鬼，要押制我萬人，何人肯服，故未用他也。」太平軍具有民族大義氣節，滿淸不能自立且倚賴他人，惟有自取羞辱。常勝軍外國兵官攻占城地後肆意搶掠種種情況都由此表露。

心目中無中國人

戈登並不以欺侮擄掠中國良民生命財產爲滿足，甚至將西洋槍炮裝備出售讓予太平軍，又曾贈送馬匹給李秀成，李秀成還報以金鐲珮。這更顯出戈登及英國人祇知惟利是圖，不講信義原則，既受滿淸重任攻擊太平軍，就不應與敵人來往。

一八六四年四月，常勝軍與淮軍會同攻占常州後，李鴻章以常勝軍更形腐化，與英法協議後即將其解散。英國政府亦宣布自六月一日終止戈登在中國軍中服務。但戈登不甘寂寞，旋於六月十六日乘輪到達南京城外。翌日往訪湘軍前敵司令曾國荃。據曾國荃幕賓趙烈文是日記載：「亭午戈登來，中丞派隊迎之，留飯而去。另遣二人赴孝陵衞等處瞭望形勢。座間屢述洋槍隊之好，此間須此助力方易成功云云。中丞以須請命中堂（國藩）謝之。窺其意因蘇省常勝軍已撤，欲到此謀事而已，無他志也。」

二十二日，戈登上駛到安慶拜晤曾國藩。曾國藩日記云：「巳正，英國兵官戈登來一會，同來者有好博遜（Hobson），又有一通事名陳瀛，坐談良久，遞一說帖，言攻金陵，須調蘇州之開花炮等語。」據與戈登同行謁曾國藩的摩爾斯（H. B. Morse）記載：這次會晤竟是不歡而散——曾國藩首先表示：我能使用自己部隊完成這一戰役，並將在短期內敉平變亂。對於戈登提陳有關中國軍事需要以及中國軍官統率嚴格訓練部隊的說帖，曾國藩表示必須詳愼研讀後才可討論。他一再詢問戈登制服顏色等瑣事，避免談論軍事問題。戈登因又追問：「難道閣下不希望統率我原有的火炮隊來協助完成南京的攻擊！」曾答說：「你設想周到，但我意國荃能處理一切！」戈登聞言突自坐椅跳起，並憤怨說不能再在此片刻停留。旋卽大步走出，使主人曾國藩來不及起立送客。

戈登急功好利，偶或不能滿足慾望就不顧一切禮貌。這不是軍人粗獷本色，實在是他心目中毫無中國人。這一當時當事的直接原始記載最足記實傳眞。

一八六四年十二月，戈登自上海啓程回英。行前早已奉淸廷頒賜提督銜，常穿黃馬褂以及頭品頂帶朝服等。但如上述，戈登曾「購買」得皇帝權威的寶座作戰勝紀念，這些官銜衣物對他已不算是非常榮寵！十五年以後，中俄兩國因伊犂交涉瀕臨戰爭邊緣，戈登再來中國。

再度來中國消弭國際大陰謀

一八八〇年六月五日戈登正在印度，突接倫敦轉來赫德電報邀約他立即赴北京。電報中沒有說明工作、職位以及待遇等等，祇說這是一眞正從事廣大範圍工作的良機，不可失去，一切面談。戈登認定這是李鴻章的主意，立卽覆電接受，並電倫敦陸軍部請求批准。倫敦不願英國現役軍官參與中俄糾紛，最初不加許可，經赫德駐英代表說明戈登此行不是爲戰爭而是求和平。六月十三日，戈登離印度孟買，船抵錫蘭時得到來自倫敦電報，准予給假半年。七月二日到達香港卽轉往上海、天津，經過烟臺時得赫德歡迎信函，要他儘速逕往北京，不要先到天津見李鴻章。戈登因此極感懷疑，但立卽決定不理會赫德，趕快前往天津。

戈登到達直隸總督衙門晤見李鴻章，兩人對於這一突然的會聚都感驚喜。他在天津盤桓一月餘，和李鴻章晤談以外，也與其他中外人士多有接觸，使他了解當時局勢的眞相。李鴻章告知戈登：北京朝廷當權派醇親王（光緒帝生父）、沈桂芬（總理各國事務衙門大臣）以及左宗棠等都認定中俄新訂伊犂條約喪失權利太多，堅決主張不予批准，並且不惜對俄一戰以期重新議約。李鴻章以爲不能廢新約，更不可戰爭。因清廷雖在調兵遣將添購武器，卻沒有眞正與俄國一拚的確實準備，加上海外反滿情緒強烈，如戰爭一旦爆發，中國必將失敗，滿清皇朝可能就此覆亡。

戈登自外人方面獲悉，一個國際大陰謀正在北京醞釀：支持李鴻章進軍京師推翻滿清皇朝，李即皇帝位，統治中國。

國際擁李鴻章稱帝的陰謀

自不惜一戰重訂新約言論瀰漫北京，俄國即增兵中俄邊境且揚言封鎖中國海口；同時俄駐華代辦凱陽德（A. Koyander）更煽惑各國駐北京公使：如不聯合一致對付中國，外國人勢將一個一個地被趕出中國國境。但英美法德澳諸國公使先後向清廷嚴重抗議，力言不批准新訂條約顯然違反國際公法以外，各國公使又各有不同的考慮和對策，企圖利用這一糾紛從中取利。

德國駐華公使巴蘭德（Von Brandt, M. A. S.）是一精力過人，喜歡採取大膽行動的人。他最初公然表示希望中俄戰爭爆發，並且對雙方播弄是非以加深裂痕；他企圖使俄國陷入亞洲戰爭，減少德國在歐洲活動的阻力，並乘機擴大在中國的權益。嗣奉德國首相俾斯麥（Bismarck）電令：應用各種方法支持中國主張和平的人士。他竟想出一駭人聽聞的魯莽計劃：由李鴻章進軍北京推翻清朝，建立他自己的政府。巴蘭德曾再三對李鴻章施加壓力如此做。

英國駐華公使威妥瑪（T. F. Wade）及赫德都恐懼中國在一次國際戰爭中遭受失敗毀滅，影響英國在華的鉅大權益。威妥瑪因建議英國外相給予中國適當援助以組織國際力量，甚至應與中國同盟，無論如何，英國軍官應被允許自由參加中國對俄戰爭。威妥瑪及赫德與李鴻章密切聯繫，當討論到中國軍隊近代化的種種需要時，戈登的名字很自然的被提及，邀請他東來可能是赫德的主意。但倫敦決定防止中俄戰爭，不使俄國擴張在華權益，因此對威妥瑪的建議都不加考慮。威妥瑪爲執行倫敦政策，祇有儘力擁護主張和平的李鴻章，甚至支持德使巴蘭德的陰謀（法國駐華代辦也支持這一陰謀）。戈登的東來原是爲對俄防務着想，如今正可轉而利用他率領李鴻章部隊進軍北京。這眞是無論戰與和，戈登都可供利用。赫德所以要戈登不在天津會晤李鴻章直往北京是預防他受李鴻章先入爲主的影響。幸戈登因懷疑而毅然不顧赫德建議，停留天津，發現這一國際大陰謀。

戈登認清這一陰謀是要李鴻章反叛清朝，將使李鴻章有殺身之禍。因此他決定電報倫敦請辭現役職務，以便留居中國維護李鴻章。當巴蘭德聞悉戈登到天津，欣喜獲得一位將使他的計劃成功的盟友，戈登正是統率李鴻章部隊進軍北京的最佳首領。但戈登卻對他說：「這是要我做海盜行爲，太超過我的職責範圍了。我認定你的計劃絕少有成功的機會，因爲李鴻章沒有足夠追隨擁護他的人。」

英人一向只顧自己的權益

戈登發現德、英、法公使加給李鴻章的壓力已被抑制，久留天津殊無必要，而北京主戰派仍極囂張，因此前往京師親自剖析和戰的利害。醇親王及軍機大臣總署大臣接見他。戈登侃侃長談，強調說明如決定戰爭，他祇能在下述條件下停留中國協助一切：徹底破壞北京四郊，以便適當佈署防禦工事；皇帝及宮庭自然須播遷其他安全地方。王公大臣們提到大沽炮臺堅強難攻，戈登大笑說：俄國人可以從它的後方進攻（湘按：一八六〇年英法聯軍卽因俄人提示繞襲大沽後路）。戈登再三強調無論如何不能戰爭，清廷王公大臣仍繼續堅持相反意見。譯員拒絕再將戈登的嚴厲語句向這些達官貴人譯述，戈登就拿着英漢字典，指着「極愚蠢行爲」（idiocy）這個字給每一王公大臣看。最後戈登仍強調和平，並說明英、法都不會幫助中國對俄作戰，祇有再和俄人商議，卽令償付賠款也算值得，無論如何生命比金錢重要。

戈登在北京曾有幾份有關中國軍事革新的備忘錄送陳清廷及李鴻章。但他始終拒絕晤見赫德，也不去英國使館。倫敦電令威妥瑪對戈登「精神拘禁」卽不准他發言，更無法執行。

戈登了解國際大陰謀已被消弭，中俄交涉又經英國駐俄大使調停，曾紀澤將到聖彼得堡重開談判，他個人沒有停留中國的必要，因於一八八〇年八月十六日南下到上海乘輪回國。從此沒有再來中國。

戈登不願參與國際大陰謀，表面看來似乎是維護他的舊友李鴻章的良好名譽，爲朋友謀且忠實。但深刻研究分析，實在是戈登不願被人捉弄，不願被他人牽着鼻子走！赫德最初的電報含糊以及在烟臺留致戈登信函的建議（不先見李鴻章）引起他非常懷疑和極大反感，這是他故意反其道而行的主要因素，絕不是有所愛於李鴻章。事實上，兩年以後戈登曾自己說出心事：「李鴻章如做皇帝，比當今滿清皇帝更不易對付，因爲他精明強幹，將會團結中國人（漢人）成一中國皇朝。」覆按上述，這正是一八六一年以來，英國祇支持順從英人意旨權益的中國統治者的一貫觀念和政策。這一政策直到民國初年仍舊如此，日本人形容袁世凱是英國的買辦，可說頗得眞相。

値得中國人警惕

戈登和史廸威在中國統軍時間相距八十年，在這長時期中，時代進步，世界變化很大，祇有英帝國主義作風依然如舊，美國表現則已不相同。英國在淸朝屈服以後，才派戈登出統常勝軍參加打擊太平軍的內戰，史廸威卻是在民主國家反法西斯侵略的國際戰爭應中國要求而東來，中美國際地位平等，羅斯福總統的確有支持中國爲四強之一的誠意。因此，無論從那方面說，戈登和史廸威在中國的工作絕不能相提並論、妄加比附的。令人警惕的是，中國在這八十年裏沒有切實努力自強自立，無論精神物質建設都很缺乏，一切仍需依賴外國援助！

慈禧早期史實

一、生於憂患

滿清慈禧皇太后，葉赫那拉氏，道光十五年十月初十日（一八三五年十一月二十九日）生。上距康熙乾隆強大國威時代約六七十年，下距中英鴉片戰爭不過四年。滿清皇朝盛極而衰，中外關係面臨緊張惡化情勢已很明顯。

自明朝建立（西曆一三六八年）以至清朝康乾盛時（十八世紀），中國國力鼎盛，在當時世界史上沒有其他國家可以比擬。明朝二百七十六年間，政治制度完整、社會秩序安定，人口數達一億以上。尤其鄭和率領強大船隊揚威海洋，都是人類歷史上空前稀見的盛事。明清之際的戰亂比較歐洲三十年戰爭（一六一八——一六四八）慘烈程度又多不同。因此，大體說來：十四世紀至十八世紀間，中國文化是在安定中邁進。

清朝康熙乾隆間文治武功，開疆拓土，國威遠揚，比較漢唐盛世尤有過之，卽在當時世界也特具一格：康熙大帝（一六六二——一七二三）與俄國彼得大帝（一六八二——一七二五）、法國路易十四（一六四三——一七一五）鼎足而三，且具上風。康熙大帝特派圖理琛出使俄國認識彼邦，更是具有知彼知己意義的創舉。但三十餘年以後，卽乾隆朝修「四庫全書」時對圖理琛其人其事與俄羅斯已多不能認識。士大夫沉迷科舉八股，故步自封不留心世務的弊害已很深重。

忽聞海畔夷歌起

康熙帝對西洋科學曾虛心求知，乾隆帝卻用遊賞態度對待西洋科學藝術，圓明園內西洋建築及繪畫，尤其「水法」（噴水池）出現，更可說是風氣轉移具體事例。而乾隆三十四年（一七六九），英國瓦特（James Watt）已取得蒸汽機的專利權，從此產業革命加速發展。乾隆五十四年（一七八九年），法蘭西大革命，近代民主政治奠立基礎。乾隆五十八年（一七九三年）英國特使東來要求與俄人在華同樣通商權利，未克如願。但這一英使自通州經運河長江贛江以至廣東一次中國內陸旅行，眼見老大帝國外強中乾的實況，甚至預言中英兩國難免一戰，俄人可能漁翁得利。而在這以前，俄國使臣多次東來北京，發現滿洲統治者與漢蒙回藏各部族間錯綜複雜關係，更制定運用分化手段和平征服中國策略。

中國朝野對於歐洲國家這些重大發展曚無所知。乾隆帝既好大喜功，自稱「五福五代堂古稀天子」，羣臣更只知希寵固位，以粉飾太平爲能事。事實上：八旗健兒久戰疲憊，已經暮氣沉沉，政制與法令因官僚腐敗貪汚而日趨朽壞，人口增加，耕地面積相對減少，一般人民生活日益困難，惟有挺而走險。乾隆以後的嘉慶朝（一七九六——一八二〇）各地民變先後發生，滿清皇朝喪鐘開始響徹起來。

其時，中國沿海的鴉片烟走私日見猖獗，這是英國人國際貿易有計劃的行動。

嘉慶元年（一七九六），清廷再度下令禁烟。英國人看穿這是官樣文章：地方官吏不僅不會認眞採取積極行動，甚至要利用禁令以歛財。一八一三年（嘉慶十八年）上諭刑部擬訂軍民買食鴉片治罪條例有云：「各海關竟有私徵鴉片烟稅銀者，是竟導奸民以販鬻之路，無怪乎流毒愈熾也。」可以說明。一八一五年，英人決定鴉片每箱抽稅四十銀圓送予中國地方官吏。從此鴉片烟走私數量更多。道光十五年（一八三五）卽慈禧出生之年，清廷上諭指出：「不僅拏辦烟案之人，卽吸烟售烟之人，互相庇護，狼狽爲奸，絕無被查拿之時」。政治、法律、社會風氣敗壞於斯已極。而鴉片走私導致白銀外流、銀貴錢賤，對全國經濟的惡劣影響尤關重要。清廷以最大決心禁烟，又沒有認識英人以國家力量主持對華貿易意義。不四年，中英戰爭爆發。

道光十九年（一八三九年）中英戰爭，國人習稱鴉片戰爭，英人則多稱作商務戰爭。不論名稱如何，其爲歐洲國家以帝國主義眞面目武力侵略中國的開始，則爲不可爭的事實。

其時，慈禧年方四歲，自然幼稚無知，即全國朝野對於這一「事實」出現的意義及其影響也絲毫無所感覺，更不必說認識與了解。

飄零身世何堪說

慈禧出生的年月日，確實可徵。但出生地點以及其幼年少年情形，甚至十七歲被選入宮以前的生活，都沒有文獻可徵，委巷傳聞無可採信。

清史稿外戚表后妃傳記載：慈禧曾祖父吉朗阿，曾任戶部員外郎。祖父景瑞曾任刑部員外郎。父惠瀲曾任安徽徽寧太道道員。就其三代家世來看，雖不是顯宦高官，也可說是小康之家。

民國初年，有些筆記說：惠瀲曾任湖南副將（裘毓麐著「清代軼聞」），也有說是任廣東副將（陳灨一著「睇響齋秘錄」），這都是武職，與清史稿記載不符。自然也可說：清史稿所記是惠瀲最後最高職銜。民國二十六年四月十三日，相湘遊綏遠省會時，被導往省民政廳（原道尹衙署）後花園參觀，其中有大白石一方，旁立一碑鐫刻當今慈禧皇太后幼時遊玩地方字様。自是惠瀲曾在綏遠道署工作。這和他最後任徽寧太道道員的性質相同，應是可信。

惠瀲生卒年月，今均不詳。（檢「清代三十三種傳記引得」知沒有一專傳或附傳）。但似歿於徽寧太道任內。一項傳說是有關他死後歸葬的故事。惲毓鼎撰「崇陵傳信錄」記載這一故事，且說是端郡王傳出。裘毓麐著「清代軼聞」中也有相同記載，但沒有指明來源。陳灨一著「睇響齋秘錄」則指明是間接得自於吳棠女婿楊味春。陳文有云：

「吳勤惠公（棠）宰清河縣，有父執劉某爲湖南副將，卒於任。其眷屬扶櫬回籍，舟過清江，繫河畔，使人報勤惠。同時有已故廣東副將惠澂之喪舟亦泊於此，姊妹二人護之行，一身而外無長物，勤惠致賻銀三百兩，命人送交劉氏眷屬，將命者誤送其舟，姊妹見吳棠名刺，不知何許人。來者以邑宰對，二女哀婉，致感謝之詞。來者登岸，尙微聞姊妹相語曰：世間安有此輕財好義之宰官，眞夢想不及也。迨覆命，勤惠大怒，掌其頰，必欲返璧。幕客程某止之曰：聞舟中二女，係滿州閨秀，此行雖護喪回旗，亦入都應選秀女，安知其將來不爲貴人，姑將錯就錯以結好，或於公有利，亦未可知也。勤惠以程言殊有理由，遂從之。復封銀三百兩致送劉舟，且於祭劉副將畢，登舟致祭，姊妹益泣感，藏名刺於綢帕，裹面置奩具中，姊語妹曰：吾姒娣他日若得志，萬無忘此賢令尹也。既而長女果被選入宮，封蘭貴人，旋爲貴妃。文宗（咸豐帝）寵愛甚，誕穆宗（同治帝），晉位爲后，卽慈禧也。妹以姊之撮合，爲醇親王奕譞福晉，生德宗（光緒帝）。穆宗嗣位，慈禧以太后垂簾聽政，累擢勤惠至四川總督，在任數年，薨於位，諡曰勤惠，蓋猶不忘前事也。近人筆記玆事者甚多，而言人人殊，卽賻銀一端，亦多寡不同。昔嘗以此問楊味春表伯。公曰：是皆隔靴搔癢之談。因爲余述始末。公爲勤惠東床，而親聞諸勤惠者，其言之徵信詳盡，於此可見矣」。

按這一記載雖指明來源，但這是無法獲得也不可能有直接文證的。幸有若干旁證說明不會全出虛構：㈠據清國史館撰修吳棠傳（中華書局刋行：清史列傳卷五十三）：咸豐元年調清河縣知縣（今江蘇省淮陰縣），與清史稿后妃傳載：咸豐元年，慈禧應選入宮庭時間相當（上錄有「護喪回旗，亦入都應選秀女」語）。㈡吳棠是舉人出身，沒有進士榮銜，也沒有赫赫戰功。自慈禧垂簾聽政，同治元年（一八六二年）夏，吳即不次擢升（咸豐八年即一八五八年，特旨免補知府以道員遇缺即補。咸豐十一年即一八六一年，以籌餉勸捐賞加按察使銜）任漕運總督。這是一「肥缺」。同治四年（一八六五）調署兩廣總督，未赴任，仍留本任。同治五年八月，調署閩浙總督。同治六年七月，欽差廣東查案。十二月，調任四川總督。同治十年正月，又奉派兼署成都將軍。這一職位，極少漢人擔任，授予實不尋常。吳棠連任這「天府之國」的四川總督八年，至光緒元年（一八七五）十二月十九日始以病免職。不久即歿。特予諡「勤惠」。生平事蹟宣付國史，並於清淮徐州各建專祠歲時祭祀。而吳任職最久的四川省卻沒有專祠。特別注意「清淮」。尤其諡號「惠」字更涵不平凡意義。

有人以為這一故事是故意賤薄侮辱慈禧，以反映其出身寒微。這是非常膚淺的看法。惠瀓為五斗米奔走南北，在安徽任所病歿，身後蕭條，歸葬途中，得人雪中送炭，可說是其清廉自守所得的報酬。這是光榮，不是侮辱。

一朝選在君王側

明清兩朝先後遞嬗，清朝政治制度大多沿襲前代，但宮闈掖庭規制顯較明朝嚴整。管束宦官非常嚴格，故二百六十餘年中，沒有一個宦官言行有如明代王振、劉瑾、魏忠賢等那樣狂悖。尤其後宮妃嬪的選擇與日常生活更秩序井然，遠非明朝可以相提並論。

明太祖朱元璋嚴嫡庶之分的祖訓，自被其第四子永樂帝破壞以後，宮闈情況卽每下愈況。自永樂帝以下的十二代皇帝是眞正嫡后所生的竟寥寥無幾，庶妃所出也不多，而皇帝與宮女偸情的結晶竟在「十二」中占三分之一。明史后妃傳有云：「宣宗婚，詔選孫氏爲嬪，後封貴妃，有寵。妃無子，陰取宮人子爲己子，卽英宗也（土木之變被北敵俘虜）。由是寵眷益隆……英宗立，尊爲皇太后。天順六年九月崩，合葬景陵，祔太廟，而英宗生母，人卒無知之者」。其後，英宗之孫弘治帝生母也「來歷不明」。明史后妃傳有云：「孝穆紀太后賀縣人，本蠻土官女，成化中征蠻俘入掖宮，授女史，警敏通文字，命守內藏。帝偶行內藏，應對稱旨，悅幸之，遂有身」。其後弘治帝第六代孫光宗也是「私幸宮人」的結晶品。

明代宮闈規制不修旣如此，甚致發生妃嬪宮女爭風吃醋謀殺嘉靖帝的事。明史后妃傳有云：嘉靖「二十一年十月丁酉，宮婢楊金英等謀弒逆帝。初曹妃有色，帝愛之，册爲端妃。是夕，帝宿端妃宮，金英等伺帝熟寢，以組縊帝項，誤爲死結，得不絕。同事張金蓮知事不就，走告皇后。后馳至，解組，帝蘇，后命內監張佐等捕宮人楊玉杏邢翠蓮等，雜治言：金英等弒逆，王寧嬪首謀。又曰：曹端妃雖不與亦知謀。時帝病悸，不能言。后傳帝命收端妃寧嬪及金英等悉磔於市並誅其族屬十餘人」。

上述種種事例，在清代宮闈掖庭中是從來沒有的。這應歸功滿清選秀女的定制。

清制：秀女閱選以三年爲率，由戶部移文八旗都統造册，請旨閱選。（內務府所屬各旗每年閱選一次）凡京職滿洲蒙古護軍領催（正五品武職）以上、漢軍筆帖式（文職七八九品不等）驍騎校（正六品武職）以上、外任同知（正五品文職）游擊（從三品武職）以上、駐防副都統（正二品武職）以上，現任官員之女，年在十三歲以上，十七歲以下，身無殘疾，且未纏足者，始能備選。其公主之女、達海子孫之女、官階在前述各職以下者之女、官吏緣事革職者之女、八旗閒散人等及兵丁之女、在京孤孀之女，其父原非五品以上文職四品以上武職者，均不送選。其制：武官嚴於文官、外官嚴於京官、駐防嚴於外官、孤孀嚴於現任職官。蓋所以着重家教。秀女入宮，妃嬪貴人下逮「常在」「答應」惟帝諭旨。但貴人以上必選自世家女。其閱選之嚴，與明代委之宦官，求之市井，而勳臣家禁不入選者大異。故滿清一代后妃多嬪自名門，皇子之母極少出身微賤。

「養吉齋叢錄」記載：閱選秀女時，應選女子乘車入神武門至順貞門外恭候，有戶部司官在彼管理。至時，太監按班引入，每班五人，立而不跪。帝當意者留名牌，謂之留牌子，定期覆看，看而不留者謂之撂牌子。

故宮博物院開放後，曾陳列同治光緒兩朝選秀女相片，每五人一張，着過膝旗裝，腰際懸一書寫姓名年歲木牌（似今日選美時腰際懸一號牌）。翁同龢日記曾記載：同治帝大婚前挑選秀女情形：先一年二月行文各省旗官有女應挑者限於翌年十月到京。慈禧與慈安兩太后及同治帝都親臨挑選。

慈禧就是於咸豐元年（一八五一年）按上述辦法被選入宮。應是惠澂生前即將其女名列報應選。惠澂本人不幸病歿，其家屬「護喪回旗，亦入部應選秀女」。一朝選在君王側，按常理說自然是幸運。但內亂外侮交相迭乘，國事日非，一瀉千里。國族蒙受三千年未有的大國恥，慈禧更遭受遠較楊貴妃爲不幸的舛運，被天下後世以衆惡皆歸之，民國初，孫殿英且將其陵墓掘毀，其遺骸浸水中甚久。

咸豐元年（一八五一年），慈禧被選入清宮號懿貴人。在後宮列於第五級。上有皇貴妃一人、貴妃二人、妃四人、嬪六人。下有常在、答應，而都沒有定額，也沒有册封禮，宮中典禮慶宴也不參加。貴人與嬪相差一級，但「舖宮」「年例」「日用」「服制」卻相距甚大。嬪「舖宮」用具多銀製，貴人則爲銅製。嬪的年例：銀二百兩、蟒緞一疋、織金一疋、粧緞一疋、倭緞一疋、閃緞一疋、雲緞二疋、衣素緞二疋等。貴人則只有銀一百兩、倭緞一疋、雲緞二疋等。嬪的日用：豬肉六斤八兩、陳粳米一升三合、香油五兩五錢、鮮菜八斤、鷄鴨共十隻（每月）等。貴人日用：豬肉六斤、陳粳米一升二合、香油三兩五錢、鮮菜六斤、鷄鴨共八隻（每月）等。

清史稿后妃傳記載：咸豐四年（一八五四），懿貴人晉封懿嬪。入宮以後約三年始蒙册封，可見咸豐帝對她並沒有特別寵愛。咸豐五年（一八五五）五月麗妃生一女，這是咸豐帝誕育的第一個子女。就宮中檔册看來：咸豐帝一直是對麗妃很寵愛。此女後封爲榮安固倫公主。慈安皇后沒有生育，對於此女撫育如己出。

咸豐六年（一八五六）三月，慈禧生子載淳，卽後來的同治帝。咸豐帝因有此子嗣自然非常喜悅。有詩云：「庶慰在天六年望，更欣率土萬斯人」。慈禧也因此晉位懿妃，翌年（一八五七）又晉位懿貴妃。

其時，滿清皇朝已搖搖欲墜：太平天國早已建都南京，英國和俄國自海上陸地分進合擊的鉗形侵略也更加緊。一八五七年冬，廣州被英法聯軍占領，兩廣總督葉名琛且被俘虜去印度。中外關係比較十五年前（一八四二年，南京條約）更形惡化。

四國兵輪連檣來

當咸豐元年（一八五一年）慈禧被選入掖庭，國內外發生了若干影響全球及中國的空前未有的大變化：㈠洪秀全高舉討胡倒滿大旗，是年閏八月初一日（一八五一年九月二十五日），在廣西永安建立太平天國。㈡人類歷史上第一次萬國博覽會於是年五月一日，在倫敦揭幕。這是英國工業革命後國力強大的炫示，是稱雄世界誇耀繁榮的維多利亞女王時代開始。尤其維多利亞女王決定將博覽會的純利用來促進科學藝術的發展，使英國勢更加擴大。㈢俄國西伯利亞東部總督木里斐岳幅（Count Muraviev）本其一貫反英主張，決心進侵我黑龍江，以搶先占領黑龍江北岸，預防英人北進。是年五月七日（咸豐元年四月初七日），俄國致清理藩院公文，更暴露其「藉指摘他人以掩飾本身侵略」致策。但清廷瞶無所知。而馬克斯在倫敦爲紐約論壇報撰刋的討論東方問題論文中即明白指出：俄人言行是「最後實現若干瘋狂的汎斯拉夫主義哲學家所夢想的斯拉夫帝國的前奏」，且呼籲英美注意「遏止俄國兼併計劃實在是最爲重要的事」。

咸豐三年（一八五三）春，太平軍進展至長江流域，旋正式定都南京。這一舉措，今之論者多以爲是太平天國政策與軍略上的絕大錯誤，終成爲太平軍革命運動失敗的一重要原因。但在當時清廷基礎實遭受極大震撼：江南富庶地區及黃淮一帶已不能掌握，漕運大受影響，政治財政經濟均感極大壓力，尤其外國觀感與政策也因此開始轉變。

美國是當時最早注意太平軍行動的，咸豐二年十二月（一八五三年一月），美國特使到達中國，立卽乘艦前往南京。原計與太平天國交好，以與英國在遠東角逐爭雄。不意中途失望折回上海。而英國公使旋抵達南京。美人妬恨陡生，乃轉而與清廷交結，以抵抗俄國侵華野心爲前提——當時，美國曾表示願供應軍火武器協助清廷鎭壓太平軍，俄人也致牒清廷願提供軍火及開礦技師。美俄爭取中國「好感」（權益）在一百二十年前就已顯露端倪！

其時，上海一般外國人與論一致對太平軍發生好感，極表同情，且相信其必將成功。英國專使文翰（George Bonham）因此決定在滿清與太平天國之間嚴守完全中立，不作左右袒。其後英國政府正式予以批准，並堅持七八年之久。藉此向清廷要挾更多商務利益。

咸豐四年（一八五四年），即慈禧晉封懿嬪時，英美法俄連合要求清廷修改前訂條約，以便利進一步通商。在廣州、上海、天津都被當地清吏所拒絕。外人因此認定惟有仍藉武力以求解決。咸豐六年（一八五六），慈禧誕育一男，晉封懿妃時，英國藉口亞羅船案，法國以傳教士被殺為口實，相互聯合進軍我海疆。翌年（一八五七）冬，廣州被攻陷。

咸豐八年（一八五八）春，英法美俄四國公使復聯合要求清廷：速派代表於上海議訂新約。四國公使旋各乘兵輪聯合北上，占領大沽炮臺。清廷被迫與外使簽條約。進侵黑龍江的俄人發現我沿江守備仍與二百年前一樣，更乘機挾我簽訂瑷琿條約：大興安嶺以南、黑龍江以北大幅國土（相當今東北三省面積）拱手讓予俄人。這是近代以來空前失土的紀錄。馬克斯因此又於紐約論壇報撰文指出：英法發動戰爭的結果，只是有利於俄國，使它「狡猾的出來充當衰弱的中國底公正保護者」；「使俄國由冰天雪地的西伯利亞進到溫帶」——英國經常執行的是反抗俄國政策，但她「為什麼不去與俄國爭執，而去與一個亞洲帝國爭執？使這個帝國不能不向俄國實行那些它本來不願意實行的讓步」？！

咸豐帝即位之初，原意大事振作，洗雪其父皇道光帝所遭受的中英南京條約的恥辱。起用林則徐，罷黜曾主張「撫夷」的大學士穆彰阿，採取強硬「夷務」政策，都是其決心的表現。不幸，國內外空前大變化交相迭乘，朝廷基業動搖欲墜。咸豐帝不能控制這一局勢，惟有醇酒及寄情聲色。

從此文皇近醇酒

江東詩人楊雲史（圻）有「檀青引」長歌，敍言有云：「初高宗（乾隆帝）建圓明園於京西北，園景宏麗。時海宇晏安，庫帑充牣，高臺深池，極遊觀之樂。歲以首夏幸園，多初還宮。歷仁宗宣宗（嘉慶道光）以爲例。文宗（咸豐）時梨園尤盛，設昇平署以貯樂工，內務府掌之，設南府，命樂工教內監之秀頴者習歌舞。當夫棠梨春晚，梧桐秋末，萬幾之暇，輒召兩部奏新曲。（蔣）檀青發喉，則天顏懌霽，賞賚過諸伶。文宗中葉，粵匪（太平軍）據金陵（南京），捻匪擾皖豫。英法齟齬，與戰不利。東南多事，海內騷然。上抑鬱不樂，稍近聲色。總管圓明園事務大臣文豐方寵盛，承旨遣人送江浙美女以進，更廣治臺沼以居之」。

今按清代戲曲之盛，正是俗謳民曲發展的表現。這是以前各朝所不及，是清乾隆帝倡導之功。上文所謂「南府」卽乾隆初年成立，專供演戲，又以其他雜技百樂附之，員額最多至一千五百餘人。乾隆十六年第一次南巡，欣賞江蘇優伶技藝，遂命蘇州織造挑選伶工承差。其後又命揚州、徽州、湖北黃陂等地伶工進內敎演。京師有戲園三十五所，演戲之盛，甲於全國。道光七年（一八二七年）改南府爲昇平署，迄宣統三年止，計近二百年之歷史，南府與昇平署所自編與所曾上演戲曲不下數千種，開曠代未有之局，創千古罕覩之事，爲近六十年來「國劇」的憑藉。

清初，宮中卽有習藝太監。康熙時曾上演「長生殿」，雍正時搬演「繡襦記」。乾隆初，增加習藝太監人數，倍其練習，又別製新戲，用備有事奏演，其劇本則均由「南書房」文學侍從詞臣編製，如「屈子競渡」「子安題閣」諸劇於月令承應。萬壽節前後奏演羣仙神道添籌錫慶謂之「九九大慶」。又演目犍連尊者救母事，析爲十本謂之「勸善金科」，於歲暮奏演，以其鬼魅雜出，代古人儺祓之意。上元節（正月十五日）演唐玄奘西域取經事謂之「昇平寶筏」。譜蜀漢三國誌典故謂之「鼎峙春秋」。又譜梁山泊諸盜及宋金交兵徽欽北狩諸事爲「忠義璇圖」等。

道光帝在清朝號稱儉樸，改南府爲昇平署，員額不及其盛時三分之一。國力衰退自是原因。實則其中習藝人品龐雜，行爲不檢，尤關重要。道光七年上諭有云：「原南府自開禁以來，差事很齊整，外邊人藝業，比太監本強，究屬太監，當差事畢無別事故，外邊人別項事故，朕已難傳究竟，（據傳聞時民籍學生，有扮旗裝婦，在某總管太監私寓侑酒事，爲御前大臣指參，捕之不得，乃下全數退出之令，別項事故疑指此言。）往後無益事出難辦，莫若全數退出；並不是爲省這點錢糧。況學生等又不是白吃錢糧，當差又好，總言往後無益。其昇平署仍在太平村歸攏居住，開一隨牆門，出入西爽村門，究竟是園內，爲的是管事嚴緊。不走太平村門何故，以先晝夜任其閑雜人出入，深究難傳。其昇平署太監，每逢皇太后萬歲爺萬壽與年節，不能無戲，若連臺大戲，一場上七八十人者亦難，無非歸攏開團場小軸子小戲就是了。其錢糧處檔案房現退出民籍人去，著加恩每處加添三兩缺一分，俟後如有首領缺出，就著食三兩太監好挑補首領之缺。再內學所定大糧之缺不得過幾分者，亦毋庸擬人引見，瞧誰好就放誰。其太監若有不法之人，著祿喜只管奏請裁去大糧辦理。再城內仍住南池子，仍開通西苑隨牆門，出入西苑門，所為嚴緊。著總管首領，用心嚴加約束。其中和樂禮節差事，亦少不得，著加恩再添三兩缺一分。今改昇平署者，如同膳房之類，不過是個小衙署就是了，原先總名南府唱戲之處，不必稱府。其昇平署總管，定例七品官職，其祿喜伺候先皇多年，自道光三四五六等年，差事很好，又無別故，所以不裁錢糧官職，往後有總管缺出，按七品官為例，欽此。」

「楊家將」消萬古愁

自古倡優善伺人顏色，宮庭承應自更力求迎合帝旨，故藝高名優亦得帝皇之喜愛。昇平署檔册載；道光七年十月二十一日上諭透露竟有帝與惇親王互爭演戲太監事件：「奉旨：昇平署太監張明德將太監苑長清引誘逃出，私匿惇親王府一案，經內務府審明：擬將太監張明德發往黑龍江賞給官員為奴，到戍加枷號兩個月；苑長清發往打牲烏拉賞給官員為奴，到戍加枷號一個月。昇平署總管太監祿喜罰月銀三個月，本管首領各罰月銀六個月等語。奉硃批：張明德苑長清著改為先在昇平署左近枷號示衆，滿日卽行發遣，昇平署總管太監祿喜，施恩改罰月銀兩個月，本管首太監陳進朝、李興、曹進保，施恩各改罰月銀四個月，餘依議。又祿喜面奉諭旨：前者召見惇王，朕言昇平署無非於茶膳房一體之差，並不很爲奇特，惇親王倚此等之人爲奇，況愍阿嗎傳的透徹，嘴都說乾了，竟不中用。再者並不是裏邊短此二人唱戲，倈大內之人，都照此樣，成何事體。其張明德罪過應發，其苑長清亦必須發，若不發苑長清，好像朕與惇親王爭此太監是的。後者總管祿喜該奏的奏，該見包衣昂邦的見包衣昂邦，該管的管，總別空口說白話，那是不中用的。朕亦不能給你分晰，何事該奏，何事該管，何事該見包衣昂邦，伊看事體辦理；總言往後要認眞管事，欽此」。皇帝與親王嗜好戲曲由是可見一般。

清宮演戲之繁，不在諸節令，而在朔望之必有承應。其開場團場戲用祥瑞戲，中雜軸子小戲。小戲皆崑山調，而軸子則整本之戲，上演時自四齣至八九齣不等，甚或連臺數十本（道光以後改本爲段），經年累月，始能演完，有時減去開場，卽起軸子，或不用團場，而以軸子結尾。如「昇平寶筏」連臺本劇，就今存昇平署檔册知：道光朝三十年中至少上演四次。最後一次自道光二十六年二月十五日演起，至二十七年六月初一日始告完場。咸豐朝及以後，未見再演。「鼎峙春秋」連臺戲也至少上演三次。最後一次自道光二十七年九月初二日演起，至二十九年四月初八日演至第二十段，未終場卽輟，後未再演。

北宋楊家將故事譜爲「昭代簫韶」連臺戲。自昇平署成立以至清末共上演四次：道光朝占其二：比較上述各大戲更得帝欣賞。第一次自道光十七年正月十五日演起至十八年九月初一日終場。第二次自道光二十四年正月十五日演起至二十五年九月初一日終場。第三次咸豐八年二月十五日演起至九年九月初一日終場。第四次光緒二十四年六月十五日演起，光緒二十六年五月十五日演至第三十段中輟。這次是翻成皮簧演唱，尚有第四十本排而未演，卽因義和團亂，慈禧光緒帝西走，故未能終場。又「鐵旗陣」亦以楊家將故事爲主，道光十五年七月初七日演起，十六年九月十四日止共十五本。第二次道光二十三年四月初八日演起，十月十五日終場。第三次咸豐五年七月初一日演起，十二月十五日，演至十一本中輟，光緒二十三年四月初一日演起，十二月十五日終場，也是用皮簧演唱。

「昭代簫韶」一劇初演，正値清廷決心禁烟，中英鴉片戰爭前兩年，第二、第三次上演則在南京條約、中英天津條約以後。國是日非，道光咸豐兩帝惟有寄情於聲色。最後一次上演時則在慈禧兩次蒙塵前夕。一代興亡，由這一連臺戲就可見一般。世人常責慈禧嗜好戲曲以致荒忽政事。殊不知道光帝時代卽如此，咸豐帝亦然。慈禧究屬女后，相形比較，還要有些拘束。

二、奕訢與肅順

咸豐七年（一八五七年），慈禧晉位懿貴妃的時候，怡親王載垣、鄭親王端華及端華第六弟肅順，正蒙咸豐帝異常的寵信。帝的異母弟恭親王奕訢，則被冷遇，鬱鬱不得意。雙方逐漸形成對立的政敵。經過四年的演變，慈禧竟巧妙的把握這一矛盾，聯結奕訢，假藉外國聲勢，將載垣、端華、肅順三人置之於死，奪取政權。

載垣、端華是道光帝崩逝時在病榻旁接受遺命輔佐咸豐帝的兩位親王。基於君主時代傳統：載垣、端華的確盡力效忠，咸豐帝對他們更寄以信任。同時，咸豐帝對異母弟奕訢也頗加眷顧。

咸豐帝奕詝是道光帝第四子，孝全皇后生（道光十一年六月初九日卽一八三一年七月十七日生），恭親王奕訢是道光帝第六子，靜貴人所生（道光十二年十一月二十一日生）。兩人出生年月相距不過一年半，自幼如手如足，都受到父皇的寵愛。道光二十年正月，孝全皇后卽奕詝生母逝世，奕詝時年十歲，從此就由靜貴人撫養，與奕訢更是朝夕相處。

道光帝對皇四子皇六子同樣鍾愛，在選擇那一人爲皇儲時更是幾經猶豫，反覆考慮，至道光二十六年六月十六日（一八四六年八月七日）才遵密建皇儲祖制，硃諭立第四子奕詝爲皇太字，同時，硃諭封第六子奕訢爲親王。道光二十八年三月，道光帝恭謁祖宗諸陵，特携皇四子、皇六子同行去默禱列祖列宗。道光二十九年，道光帝賞賜皇四子「銳捷寶刀」，同時，也以「白虹寶刀」賞賜皇六子。足見道光帝晚年心目中對奕詝與奕訢仍是同樣看重。

皇四子奕詝之奉硃諭立爲皇太子，嫡后所出，可以說是主因。上書房師傅杜受田揣摩父皇心理對奕詝的適當指引，也是一重要因素。「清史稿」杜受田傳有云：「文宗（奕詝）自六歲入學，受田朝夕納誨，必以正道，歷十餘年。至宣宗（道光帝）晚年，以文宗長且賢，欲付大業，猶未決。會校獵南苑，諸皇子皆從，恭親王奕訢獲禽最多。文宗未發一矢，問之，對曰：時方春，鳥獸孳育，不忍傷生以干天和。宣宗大悅曰：眞帝者之言！立儲遂密定，受田輔導之力也。」

「清史稿」宣宗本紀：「道光三十年春正月，丙午（十三日），上不豫。丁未（十四日），上疾大漸，召宗人府宗令載銓、御前大臣載垣、端華……公啓鐍匣，宣示御書皇四子立爲皇太子（卽咸豐帝）。硃諭封皇六子奕訢爲親王。」正如咸豐五年十月上諭所云：「皇考宣宗成皇帝升遐，朕與顧命大臣敬啓密緘，欽奉硃諭：皇六子奕訢，封爲親王。欽此。朕祇承遺命，於十七日降旨，封奕訢爲恭親王。並於慕陵碑文內，敬謹敍述。惟是中外臣民，但知奕訢之封親王，係朕卽位後推恩，未知係皇考遺命，不足以傳信後世。著將此旨宣付史館，於實錄本紀內，將皇考硃諭封奕訢爲親王，纂入道光三十年正月十四日遺命各條之次，以昭信史。」道光帝硃諭封奕訢爲親王也藏之「密緘」，這在滿清二百六十餘年歷史上是空前絕後的一次。後來許多問題都可以說因此而引起。

建儲制度　歷經演變

上文所謂「密緘」和清史稿所謂「鐍匣」，是值得注意的一有趣味問題，這是清代二百餘年建儲制度一重大演變。

清太祖努爾哈赤遵循邊族傳統，定八旗制度，八貝勒分治其國，無一定君主，由八家公推一人爲首長，如八家意見有不合，卽可更易。這和中原漢族君主父子相傳制度，顯有不同。順治帝入主中夏，逐漸改變祖制，對立儲大事竟諮詢西洋傳敎士湯若望（Johann Adam Schall von Bell）意見。其後康熙帝在諸王子中被選定爲皇太子，曾經出過天花，不再怕傳染病的侵襲而發生意外，竟是一重要決定因素，可見清初帝皇不虞天機洩漏。康熙十四年，立皇太子，儲位早定。而諸王子竟勾結喇嘛用妖術，或利用西洋傳敎士以秘密通信，幾次企圖動搖皇太子地位。其後雍正帝卽位後，戮辱諸兄弟，上諭中甚至也引用傳言：「皇上將『十』字改爲『于』字」。（雍正帝爲康熙帝第四子，康熙帝廢太子後，晚年頗屬意第十四子。傳言：硃諭「傳位十四子」，被改竄爲「傳位于四子」）。上諭又引傳言：「聖祖（康熙）皇帝在暢春園病重，皇上（雍正帝）就進一碗人參湯，不知何故，聖祖皇帝就崩了駕，皇上就登了位」。可見清代盛時建儲制度尙未確立，以致有如宋初斧聲燭影的故事發生。

雍正帝卽位後，努力革除八旗舊制，建立唯我獨尊的君主權威，更規定一新建儲制度，卽不預先公開宣示立皇太子，惟密定皇儲，緘名一金匣藏於乾清宮「正大光明」匾額後（「清宮殘夢」電視劇播映時，慈禧太后御座上顯露這「正大光明」匾額，是不符歷史事實的。因這是乾清宮正殿，康熙、雍正、乾隆諸帝聽政治事或召見王公大臣大多在乾清宮東西暖閣，極少御正殿，更不必說慈禧女主了），俟皇帝病危時，再自匾後取下金匣，王公大臣共同開啓閱看何人爲皇太子。

雍正帝這一設計，自然是爲愼重保密。但其本身得位不正，又使用高壓手段，大興文字獄，箝制人口，更激起許多流言蜚語。民國以來文人更嚮壁虛構，以快一時。如呂留良孫女呂四娘刺死雍正帝之說，先師孟心史（森）教授卽曾親見常州許國豪僞造，當時責其紊亂史實，有失記載之道德，許唯唯。而其說則爲淺薄好事的人所樂述，且演爲戲劇電影。甚至有以「聊齋誌異」中的俠女爲證明的。其實「聊齋」多脫胎於「太平廣記」，以筆墨自娛，原不負紀事責任。且蒲松齡歿於康熙五十四年（一七一五年），何以能知雍正十三年以後事？傳說之荒誕，不待煩言。

緘名金匣 內侍懷挾

乾隆帝繼位是淸代實行「緘名金匣」制度的首一紀錄，且享國逾六十年，壽登九十，「五福五代古稀天子」名不虛傳。而民間傳說又謂：乾隆帝是浙江海寧陳家之後，雍正帝生女易男。這和「貍貓換太子」同樣是離奇可笑，卻反映漢人對淸代皇儲制度的鄙視。

乾隆帝遵父皇定制，不立太子。乾隆元年（一七三六年）密定元后孝賢皇后所生皇二子永璉爲太子，三年殤，追贈爲皇太子。至乾隆三十八年，仁宗（嘉慶帝。臺灣民間傳說：嘉慶帝曾來寶島，喜食麻豆文旦）生已十四歲，被密建爲太子。乾隆帝且刋行「儲貳金鑑」，發明從古立儲之害，若千聖百王，早定太子皆爲不智。先師孟心史先生因此指出：「此實因咽廢食之拙計。父子兄弟，一片機心，天倫薄，人道乖，眞夷狄之俗也。正大光明匾不過在乾淸宮內，苟欲竊視，有何阻難！」乾隆六十年九月初三日，帝召集王公百官御勤政殿啓密緘金匣，立太子。翌年，舉行內禪，親以大位付於太子。這是國史上稀見的盛事。

道光帝是嘉慶四年（一七九九年）卽被密定爲皇太子。「東華錄」據「宣宗實錄」篇首有云：「嘉慶四年四月初十日，仁宗遵密建家法，親書上名，緘藏鐍匣，默體先志，愼簡元良。由是壽皇展拜，則命隨行；裕陵敷土，則命恭代；隱然以神器攸歸，面稽列聖，寅承對越，胥寓深心」——宮庭恭纂的官書但云「緘藏鐍匣」，沒有指明遵祖制「緘名於乾淸宮正大光明匾額後」。細讀這一記述一定會發生疑問：「鐍匣」究竟藏置何處？

包世臣撰戴均元墓碑文有云：「庚辰（嘉慶二十五年卽西曆一八二〇年）春，拜文淵閣大學士，晉太子太保，管理刑部。七月，公偕滿相托文恪公（托津），扈灤陽圍，甫駐蹕，聖躬驟有疾不豫，變出倉猝，從官多皇遽失措。公與文恪督內臣檢御篋十數，最後近侍於身間出小金盒，鎖固無鑰，文恪擰金鎖發盒，得寶書，公卽偕文恪奉今上（道光帝）卽大位，率文武隨瑞邸成禮，乃發喪，中外晏然」——孟心史先生因此指出：「仁宗（嘉慶）以後更不置匾後。據當時記載，乃托之於內侍之身畔。以內侍之身，當正大光明之匾，此一內侍，懷此重器，在宮中給事歷數十年，以小人挾此神秘，其變幻何所不有，其未肇淸室之大變者，別有天幸。謂爲可作家法，可傲千聖百王，則眞夷狄無知之見矣。宣宗（道光帝）已名在鐍匣二十餘年，宮中更有禦寇大功，又仁宗（嘉慶帝）元后所生惟此一子，依歷代儲法，亦爲天定無可改移之事，乃仁宗崩後徧覓鐍匣，徧不得，大臣搜索御篋，最後於內侍之身得之，不知彼內侍於帝崩後，猶不自陳明者何故。若搜而不得，是否遂不立嗣君？以此言之，尤爲出於情理之外，雖夷狄亦不若是之荒誕也。淸史稿於戴均元托津兩傳，俱載其事，尤詳者包世臣所撰戴均元墓碑。世臣童試時卽受均元知，均元歷官中外，世臣從遊數十年，得之口授，不應無據。且墓碑傳拓行世，方當宣宗在御之時，豈能以無據之言誣瀆宮寢，將不爲戴及己身家計乎？然則語必可信。」

道光帝卽位眞相如此，而如上錄「宣宗本紀」記載其崩逝時也沒有指明「鐍匣」藏置處所，可見滿淸後代對於這樣大事的輕率態度。其後咸豐帝在熱河崩逝，惟有慈禧所生一子，繼承帝位，無可與爭。而文廷式（珍妃瑾妃幼時師傅）撰「聞塵偶記」竟有云：「文宗（咸豐帝）龍馭上賓，或云在辛酉（咸豐十一年卽一八六一年）六月，肅順等秘不發喪，潛有異圖，故遲至七月中旬始宣告天下，此其罪之最大者。」這固是文人對宮闈事喜以訛傳訛的積習，但滿淸一代如果對皇儲大事有可以「垂法後世」的制度，就不致授人以隙來嚮壁虛造故事。

這一歷史背景，對於慈禧在同治帝崩逝後，立光緒帝（以及其後立宣統帝）完全出之私意，就不足怪，更不必苛責於她。

兄弟參商　寄情樂舞

咸豐帝卽位之初，對恭親王奕訢，的確是另眼相看，這和帝對其他諸兄弟不甚眷顧的情形。

可說是例外。如御撰帝與奕訢在道光朝合著槍法譜「棣華協力」序文所說：「分雖君臣，情原一體，惟期交勵交儆，莫負深恩。」咸豐三年（一八五三年），奕訢二十二歲時，帝特命其任軍機大臣。這在當時實在是破例的創舉。因清代自設立軍機處以來，向無諸王在軍機處行走。嘉慶四年（一七九九），成親王永瑆一度入值，爲時不過十月，上諭即以「究與國家定制未符」，命永瑆退出。奕訢任軍機大臣之長久，在清代諸王中是空前絕後的。

咸豐帝這樣破例優遇恭親王奕訢，自然是意欲使其與聞國家大計，不致因投閒置散而怨憤。但權力慾是水漲船高永無止境的，恭親王奕訢以二十餘歲少年，讀書不多，修養不淳，自然難以做到適可而止恰到好處。咸豐五年，奕訢生母病歿，兄弟感情遂告破裂。

如上所述：咸豐帝自十歲時即由奕訢生母撫育，而即位時竟只尊封其養母爲康慈皇太貴妃，沒有尊爲皇太后。當她病篤時，奕訢苦苦請求，咸豐帝才勉強允許上尊號。太妃歿，帝又假遺詔減其喪儀，且不加廟號、不升祔太廟、不祔葬慕陵（道光帝）。復頒硃諭嚴責奕訢「於一切禮儀，多有疏略之處」，撤去軍機大臣及所有差使，入上書房讀書，「俾自知敬愼，勿再蹈愆尤」。

這些事實，說明若干筆記如王闓運「錄祺祥故事」等記述不是毫無根據——康慈太妃，雖撫育咸豐帝，對親生骨肉奕訢多少有些偏愛，加以道光帝生前在選擇皇儲時，於其兄弟之間有一段長時間的猶豫，康慈太妃可能於言語中有所抑揚。故咸豐帝即位後不尊封爲皇太后，多少含有嫉憤意，奕訢於太妃疾篤時苦求固請，觸發童年往事，手足從此參商。

兄弟情感的破裂，內亂外患的日加嚴重，又無子嗣（慈禧生子在此後一年），咸豐帝內心自然不免空虛，惟有寄情於聲色。昇平署日常承應演戲之外，又屢傳掌儀司玩藝入宮奏技：如高麗斛斗、跳獅子、設法取水、八角鼓、吉祥鑼鼓、綵臺偶戲（傀儡戲）、杠子、搬演戲法等。復命隨時伺候「中和樂」。昇平署檔册有云：

咸豐五年三月二十四日，楊如意傳旨：今日着中和樂衆人都上去，伺候吹打。延春閣伺候：慶昇平、鴛鴦序、普安咒。永和宮伺候：新鷓鴣、喜春光、鳥鳴春。金環傳旨：二十五日着中和樂首領上去領詩經譜。

咸豐八年七月十八日，敬事房傳旨：十九日未初，蓬島瑤臺伺候吹打。十九日，蓬島瑤臺，中和樂伺候吹打三套。

「中和樂」，職掌有六：㈠朝賀承應、㈡筵宴承應、㈢祭祀承應、㈣迎駕送駕承應、㈤校射承應、㈥臨時承應。原爲廟堂祭祀及典禮而設，今用其吹奏散曲於燕私之際，不僅有瀆職之嫌，且足長淫佚之心，溺雄遠之志。清祚之所以亡，這時實已肇端。

肅順治術　倚任楚賢

咸豐帝既與恭親王疏遠，怡親王載垣、鄭親王端華，即日與帝接近。他們是滿清世襲罔替的所謂「鐵帽子王」，又是道光帝崩逝時欽承顧命的。乘機迎合帝的意願，自多便利。鄭親王端華復把握機會引薦幼弟肅順。帝與肅順稍稍論天下事，很欣賞其才識，更喜其能先意承旨。從此寄以信任。王闓運詩云：「二王不達政，順乃顏敷腴」，可說寫實。

道光十六年（一八三六年），肅順（字豫庭）由應封宗室，奉授三等輔國將軍、委散秩大臣。十餘年間，陞遷甚速。道光二十九年，授奉宸苑卿。三十年，遷內閣學士兼禮部侍郎銜。咸豐帝即位，肅順兩次捐助軍需，下部優敍。咸豐四年，署正紅旗滿洲副都統，陞工部左侍郎。十月，調禮部左侍郎。咸豐五年五月，以籌辦巡防，下部議敍。十一月，以恭勘慕陵（道光帝墓地）工程，並恭送孝靜康慈皇后（奕訢生母）梓宮奉移暫安禮成，加一級。六年七月，授都察院左都御史。八月，陞理藩院尚書。八年二月，充查城大臣。時順貞門不戒於火，肅順以撲救出力，加一級。九月，調禮部尚書，管理藩院事務。十二月，調戶部尚書。

肅順這樣陞遷，實在是其才氣開朗，勤於任事，論治則襲申韓法家緒餘以嚴爲尙，企欲仰承上意以求除積弊於衰靡之世。對於有才學的漢人更多延攬禮遇，以收物望。如郭嵩燾（中國首任出使英法大臣）、匡源、高心夔、陳孚恩等。即其子就讀，也聘漢人龍皡臣爲師。咸豐九年，王闓運至京師。肅順因龍介紹而與會見。一晤即激賞其才，欲沿八旗習俗約爲異姓兄弟，並擬爲出貲爲郎。闓運未即應許，但從此出入肅順府第，飲酒作樂，不拘形迹。闓運有詩云：「尙書賜第花瓘瑜，醉翻酒盞相歡呼；盛胡俳優喧坐隅，徐郎屈膝請爲奴，就中龍黃較清穩，當筵未肯汚茵裾。」（盛、胡、徐、龍、黃均漢人，名字從略。）當時情景歷歷如繪，肅順敬禮漢人態度可見一般。

郭嵩燾、王闓運等都是湘軍主幹曾國藩、胡林翼、左宗棠等的知已。肅順因此認識了解曾、胡、左的才學識見，遇事輒加維護。咸豐九年（一八五九年），左宗棠因事爲人誣陷，湖廣總督官文又上疏嚴劾。廷旨敕下官文密查：「如左果有不法事，可卽就地正法。」肅順將此事告語高心夔，展轉由王闓運傳於郭嵩燾——郭與左同爲湘陰人，素知其才幹操守，聞訊大驚，因囑王闓運往求救於肅順。肅順的答覆是：「必俟內外臣工有疏保薦，余方能啓齒！」郭乃急挽其同値南書房之編修潘祖蔭上疏，力言：「左君去，湖南無與支持，必至傾覆，東南大局不復可問。」適胡林翼亦有疏陳「左材可大用」。肅順因乘機進言：人才難得，自當愛惜；請再密寄官文，錄中外保薦各疏令其察酌情形辦理。曾國藩又奏請令左宗棠募勇專任浙江事。官文遂不再追究。左宗棠從此功業日盛，實由於此一禍福轉移間。

王闓運嘗謂「曾侯大用自肅豫庭」。薛福成的記載也指明：「肅順平日與坐客談論，常心折曾文正公（國藩）之識量，胡文忠公（林翼）之才略，極傾心推服之。咸豐十年，兩江總督出缺，帝欲用胡文忠繼任，而肅順以曾文正公薦。並謂：胡林翼在湖北措注盡善，未可挪動；不如用曾國藩督兩江，則上下游俱得人矣。帝如其議，曾文正公至是遂有督吏籌餉之權。」這實在是中國近代歷史一重要關鍵。

以嚴爲尚　整頓科場

肅順贊劃軍政大計的見識及其效果如此。同時，對其他庶政，更以嚴爲尚藉求除積弊於因循苟安之世，其表現最顯著的大事，卽咸豐八年的科場案及九年的戶部舞弊案。

自道光朝以來，科場秩序日見廢弛，舞弊之事層出不窮，所謂「條子」之風尤盛行：「條子」者，截紙爲條，訂明詩文某處所用之字，以爲記驗，凡與考官房官相熟識，都可呈遞或展轉相託而呈遞。房考官入場，凡意所欲取錄的人，憑條索之，百不失一。科舉制度中的糊名（彌封）易書等規條都從此破壞無遺。這一歪風在咸豐初年更盛行，大庭廣衆不以爲諱。敏給的人常制勝，樸訥的常失敗。往往有考官夙所相識，試闈中不知而被擯棄，出闈後咎其何以不遞「條子」！更有無恥之徒加識三圈五圈於「條子」上，如果中式，則三圈卽饋贈三百銀兩，五圈卽贈五百銀兩給少數無操守的考官。掄才大典旣成爲公開賄賂場。世風敗壞，於斯已極。咸豐八年（一八五八年），順天鄉試揭榜，發現有旗籍滿洲平齡中式在前十名——平齡素嫻曲調又曾在戲院登臺演唱。因此，輿論大譁：優伶也中高魁！旋經御史疏劾平齡硃墨試卷不符，特請覆試。帝硃諭派怡親王載垣、鄭親王端華、陳孚恩等查辦。經究得是科主考官大學士柏葰之門丁靳祥曾爲平齡經營使其中式，且牽涉及柏葰之妾，另一主考官程庭桂之次子亦曾遞三數「條子」。帝特命肅順會同刑部審訊。肅順因先請革柏葰及程庭桂諸人官職，並逮訊其他嫌犯二十餘人。時靳祥已病死，肅順乃就各嫌犯供狀上陳，力言取士大典關係至重，亟宜執法以懲積習，請將柏葰等斬決。帝初以柏葰情有可原，終從肅順議：柏葰及平齡等七人處斬，其他諸人革職治罪有差。

柏葰以大學士之尊，因此案而被斬決。從此遂無人敢明目張膽以條子私相授受。肅順更努力整頓科場秩序，務期嚴謹。翁同龢咸豐十年（一八六〇年）四月二十日記有云：「是日，監試者有尙書肅公。湖北陳炳勛帶坊間副本起草，實無他物，坐以懷挾交訊。傳旨：戌初撤卷。甫屆戌初，卽紛紛撤取，有賸一行者、數字者，均不得免。發出壽字圓印，完卷者鈐於卷尾，不完者就取止鈐之。肅公頤指氣使，視士人若奴隸，掣卷畢，日猶未落也。」朝臣的觀感如此，民間則盛傳肅順欲以大魁畀其幕客高心夔，揚言整肅場規，而陰告監場御史及收卷官，候高交卷，卽傳撤卷。無稽蜚語，四處流傳，士人對肅順日益增加惡感。

寬養和平　維繫人心

柏葰等於咸豐九年二月斬決，科場一案乃告結束；而戶部舞弊案又接踵而起。緣戶部早經奏准設立乾字官號四處與五宇字官號，經管收發軍餉等款項。咸豐八年冬，肅順任戶部尙書後，派員查對寶鈔處五宇號欠款數目與官錢總局所立存稿不符，因奏請查辦。咸豐九年十月，查出清結五宇官號司員有朦混辦稿，將官款化爲私欠情事。肅順卽奏請將司員褫職究辦、商人逮捕嚴訊，有關官員商人因此案被抄沒家產者數十家，戶部堂官翁心存等亦因失察受處分。正訊辦間，十一月二十九日午刻，戶部忽失火，廨宇盡焚，且延及禮部祠祭司。民間藉藉以爲天災示警。御史朱夢元等且上疏以爲「求治太銳，不免操之已蹙；除弊太急，不無過爲已甚，凡事務以祥慈爲念」。肅順仍以爲舞弊案尙未審結，忽告失火，或有人冀圖隱沒證據。故上諭責朱夢元等「持論尙未公允。近來部院各衙門辦事多趨苟且，諸臣果能力求整頓，固不宜專以刻薄殘忍爲能，亦不可徒博寬大之名，因循廢弛。」王闓運謂肅順「自喜忠國謀，五宇算錙銖」。用心良苦。但一般人久處綱紀寬弛、上下容隱，因循苟且積習已深，反怨其濫枉。且以爲帝素寬大，愼刑重獄，今屢興大獄，實由於肅順進言所致。人言藉藉，肅順竟成怨憤所集。

其時郭嵩燾曾有寄友人書，建議肅順處世之道：「肅尙書之才美矣！其用心在起積弊而振興之，亦可謂勤矣！某在京三年，推求國家致弊之由，在以例文相塗飾，而事皆內潰；非寬之失，顢頇之失也。寬者宣聖（道光帝）之明訓，國家積累之至仁，烏可輕議哉？今一切以爲寬，而以嚴治之，究所舉發者，仍然例文之塗飾也。於所事之利病原委與所以救弊者未嘗講也。是以詔獄日繁而錮弊滋甚，徒使武夫悍卒乘勢罔利以凌藉縉紳。明世之稗政見矣。某竊獨憂之。向者之寬，與今日之嚴，其爲顢頇一也。顢頇而寬猶足養和平以爲維繫人心之本；顢頇而出之以嚴，而弊不可勝言矣。毋亦稍寬假例文以求理財行政之實效，天下事其猶可爲乎？故某以爲省繁刑而崇實政爲今日之急務。」

郭嵩燾這一書簡，可以說是肅順的爲人與其柄政時的措施，尤其是後來怨謗之所集、過咎之所歸的持平之論。加以肅順主持中俄交涉時的強硬態度，更被外人目為主戰派首腦。形成內外交責衆矢之的。

中俄交涉　言語激烈

自一六八九年，中俄尼布楚條約、恰克圖條約先後簽訂，俄國使臣、學生、商人卽可經陸路前來北京居留，是中國近代和歐洲國家建立關係的首一紀錄。當時正是滿清極盛時代　有能力控制局勢，將有關俄國事務交由理藩院管轄：所有俄國來往公文和緬甸、安南諸藩屬一樣待遇，比較朝鮮事務由禮部主持，顯有不同。俄人也沒有異言。直至一八五九年四月廿五日，中俄天津條約增加條款才改變這一相沿一百五十年的舊制：俄國外務大臣行文清廷軍機處。同時，又規定俄國官員可經由恰克圖，或大沽口以及其他海口來北京。這也是一百五十年來一大變易，在此以前，俄國官商學生是只准經由恰克圖等陸路入京師。

其時，肅順擔任禮部尙書管理理藩院事務，主持中俄交涉〔註二〕，自是職責所在。一八五八年（咸豐八年）十二月十七日硃諭有云：「朕思辦理俄夷之事，肅順一人，尙覺孤另。若見面時，該尙書言語之間，總不免激烈，無一轉圜之人，若事事許其轉達，則一司員能辦之事。況該夷旣知入奏，挽回更難。著添上瑞常（理藩院尙書），仍不離事歷理藩院之意，豈不更妙。」由是可見：咸豐帝對肅順個性及其處理公務態度確有深切認識，肅順之獲得寵任，並非是完全應用迎合上意的技術。

當這一硃諭下頒不久，肅順、瑞常與俄國代表舉行第一次會議。俄國代表曾提出若干要求，其中包括：㈠烏蘇里江以東沿海濱地區之割讓。㈡確定西疆邊界線等。由於肅順強硬語言，俄國代表曾致書清廷指責肅順「不誠懇的推託」態度，要求另派更高級官員商議。

事實上：肅順這種態度，不能說是其個性表現，實在是清廷政策有所改變。

中俄瑷琿條約簽訂後約兩週，清廷曾頒上諭批准（一八五八年六月十四日）。這是英法美俄四國軍艦連檣而來，大沽炮臺被占領下不得已的措施。自四國天津新約簽訂，各國兵輪南下，情勢緩和。清廷中強硬派又抬頭。

四國天津新約，是大學士桂良（恭王奕訢的岳父）、尚書花沙納所簽訂。這兩人在中外人士心目中都是溫和派。俄人在與桂良、花沙納談判時更自願提供軍事顧問、大炮五十尊、來復槍一萬枝贈予清廷，企圖增加在北京政壇的影響力。一八五九年三月十八日，俄國特派素以了解亞洲之軍事外交能手伊格那提夫率領軍事顧問槍炮以及五十萬盧布（供清軍裝備費用）離聖彼得堡東來。四月二十九日，到達恰克圖，等候入境許可——俄國外務部曾於三月間寄函清廷軍機處告知這一新代表與軍火即將到來。但肅順既當中俄交涉責任，其主張及政策與桂良等溫和派顯已不同。因此，拒絕俄國軍火及軍事顧問，對於伊格那提夫的新命也極感驚異，但咸豐帝仍批准其來京。六月二十七日，伊格那提夫等一行到達北京。

其時，正值英法公使乘艦北上至大沽被清軍迎頭痛擊後兩日（詳見「城下之盟」篇），清廷強硬派氣勢更盛。七月十日，肅順、瑞常與伊格那提夫首次會晤。伊格那提夫即肆其如簧之舌，力言「俄國友善、英法毒狠」。七月二十二日，雙方舉行第二次會談。伊格那提夫首先請肅順閱讀上年桂良、花沙納致俄國照會（內中附有批准瑷琿條約諭旨）。肅順意圖否認瑷琿條約，初不承認有此一諭旨。三日後，又致牒說明雖有此一諭旨，但與吉林東界事無關。俄方所携帶文件「諒必因鈔寫之誤」！伊格那提夫覆文：「此等大事，不可有鈔寫錯誤之處，本大臣懇乞貴大臣將桂良等所奉諭旨原文，送交與我，以便查對錯誤之處。」肅順當以「諭旨原文存大內不便檢閱」拒絕。適俄人新測繪烏蘇里江以東區域地圖運到北京，伊格那提夫因要求肅順按此新繪地圖，即在北京定約分界，「不然，焉能得免侵占」！大肆恫嚇。七月三十日，肅順亦以措詞強硬照會覆答，特指出：乾隆年間，因俄人不講理，中國曾三次停止互市，如俄人此次亦不講理，「中朝不但即予停止互市，即已經許借與貴國之黑龍江左岸空曠地方濶吞屯、奇吉等處」亦不再准居住，是「貴國求多反少也。總之：綏芬、烏蘇里江等處是斷不能借與之地，貴國不可縱人前往。亦不必言及立界。」雙方態度均強硬，可謂棋逢對手。

溫和人士　威嚇行動

八月三十一日，肅順、瑞常等至俄羅斯舘，與伊格那提夫舉行第三次會議。當伊格那提夫將璦琿條約提示肅順時，肅順卽以輕蔑態度將之擲於桌上，並說這是毫無意義的文字。伊格那提夫亦大聲咆哮：肅順竟敢在俄國特使面前毫不尊重國際條約！會議停止！並申言卽要求清廷另派具有高雅風度的全權代表——清軍機處旋答復俄人：肅順、瑞常「皆係我大皇帝親信大臣」不能改派，加以峻拒。伊格那提夫再三致函要求，清軍機處始終拒絕。交涉因此陷於停頓。十二月九日，清軍機處更以吉林等地人民以「中國地方不應被夷人占踞，公同具呈控告，倘俄人前往占踞，人民羣起爭論，必傷和好」致信伊格那提夫。雙方又起爭論。

是年十二月三十日上諭提及花沙納死亡。翌年一月五日，咸豐帝不准桂良懇求致仕的奏請。這兩人原是上年四國新約的簽訂人，是清廷溫和派的主要人物。此兩事件在英法公使被迎頭痛擊及中俄交涉緊張之際發生，引起京師內外中外人士的議論，謠言四起。英國人主辦的上海字林西報連續刊載有關新聞，竟謂花沙納是被處死。伊格那提夫發往聖彼得堡的文件中則以爲花沙納是自殺。不論眞相如何，英法俄三國均認爲清廷已被強硬派控制。

一八六〇年一月五日，伊格那提夫致文清軍機處以「攤牌」相威嚇：如履行條約，俄人將調停中國與英法之糾紛；否則卽加入英法共同對中國作戰。清廷爲和緩局勢，一月十六日，肅順、瑞常與伊格那提夫舉行第五次會談。雙方均不示弱讓步。這就成爲最後一次會談。清廷曾阻延伊格那提夫與外地通信，但俄人利用傳教士寄信上海。五月十一日俄國軍艦，自上海北駛至北塘（大沽附近）。五月二十日，伊格那提夫以最後通牒致清軍機處申言決定二十八日離開北京。清軍機處避不涉及其離京事，而力言有關烏蘇里地區：「中國向來辦事，皆以俯順民情爲要，是以礙難允准。」伊格那提夫遂宣告交涉決裂，憤而出北京。

當上年夏伊格那提夫到達北京之初，曾運用協助中國抵抗英法以誘淸廷。今旣無所售其技，乃反其道而行：南下上海、香港，往見英法軍政外交人員，力言淸廷頑固不守信義，極力慫恿英法打仗，「不必聽信人言，一二其見，竟赴天津打仗，必須毁去大沽炮臺，和議方能成就。」英法聯軍旋卽北上，北京被攻陷。情勢爲之大變（詳見「城下之盟」篇）〔註二〕。

人與人的競爭、國與國的戰爭，決沒有某一方面是神機妙算穩操勝算的，只是那一方面犯的錯誤少，因而戰勝對方。慈禧聯結恭王，能夠擊敗肅順，主要是肅順犯的錯誤太多了，正如上錄郭嵩燾言：「顢頇而出之以嚴，而弊不可勝言矣。」

註一 王闓運於肅順敗後曾有詩云：「當時意氣論交人，顧我曾爲丞相賓。俄羅酒味猶在口，幾回夢哭春花新。」憶戀故交，情見乎詩。「淸世說新語」識鑒類有云：「肅順優禮賢士，而又有知人之鑒。王闓運初在肅幕，自薦充報聘俄羅斯使，肅蹙額曰：那可甘粗使！」言外之意，似認王爲文學長才，而使臣爲粗官，大材小用。如此認識，顯屬錯誤。中俄交涉時，堅持強硬立場，維護國家土地主權，無可厚非，然論其外交技術，則不能不謂誤己僨事也。

註二 英人濮蘭德等撰「慈禧外紀」引吳可讀「罔極篇」，一再云：英法聯軍北進時「皇上聞警，擬狩北方，懿貴妃與僧王不可。」「懿貴妃旣主持殺洋人於前，則此次之詔，或亦貴妃意也。」又曰：「慈禧下一嚴厲諭旨，嚴飭統兵大臣決戰」等語。均不可信。蓋以傳聞之詞妄加推測也。

三、城下之盟

咸豐八年（一八五八年）端午節，慈禧携帶三歲的幼兒載淳，和父皇一樣：纓冠揷上艾尖，腰際鞓帶繫掛「五毒荷包」，在圓明園看金魚，觀鬭龍舟，看「使花傢伙」（放煙火）。昇平署更特別用心侍候節令承應戲，使咸豐帝樂以忘憂：暫時抛開四國兵輪連檣來，欽差大臣桂良、花沙納與美、俄、英、法四國公使正在天津談判的事情。

在這一端午佳節前後十餘日內，桂良等在重大壓力之下，不得不簽訂喪權辱國的四國新約。中俄天津條約（咸豐八年五月初三日即一八五八年六月十三日）、中美天津條約（咸豐八年五月初八日即一八五八年六月十八日）、中英天津條約（咸豐八年五月十六日即一八五八年六月二十六日）、中法天津條約（一八五九年五月十七日即一八五八年六月二十七日）——這些條約，在形式上雖然分爲中俄、中美、中英、中法四個條約，條款各異，但在每一條約上都有「利益均霑」的字樣，故在實質上幾乎可以說是一樣的。

四國新約　喪權辱國

由於這一四國新約，是南京條約（一八四二年）以後重要協議，中國國際地位從此比較十六年前更加下降，許多重要利權也拱手讓人：㈠新開十一處商埠：北自牛莊，南及廣東，東及臺灣，內至長江流域。㈡外人內地遊歷通商。㈢內地傳敎。㈣兵艦商輪內河航行。㈤規定外國貨轉運內地只徵稅百分之二點五。㈥鴉片煙在「洋藥」名稱下合法納稅（每百斤納稅銀三十兩）進口。㈦海關行政管理權由英國人掌管。㈧領事裁判權的擴大：一切程序，在這一條約中規定無遺。㈨中國文字地位被剝奪：「嗣後……文書，俱用英文書寫，暫時仍以漢文配送，遇有文詞辯論之處，總以英文作爲正義。此次定約，漢英文字……亦照此例。」㈩販賣華工出國作「豬仔」。⑪外國公使駐紮北京，覲見皇帝面遞面書。

上述十一項條款關係中國主權都非常重要，就是近人習稱「不平等條約」的主要內容。「洋藥」的進口，可說完全放棄雍正朝以來一百餘年嚴禁鴉片煙的愛新覺羅皇朝的祖宗法令，貽毒炎黃子孫健康至深且鉅（一八三九年，林則徐曾說聽任鴉片走私進口，今後將不僅無可籌之餉，抑且無可用之兵。就已注意國民健康）。規定外貨轉運內地稅率，尤戕害我國社會經濟；因爲其稅率遠較國貨繳納各地的釐金爲低。再加海關行政權的喪失、領事裁判權的擴大、英文「正義」權威等等，中國從此成爲「次殖民地」——這些權利，一直被外國人充分利用，民國二十年及民國三十一年，才經我們收回或廢止。民國三十四年（一九四五年）「聯合國」憲章中規定中國語文爲這一國際機構的五種官方文字之一，與英文、法文、俄文、西班牙文地位平等。換句話說：這些喪權辱國的規條至少經歷七十年的時光。追源溯始，咸豐朝君臣實在應負一切責任，慈禧是沒有任何直接關係和責任的。

知識落伍　輕重倒置

四國新約的簽訂是英法俄美諸國經過幾年觀察，認識滿清朝廷和太平天國的性質，變更中立不干涉政策，向清廷改採威嚇利誘手段的結果。身當交涉重任的桂良、花沙納深知廷議淆亂不決，又毫無戰守準備，太平軍勢尤盛，時勢不容決裂，故於條約簽訂後奏陳忍辱負重之必要：「國家之事，總須有備無患，自今而後，惟當臥薪嘗膽，力圖補救；將來元氣充足，再行奮耀威靈，以伸天討而快人心。」但朝旨大爲不滿：「豈知和約一定，如何補救？卽自請治罪，何補於事耶？」又嚴令其與外國公使約定：「條約中駐京一節，其一切跪拜禮節須悉遵中國制度，且必須更易中國衣冠；如外使能允所請，則可將條約呈進」；否則「與之更約」！由是可見：咸豐帝心目中認定外使駐京面遞國書爲第一大事，上述十一項關係國權的條款反在其次。時代知識落伍，國事焉得不敗壞。

咸豐帝爲取消外使駐京等條款，故於詔派桂良、花沙納前往上海會同兩江總督何桂清妥議出入口稅則時，特頒密諭卽向外人宣佈：中國願免除洋貨入口稅，請外國將原訂天津條約作廢：「此後該夷獲利無窮，無須再赴天津伸訴寃抑，所許各項全行罷議，此爲一勞永逸之計」。

這一見解，顯然是非常幼稚可嘆的。幸何桂清久在江南與外國事情多有接觸機會，於國際通商常軌認識比較明白，深以這一舉措弊病太多，力持不可，上疏陳明：「若不徵其出入口貨稅，則無稽考，竟可任聽該夷將我內地貨物卽在內地貿易，胥天下之利柄歸於該夷，而我民窮財盡矣。」而咸豐帝竟斥責何桂清「所籌究爲目前起見，並非一勞永逸之計，況若照密諭辦法（卽免稅易廢約）止能五口通商，一切干求悉歸罷議，該夷又何能盡收利柄？若但挽回一二件，其餘仍須另議稅則，豈能保其事事允從也」？「何桂清受朕深恩，斷不至別有他意，特恐屬員慮及免稅後無可沾潤，因而設詞淆惑，亦事所必有，該督當力持定見，勿恤人言」。

咸豐帝再三嚴詞誥誡，必須照內定辦法。但何桂清等以國權所關，也數四犯顏力爭，往覆三四閱月；其後帝始允許：「如不遵內定辦法以免稅易廢約，則必須將派員駐京、內口通商及內地遊行、賠償軍費始還廣東省城等款全行取消，方可曲從所請。」何桂清等幾經折衝，結果仍難有所挽回，而關稅率則於是年十月議訂簽字。

咸豐九年四月（一八五九年五月），英國公使率兵船北上，擬按上年約定入北京換約，美法二國公使也同行。他們沒有意想到大沽口已經設防。

「二十年來未有之快事」

自咸豐八年秋，英法聯軍退出大沽口，廷旨卽勅僧格林沁親王前往大沽佈置海防，並飭附近各州縣備辦鐵鍊木料，以便製作障礙物攔阻洋船。九年，海防漸有可觀，而上海更易條約之舉又未成功，咸豐帝非常憤慨，嚴勅僧格林沁：「該夷北來，我軍必先開砲。」——但英法美國公使北來消息上報，朝旨突然改變：許其入京換約。直隸總督恒福且奉命進駐北塘迎接外使登岸入京。但英國公使不從，要求撤除大沽口內障礙。僧格林沁親王不允，英艦遂發砲，水兵亦強行登陸。清軍還擊。結果英船多艘受傷，艦隊司令也負傷，惟有撤走。

「捷報」傳到北京，咸豐帝卻很冷靜，下令恒福設法勸外使入京，且云：「從來駕馭外夷未有不歸於議撫者，專意用兵如何了局？」並誥誡海防將士：「不准因有前番得意，遇夷卽戰，徒邀保舉，不顧剿撫大局。」不願決裂的意向顯然。但英國公使因這一失敗之恥，惱羞成怒，不理恒福，與法使相率退回上海。美使則入京換約。

大沽「捷報」傳播，京師內外多以爲「二十年來未有之快事」，引爲得意。主戰論因此大盛，如兵部尚書全廣疏云：「正當乘僧格林沁既勝之後，厚集兵力，大伸天討，挫彼兇狂。該夷驀越重洋，勢必不能持久，待其窮蹙，取前議而更張之，以絕其覬覦之心。」這種論調適迎合咸豐帝意旨，因更張前約取消夷使駐京等條款正是帝所最企盼的。因此，大計又見動搖，加以英人失敗後久無動作，朝廷更以爲「夷人伎倆已窮」，上諭又令何桂清：「果使該夷悔罪，誠心求和，前定之五十六款內凡不可行之事，悉聽何桂清裁減，於上海議定。」

何桂清根據中外消息，覆奏謂英國將再用兵。事實上，英法也正遠自歐洲調兵遣將，準備大舉。但咸豐帝在強硬派包圍中以爲是「故作此虛聲恫喝之言，以冀盡如所願；如果該夷帶兵前來，惟有與之決戰，所有前議條約，概作罷論」。

清廷這一強硬政策，在當時中俄交涉中充分表現出來。咸豐十年四月初八日（一八六〇年五月二十八日），俄國公使於交涉決裂後憤憤離北京南下至上海香港，晤見英法外交代表及軍事將領大肆挑撥慫恿：「不必誤聽人言，二三其見，竟赴天津打仗，必須毀去大沽砲臺，和議方能成就。」

兩面策略　巧妙運用

自一八四二年江寧條約以後，歐洲各國朝野，尤其在我國五口駐留的外國商人，都以爲要進一步擴大在中國通商權利，只有藉武力才能達到目的。一八五七年，英法聯軍占領廣州城，外國輿論更加強這一信念。但一八五八年天津條約的簽訂，英國又嘗到威嚇利誘軟硬兼施收穫豐碩的滋味，從此，這就成爲英國政策的主體，甚至在咸豐十年五月二十四日（一八六〇年七月十二日）英法聯軍將大舉北犯，英使額爾金（Elign）上英國政要報告中還這樣說明：「假如我們有製造第二個印度的雅興，則可以放手吞併清帝國。我們也可以改朝換代方式取而代之——假如我們能找出一個比滿清對我們更為有利的皇朝。但假使我們的目的祇在適當地耀武揚威，以促使清朝接受並忠實地履行一些條件，有利於促進我們在中國商務的發展和穩定性，並維持兩國間和平的關係；而不想由於這種關係的破壞，致使清帝國導入無政府的混亂狀態中。則我們將面臨一艱鉅的任務，我敢斷言：這一任務之完成，必有賴極端巧妙的運用，方克完成。」

英國這一政策，尤其「巧妙的運用」策略，不能說對於滿清朝廷「和戰不定」大計沒有或多或少的影響。因為主戰強硬人士是一些不明外情的虛憍論者，主張和平妥協的人士大多是和外國人稍有接觸、對外國事情有膚淺知識，這些人談不上「知彼知己」，但比較主戰強硬派人士稍稍冷靜一點，對於外人言論有時能虛心接納——咸豐十年三月（一八六〇年四月），江寧布政使幫辦海口通商事宜的薛煥和英人李泰國（H. N. Lay）一段談話，多少可反映英人策略巧妙的運用情況：在大舉北犯的同時，就已進行勸說工作了。李泰國記錄這一段對話有云：「他（薛）似乎對我的建議很驚訝：自此以後，中國將要在京師設立一專司外交事務的機構，由具有與外人交往經驗的人士組成。他很顯然地將要在這一機構中為其本人安排一位置。他（薛）說：有你和我們一齊工作，我們將進行得很順利。你做你們那邊的中間人，我做我們這邊的中間人。試想想：我們將完成何等偉大的事情。」大約半年之後，這一段談話完全成為事實。清廷在城下之盟後，完全承諾英人要求，並設立一專司外交的總理各國事務衙門，李泰國也出任中國海關總稅務司。

英法聯軍進逼京師

咸豐十年六月十三日（一八六〇年七月三十日），英法聯軍兵船數十艘，突進入我渤海灣，停泊攔江沙前，舳艫相接，其勢洶洶。時防守海疆大臣僧格林沁親王及直隸總督恒福據報，急馳奏朝廷。旋奉上諭：「著恒福派妥委員詢其來意，並先行照會該酋，令其照咪（美）國之例，少帶從人由北塘進京換約。」且再三諄囑恒福：「決裂之後，兵連禍結，迄無了期；只圖快一於一時，而遺永患於將來。」「不可因海口設防嚴密，仍存先戰後和之心。該督接奉此旨總須以撫局爲要，不得畏難自阻。」這一諭旨顯示咸豐帝又傾向和平。恒福因遵旨派員前往英船詢問，並贈送禮物，以示好意。但英法聯軍主帥奉有保護兩國公使額爾金及噶羅（Gros 法使）到達北京換約之命令，故峻拒來人，各船且懸掛紅旗挑戰。適僧格林沁佈防失當，只注意大沽正面，而置其後之北塘不問；俄使伊格拉提夫憤憒離北京時經北塘登舟，瞭解虛實，盡以告英法主帥。聯軍因乘隙偷襲，由北塘登陸迂迴大沽後路。是月二十九日（西曆八月十五日），塘沽遂告不守。

其時，清軍所用武器均爲舊式，將士又多怯敵，聯軍火槍大砲每一發射，清軍多不戰而走。塘沽旣失，僧格林沁奏言：「大沽南北兩岸，能否扼守，實無把握。」於是怡親王載垣、鄭親王端華及肅順等遂奏請罷兵，召回僧格林沁，以便和議。咸豐帝從之，硃諭僧格林沁撤兵：「天下根本不在海口，實在京師；若稍有挫失，總須帶兵退守津郡，以固京師，萬不可寄身命於炮臺。」但僧格林沁並未立即遵命後撤。七月初五日（西曆八月二十一日），聯軍又占踞大沽北岸炮臺，僧格林沁尚欲堅守逕直南岸，而形勢已難挽回，並以天津城壕不足守，故逕直撤至通州。初七日（西曆八月二十三日），天津失陷。

城下之盟　古之所恥

大沽失陷警報到京，朝廷爲之震動，而京師毫無戰守之具，咸豐帝不得不再起用桂良，特派其議和。而天津不守消息又至，聯軍進逼不已，且堅持惟有「俟以前各事一槪允准，照覆前來再行晤面」。桂良等幾經設法，始與英國公使委員巴夏禮（Harry S. Parkes）、威妥瑪（Thomas F. Wade）晤見。並於七月十九日（西曆九月四日）接受英國一切要求。覆奏上陳。二十二日（西曆九月七日），咸豐帝硃諭桂良嚴予申斥，尤以賠償軍費現款二百萬兩及公使帶兵入京換約兩款，深致不滿：「索費一層，多方要挾，必遂其欲而後止，無論二百萬不能當時付與，即有此款，亦斷無此理！城下之盟，古之所恥，若再靦顏奉幣，則中國尚有人耶？帶兵換約，擁兵而來，顯懷莫測！大患切膚，一決即內潰於心，京師重地，尚可問乎？以上二條，若桂良等喪心病狂，擅自應許，不惟違旨畏夷，是舉國家而奉之，朕即將該大臣等立寘典刑，以飭綱紀，再與該夷決戰。」桂良等奉到硃諭，正感進退失據，巴夏禮等又來索閱全權證書，未見便宜行事字樣，因即中言：今後不再與桂良見面，聯軍決立即入京。桂良因即奏呈「其勢已行決裂」。

咸豐帝據報，七月二十四日（西曆九月九日）又頒硃諭：「覽奏曷勝憤怒。朕爲近畿百姓免受荼毒，不得已勉就撫局，乃該夷屢肆要挾，勢不決戰不能。況我滿漢臣僕，世受國恩，斷無不敵愾同仇，共伸積忿。朕今親統六師，直抵通州，以伸天討而張撻伐。著內廷王、御前大臣、軍機大臣、內務府大臣迅速議定。」同時並發下僧格林沁親王請皇帝巡幸熱河木蘭密奏，令各大臣閱看議覆。

自天津失陷，廷臣主戰高調又盛，實則京師防禦空虛，既不能言守，更不能言戰。僧格林沁密奏請北狩木蘭，可說面對現實，硃諭所謂親征，實在是出京他避的飾詞。這兩文件看似矛盾，實際意義卻正相同。

「土木之變堪虞」

咸豐帝既頒硃諭，各王大臣卽於當日在內閣集議，多不主張巡幸或親征，並請帝卽日自圓明園回宮以安人心。但團防大臣報告京師毫無戰守準備，兵丁雖多，是否可以堅陴守禦？王、大臣均莫能對。於是鄭親王端華昌言於廷：「旣已毫無可守，如何請車駕還宮？」素與肅順接近的尙書陳孚恩也揚言：「宜爲皇上籌一條路才是！」衆人聞言均只有嗟嘆，沒有良好辦法挽救危局。惟有就已定議的由大學士賈楨領銜覆奏上陳：「皇上欲親統六師直抵通州……惟地異澶淵，時無寇準，非萬全之道也。臣等以爲斷不可輕於一試。至於僧格林沁所奏木蘭之說，尤多窒礙。京師樓櫓森嚴，拱衞周密，若以爲不足守；豈木蘭平川大野，毫無捍禦，而反覺可恃？況一經遷徙，人心渙散，蜀道之行未達，土木之變堪虞！夷人既能至津，亦何難至灤耶？種種情形，實不堪設想！」奏上，奉硃諭責問：「何人秉筆？明白回復！」廷臣當以寶鋆主稿覆奏。又奉硃諭：「巡幸之舉，朕志已決，此時尙可從緩。惠親王天潢近派，行輩又尊，自必以國事爲重，著與惇親王、恭親王、端華等速行定議具奏！」咸豐帝決心如此，京師九城謠言蠭起。

二十五日（西曆九月十日），九卿科道又多上疏力諫，並舉歷代遷都之禍。俱留中不報。翌日，各大臣再上疏諫阻，如九卿科道會銜奏疏有云：「若使乘輿一動，則大勢渙散，夷人藉口安民，必至立一人以主中國：若契丹之立石敬塘，金人之立張邦昌，則二百餘年祖宗經營締造之天下，一旦授之他人，先帝付託之謂何？皇上何以對列聖在天之靈乎？」尙書彭蘊章、侍郎潘祖蔭又各單銜上封奏諫阻——潘疏力陳出狩之舉有七大禍害，其七曰：「向來巡幸必派留京，在平時凡百皆堪勝任，事起倉促，委託無人，留鑰之司，設有居心遽思乘此時機，闇干天位，萬一鑾輿旣出，竟有修牒勸進之人，彼謂幸則爲唐肅宗明景泰，否則亦不失爲張邦昌劉豫耳。」

暫緩一步　從夷志也

這些奏疏中一再引用「土木之變」、「明景泰」的典故，實在不是出口成章；一項合理的解釋：咸豐帝與恭親王奕訢兩人之間手足情感不佳，以及奕訢岳父桂良與外人協商而被譴責的種種矛盾，已經被英國人「極端巧妙的運用」，謠言宣傳攻勢且深入宮禁，上達御前。同時潘祖蔭等奏疏中又嚴斥怡親王載垣、鄭親王端華的「和議」主張。

載垣、端華原與肅順同屬強硬主戰派，但時移勢易，深懼英人擁立奕訢的謠傳，利害攸關，不得不改變方向。七月二十四日（西曆九月九日），咸豐帝頒「親征」硃諭的同時，又特派載垣與尚書穆蔭赴天津取代桂良，與英法公使議和。但英法公使堅持入京師換約。二十九日（西曆九月十四日），英國參贊巴夏禮及威妥瑪忽馳抵通州。載垣等不得已與之晤商，幾經辯論，完全允許英人要求。八月初三日（西曆九月十七日），巴夏禮等再來通州，謂英公使即來簽約並進京親遞國書。載垣等當詰以二十九日會商時並無親遞國書之說，何以節外生枝？且「事關國體，萬難允許」。巴夏禮等則以「不願親遞國書，卽是中國不願和好」！狂肆不顧而去。載垣因卽通知僧格林沁遵上諭將巴夏禮等攔途擒獲。英人得訊，遂大舉前進。八月初七日，英法聯軍進占八里橋，淸軍退守京城。

其時，咸豐帝已知京城難以固守，決心出京他避，因特頒硃諭命恭親王奕訢爲議和全權大臣，速與英法公使議商：「現在撫局難成，人所共曉！派汝出名，與該夷照會，不過暫緩一步，將來往返面商，自有恒祺、藍蔚雯等，汝不値與該酋見面。若撫仍不成，卽在軍營後路督剿，若實在不支，卽全身而退，速赴行在。」——諭旨中「暫緩一步」涵義微妙。當時人夏燮撰「中西紀事」且謂此舉係「從夷志也」。尤値得注意。硃諭中提及之恒祺曾任粵海關監督，久與外人接觸，咸豐十年夏（一八六〇年）奉調北來，桂良及載垣與英國巴夏禮、威妥瑪談判時均參與其事；藍蔚雯則自一八四二年上海開埠，即在當地工作，咸豐五年至七年（一八五五——五七年）署理上海道臺，咸豐九年至十年（一八五九——六〇年）爲兩江總督何桂清與英國公使談判時主要助手。咸豐十年六月（一八六〇年七月）經薛煥遣送其與黃仲畬等北來，曾參加桂良及載垣與英人談判。這兩人都極力主張和平，而如上述薛煥與英人李泰國的談話，恒祺、藍蔚雯的北來背景以及其可能發生的影響可以想見。英國外交檔案中威妥瑪報告：經常和恒祺在他私宅密室會談，並有情報員竊鈔清內閣及軍機處文件，了解清廷言行眞相。

恭親王奕訢時年二十八歲（恒祺等均已屆望六之年），當英法聯軍北犯時，曾極力主張「剿夷」，並倡議殺巴夏禮以樹聲威。詎情勢迅速轉變，奕訢主張也迅速改變。奉到硃諭後，立卽通知英法公使，企圖力挽危局。

八月初八日（西曆九月二十二日），咸豐帝攜后妃幼子，在肅順等隨侍下倉皇出京避往熱河。

焚圓明園　報仇懲罰

英法聯軍進抵京師郊外，商民爲求保全生命財產，倡議前往求和。八月二十日（西曆十月四日），同仁堂老藥舖樂宏賓及恒利木廠王海邀集衆商，備牛五十頭、羊五百頭、梨果各三十擔及南酒等物向聯軍求和。二十二日（十月六日），法軍進入圓明園。時巴夏禮等英法戰俘原被囚禁園內，恒祺承恭王命於二十四日先將巴夏禮等釋放，其餘十八人有泰晤士報記者在內均已被清軍殺害。英軍統帥及公使額爾金於此非常憤怒，決心焚燒圓明園。額爾金致恭親王照會有云：「關於清廷之罪，未施責罰以前，英政府與統治中國之清朝間，和議尚不能成立。下記一切條件，清廷如卽接受，則禍燃眉睫之危險，中國政府，庶可以免。圓明園者，英法僑民所受痛心疾首慘刑而死之地。誓必毀爲平地。此條固無須恭王之承認，敝軍統帥所已決定，卽將執行者。」「天津條約可以如所訂者照行；惟賠款未清償以前，如聯軍統帥願意時，英法軍隊可駐天津。」「此函到後，以四十八小時爲限，如不遵照辦理，敝國之海陸軍隊，卽開始動作。至於已佔之廣州海關及其稅收，俟和議成立，卽將歸還中國。」「前者英法軍隊，嘗在上海佐助中國政府掃除叛逆；又英法軍雖佔運河，而漕糧無阻，此二事者，清政府所當注意者也。」這一照會很明白地顯示：英國玩弄威嚇利誘軟硬兼施的兩面政策的眞相。

法國公使葛羅曾有公函致額爾金反對火焚圓明園而頗贊成毀壞北京宮殿計劃：「圓明園者，清帝行幸之離宮也，其地並未設防備禦，亦非敵戰之區也，焚而毀之，實係無益之報復。」「北京城內之宮殿，乃全國政府之所寄，若先刼取其文物典籍，而後悉毀其宮殿，其在中國人與歐洲人之眼中，或將視此舉爲一種之報復與懲罰，其印象之深，比之僅焚毀一遊幸行樂之離宮別館，當遠過之。」但額爾金堅持其焚毀圓明園原計。以爲若不焚毀圓明園，則必將就下列各種方法取代之：

㈠索巨額之賠款。㈡要求交出兇犯。㈢焚燒北京內之宮殿及其他公共建築：「如是爲之，則和議終無成望，留守城內之中國官吏，必皆逃走，恐更無人敢議和也！」

額爾金自我辯護說詞如此，葛羅則指出其一意孤行，倒行逆施：「其意似欲顚覆清朝，而援助太平軍也。予心所不願，而理亦不如此。若不得已，當與之分途」。「額爾金並欲焚毀北京城內之宮殿，然後議和，吾人力持反對，且以撤兵至天津爲爭，彼乃屈從。」

英法公使各持一說，以爲此一野蠻行動辯護。但正如歐洲人所相信：焚毀圓明園，對於交涉的最後解決，促進了不少，並且也增固了英法使臣的地位。

英法軍隊在焚毀圓明園以前，曾大肆搶刼，英軍曾在御園發現乾隆五十八年（一七九三年）英國公使進呈清帝的馬車和炮車，不勝感慨。事實上：一七九三年，英使覲見時就引起禮節爭論，「磕頭」（Kotow）從此成爲中外交涉中上一重要問題，嘉慶二十一年（一八一六年）英使不肯磕頭而被驅逐。這次中英交涉又爲面遞國書跪拜禮節而致決裂。城下之盟，淵源於此。今日社會不講禮節，或者要怪責前人太講究「禮」而召侮！

前倨後恭　恭王議和

咸豐帝硃諭恭親王議和：「不值與該酋見面」。恭王最初也恐懼被英法聯軍侮辱，離北京，暫駐長辛店。嗣經恒祺、藍蔚雯盡力斡旋，始回京師，但每夜遷移宿所，以防意外。是年九月初七日（一八六〇年十月二十日），恭王完全接受英法一切要求。據當時留守北京之御史劉毓南日記：和約簽字前，初十日（西曆十月二十三日），先在禮部大堂演禮，燈彩輝煌，陳設華美，卯刻，王公中堂尙書侍郎九卿及武職等官早往伺候，午刻，「夷人不來，各自散去，可憐亦可哀也」。

十一日（西曆十月二十四日）未刻，英國參贊巴夏禮乘馬車，率夷兵百人至禮部大堂外下馬，由恒祺帶見恭親王，去帽爲禮。申初，英國公使額爾金乘十六抬金頂綠圍肩輿、鼓樂帶馬步兵各隊約千人，均持器械，「照耀如雪」，自東西牌樓直至禮部絡繹不絕。克將軍帶女隊數人入禮部，恭王迎至堂簷下。其時，相陪者大學士賈楨、周祖培、全慶、陳孚恩、沈兆霖、寶鋆、文祥、宋晉等以及三四品京官與武職官，左右其間者慶英、恒祺、董醇。申正酉初，用欽差大臣關防鈐蓋於和約，大堂簷外夷人攝影。十二日（西曆十月二十五日）辰刻，法國公使葛羅、孟將軍等由賢良寺赴安定門外，午刻帶馬步隊千餘人（女兵三人）坐四人轎三乘赴禮部與恭王換和約。

十九日（西曆十一月一日），恭王以法軍撤退，到廣化寺見法國公使葛羅等。二十日，恭王以知照粵海、兩廣、兩江、閩、浙、奉天各省印文交給巴夏禮看。二十二日（西曆十一月四日）恭王到怡王府拜英國公使，又到賢良寺回拜法國公使。自後恭王文祥時常會晤威妥瑪。英國外交檔案中保存威妥瑪當時報告。例如一八六一年一月二十日報告：恭王要我到嘉興寺去見他。他用我從前曾經描述過的那種暴風雨式的浮燥態度，輕率的說出一些話，周圍的人也以極其類似語調稀奇同聲附和。他們在隨從和隨便那個小吏面前用這樣疏忽態度齊聲詛咒君側近臣」。「文祥是一個人物，他對任何談話都持冷靜而憂鬱態度，不時打斷話頭，其態度之滑稽，使人不敢想像他就是緊要關頭留在北京的唯一大臣。他永遠忘不了，而又三番五次追逼你的一件事情是：除非你們外國人，能夠想出轉危爲安的急救辦法，帝國必至滅亡，而且爲期不遠」。「總而言之，假如要從他們身上搞點什麼，那是再方便也沒有的了」。輕蔑心理活現紙上。不幸恭王文祥沒有自知之明，英人就利用他倆的弱點以擴展勢力。

英法聯軍之役，是近代歷史上歐西武力攻陷我國首都的第一次，由上錄可見恭王「屈尊」與英法公使周旋以及英使倨傲的眞相。英文著述中對是役稱爲「中國屈服」，遠比鴉片戰後南京之盟爲重要。比證中文資料，可說紀實。恭王從此在外國人心目中是「最能合作的人」，事實上：恭王在對外交涉中大多主張妥協，這一戰役給他非常深刻難忘的恐怖印象，應該是主要淵源。翌年，慈禧與恭王發動辛酉政變，能夠成功，外力支持是一決定因素。但慈禧對圓明園被焚毀非常傷心慘痛，永難忘卻，時懷報仇雪恥的意念，在對外交涉政策上與恭王不盡相同，兩人之間，由意見相左而致衝突。在垂簾聽政體制下，慈禧自然占了優勢。

四、辛酉政變

慈禧一生主持策動兩次政變：一在咸豐十一年辛酉（一八六一年）、一在光緒二十四年戊戌

（一八九八年）。按其性質嚴重和影響深遠言：辛酉政變實遠超過戊戌政變。因爲它是外國勢力直接間接干涉中國現實政治的開端。英國在辛酉政變幕後是主角，早已與俄法爭奪中國權益。後來英俄兩國在中國利害的尖銳衝突，是促發戊戌政變的重要因素。至於戊戌政變原因，還有新舊之爭、滿漢之爭、母子之爭、嫡庶之爭，關係錯綜複雜，比較「傳取應用物件抗違不遵」竟是辛酉政變的一個因素，隱晦眞相，顛倒是非，輕重份量，顯明易見。清代官私記載，懾於女主權威，不惜用小節掩蔽大體，其心可誅也可憐。現今禁網消除，言慈禧史實，不可再局限於宮闈之內；應該注意歐洲帝國主義國家在中國的企圖和陰謀。

咸豐十年八月初七日（西曆一八六〇年九月二十一日），帝硃諭恭親王奕訢負責與英法代表議和。顯示京師已難固守、帝出京避往熱河的意向更見增強。旋英法聯軍進占八里橋，勝保負傷軍敗報告傳來。帝遂於圓明園召內廷王大臣定計啓行。初八日卯初，召見惠王、恭王、惇王、怡王、鄭王及御前大臣軍機大臣等交付各項事務。卯正二刻，帝於同道堂進早膳。

據宮中膳檔記載咸豐帝在圓明園「最後早膳」（從此以後，圓明園被焚，帝在熱河崩逝）菜單：金銀鴨子一品、猪肉絲炖海帶絲一品、鴨子白菜一品、羊肉片炖多瓜一品、羊肉片炖大蘿卜一品、栗子炖鷄一品、猪肉絲煨翅子一品、大炒肉燜醬扦白一品、爆鷄蛋一品、油熗炒菠菜一品、豆鼓豆腐一品，祭神肉片盤一品、熇猪肉片盤一品、祭神肉片湯一品、大饅頭一品、蒸餅一只、銀葵花盒小菜一品。隨送猪肉絲餛飩湯、老米膳、白米膳、粳米粥。

舉頭望明月　國破家何在

咸豐帝從容用膳時，皇后、懿貴妃（慈禧）、麗妃等內廷妃嬪已携皇長子載淳及公主匆匆自圓明園啓行北走。巳正，咸豐帝自宮內後門出，詣安佑宮叩辭祖先後立卽登程。廷臣如瑞常等伏地力爭諫阻，帝不理，命麾之出。惠王、怡王、鄭王、惇王及肅順等扈蹕行。倉卒間，帳蓬舖蓋及御膳房都不及隨行，狀極狼狽。是日酉初，行抵南石槽行宮，晚膳用燒餅、老米膳、粳米粥充饑。這是近五百年來，中國最高統治者因歐洲國家兵臨京城，倉促逃亡的初次記錄。

由於京都早已擾攘不安，北走熱河的人數甚衆，沿途住戶又多貧民，食物購辦補充不易。御膳房供奉日常飲食，已經很困難，隨帶的猪肉鷄蛋以外，就地採購的燒餅、油條、掛麵也供應上用。八月十五日中秋佳節，帝一行抵達喀拉喀屯行宮，膳品也很簡單，比較在圓明園歡渡佳節的熱烈情形，完全不同。亂離轉徙中更沒有大小月餅可嚐。舉頭望明月，自然不免國破家何在的感慨。皇后、懿貴妃等的膳食，原有「宮分」，由本宮太監宮女自行負責。倉卒逃亡，車輛和物資不夠用，嬌生慣養的妃嬪如今嚐到饑餓滋味，怨憤都集於內務府大臣肅順。

八月十六日（西曆九月三十日）咸豐帝行抵熱河避暑山莊。當地都統道府呈進猪羊鷄鴨各二十頭，全供御膳，未行分賞。而庫款不繼，隨扈兵丁口糧也未能按時發放。肅順總管內務府印鑰，不能不權衡輕重，故於后妃輩的「宮分」不能按定例供給。王闓運、李慈銘的記載，甚至說宮中上食定一羹一截飯一器，貴妃以下則月給膳錢五千。雖不盡符合事實眞相，然按宮中膳檔記載：「九月初一日，奉硃筆：隨晚膳在如意洲賞王大臣等二十九人飯菜八桌，賞內廷主位（卽妃嬪）飯菜一桌：大盌菜二品、小盌菜二品、碟菜二品、大饅頭一碟十個、小菜四碟、老米飯、粉湯臥果（荷包蛋）、白煮羊肉。欽此」。可知妃嬪輩自離京師後兩旬餘才蒙賞肉食，饅頭小菜，竟致動用硃筆。當時飲食問題的嚴重，實已反映盡致。妃嬪女流，不能體諒個中困難，竟怨怒及肅順。其後循例進膳，皇后銜憾前事，負氣對帝言：「流離覊旅，何用看席，請蠲之。」帝因以轉詢肅順。肅順知后意，則對以庫款供應無虞，若減省，反令外驚疑。帝心喜所對，卽詔后曰：「肅順云不可。」不意因此又增加雙方惡感。又就膳檔知：九月以後各處進呈鹿肉黃羊燻肉滷蝦等，帝分賞時，例有皇后，而常不及懿貴妃。帝意如何，不可得知；然懿貴妃（慈禧）因此更銜恨內務府大臣肅順。爲一年以後「辛酉政變」一因素。

何處是樂土　歌舞消憂愁

咸豐帝體質素羸怯，內亂外患，更使其憂憤咯血。在京師時卽日以觀劇自娛，如今倉皇北奔，憤恚益甚，行抵熱河，十日卽病洩且嘔血。九月初，幸漸安康，肅順等爲使帝心懷寬解，北京和議成立，卽驛召昇平署人員分三批至熱河承應。十一月初四日，第一批啓行，到達後卽於是月二十一日在「烟波致爽」開戲，由老生黃春全唱「飯店」、張三福唱「戰潼關」，崑小旦嚴寶麟唱「遊寺」等劇。

熱河避暑山莊有離宮二百餘所，時完好者尚有七十餘，又多藏乾隆盛世服玩及梨園行頭。其中演戲處所有三：㈠烟波致爽，在澹泊敬誠殿後，日常承應用之。㈡福壽園，在德滙門內勤政殿前，規模比較圓明園中的同樂園及紫禁城內的甯壽宮宏麗，是慶壽大典場所。㈢如意洲，當芝徑雲堤東北，戲臺位置在一片雲，係水座，炎夏時用之。自圓明園被焚燬，避暑山莊這三處演戲場所是最完美的。

自昇平署人員全部到達熱河，幾乎每二三日卽演戲一次，有時上午已花唱，仍傳旨今日晌午還要清唱！每次戲目脚色，亦均由硃筆決定：如咸豐十一年四月初五日旨：「初六、初七日，烟波致爽花唱：新進學生伺候」。四月初九日硃筆將十二日戲碼內「教子」一齣原定脚色撤消，改派外學生廣和成班正旦郭祿壽；二十六日戲碼中撤「夜看春秋」，添「琴挑」一齣，令阿金、張金福演出。萬壽節前六日（六月初三日），令劉代班傳旨：「這幾天不必伺候了，竟等初八、初九日福壽園伺候萬壽戲——初九日申初，烟波致爽傳膳伺候戲，裏外查着唱，要尋常軸子雜戲共十八刻」。初八日，硃筆撤次日萬壽節戲單內「四海昇平」「訓子」「教子」「夜奔」四齣。並諭：「四海昇平下次再傳！」

其時，在行宮承值的伶人，有於嘉慶朝至熱河當差的，如費瑞生、陳金雀、周雙喜、范得保、張開、陳永年、錢思福、餞恩壽等八人，帝常召見撫慰，又嘗至餞糧處觀彼輩授藝。一日，陳金雀教唱「聞鈴」武陵花曲，至蕭條恁生句，恁應作去聲，而陳金雀讀作上聲；帝指其非是。陳金雀覆奏係按舊曲譜的聲韻教讀。帝曰：「舊譜固已誤耳」！帝於戲曲之研心類如此。這對於慈禧自然有其影響。

咸豐帝潛心戲曲，可以說是消磨時日的一種不得已。帝既不敢回返京師，久居熱河也非所願，實在有何處是樂土之感。因爲英法聯軍爲保證北京條約的完全實行，有五千餘軍隊駐守天津，並且可以隨時增加，「覲見皇帝親遞國書」又勢在必行。咸豐帝實在不願在外兵威脅下回返京師。至於熱河行宮接近俄國領地，帝又顧慮俄軍的突然來臨，因此，上諭曾一再飭恭王與西北疆吏討論移駕西安的計劃——這一計劃因咸豐帝的崩逝，未成事實，卻是四十年以後，八國聯軍逼京師時，慈禧奔西安的張本。

海屋添壽？不如歸去！

北京和議既經成立，恭親王及留京王大臣等卽奏請回鑾京師以安人心。惟帝以外國公使親遞國書一節，未經明言取消，恐有反覆。是年（咸豐十年）九月二十五日（西曆十一月七日）硃批恭王等奏摺後有云：「二夷雖已換約，難保其明春必不反覆。若不能將親遞國書一層消弭，禍將未艾，卽或暫時允許作爲罷論。回鑾後，復自津至京，要挾無已，朕惟爾是問。此次夷務步步不得手，致令夷酋面見朕弟，已屬不成事體。若復任其肆行無忌，我大清尙有人耶」！恭親王等又與英法公使交涉，經同意暫緩在北京設使館。然咸豐帝仍以回鑾之舉「為時尚早」拒之。十月初一日（西曆十一月十三日）又諭軍機大臣告誡：「諸事既未妥協，設使朕率意回鑾，夷人又來挾制，朕必將去而復返，頻數往來，於事諸多不協；且恐京師人心震動，更有甚於八月初八日之舉。該王大臣等奏請回鑾，固係為鎮定人心起見，然反覆籌思：只顧目前之虛名，而貽無窮之後患」。

咸豐帝於上諭中明言「本年回鑾之舉，該王大臣等不准再行瀆請」。然留京王大臣鑒於內外情勢危急，不能緘默不言，故仍復上疏力諫。如兵部尚書沈兆霖等奏陳：「外兵雖衆且強，其意不過藉以脅和，並無利我疆土之志。」「此次外人內擾，我國之虛實固為外人窺破，而外人之虛實亦為我國窺破」。「夫以萬餘衆入城，而仍換約而去，全城無恙，則彼等之專於牟利，並無他圖已可深信」。「其親遞國書一節，臣私心揣度亦可姑允所請，撫慰數言，總期不損國體不拂彼情，斷無意外之患」——沈兆霖在三個月以前，曾極力反對外使駐京與長江通商；今一旦親見外人行動，觀念論調卽大轉變，足見國人以前對外實在沒有虛心做知彼工作，能在城下之盟後痛定思痛，改正錯誤，可謂亡羊補牢。而咸豐帝不卽回鑾的理由更顯得不正確，廷臣在體制上不能也不敢犯顏直諫，祇有用旁敲側擊手法將責任推在左右近臣——怡親王載垣、鄭親王端華、總管內務府大臣肅順等身上。例如侍郎勝保奏疏卽力言：「若木蘭行在，不過供遊豫之觀，並非會歸之地；暫幸則循舊例，久居則為創聞」。「臣民衆矣，皆曰今歲不歸，明歲復何望乎？都城尚棄，木蘭能久居乎？衆口一辭，莫能解釋。」「夫天下不患土崩而患瓦解，而其所患不在顓臾而在蕭墻。欲皇上之留塞外者不過左右數人，而望皇上之歸京師者不啻以億萬計，我皇上仁明英武，奈何曲徇數人自便之私，而不慰億萬來蘇之望乎」！

勝保這一奏摺「仍請年內還京」！全文千餘言，詳明剴切，忠悃誠意溢於言表。時人目之爲「近年有數文字」。但硃批發還時只有一「覽」字。是否曾上達御前，不能不令人懷疑。此外連銜或專摺奏疏都留中不報。於是「主上雖明，無如內臣營私自便，粉飾太平，以致大局決裂若此，深堪痛恨」的心理，流行於京師朝士大夫間。而載垣肅順不稍顧及，且大興土木修繕行宮，肅順且建築私寓作久居計。因此，更形成怨毒之所集。

時光如箭，除夕及元旦轉瞬來臨，據「敬事房日記檔」記載：咸豐十年十二月三十日辰正，烟波致爽，進高頭早膳，用海屋添籌有帳子膳桌擺。正午，勤政殿安金龍寶桌團大宴，東邊：皇后、頭桌宴，麗妃祺嬪、二桌宴。西邊：懿貴妃（慈禧）婉嬪、頭桌宴，玫嬪、容貴人二桌宴。酉正，伺候上團圓餅一個，「元光」切成二十五塊，上進一塊，賞皇后一塊，懿貴妃等位十二塊，大阿哥（卽慈禧生子）大公主二塊。同檔册又記載：「新正初一日，請駕後，淨面冠服畢，伺候三陽開泰果茶，上前宮陞座，章京希拉朋阿用楓木櫻奶茶盌呈送奶茶，肅中堂揭盌蓋。」——慈禧與肅順在宮庭地位由此顯露無遺。然而每逢佳節倍思親，今在亂離中，一切禮儀均按京師定制舉行，廷臣朝賀規模比較京師卻相去太大。尤以團圓餅代中秋祭月餅，帝更不免憶念中秋佳節在逃難途中的悽涼情景，於是不如歸去心理油然而生。正月初二日遂頒上諭：「朕定二月十三日回鑾」。各部司署均趕辦供張。但期前數日帝忽告病，因諭改於二月二十五日啓鑾。二月二十二日又頒諭云：「旬日以來，體氣雖稍可支持，仍須靜心調攝。本日王大臣等以朕躬尚未大安，奏請暫停回鑾，情詞懇切，不得已勉從所請：暫緩回鑾，俟秋間再降諭旨」。自此以後，帝即時病時安，京師且數次謠傳「聖躬瀕危」。恭親王奕訢以情聯手足，奏請前赴行宮問安。但肅順等恐恭王別有圖謀，乘機進讒，因在御前奏言指其聯合外人挾制朝廷，且權力太大，必須預防。惇親王亦言恭王有反意，懿貴妃親聞其言，數年後且親向廷臣言及。帝對恭王成見甚深，聞此種種更增不快，遂諭恭王：「相見徒增傷感，不必來覲」。帝與恭王從此未再見面而永訣。

兩宮禮節爭論　垂簾輔政並行

咸豐帝駐蹕熱河，各地進呈土貢先後上達御前，水果蜜餞，尤爲帝所喜愛。敬事房咸豐十一年熱河日記檔册有云：四月二十八日，「小太監如意傳：伺候上用果盒一盒：波黎一、香瓜一、金絲棗一、木樨藕一、木樨棗一、穰荔枝一、鮮大扁一」。同月二十九日：「小太監圖里傳旨：每日伺候五大鐘果盒，改爲每日午正二刻伺候」。五月十四日：「小太監如意傳旨：伺候果盒七盒內，上用一盒，內盛杏波黎、金絲棗、木樨棗、木樨藕、荸薺。內三盒蜜餞四碟、玫瑰棗一、山里仁一」。六月初七日：「由堂上交進西瓜二百二十個，隨寫黃摺片具奏。着將西瓜按偏頂子瓜供鮮，在四知書房一個、綏成殿供五個，供畢撤下，照舊遞上。小太監金環傳旨：西瓜藕每日隨果盒上欽此」。

熱河行宮，肅順用事，聖眷日隆。敬事房咸豐十一年熱河日記檔册有云：四月初六日，「硃諭：著肅順將阿哥（慈禧生子）曾經服用過，或綢袍或綢衫要一件，派員送至京城，交徐皂保請至坤寧宮應用，所有此次祀神，著遣薩滿達行禮」。六月十七日，「硃諭：肅順仍帶內務府印鑰」。七月十二日，「諭肅順署正黃旗領侍衞內大臣」。肅順權勢熏灼傾人由是可見，不知持盈保泰，召人嫉忌，固意中事。

其時，戲劇玩藝，照常承應。咸豐十一年五月二十三日傳旨：「二十四日早晨，着昇平署總管帶領內學首領、觔斗武小旦、武行之人、武丑至如意洲一片雲試演戲臺」。這是水座臺，僅夏季應用。已停用數十年，故須試演。結果演出成績良好，自後承應戲均改在此舉行。

是年，六月中旬，帝病復轉劇，七月初又稍痊，十四日仍傳諭：「如意洲花唱照舊」。十五日，病又增加，仍照常治事，如意洲花唱亦照舊。翌日，辰初，「烟波致爽」早膳，用膳後傳鴨丁粳米粥。又傳：午用羊肉片白菜、膾傘單、炒豆腐、羊肉絲炒豆芽。可見食慾尙佳，但已不耐繁囂，傳諭：「如意洲承應戲不必了」。未正，「烟波致爽」晚膳後忽暈厥，囑內中諸侍臣緩散值，至晚甦轉，始定大計。十六日，子初三刻，神情清明，乃再召見御前諸王大臣，傳諭：「立皇長子載淳爲皇太子」。又諭：「皇長子現爲皇太子，着派載垣、端華、景壽、肅順、穆蔭、匡源、杜翰、焦佑瀛，盡心輔弼，贊襄一切政務。特諭」。隨侍諸臣聆聽後，當請帝用丹毫手諭，以昭愼重；但以帝手腕力已弱，不能執管，遂傳諭：「著寫來述旨」。故遺詔中有「承寫」字樣。十七日，寅初，膳房仍「伺候上傳冰糖煨燕窩」，尚未及用，卯時卽崩駕。敬事房日記檔册有云：「十七日，卯時，大行皇帝在烟波致爽殿內殯天，供奉漱口水一分……敬事房傳等處摘纓子。隨傳自今日起，皇后寫皇太后、皇太子寫皇上」。「膳房伺候膳一桌……皇太后帥琳貴太妃等至靈前奠酒一分，首領馬請侍肅中堂（順）皇上在靈前奠酒」。「十八日巳初二刻，在澹泊敬誠殿內入金櫃。早午祭奠俱係外邊伺候，皇太后奠酒，內廷伺候。是日，敬事房首領傳本處首領馬：懿貴太妃親封爲皇太后」。是爲咸豐帝崩駕後一二日間最原始的史料，值得注意的是：第一日皇太后琳貴太妃等均曾舉哀奠酒，卻無懿貴妃之名。而翌日懿貴妃始由其親生子「親封爲皇太后」，與皇后之晉封皇太后有二十四小時的時距。當時在熱河近臣寄京師友人函扎有云：「諸事母后頗有主見。風聞兩宮不甚愜洽，所爭在禮節細故」。慈禧「母以子貴」的自大心理由是可見。（時皇帝年六歲）。

十八日，兩宮（鍾粹宮、儲秀宮）皇太后召見贊襄政務王大臣載垣肅順等等商議詔諭疏章黜陟刑賞事。肅順等初議：諭旨由贊襄政務大臣擬定，太后但鈐印，弗得更易；章疏不呈內覽。太后持不可。最後乃決定：章疏呈覽，諭旨由贊襄政務大臣擬進，皇太后皇帝閱後，上用「御賞」下用「同道堂」二印以爲憑信，所有應用硃筆處均以此二印代之。至簡放人員則各省督撫等要缺，由贊襄政務王大臣共同擬名，請懿旨裁決，其他人員則用掣簽法。故時人以為「垂簾輔政兼而有之」。載垣肅順等八人和衷相處，共矢報效，勤勉赴事，故所行頗愜人意，即平日對彼輩有惡感的也以為「能常如此，未嘗不佳」——但這一局面，並沒有維持一個月。是年八月初一日（西曆九月五日），恭親王奕訢到達熱河行宮，一切情勢就開始迅速變化。

英法俄美支持恭王　總理各國事務衙門

自北京和議成立，恭親王奕訢與英法外交代表的關係即產生一顯著的變化：雙方瀰漫相互的信任。咸豐十年九月十九日（西一八六一年十一月一日）以至二十六日，恭王與英法公使幾次晤談。尤以九月二十日，恭王拜訪英使額爾金爵士（Elgin 時以怡王載垣府邸為旅邸，可說是對主戰派一大諷刺），兩小時餘的坦白交談，更是近代中外關係史上稀見的紀錄。英國官員對恭親王坦白懇切的表示以全力履行中外條約，獲致非常深刻印象。（大英博物院迄今仍保存恭王當時致送英使的酒席菜單）其後，法國傳教士又經天津商人張錦文的介紹晉見恭王。

恭王與英法代表的交往晤談，並沒有奏報咸豐帝。

是年九月二十六日，額爾金致書恭王申言：中英兩國因皇帝政策受惡劣官員影響以致發生敵對仇視，今一切均已過去，惟望清廷成立一專門主持外交的機構，以與即將設立的各國公使館辦理一切事務。額爾金在這一函件中明白表示：希望新成立的外交機構，不要有主戰派官員參與，而由恭王領導的和平派繼續與外人修好。

翌日，英法外交代表卽離京師赴天津，擬將公使館暫設於天津。英法採取這一行動是取信於恭親王，並恐卽在北京設立使館，將使皇帝周圍的主戰派藉口推倒恭王；英法公使並擬訂次年四月再來北京，以便皇帝安心回京——但英法聯軍五千餘人駐紮天津（一八六二年五月開始撤走，一八六五年撤盡），使咸豐帝不願回鑾，卻形成支持恭親王的決定力量與因素。

其時英法兩國已放棄對太平軍的中立態度，採取以軍隊支持協助清廷鎮壓洪楊的政策，俄國也願致送武器，企望以此完全履行天津北京條約，早日在揚子江流域自由通商。正如英國布魯斯爵士（Sir Frederick Burce）致巴夏禮（Harry Parkes）信函所指陳：「我們絕不願完全改變這一國家（中國），因爲我相信我們逐漸改造滿清皇朝比較和一純粹漢人王朝交往要好。我們絕不願將中國變成第二個印度——卽令這是可能的，我們甚致對其他有此企圖和行動的國家也不會願意的。」很明顯地：英國人已找尋到最能合作的人物了。

咸豐十年十二月底，恭王、桂良、文祥上奏請於京師設立一辦理京師內外外國事務的機構。英國人稱贊這是一「非常具有商業性和人情味的文件」。十二月初十日（一八六一年一月二十日），上諭批准恭王建議設立總理各國事務衙門。這是清雍正朝（一七二九）設立辦理軍機處以後一百三十年來又一特創機構，其權力不下於軍機處，後來且因情勢演變，其地位的重要性比較軍機處更過之無不及。恭王、桂良、文祥——自咸豐六年廣州入城交涉以來的主和派——等奉派為這一新機構的負責人。在北京和議中奔走斡旋最出力的恒祺旋亦奉派在這一新衙門行走。桂良的女婿，也是恭王的連襟，長善，是這一衙門第二級官員「章京」（秘書）十六人中之一。尤其是滿人在這一新機構工作的遠比漢人為多。這些事實使得英國人特別滿意，他們很希望與恭王領導的這一新機構合作以執行北京、天津條約的規定事項，進一步擴充在華商業權益。

英法人士對恭王的觀感如此，京師朝士大夫更因北京和議後聯軍撤去，頌揚恭王有安社稷的大功勳。人心歸趨，比較肅順輩之怨仇載道，不啻天淵。咸豐帝崩逝時，可能由於情感及知識關係，完全忽略這些情勢：將恭親王排除在輔佐幼主的王大臣之外，實在是一錯誤——肅順的幕賓王闓運時居湖南，得知顧命八臣輔政，並請太后同省章奏，即以為非祖制；而恭王實繫中外清望，如能同輔幼主，庶幾可使母后不得臨朝；因寄書兩江總督曾國藩，建議曾自請入覲，申明祖制，內外相維，則朝委裘而天下治。惟曾國藩素謹愼，恐蹈權臣干政之嫌，得王闓運書未報，而不旋踵間，宮庭政變即已爆發。

京師朝臣積極活動　熱河行宮意見參商

咸豐帝崩逝噩耗傳到京師，恭親王即奏請奔喪赴熱河。載垣肅順等傳旨：仍留駐京師，毋庸前來行在恭理喪儀。但恭王又再度奏請，載垣輩自以為大權在握，不虞其他，且不顧違反人情，故予允准。恭王當即啓行。八月初一日（西曆一八六一年九月五日），到達熱河，在咸豐帝梓宮前痛哭，當時人記載：「王伏地大慟，聲徹殿陛，旁人無不下淚，蓋自七月十七日以後，未聞有如此傷心者」。祭奠後，太后召見，恭王請與載垣等同見，不許，遂獨對約一時許。太后以夷務爲問，恭王力保無事（詳見下），並堅請回鑾以安人心。

載垣肅順等見恭王到行宮，並與太后獨對一時許，行動乃益謹愼，對恭王則肅然改容，極尊敬之。附從恭王的一些人遂乘機有所活動，其中如軍機章京曹毓瑛等以居樞廷得與聞機要，早已用秘密隱語記述肅順等言行作書扎，秘密置放軍機處發文中，馳驛京師以告其同黨轉陳恭王。今見恭王到達熱河，復秘密夜往晉謁，面陳一切並獻計謀，冀王速舉事，而王則勸彼等稍安，「且俟進城再說」。恭王旋於初七日離熱河遄返京師。

當恭王自熱河啓行時，侍郎勝保（在北京的法國傳敎士曾多次往見勝保）向兩宮皇太后請安黃摺適到達行宮。這是前所未有的創例：「向來外臣無具摺請皇太后安之例」。勝保這一舉動，實含有試探作用。緣當恭王赴熱河時，其他留京王大臣如大學士周祖培、賈楨、趙光等獲悉兩宮皇太后企欲垂簾聽政的決心，因囑學人李慈銘檢舉歷代太后史事以備應用。

八月初十日，御史董元醇請太后垂簾並另簡一二人親王同心輔弼的奏疏到達行宮——這一奏疏原爲迎合太后及恭王心意而發。但恭王尚在回京途中（是月十一日始到京），一切佈置均未妥帖，故爲時反嫌過早。故奏上，卽留中。太監傳語：「西邊留閱」！意卽慈禧在考慮中。載垣等大憤，堅請發下痛駁。翌日交下，並諭：「將所請垂簾暫理朝政，飭羣臣會議；其請於親王中簡派一二人輔弼，開具空名諭旨祇候簡派；並於大臣中擬其可充師傅者公同保舉」。載垣等聆旨，即抗論以爲不可。退下後遂飭軍機章京擬旨將董元醇所請一切痛駁。初稿頗平和，載垣等不以爲然，遂由焦佑瀛親擬搞，草成後，載垣肅順等大讚賞，遂繕眞遞上。慈禧太后閱後，以其與原旨意完全相反，不允照所擬宣發，並將董疏又留中，再召見載垣等八人——載垣等殊憤怒，見起時竟大起爭論，甚至謂：「奉命贊襄幼主，不能聽命太后，請太后看摺，亦係多餘之事」！杜翰（杜受田之孫）且云：「若聽信人言，臣不能奉命」！其他諸人言語亦多激烈，聲震殿陛，太后爲之震怒手顫，幼主更驚怖至於啼泣，遺溺於太后衣。爭辯二刻許，慈安太后說：「留着明日再說」！遂不歡而散。

十二日，載垣等上値，未叫起，昨稿亦未發下，僅交下早事等件，載垣等遂負氣不開視，將其壓擱。日將中，太后不得已，遂將擬旨發下照抄宣示，載垣等八人始仍照常辦事，言笑如常。當時人密扎云：慈禧堅欲即臨朝聽政，不肯將擬旨照抄宣示，經慈安太后轉圜，始勉強發下。

十三日，上諭訂十月初九日爲幼君御極頒詔吉日。翌日，上諭：九月二十三日，恭奉大行（咸豐）皇帝梓宮回京。是夕，欽差大臣侍郎勝保自京畿軍次到達熱河叩謁梓宮，附從恭王的人士即往密訪談商，企盼勝保立即有行動。但勝保以爲載垣輩罪狀不著，未可效竇拳兵諫，致蹈惡名，且恭王在北京佈置未周，輕率舉事，反恐載垣等削減其兵權，以後事更難辦。故勝保在熱區行動極謹愼，載垣等對之亦未多介意。

九月初四日，上諭：端華調補工部尚書，並補授步軍統領；行在步軍統領亦著端華暫行署理。端華奉命後卽與載垣肅順面謁太后，自陳「差務暫較繁忙，請將管理處所懇恩酌量改派」。其意在自彰功勞，並非眞意請辭，但太后卽准予所請。外示優禮，實奪其兵柄。

其時：旋蹕期近，恭王在京師佈置亦漸妥帖，兩宮皇太后因又藉醇王福晉(夫人，慈禧嫡妹)傳語以與醇王密商，並囑醇王草擬載垣等三人罪狀詔旨，備到京卽宣發。慈安太后將這一詔諭密藏之袓服中（李慈銘日記）。

回鑾京師　政變暴發

是年（咸豐十一年）九月二十三日（西曆一八六一年十月二十六日），幼君恭奉大行皇帝梓宮啓行回鑾京師。是日早行啓靈禮後，兩宮太后及幼君卽由間道先行，載垣、端華、景壽、穆蔭諸樞臣隨行。肅順及醇王奕譞、陳孚恩等則扈梓宮後發。二十九日（西曆十一月一日）未正一刻，慈安太后、慈禧太后抱幼君同乘黑布轎行抵京師德勝門外，留京各王大臣皆縞素翻穿珠補褂先期排班跪迎於道次，磕頭請安畢，兩宮太后及幼君遂入城回宮，卽時召見恭親王奕訢密詢一切。

三十日（西曆十一月二日），太后又召見恭王奕訢、桂良、周祖培、賈楨、文祥等，歷數載垣肅順等罪狀，並將前在熱河密囑醇王擬就詔旨，交恭王立卽宣示。其文曰：「上年海疆不靖，京師戒嚴，總由在事之王大臣等籌畫乖方所致。載垣等復不能盡心和議，徒誘獲英國使臣，以塞己責，以致失信於各國。淀園被擾，我皇考巡幸熱河，實聖心不得已之苦衷也。嗣經總理各國事務衙門王大臣等將各國應辦事宜，妥爲經理，都城內外，安謐如常，皇考屢召王大臣議回鑾之旨，而載垣、端華、肅順、朋比爲奸，總以外國情形反覆，力排衆議。皇考宵旰勤勞，更兼口外嚴寒，以致聖體違和，竟於本年七月十七日龍馭上賓。朕搶地呼天，五內如焚。追思載垣等從前蒙蔽之罪，非朕一人痛恨，實天下臣民所痛恨者也。朕御極之初，卽欲重治其罪，惟思伊等係顧命之臣，故暫行寬免，以觀後效。孰意八月十一日，朕召見載垣等八人，因御史董元醇敬陳管見一摺，內稱請皇太后暫時權理朝政，俟數年後，朕能親裁庶務，再行歸政；又請於親王中簡派一二人，令其輔政；又請於大臣中簡派一二人充朕師傅之任。以上三端，深合朕意。雖我朝向無皇太后垂簾之儀，朕受皇考大行皇帝付託之重，惟以國計民生爲念，豈能拘守常例。此所謂事貴從權，特面諭載垣等著照所請傳旨。該王大臣奏對時，曉曉置辯，已無人臣之禮，擬旨時又陽奉陰違擅自改寫作爲朕旨頒行，是誠何心？且載垣等每以不敢專擅爲詞，此非專擅之實蹟乎？總因朕冲齡，皇太后不能深悉國事，任伊等欺蒙，能盡欺天下乎？此皆伊等辜負皇考深恩，若再事姑容，何以仰對在天之靈？又何以服天下公論。載垣、端華、肅順著卽解任。景壽、穆蔭、匡源、杜翰、焦佑瀛著退出軍機處。派恭親王會同大學士六部九卿翰詹科道將伊等應得之咎，分別輕重，按律秉公具奏。至皇太后應如何垂簾之儀，一併會議具奏。」

兩宮皇太后召見恭王、桂良、周祖培等，載垣、端華亦至，乃大聲曰：太后不應召見外臣。並加以擱阻，致太后更加憤怒，遂又令恭王傳諭：前旨僅予解任，實不足以蔽辜，着卽將載垣、端華、肅順革去爵職拿問。時恭王已預佈侍衞，待詔下，王卽傳諭擒拿。載垣、端華尚厲聲曰：「我輩未入，詔從何來」？語未畢，宮庭侍衞十數人已趨前褫二人冠帶，擁出隆宗門幽禁於宗人府。時肅順方護送梓宮次密雲縣，睿親王仁壽率逮者至，肅順咆哮狂詈，被械繫之猶罵不止。

十月初五日（西曆十一月七日），載垣、端華自縊死，肅順亦同時棄市。而十月初一日懿旨授恭王爲議政王在軍機處行走，並領宗人府宗令。翌日，又命恭王爲總管內務府大臣。

十月初九日，幼君卽位，是日適值慈禧太后萬壽前夕。慈禧得意心情可想而知。

湘譚王闓運曾爲肅順客，於此一政變後曾有詩寄感，其中有云：「謀遷誤倚斌，號弓俄委裘，祖制重顧命，姜姒不佐周。誰與同道章？翻怪垂簾疏。不能召親賢，自刎據天圖。戮之費一紙，曾不驚殿蘆。禨祥改同治，御坐屏波離」。對於慈禧與載垣、肅順的是非評斷是很公平的。「不能召親賢」卽指載垣輩忽視恭王的地位，是全局轉變的主要關鍵，更是歷史公論。

外國勢力支持　重要深遠影響

辛酉政變迅速且毫沒有騷動的成功，外國勢力的支持恭王，是一主要決定的因素。英使卜魯斯一八六一年十一月十二日（肅順棄市後五日，同治帝登極後次日）報告倫敦說：「這一場鬪爭的關鍵，主要的要看這一年我們和恭親王交際中給他的印象如何而定。幸運的是：恭親王信賴他自己對我們的觀察和經驗所獲得的結論，而不株守中國政治歷史典籍上的敎條；他向太后保證：我們在此並無可怕之處，這方面他對太后之回京負完全責任」。「已故皇帝的親信逮捕斥責後，接着就有一道上諭。這份文件把對外國人失信和歪曲我們的意向，致形成錯誤政策的事，看成如此有干國法的重大罪狀。恭親王及其同僚之操權，乃是對外國人維持友好關係使然。這個令人感覺滿意的結果，全是幾個月來私人交際所造成的」。「此次諭旨，實是我們自和中國有關係以來最爲有利的文件，這使我們發生一種希望：我認爲就政府而言，我們的困難就要獲得和平解決了。自從一八五八年以來，我一直認爲對華友好的可能性的眞正關鍵，繫於打倒盲目無知或爲個人私利而否認有此可能的那派人」。

卜魯斯在這一報告中還附有威妥瑪與中國官員文祥恒祺等談論這次政變及其他問題備忘錄，說明宮庭內幕消息是有正確來源的。

當卜魯斯寄發報告以前半年，英國駐廣州領事羅伯孫（Robertson）致倫敦信函卽已進一步主張恭王繼承皇位：「叛亂本由政府殘暴而起，如果中國政府發動一套新的制度，人民是會接受的，很可能叛亂（太平軍）會就此熄滅。但是發動新的制度包含一個驚人的問題，那不多不少正是變更皇位。從現在皇帝身上，什麼也希望不到。皇帝的兄弟恭親王現在北京，好像正在領導對外關係，處事表現很開明的看法，假如他肯聽卜魯斯的話（他好像是聽信的），一個月內他對中國眞實情況及其利益的了解，可以比從任何其他途徑所知的多得多。這樣敎育把他培養成一個人物，可以代替那個毫無精力的皇族代表。這樣一個變動將大大喚起人民効忠精神，如果要有外力援助，人民是會熱烈贊同的。爲了更好的將來，他們是會接受這個皇位變動的」。由此可見英人野心狂大，而上錄許多中文史料甚至慈禧口述恭王要造反的話不是沒有根據的。

一八六二年三月十二日卽同治元年二月十二日，卜魯斯寄倫敦信函中更充滿喜悅：「在十二個月之內，建立了一個願意並且相信友好交往的一個政治派系，並且有效地協助它獲得政權。在北京建立了令人滿意的關係，而且在某些方面成爲在十八個月以前與我爲交戰國的政府的顧問，絕不是一件小成就」！辛酉政變在中英關係上的重要，更可概見。

同年三月十八日，英國外務次官賴雅（A. N. Layard）在下議院中更明白申言：「一個極大的改變，在極短時期內發生——就是一政變的發生，導致執政人的更換。兩位皇后和恭親王已合力建立並實行一新政策，那就是中國政府第一次承認外國人的權利，並同意平等對待外國人」。

當時法國任命駐清廷公使布爾布隆（Bourboulon）夫人的日記記載：「肅順以及以自己對歐人的不妥協而著稱的幾位親王和大臣爲攝政，在北京的外國公使不安起來了，他們想擁護與他們簽訂北京條約的恭親王爲國家的執政者。公使們終於取信於恭親王。這位在歐洲人方面找到援助的富於野心的親王，決定了國家的政變」。「因此，宮庭的革命，沒有騷動地結束了，以後談判更易進行，恭親王成爲執政者了，外國人對所發生的事變極度歡喜」。

綜合上述英法人士官私記載：英法在辛酉政變中所扮演的角色，可以概見。從此以後，中國現實政治就離不開外國勢力直接間接的干涉或操縱。追源溯始，辛酉政變產生的重要深遠影響不是後來的戊戌政變所可相提並論的。

值得指陳的是：馬克斯早已注意咸豐朝內政外務：英法聯軍初起時，他郎於紐約論壇報撰文指責英法的行動，徒便利了俄國。對於當時清廷因太平軍起義而發行「大錢」，以及「鈔法」爭論，馬克斯於「資本論」中也有提及。令人驚訝的是「資本論」中提及的侍郎王茂蔭（反對大錢，主張鈔法），在民國二十年代印行的中譯「資本論」內竟變成「王猛殷」！而不知其主名。（一般人更不知王茂蔭是肅順一派的人）國人言近代史事反不及外國人，實在令人慚愧。

五、垂簾聽政

慈禧主持發動辛酉政變前後，充分表現政治野心和機敏技術：不顧傳統家法，祇計現實利害。取得政權，垂簾聽政時，更進一步顯露陰狠手段：同治二年，首將勝保置之於死；四年，再削減恭親王的權力。從此漸集大權於一身。

咸豐帝崩逝之初，慈禧卽有垂簾聽政的心意。御史董元醇上疏，正是迎合她這一心理。祇因當時駐蹕木蘭，遠距京師，情勢發展沒有成熟，不得不隱忍；正如其後明發上諭所云：蓋「出於萬不得已」！逮回鑾京師（咸豐十年九月二十九日）德勝門外，恭親王迎謁於道次，深知兩宮意，行至朝日壇，閣部諸臣出迎，恭王因諷示之，大學士尚書賈楨周祖培等遂於翌日具公疏上呈。

賈周奏疏要旨有云：「我朝從無皇太后垂簾聽政之典，前因御史董元醇條奏，特降諭旨甚晰，臣等復有何異詞。惟是權不可下移，移則日替；禮不可稍渝，渝則弊生。」「爲今之計：正宜皇太后敷宮中之德化，操出治之威權，使臣下有所稟承，命令有所咨決，不居垂簾之虛名，而收聽政之實效，準法前朝，憲章近代，不難折衷至當。」「請敕下廷臣會議：皇太后召見臣工禮節，及一切辦事章程，或仍循向來軍機大臣承旨舊制，或量爲變通，條列具奏，請旨酌定，以示遵守。」

皇太后權宜聽政

賈周等公疏支離掩護，不敢正言，而其中所引垂簾故事，乃取李慈銘所貽周祖培「臨朝備考錄」中雜舉數人，割裂數語，前後不相聯屬。充分表現有地位的士大夫的可憐相：既不敢違反太后恭王意旨，又不能不顧及傳統家法，祇好依違兩可。而同時到京的欽差大臣勝保請垂簾疏，卻面對現實暢所欲言。開宗明義卽云：「朝廷政柄操之自上，非臣下所得而專，我朝君臣之分極嚴，尤非前朝可比！」旋卽指責載垣端華等贊襄政務之不當：「今嗣聖旣未親政，皇太后又不臨朝，是以政柄盡付之該王等數人，而所擬諭旨，又非盡出自宸衷」：「如御史董元醇條陳四事，極有關係，應准應駁，惟當斷自聖裁，廣集廷議，以定行止。該王等早知以國事爲重，亦當推聖虛己，免蹈危疑，乃徑行擬旨駁斥，已開矯竊之端，大失臣民之望，命下之日，中外譁然。自古天無二日，民無二王。今一旦政柄下移，羣疑莫釋，道路之人，見詔旨皆曰：此非吾君之言！此非吾母后聖母之意也。一切發號施令，眞僞難分，衆情洶洶，咸懷不服；不獨天下人心日形解體，且恐外國聞知，亦覺於理不順，又將從而生心，所關甚大。」

勝保奏疏又進一步指陳：「爲今之計，非皇太后親理萬幾，召對羣臣，無以通下情而正國體；非另簡近支親王佐理庶務，盡心匡弼，不足以振綱紀而順人心。惟有籲懇皇上俯納芻蕘，卽奉皇太后權宜聽政，二聖並崇；而於近支親王中擇賢而任，仍秉命而行，以待我皇上親政以前，一切用人行政大端不致變更紊亂，以承郅治。」

勝保奏疏提出國內人心及外國態度，可說能把握當時情勢要點，對於太后聽政特加「權宜」兩字，比較賈楨諸人奏疏所謂「不居垂簾之虛名而收聽政之實效」顯然符合家法傳統及一般羅輯。正如當時學人李慈銘所譏評：賈周「諸公不學，至於如此！董疏尤葛藤，以視勝保此疏有愧多矣」。卽曾國藩也說勝保「摺皆識時之至言」。

賈楨、勝保等奏疏上陳，卽日奉諭：「着王大臣大學士六部九卿翰詹科道，將如何酌古準今，折衷定議之處卽行妥議以聞。」這是慈禧希望廷臣參加討論並獲得極大多數的支持擁護。王大臣等幾經議商，御史楊秉璋等又各上疏試擬垂簾章程，均不符合太后意旨——懿旨在集中大權於兩宮，而朝臣議擬卻不能不顧歷史先例及愛新覺羅二百餘年祖制家法。經過半個月再三商議，十月十六日（咸豐十一年）禮親王等始奏上議訂垂簾章程。其中要項有三：（一）召見內外臣工：擬請兩宮太后、皇上同御養心殿，皇太后前垂簾；於議政王御前大臣內輪派一人將召見人員帶領進見。（二）京外官員引見：擬請兩宮太后、皇上同御養心殿明殿，議政王御前大臣帶領御前，乾清門侍衛等照例排班站立；皇太后前垂簾設案，進各員名單一分，並將應擬諭旨分別註明。皇上前設案，帶領之堂官照例進綠頭籤，議政王御前大臣捧進案上，引見如常儀。其如何簡用：皇太后於單內欽定鈐用御印交議政王軍機大臣傳旨發下，該堂官照例述旨。（三）除授大員，簡放各項差使，擬請將應補應升應放各員開單，由議政王軍機大臣於召見時呈遞，恭候欽定，將除授簡放之員鈐印發下繕旨。

臨朝議政同時並行

這一垂簾章程，將原來「垂簾、輔政兼而有之」的局面，進一步改變爲「臨朝議政同時並行」。顯示慈禧的政治野心與政治藝術：利用恭親王聲勢與影響而獲得政變的勝利，寵之以「議

「政王」名號，比較載垣肅順等八人「贊襄政務」名位均尊，但卻不如清初「攝政王」的獨斷專行權力。

在批准這一垂簾章程的同時，特頒發上諭謂「奉太后懿旨：垂簾之舉，本非意所樂爲，惟以時事多艱，該王大臣等不能無所稟承，是以姑允所請，以期措施克當，恭濟艱難；一俟皇帝典學有成，卽行歸政」。上諭中一再說明：「兩宮皇太后不得已之苦衷，實可昭揭日月垂示臣民。」語意委婉，似求恕於天下庶民。實因此種垂簾儀制，原非滿清皇朝所曾有，且女后干政尤爲愛新覺羅祖制家法所厲禁。王闓運詩：「祖制重顧命，姜姒不佐周。」正可代表當時學人的反應。

咸豐十一年十一月初一日（西曆一八六一年十二月二日），卽垂簾章程奏可後十五日，幼君奉兩宮皇太后御養心殿垂簾聽政。是日，天氣晴和，內廷王公大臣六部九卿均於養心殿行禮，珠補貂褂，莊嚴肅穆，朝局又是一番新景象。

是年十一月二十四日，卽太后垂簾臨朝後二十四日，翁同龢侍其父心存入覲。其日記有云：「黎明，侍大人入內，辰正，引見於養心殿，兩宮皇太后垂簾（用黃色紗屏八扇），皇上在簾前御榻坐，恭王立於左，醇王立於右，吏部堂官遞綠頭籤，恭王接呈案上。是日，引見才二刻許卽出；仰瞻闕庭，俯覽禁闥，不自知其悲來橫集。」這是垂簾之初的實錄，顯示慈禧於政事尚未熟習，召對臣工爲時短暫，祇不過表示親自處理政務形式而已，且幼主年僅六歲，御榻之上藐然有孤露之感。內亂外患方亟，翁同龢自然不免觸景傷情。

當載垣、肅順等贊襄政務，原經奏陳並奉頒示：新君建元採用「祺祥」年號。惟其意義重複，時人已多譏評。回鑾京師，朝局變更，大學士周祖培等因上言「可否更定」？太后命王大臣會議，周祖培初主改爲「熙隆」或「乾熙」。最後衆議定採用「同治」兩字，奉懿旨允可。新君御極之日，頒詔天下，以翌年爲同治元年（西曆一八六二年）。

購置英國船炮計劃

英國支持滿清政府，擁護恭王當政的主旨，在促使中英天津條約迅速實行；揚子江通商，尤爲亟務。因此，協助清廷早日敉平太平軍，更爲當時大前提：特調派戈登率領外人組織的常勝軍，協同淮湘在陸地作戰。同時海關總稅務司李泰國(H. N. Lay)、代理總稅務司赫德（Robert Hart）也推動一購置英國炮船計劃。

咸豐十一年冬，赫德在上海與江蘇巡撫薛煥晤談，提出購買外國船炮、平定太平軍的建議。這一建議，正針對太平軍活動重點在揚子江流域而發。曾國藩建立湘軍水師，未見大效。因此，薛煥呈報北京，總理衙門大臣文祥等卽特感興趣，經恭王奏准，卽命赫德轉告時在英國的李泰國立卽進行購置船炮——總理衙門王大臣恭王等爲此幾乎迫不及待，時時催詢赫德，企盼這一艦隊儘速東來。

李泰國得赫德函件後決定：這一艦隊含六艘炮艦。英國駐華公使布魯斯及英國政府自然加以支持。因為這一行動既可表示支持清廷，又可使揚子江通商早日實現。但李泰國師心自用，在若干事項上沒有顧及事實，以致後來發生問題。但李在赫德再三催促下，同治元年夏（一八六二年八月），已在英國購得五艘船。其中三艘炮船：一艘六七〇噸、一五〇四馬力，一艘六六九噸、二〇〇四馬力，一艘三〇一噸、八〇四馬力。經將原有船名取銷，新命名為「北京」、「中國」、「廈門」。另三艘炮船均為新建造：㈠江蘇號：一千噸、三百四馬力，旗艦。㈡廣東號：五五二噸、一五〇四馬力。㈢天津號：四四五噸、八〇四馬力。各船艦長，也經李泰國分別委任。

按照國際通例：各船需懸掛國旗，但當時清廷沒有制訂國旗。李泰國就擬訂一綠底黃色叉形旗幟。但英國海軍當局堅持必須清廷批准才予以承認。英外相因函囑駐華公使布魯斯與恭親王等商。最後決定用三角形黃底飛龍旗。

李泰國於同治元年八月（一八六二年九月），在英國報紙刊登廣告，為這一艦隊招聘船員水手，不限國籍。英法人頗多應徵，美國人則正忙於國內南北戰爭，無暇及此。同年冬，李泰國任命英人奧司本（Noel OSborn）為這一歐化中國艦隊總司令，並與奧司本簽訂合同：任期四年，全權指揮一切。惟有經過李泰國以接受中國皇帝命令，而李泰國有權拒絕接受其本人不滿意的任何命令。

李泰國這些措施，可說完全是基於戰勝國的優越感，與當時英美法俄對清廷採取「合作政策」的若干涵義與精神頗多距離，赫德與北京上海官吏各方接談後也認爲這太不符合中國實際情形。

恭親王在得知李泰國這些舉措後，與兩江總督曾國藩及江蘇巡撫李鴻章議商。曾國藩極不滿意李泰國這一控制中國新艦隊的計劃，特覆陳恭親王：如其大權旁落，任令外人控制，不如將這些船隻贈予友好國家，藉解除若干約束。因此，同治二年夏（一八六三年六月），這一艦隊到達香港，清廷不予接受，卽就地拍賣。中國創建新式海軍計劃遂告延遲。但能認識並進行購置外國堅船利炮（這是林則徐在鴉片戰爭時不敢公開昌言的），又能顧及國家行政主權的完整與尊嚴，爲稍後洋務運動建立一比較正確方向，當時官吏見識是可令人佩服的。

同文館的創立

中英天津條約規定：嗣後英國文書俱用英文書寫，遇有文詞辯論之處總以英文作爲正義。因此，培養英語人才成爲亟務。咸豐十年十二月初一日（一八六一年一月十三日），恭王、桂良、文祥在請設立總理各國事務衙門的奏摺中，同時請設立同文館。旋奉上諭批准。惟如其後恭親王文祥奏陳：「前請飭廣東上海各督撫等，分派通解外國語言文字之人攜帶各國書籍來京。廣東則稱無人可派，上海雖有其人而藝不甚精」。「是以日久未能舉辦」，而「各國均以重貲聘請中國人講解文義，中國迄無熟悉外國語言文字之人，恐無以悉其底蘊。廣東江蘇既無咨送來京之人，不得不於外國延訪」。

同治元年七月十五日（一八六二年八月二十日），恭親王奏擬同文館章程，並奏陳開辦英文班。第一任教習，是由英國使館秘書威妥瑪（Thomas Wade）推薦，經過一番察看之後，派英國傳教士包爾騰（J. S. Burdon）擔任，徐樹琳充中文教習。翌年四月（一八六三年五月），法文班開設，由法國公使館介薦法國傳教士司默靈（Smorrenberg）任教習。俄文班則一百餘年來理藩院原設有俄羅斯館，今移設同文館內，由俄國公使介紹其翻譯員柏林（A. Popoff）任教習。另派中國人兩名任教，張旭升：法文班，湯亦銘：俄文班。

同文館章程規定：學生自八旗子弟中挑選，每班每年十名，入學年齡在十五歲上下。同治二年，英文班教習包爾騰赴香港，改由傅蘭雅博士（Dr. John Fryer）接任。翌年又聘請美國丁韙良博士（Dr. W. A. P. Martin）任教。這兩人後來在譯述西洋自然科學及國際公法諸書爲中文，很有貢獻。

恭親王等對同文館的設立，非常重視，對外國教習尤多禮遇。如丁韙良自述：「（總理衙門）各大臣之中，有三位我在到北京以前就認識了的。其餘的恭親王等。我因爲常常和他們見面，所以也很熟悉。恭親王對我異常客氣。中國人彼此打招呼的時候，態度是很冷淡的，那怕至親密友之間，也只遠遠的拱拱手而已；他對我總是按着滿洲人的規矩，很親熱的握着我的兩手。

那時候，外國人懂得中國學問的比現在少得多，他看見我對於中國作家居然知道一些，因此給我取個別號叫做『冠西』——那是一個十分恭維的稱呼，以後中國人就都知道我名叫丁冠西了。」

恭親王在創設同文館、推進肄習西學的工作，功不可沒，尤其同治四年冬（一八六五）朝廷守舊派以大學士倭仁爲首反對肄習西學西藝時，恭親王更始終堅持原則，不惜直言指斥倭仁：「該大學士旣以此舉爲窒礙，自必別有良圖；如果實有妙策，可以制外國，而不爲外國所制，臣等自當追隨該大學士之後，竭其檮昧，悉心商辦。如別無良策，僅以忠信爲甲冑、禮義爲干櫓等詞，謂可折衝樽俎，足以制敵之命，臣等實未敢信。」「惟是倭仁此奏，不特學者從此裹足不前，尤恐中外實心任事而不尙空言者，亦將爲之心灰而氣沮，則臣等與各疆臣謀之數載者，勢且隳之崇朝，所繫實非淺鮮。」

恭王所謂「勢且隳之崇朝」，後來事實演變，竟不幸言中。守舊勢力更見抬頭，恭王因辦理「夷務」負謗亦益甚，以致同治六年（一八六七年）預籌修訂中英中美各商約原則時，依違兩難，徬徨無定。曾國藩所謂：「詳繹總理衙門原摺密函層層商折，謀堅執固拒之辭，而又不欲大局之決裂，懷雪恥報仇之志，又不欲彼族之猜疑，實屬審時度勢，苦心經營。」可說了解恭王苦心。事實上，恭王對曾國藩的支持與尊重，內外相維，才形成「同治中興」。

就晚清歷史，或慈禧政治生命史觀察：咸豐十一年八月初一日（一八六一年九月五日），實具有特殊意義：這一天，是恭親王到達熱河面謁太后，獲得發動政變默契；同時也是曾國藩的湘軍攻克「關係天下安危」的安慶之日。「是時恰值日月合璧，五星聯珠，欽天監於五月具奏似爲非常祥瑞。今皖城按時應驗，國家中興，庶有冀乎」。曾國藩因此「觀賊情之渙散」，遂有金陵「可卽克復」的自信。

咸豐十年八月，英法聯軍逼近北京時，蒙古兵及八旗綠營均連戰皆敗；上諭調曾國藩領帶之鮑超率勇北上，歸勝保統帶效力。然國藩稍一考慮後，卽覆奏以爲鮑超未能赴援，請准其本人或胡林翼率部入衞——曾國藩的主意，是以進爲退的策略。正如其是年九月十四日寄弟國荃家書所云：「安慶決計不撤圍，江西決計宜保守，此外或棄或守，或抽或補，合衆人之心思共謀之，北援不必多兵，但卽吾與潤帥（胡林翼）二人中有一人遠赴行在，奔問官守，則君臣之義明，將帥之識著；有濟無濟，聽之可也。」胡林翼致曾國藩書亦云：「疆吏爭援，廷臣羽檄，均可不校，士女怨望，發爲歌謠，稗史游談，誣入方册，吾爲此懼，公其遠謀。」可見曾胡心目中於「保國」「保天下」的輕重緩急，分別實極顯明。惟儒家倫常大義，是國藩所持以抗太平軍保天下的原則，故不能公然違反廷旨，祇能如胡林翼所謂出之以陰陽懵懂。

曾國藩的決計，乃有安慶克復，扭轉危局。不意捷報甫傳，政變發生。國藩大用始自肅順，故憂讒畏譏特甚。但兩宮太后及恭王基於事勢需要，祇有繼續倚任曾國藩。咸豐十一年十月十八日，廷旨：曾國藩統轄江皖贛三省，並浙江全省軍務，所有四省巡撫提鎮以下，悉歸節制。同治元年正月初一日詔授曾國藩爲兩江總督、協辦大學士，初四日，廷旨授曾國荃爲浙江按察使。二月，詔授國荃江蘇布政使，並諭：兄弟無庸迴避。倚畀之殷，加於往日。曾國藩則深感功高震主的危懼，其致國荃家書有云：「京師十月以來，新政大有更張，皇太后垂簾聽政，中外悚肅，余連奉廷寄諭旨十四件，倚畀太重，權位太尊，虛位太隆，可悚可畏。」同時，國藩在覆奏保舉封疆大員廷旨的密片中更奏陳：「疆臣既有征伐之權，不當更分黜陟之柄，宜防外重內輕之漸，兼杜植私樹黨之端。」戒愼恐懼心理，可見一般。

同治三年六月十六日，湘軍歷經苦戰，克復金陵。紅旗報捷之奏，曾國藩特推官文領銜，極保清廷重滿輕漢故習，手撰「金陵軍營官軍昭忠祠記」尤表現謙抑：「楚軍圍金陵兩載而告克，非前者果拙而後者果工也；時未可爲，則聖哲亦終無成，時可爲則事半而功倍也。」於八旗綠營圍攻金陵久而無功終致潰敗事跡，多所掩飾。其致國荃家書又再三互相誡勉：「古來成大功大名者，除千載一郭汾陽（子儀）外，恒有多少風波，多少災難。談何容易？願與吾弟兢兢業業，各懷臨深履薄之懼，以冀免於大戾。」力求持盈保泰，藉免他人嫉忌的心理由此可見。然悠悠人口，是非無定。國藩迅速裁撤湘軍，急流勇退，仍不免於毀謗交加。

蔡壽祺引繩批根

同治四年二月二十四日，新任日講官蔡壽祺得內監授意，上萬言書，痛陳時政，以「請振紀綱以尊朝廷」、「請正人心以端風化」爲言，對曾國藩諸人攻訐不留餘地。如所舉紀綱之壞事例有云：「劉蓉以諸生標榜欺飾，聳動中外，前在曾國藩軍營，國藩輕信其謀，致有九江之敗，後夤緣入駱秉章幕中。以知縣升署藩司，中外駭異，考其得官之日，爲咸豐十一年九月十五日，正肅順用事之時。其時文宗顯皇帝升遐，皇太后居內，軍機無記名之案，不知何以驟擢監司？」

蔡壽祺奏陳：「臣以爲人心之不正，其故有二：一則疆臣欺罔所致也，一則疆吏濫薦人才所致也。若蔣益澧之暴戾、萬啓琮之聚斂，楊昌濬、陳褆、江忠濬之鄙陋、曾國荃之貪婪、李鴻章之浮誕，均未曾服官中外，而一旦夤緣得法，或以黨援，或以貴介，或以富厚，驟獲高官，即所著有戰功，亦皆因人成事。此輩才具，祇宜授以卑官，或用爲武職，責以馳驅，方可稱職。今皆畀以重任，豈能諳練政體整飭官常。更有甚者，湖北臬司唐際盛以烹飪取悅於官文、胡林翼，人稱之爲唐厨子。歐陽正墉之在襄陽，人皆謂不諳吏治、不懂軍務，官從何來？此外若李世忠豫勝營所保之監司道府州縣，更齷齪不足數矣。似此濫邀名器，人微位高，使天下視軍營爲梯榮之徑，人心何由而正乎？」

蔡壽祺這種苛論，正如御史王拯所謂「必欲引繩而批根，其能捫心而不自愧乎」！然就當時時論趨勢觀察，則蔡壽祺此疏，嫉賢忌功以外，更隱伏滿員旗將一項陰謀：不僅擬翻肅順倚任曾國藩諸人公案，且有違逆潮流重爲旗人爭取軍權的企圖。

恭親王四大罪狀

三月初四日，蔡壽祺又上疏奏劾恭王攬權、納賄、徇私、驕盈四大罪狀。其中有云：「此皆外間物議，在議政王豈竟如斯？而直道在人，斷非無因而至；縱議政王公平廉潔，而人言不息。」「宜乎天象示儆，陰陽不和。臣愚以爲議政王若於此時引爲已過，歸政朝廷，退居藩邸，請別擇懿親議政，多任老成，參贊密勿，方可保全名位，永荷天庥」。

是日見起時，兩宮太后以蔡壽祺疏示恭王。恭王卽失聲曰：蔡非好人！欲逮問之。兩宮太后怒甚，卽召見大學士周祖培等，垂淚諭諸臣：「恭王植黨擅政，漸不能堪，欲重治王罪。」諸臣莫敢對，太后復屢諭諸臣：「當念先帝，勿畏王；王罪不可逭，宜速議。」周祖培頓首曰：「此惟兩宮乾斷，非臣等所敢知！」太后曰：「若然！何用汝曹爲？他日皇帝長成，汝等獨無咎乎！」周祖培因又曰：「此事須有實據，容臣等退後詳察以聞，並請與大學士倭仁共治之。」太后始命退，諸臣均流汗沾衣。外間亦人言藉藉謂有異常處分（李慈銘時居周祖培家，問答語均祖培當日面告，見李慈銘「越縵堂日記」）。

初六日，倭仁、周祖培等會於內閣，並召蔡壽祺至內閣追供，蔡供無實據。翌日，倭仁等覆奏上，太后已先作詔以待，卽召見倭仁、周祖培等示以硃諭，並諭曰：「詔旨中多有別字及辭句不通者，汝曹爲潤飾之。」周祖培因請添入「議政之初尙屬勤愼」八字。太后又諭：「此詔卽下內閣速行之，不必由軍機！」詔曰：「朕奉兩宮太后懿旨：本月初五日，據蔡壽祺奏：恭親王辦事徇情、貪墨、驕盈、攬權，多招物議。似此劣情，何以能辦公事？查辦雖無實據，事出有因。究屬曖昧，難以懸揣！恭親王議政之初，尙屬勤愼，迨後妄自尊大，諸多狂傲，倚仗爵高權重，目無君上，視朕冲齡，諸多挾制，往往暗使離間，不可細問。每日召見，趾高氣揚，言語之間許多取巧妄陳。若不及早宣示，朕親政之時，何以用人行政？凡此重大情形，姑免深究，正是朕寬大之恩。恭親王着毋庸在軍機處議政，革去一切差使，不准干預公事，以示朕曲爲保全之至意。至軍機處政務殷繁，着責成該大臣等共矢公忠，盡心籌辦。其總理通商事務衙門各事宜，責令文祥等和衷共濟妥協辦理。以後召見引見等項，着派惇親王、醇郡王、鍾郡王等四人輪流帶領。特諭。」

初八日，惇王上疏請太后格外施恩，飭下王公大臣集議請旨施行。

皇太后內心矛盾

初九日太后先召見倭仁、周祖培、吳廷棟等，諭曰：「恭王狂肆已甚，必不可復用！」「卽如載齡人才，豈任尙書者乎？而恭王必予之！」「惇王今爲疏爭，前年在熱河言恭王欲反者非惇王乎？汝曹為我平治之。」倭仁等奉諭後至內閣，與六部九卿翰詹科道會議，述所奉諭旨。軍機大臣文祥亦述昨日面奉太后懿旨曰：「恭親王於召見時一切過失，恐誤正事，因蔡壽祺摺，恭親王驕盈各節，不能不降旨示懲；惇王摺不能不交議，均無成見，總以國事為重。」「朝廷用舍，一秉大公，從諫如流，固所不吝，汝等固謂國家非恭王不治，但與外廷共議之，合疏請復任，我聽許焉可也！」這一旨意與倭仁述旨完全不同。文祥述畢，吳廷棟爭之甚力，倭仁亦以為不可。而二日押班均為鍾郡王，乃各引鍾王為證。鍾王曰：「固皆聞之。」諸臣相顧色然，無所適從，紛紜不止，遂不成議而散，定十四日再議。

太后對諸臣諭旨兩歧，顯示其內心的矛盾。當時學人李慈銘分析推測太后心意，可說很能得其眞相：「竊揣兩宮之意，銜隙相王，已非一日，退不復用，中旨決然。徒以樞臣比留，親藩疏請，驟易執政，既恐危中外之心；屢黜宗臣，又慮解天潢之體。攻訐出自庶僚，參治未明罪狀，怯於啓請，慚於改更，欲藉大臣以鎭衆議。且王夙主和約，頗得夷情，萬一戎狄生心，乖端要挾，朝無可倚，事實難圖，故屢集諸臣審求廷辯，冀得公忠之佐，以絕二三之疑。」

十三日，醇王上疏請太后寬免恭王。王拯、孫翼謀等也疏請格外恩施。

十四日，王大臣等復集會內閣，太后將醇王等三摺發下。倭仁深知太后眞意，故先出摺稿示諸人，並以為醇王等疏可置勿議。衆人黯然：或云家庭之事，人所難爭；或云恭王屢招物議，豈盡子虛，難膺重任；或云事無確據，應許自新，廢棄可惜；或云渙號已頒，不宜朝令暮改；或云從諫如流，益足彰聖人之無我。議論紛紜，莫衷一是。後肅王出疏稿示衆人，略謂「總需出自皇太后皇上天恩獨斷，以昭黜陟之權，實非臣下所敢妄擬」。衆翕然以爲是。於是倭仁刪前稿，凡四易稿而成：「如何施恩之處，聖心自有權衡，臣等不敢置議。」軍機大臣等列名倭仁摺，禮親王及王公宗室大臣七十餘人列名肅王摺。衆論如是，顯示「無言抗議」。因此，倭仁及肅王兩疏上陳，十六日奉明發上諭：「王公大學士所奏，僉以恭親王咎雖自取，尙可錄用，與朝廷之意正相脗合。恭親王著卽加恩仍在內廷行走，並仍管總理各國事務衙門。」

太后當政　中央集權

恭親王復蒙錄用，然已削除議政王及軍機大臣名號，不能與聞機密。樞廷突失重心，若干政務不免脫節。四月十四日，太后不得已又頒諭：「恭親王著仍在軍機大臣上行走，無庸復議政名目，以示裁抑。」

良弓藏，走兎烹。共患難易，同安樂難。恭王年少不學，闇於大體，積嫌蒙釁，自取嚴譴。慈禧「集權」目的因此達成。

蔡壽祺於十天之內連上兩疏，攻訐曾國藩及恭王，顯示深宮企圖。恭王身處輦轂之下惟有惶恐待罪。遠在金陵的曾國藩奉讀廷寄更「讀之寒心，惴慄之至。竟日忡忡，如不自克」；與彭玉麐談論，「欷歔久之」。曾素謹愼，日記文字如此。彭當時寄友人函更明白表示憤怒不滿：「議政王為九江蔡壽祺以莫須有汚衊，致出軍機，中外駭聞。伏思今上當極，兩宮垂簾，實賴賢王公忠體國，上下一心，華夷欽服，始有今中興氣象。何物蔡壽祺喪心狂吠，以瑠人之授意，竟敢害於忠良。倭公（仁）不侃侃而言，亦竟阿於取好，更可怪也。議政，其周召；若輩，其管蔡乎?!天下有心人能不憤恨欲死。不才欲以首領進詞，而爵相（曾國藩）極力勸阻，須俟城內（京師）動靜，再作道理。兄（彭自稱）不學無術，不平欲鳴，抑恨堇吐，其如憤火中燒何。小人道長，國家堪憂，殊喘餘生，安得卽賦歸去遁跡深山不聞世事耶?」

李鴻章寄郭嵩燾書更有云：「都中羣議無能謀及遠大，但以內輕外重為患，鰓鰓然欲收將帥疆吏之權，又僅挑剔細故，專采謬悠無根之浮言。」於是曾國藩更力求急流勇退，不得允准，惟有「做一日和尚撞一日鐘」。

曾國藩對宮庭觀感

慈禧為預防內輕外重，實行中央集權，同治七年十一月，調曾國藩任直隸總督，不使其龍蟠虎踞於金陵。十二月十四日，曾入宮覲見兩宮皇太后、皇帝。其日記有云：「入養心殿之東間，皇上向西坐，皇太后在後黃幔之內；慈安太后在南，慈禧太后在北。余入門跪奏稱臣曾某恭請聖安，旋免冠叩頭，奏稱臣曾某叩謝天恩畢，起行數步跪於墊上。太后問汝在江南事辦完了?對辦完了。問勇都撤完了?對都撤完了。問遣散幾多勇?對撤的二萬人，留的尙有三萬。問何處人多？對安徽人多，湖南人也有些，不過數千；安徽人極多。問撤得安靜？對安靜。問你一路來可安靜？對路上很安靜，先恐有游勇滋事，卻倒平安無事。問你出京多少年？對臣出京十七年了。問你從前在京，直隸的事自然知道！對直隸的事臣也曉得些。問直隸甚是空虛，你須好好練兵！對臣的才力怕辦不好。旋叩頭退出。」十五日又覲見，其問答中有：「太后問你的病好了？對好了些，前年在周家口很病，去年七八月便好些。問你吃藥不？對也曾吃藥。」十六日，曾再度入覲：「僧王之子伯王帶領入見。問直隸空虛，地方是要緊的，你須好好練兵；吏治也極廢弛，你須認眞整頓！對臣也知直隸要緊，天津海口尤爲緊要；如今外國雖和好，也是要防備的，臣要去時總是先講練兵；吏治也該整頓，但是臣的精力現在是不好，不能多說話，不能多見屬員，這兩年在江南見屬員太少，臣心甚是抱愧。（屬員二字太后未聽清，令伯王再問，余答見文武官員即是屬員。）太后說你實心實力去辦！又說有好將儘管往這裏調。對遵旨竭力去辦，但恐怕辦不好。太后說盡心盡力沒有辦不好的。」

這是曾國藩第一次覲見兩宮太后的親筆記錄。其後又多次奉召入覲，其日記均有記載，但沒有表示觀感和評論。幸其幕賓趙烈文「能靜居日記」中保存了一項珍貴史料：「同治八年五月二十八日：謁師（曾國藩）久譚……余又問軍務夷務及內廷國是之有無定論。師蹙額曰：到京後曾會議和約事，醇邸意在主戰，曾上摺交內閣再議，吾以目下不可不委曲求全而又不可不暗中設防奏覆，然中外貧窘如此，無論直隸江蘇亦安能自立？今年和約當可成，不致決裂，而時會難知，能無隱憂。又言兩宮才地平常，見面無一要語。皇上冲默亦無從測之。時局盡在軍機，恭邸文（祥）寶（鋆）數人權過人主。恭邸極聰明而晃蕩不能立足，文柏川（祥）正派而規模狹隘亦不知求人自輔，寶佩衡（鋆）則不滿人口。朝中有特立之操者尙推倭艮峯（仁），然才薄識短。餘更碌碌，甚可憂耳。」

早在咸豐時，曾國藩寄胡林翼書翰卽有「默觀天下大局萬難挽回，侍（曾自稱）與公之力所能勉者，引用一班正人，培養幾個好官，以爲種子」。駐節金陵時常與趙烈文論國是，又有清祚不永之言。今北上入都耳聞目見，了解眞相，自然更增加失望心理。

慈安太后召見鮑超

薛福成撰「慈安皇太后聖德」一文有云：「當是時天下稱東宮優於德，而大誅賞大舉措實主之；西宮優于才，而判閱疏章，裁決庶務及召對時諮訪利弊，悉中窾會；東宮見大臣吶吶如無語者，每有奏牘必西宮爲誦而講之，或竟月不決一事；而西宮性警敏，銳於任事，東宮悉以權讓之，穨然無與者。」

今檢清季史料，慈安太后獨自召對記錄非常稀少。惟光緒六年春，因慈禧生病，召見辦事皆慈安太后御簾內，翁同龢日記稱「十餘年來，此爲創舉」。「霆軍紀略」記載是年五月，鮑超召對情形甚詳，是他書所不見的珍貴史料：「初一日，卯正，召入養心殿之東間，皇上向西坐，孝貞顯皇后在後黃幔之內，有內監揭起門簾，鮑公入門三步，跪奏稱奴才鮑超恭請聖安，旋免冠碰頭奏稱奴才叩謝天恩畢，戴冠起向上行五步許，半對皇上，半對孝貞顯皇后跪。孝貞顯皇后問：你何日動身？奏（略）。問：川省百姓安否？奏：督臣丁寶楨操守甚屬廉潔，百姓安堵如常。問：沿途百姓安否？奏：仰沾天恩，百姓俱安。問：現在年成好否？奏：沿途年成俱好，小春俱已得收。問：你在途走了多少日期？奏：坐輪船十餘日，沿途服藥躭延，水陸計一月有餘。問：沿途服藥你有那些不爽快？奏：奴才接各路來函傳聞異詞云古北口俱在開仗，俄船已到天津，都城告警，奴才憾不得一翅飛來，因此夜下繕稿恭報起程日期，以慰朝庭廑念，一面致信各省舊部諸將前赴湖北適中之地，等候奴才具摺請旨招募勇丁是否可行？迎摺北上，恭候批示祇遵，以免展轉躭延。奴才晝夜籌劃，眷口等見其過勞，勸令稍息，奴才以國事如此緊急，臣子何忍安閑，因此肺腸受寒，致成咳嗽，掣動舊傷。問：你沿途在那幾處服藥？奏：在宜昌服藥五劑，至天津李鴻章見奴才形容憔悴留住服藥十餘劑。問：你是要緊的人，服藥總要審慎！是四川醫生好，還是宜昌醫生好？還是天津醫生好呢？奏：服藥都覺平常。問：到底那個醫生之藥靠得住些？奏：李鴻章所薦醫生之藥似覺平和。問：你有幾兄弟？現當什麼差使？奏（略）。問：你幾個兒子？大的個好多歲數？奏（略）。問：你是隨同曾國藩打仗？奏：原隨同向榮出師廣西，追賊至湖南，經曾國藩札調管帶水師，隨同楊岳斌將江面肅清，胡林翼札調統帶陸路創募霆軍各營。問：你後來又同曾國藩？奏：後來又同曾國藩。問：你打了好多仗？奏：水陸數百戰。問：你好聲望！奏：奴才毫無能爲，天恩褒獎！問：你很苦得有！奏：應效犬馬之勞。問：你身上傷痕現掣動否？現在咳嗽否？李鴻章之醫生尙好，你還是要用李鴻章之醫生。奏：是。問：李鴻章你們至好？奏：多年舊好。問：李鴻章體子好否？飲食好否？奏：李鴻章曾邀奴才吃過飯，李吃得兩中碗飯，太后可放心。問：你的體子醫生總要好生斟酌。奏：是。少停，孝貞顯皇后說你歇歇，遂起自揭簾退。」

又二十七日覲見請訓，「孝貞顯皇后問：你這到湖南好多路？奏：輪船不過十餘日至湖北，由湖北不過十餘日卽到任所。問：你咳嗽好了沒有？奏：咳嗽已好。諭我靠你們在外頭，你須任勞任怨，破除情面，認眞公事！奏：仰體天恩破除情面認眞公事不敢有負委任。問：湖南有洋人否？奏：洋人曾到湖南，因湖南百姓聚衆一趕後遂未到湖南。」

綜合上錄，可見曾國藩所謂「兩宮才地平常，見面無一要語」的評論中肯。時值歐洲國家加緊侵略、日本明治維新之際，中國當政者如此，一般士大夫學識又孤陋，不明世界大勢。國家事自然每下愈況，不能抵抗侵略。國恥更與年加增。

晚清宮庭權力鬥爭史料舉隅

最近觀賞「傾國傾城」影片，深感這四個字用以形容慈禧實不恰當。她當政四十七年，充分發揮自私無知個性，加速國家領土主權的喪失，貽害巨大。尤其她死後六十年（一九六七），一部以她爲主題的「清宮祕史」影片，竟被毛共藉作大規模權力鬪爭的導火線，展開所謂「文化大革命」。幾千年歷史文物因之多遭摧毀，全國教育制度也被破壞，後患更無窮極。在歷史上實在沒有像她這樣對中華民族有如此惡劣深遠影響的人！

民國二十年代，清代宮闈尤其慈禧故事，是國人最喜談論話題。這應該是由於下述幾個因素所促成：（一）清故宮及頤和園開放，清宮檔案刊行；國人得遊覽宮苑，目睹清代帝后（包括慈禧）文物史料。（二）民族主義增長，每一念及不平等條約遺害，很容易想到慈禧當政時的喪權辱國。（三）德齡女士著「清宮二年記」、「瀛臺泣血記」等有關清宮庭筆記的刊行。（四）孫殿英軍盜掘乾隆帝、慈禧陵墓的報導。（五）宣統遜帝溥儀被日本軍人挾持在東北建「滿洲國」稱帝。國人撫今憶昔，晚清故事自更多談論。從此影片商、話劇界迎合大衆心理可以賺錢的生意經，也喜採用慈禧故事作題材。唐若青飾演慈禧的話劇，金嗓子歌后周璇飾珍妃的影片，現在中年以上的國人可能都曾觀賞過。

「清宮祕史」影片意外影響

一九四九年秋，神州變色；但國人欣賞晚清宮庭故事的興趣不僅沒有減退，反而增加。一九五〇年三月，香港永華影業公司攝製的「清宮祕史」（李祖永監製、姚克編劇、一九四八年出品）在全國各地放映。共黨中央宣傳機構負責人陸定一、周揚、胡喬木等極力吹捧這一影片；擔任「文化部電影事業指導委員會」委員的江青卻指斥這是宣傳賣國主義的反動影片，毛澤東也如是云云。但劉少奇卻支持陸、周、胡的立場，說這是愛國主義影片。一九五四年十月毛澤東再一次嚴厲指出：「被人稱爲愛國主義影片而實際是賣國主義影片的『清宮祕史』，在全國放映之後，至今沒有被批判。」——但就在同時，越劇「光緒與珍妃」又粉墨登場。接着話劇、滬劇、揚州劇、方言話劇等也紛紛用同樣題材在上海、南京、杭州、東北各地上演。一九五七年，北平又演出話劇「清宮怨」（「清宮祕史」影片的藍本），且被作爲觀摩劇目向各地介紹。一九六二年，北平繼續上演「珍妃」平劇——劉少奇權力由此可見。一九六三年，大陸文藝界全面展開「

戲劇改革」工作，標誌毛、劉權力鬥爭開始進入一新階段。一九六五年十二月，姚文元發表「評新編歷史劇『海瑞罷官』」的同時，毛澤東第三次嚴厲指斥：「『清宮祕史』，有人說是愛國主義的，我看是賣國主義的，徹底的賣國主義。」一九六七年四月，「紅旗」雜誌刊載戚本禹撰「愛國主義還是賣國主義——評反動影片『清宮祕史』」，第一次公開批評劉少奇。同年四月六日，「人民日報」刋出「徹底批判賣國主義影片『清宮祕史』——打倒黨內頭號走資本主義道路當權派」。同日，「光明日報」也刋載「爲什麼吹捧賣國主義影片『清宮祕史』?」從此，毛澤東剷除劉少奇等的權力鬥爭就假藉「文化大革命」而全面展開。各地歷史文物多被紅衞兵摧毀，全國大學多數被關閉，中等學校制度也被破壞。正如香港明報社長查良鏞（金庸）當時所指陳：「中國歷史上政爭發生過千百次，但整個民族的文化受到如此重大的破壞，卻是前所未有，卽是秦始皇的焚書坑儒，規模也無可與之相比。迄今爲止，大陸上一片混亂，中共的權力鬥爭尚未有一個明確的結局，生靈塗炭，文物爲灰，實堪浩歎。」（見「中共文化大革命資料彙編」①序）

大陸政治權力鬥爭持續近十年，至一九七六年九月毛澤東死亡而進入新階段。江青、王洪文、姚文元、張春橋「四人幫」企圖奪取黨政大權的陰謀被華國鋒先發制人完全粉碎。新當權派公佈江青罪狀，其中一條是江青大講女人掌權的故事，爲她登基造輿論。除了宣揚呂后、武則天以外，還特別捧出那拉氏卽西太后（慈禧）的亡靈。江青曾不勝仰慕地說：「西太后，你們知道嗎？名爲太后，實際是女皇帝！」自一九七一年以來，江青曾十次到慈禧建築的頤和園，「擺出西太后的架勢，大做其現代中國女皇帝的黃粱美夢」。惟其如此，爲洗滌江青的謬論，北平故宮博物院乃特舉辦「禍國殃民的那拉氏（慈禧）罪行展覽」，陳列大量的文書文物，利用實際形象向一般人說明。「文物」等雜誌也刊載指斥慈禧罪行專文，且將有關文物史料用銅版插印文字中，加深讀者印像。

共黨這樣大力宣傳，顯示江青攀附慈禧亡靈非常緊密。

但綜合比較研究結論：江青的政治智慧與技術實在遠不及慈禧，實在高攀不上慈禧——一八五七年，慈禧在咸豐朝宮庭祇是貴妃，她的聲勢，遠不如江青自「文化大革命」以後十年的囂張弄權。一八六一年秋（咸豐十一年七月），咸豐帝崩。慈禧初被顧命八王大臣載垣、端華、肅順等壓抑，而她能動心忍性屈以求伸，秘密佈置不過三個月，終得恭王、醇王合作，自熱河回抵北京當日卽用迅雷不及掩耳手段，捕押顧命八大臣置之於死或削職，完全奪得政權，從此統治中國四十七年。是中國近百餘年歷史上掌握最高統治權最長久的人。卽此一「招」，比較江青就高明多多了。

本文旨在撮要舉述慈禧「奪權」及宮庭權力鬬爭稀見史料，藉供讀者談助，有關江青種種自無再次提及必要。

早在四十年前筆者卽應用清宮檔案及有關史料，撰成「咸豐辛酉政變」一文，民國三十二年二月刊載於拙撰「清史研究」初集（湖南長沙信義書房出版）。抗戰勝利後又在北平故宮及其南京分院檔案中發現若干史料，乃將舊刊重加增訂擴充撰成「晚清宮庭實紀」第一輯，民國四十一年十二月正中書局刊行。自後幾次出國研究又獲閱甚多史料。民國六十年因撰「慈禧太后傳」刊載「傳記文學」。嗣因讀者督責（見傳記文學社刊行拙撰「愛國憂時文存」第一六五頁），中途停止，專心撰述「第二次中日戰爭史」（綜合月刊社出版）。民國六十三年夏，這一民族聖戰兩卷巨著發行不久，突遭喪明之痛，空前巨大打擊，致使身心迅速衰頹。遠來海外與小兒女相依並就近醫治。每念「晚清宮庭實紀」、「慈禧太后傳」尚未完成，輒耿耿於懷。然而體氣既衰，貫徹終始，撰述長篇，已有心無力。觀賞「傾國傾城」影片以後感慨尤多，迫不得已，惟有將近年新見較稀史料撮要記述，以誌吾過。（今所引錄，都是上述兩書刊未經記載的。）

醇王奕譞與咸豐辛酉政變

慈禧發動咸豐辛酉政變，奪權成功，恭王奕訢與醇王奕譞的充分合作，是最重要的關鍵。尤以醇王福晉（夫人）是慈禧妹，有時常出入宮禁的便利。慈禧在熱河行宮進行密謀時，就是利用嫡妹居間傳語醇王佈置一切。拙撰上述兩書引用李慈銘「越縵堂日記」（咸豐辛酉十月朔）說明這些情節——長久以來，希望獲見恭王、醇王自述。近幸得閱醇王的「九思堂詩稿」（一八七四年即同治十三年八月初二日醇王自序），其中卷三有「癸酉（一八七三年）正月二十五日，皇太后皇上召見恭王及奕譞等入養心殿，慈訓敎誨，恭紀七言八韻一章」，詩云：

訓政年周十二支，徽音敎誨撤簾時，敬終愼始寰瀛仰，保泰持盈表式垂。大寶嚴恭端黼黻，羣工兢惕重綱維，共躋莫擾唐虞治，岳牧親承典則貽（醇王自註：皇太后諭曰：自垂簾以來，深資恭親王軍機大臣匡弼之功；若如向日贊襄政務八人主見，此時不知成何景象！實我大淸國之福等因欽此）。感極不禁心似擣（醇王自註：又蒙諭曰：奕譞熱河隨扈，深知一切艱難），恩深或爲志難移（醇王自註：已革鄭親王端華曾在〔熱河〕避暑山莊惠迪吉門，以酒食誘臣，臣弗從）；謬膺赤紱思無忝，永矢丹忱戒自欺。慶衍璇宮緜繼繼，德敷鼎祉頌丕丕。攄誠拜手芻蕘獻，敎化惟期世俗宜。

「九思堂詩稿」卷四「自題小照」有「從容尙憶灤陽景」詩句，顯示他對熱河爭權一幕印象的深刻，念念不忘。同書卷五又有丁卯（一八六七年）「題熱河全圖」詩：

憂勤全社稷，翊贊乏英賢，忠藎躬徒瘁，兇頑命苟延（醇王自註：嘗竊議權奸〔湘按此指載垣、肅順等〕之罪不在力贊北巡，而在初無定見，忽戰忽和，僧王被其掣肘，遂致逆燄披猖，生靈塗炭。巡幸熱河，實聖人〔湘按指咸豐帝〕萬不得已之苦衷，無非爲保全宗社之計）。慈懷傷故國，子職侍長旃（醇王自註：余先懇赴軍營，未蒙俞允。後奉旨額娘隨赴行在〔熱河〕，惟有侍奉長行而已。是行，余本無備，倉促賃屋數椽，偪仄殊甚）。有酒每邀窗前月，無錢難買檻前山，豈惟避暑囂兼避，堅忍都從方寸間（權貴每以肉食徵逐，施其牢籠伎倆，余則晝出夜歸，使彼無從捉摸。卽今思之，亦不愧不怍之一端耳）。

「九思堂詩稿」卷六有「鴉片烟」詩，其中也涉及載垣、端華、肅順三人。詩云：

一炬江干巳劫灰（醇王自註：林少穆〔則徐〕制府於道光年間將洋船雅片盡付諸火），犬羊無策氣全頹；詎知權貴開洋禁，少穆翻稱是罪魁。

書齋猶記聽期期，落落匡衡抗疏時，大事不成因小利，屏藩謀國竟如斯（醇王自註：咸豐年間，議開鴉片之稅，翁二銘〔湘按卽翁同龢之父心存〕在上書房向親王〔湘按指怡親王載垣及鄭親王端華〕厲色辨駁謂此禁一開，受萬代唾罵，臣期期不奉詔云云。余時童稚〔湘按醇王時年十八歲〕竊欽羨之）。

巽巳傾排力服人（醇王原註：二銘相國旣不獲力爭，卽稱疾掛冠南下，從此舉朝箝舌矣），亂階爲厲果何因？傷心聚歛忘仇輩，都是曾膺顧命臣（醇王自註：謂怡、鄭二王並肅裕亭〔順〕協揆）。

古語有云「詩言志」，加以醇王自撰註釋，意義顯明，實在是珍貴第一手史料。至醇王不肯受怡、鄭王的酒食牢籠，應是少年時曾目覩鴉片開禁爭論（一八五八年卽咸豐八年中英條約准許鴉片以洋藥名義納稅入口），有是非心。因鴉片戰爭失敗，道光帝飲憾，遺命不入祀太廟。醇王對父皇如此傷心，必有深刻了解，永難釋懷。對於載垣等主張開放烟禁，產生反感，自是順理成章。慈禧密謀奪權時，上距這烟禁爭議不過二年餘，醇王記憶猶新，加上他的福晉是慈禧妹，裙帶關係密切。兩項因素總合一起，醇王完全支持慈禧計劃自很容易水到渠成。

慈禧命醇王總綰兵符

中外古今很少不流血的政變，卽令是和平轉移政權，無論如何，奪得權力的人總有武力作後盾。慈禧密謀政變，京畿附近最大兵力統帥勝保就是支持慈禧、恭王，並且曾到熱河耀武揚威。而載垣、端華顢頇，自以政權在握，不虞有他，竟自請辭步軍統領職，將兵柄拱手讓人，更便利慈禧陰謀的成功。

慈禧在咸豐辛酉政變後，垂簾聽政，卽任恭王爲議政王在軍機處行走，主持國家政務，並領率神機營（應用俄國贈送洋槍組訓的京畿警衞軍，是近百餘年來中國第一支洋槍隊伍），而以醇王管理神機營事務，擔負實際訓練指揮的責任——「九思堂詩稿」卷三有一詩章，序云：

「余自十六歲，仰蒙先皇授刀法，逐日演習凡四年，未嘗少間，於今奉派管理營務，每見技藝步法多不如內學之妙，迴思當日深恩，寅感之餘，慨然有作。」

可見奕譞曾習武術，慈禧利用他掌握兵權可杜外人口實。一八六五年（同治四年四月），慈禧爲進一步集中政柄，以恭王驕矜爲藉口，削除其議政王職位。五月初一日，醇王奉旨：「旗綠各營官兵均歸節制調遣」。「九思堂詩稿」卷三有一詩章記錄這一特旨。醇王自註：

「總握兵權爲從來所未有。玆際宵旰憂勤之時，又曷敢避嫌固辭；現已面奏：一俟軍務稍鬆，仍懇復還舊制。」

可見慈禧與醇王都認識兵柄必須緊緊把握，政權才得以鞏固。一八七三年春（同治十二年正月二十六日），同治帝親政，二十八日，醇王疏辭總司戎務。帝特召見不允，仍命稽察旗綠各營。醇王因此「敬成一律」刊載「九思堂詩稿」卷四，更可見其心志。詩云：

「忝司兵柄夙兢兢，朶殿瞻天帝眷承，口勅親聆徵定志，心香久爇敢矜能。十年抱負持休墮，兩字因循誓痛懲，同力協恭期盡事，射潮夙志與年曾。」

醇王既體認緊握兵柄的重要性，又自知本身總領師干勢不可久，因特注意培植後進，榮祿（仲華）就在這一汲引下日見壯大。「九思堂詩稿」卷四、卷五有幾首詩章都有關榮祿，例如「讀長武壯公（瑞）長勤勇公（壽）昆仲列傳」中有句云：

「即今俊傑能承考（醇王自註：仲華昆仲均在神機營辦理練兵事），好繼邊疆未竟功。」

又「榮仲華至邸視疾邀共早餐」及「題榮仲華小照三軸」等詩。另有「賀仲華授左翼總兵」（一八六四年）：

「偉略憑誰挽倒瀾，七年抱負訂金蘭，移風定卜頑能化，救世應知猛濟寬。赫赫軍容資整頓，嗷嗷民隱憫饑寒；會逢警蹕瞻天近，劍珮威儀侍御鑾。」

由此可見醇王與榮祿關係密切，榮祿擔負宮庭警衞責任，接近慈禧機會增加。歷經沈浮。戊戍政變時以北洋大臣兼直隸總督支持慈禧，打擊光緒帝。醇王時已早逝，沒有目睹自己搬石頭打自己的脚。

慈禧命醇王巡閱海軍目的

一八七五年一月（同治十三年十二月），同治帝崩，無子嗣。慈禧特命以醇王第二子載湉（時年四歲）入繼大統，是爲光緒帝。慈禧再度垂簾聽政，醇王以皇帝本生父仍不避嫌，奉懿旨參預國家大計。一八八五年秋（光緒十一年九月）新設海軍衙門，慈禧懿旨：派醇親王奕譞總理海軍事務，所有沿海水師悉歸節制調遣，並派慶王奕劻、李鴻章會同辦理，善慶、曾紀澤幫同辦理。

這一人事安排顯示慈禧的政治智慧與技術：進一步掌握兵權。

自湘軍興起，八旗綠營衰弱情況更見暴露；淮軍使用洋槍，神機營的特點也黯然失色。一八六五年，慈禧削減恭王權力時，對湘軍統帥曾國藩等也有警誡作用。而曾國藩素謹愼，攻下南京後立即裁遣湘軍，處處謙讓。一八七〇年（同治九年）夏，淮軍統帥李鴻章繼曾國藩出任直隸總督兼北洋通商大臣駐節天津，兼理對外交涉事宜，權勢日重。一八八〇年（光緒六年），中俄伊犂交涉緊張時，德法駐北京公使竟有擁立李鴻章稱帝陰謀（參見「英人戈登在中國工作眞相」文）。一八八五年（光緒十一年），中國對法戰爭不利時，醇王密囑海關總稅務司赫德與巴黎談和，李鴻章完全被摒，和議成功奉命簽約（見「赫德主持中國海關四十五年」文）。顯示慈禧醇王對李鴻章已不敢信任，更無意加以維護。喪權失地和約簽訂，李擔負清議斥罵一切責任。但李鴻章前向英德兩國訂購的較新式鐵甲巨艦先後到達，旅順口、威海衞等軍港也已先後興建。慈禧防微杜漸，乃命醇王總理海軍事務，節制調遣這一新式兵種。李鴻章一手建立的北洋海軍指揮權，就在這一轉移間被解除。至朝命曾紀澤幫同辦理，更具有對李鴻章制衡作用。因紀澤是國藩長子，通西學，出使外洋多年，具洋務經驗，中法交涉期間與李鴻章主張完全不同。從此以後醇王對海軍事務諮商紀澤的比與李討論的多多。

海軍衙門是就北京神機營空閒房間修葺辦公，是年九月十九日成立之初且借用神機營印信。在在顯示慈禧命醇王緊緊掌握兵權的一貫性。而醇王於此更是劍及履及，是年十二月即咨取北洋沿海水師駐紮處所地圖。翌年四月初，海軍衙門成立後約半年，醇王奉懿旨巡閱北洋水陸各軍——日本東洋文庫藏「醇親王巡閱北洋海防日記」，十六開連史紙紅格十行楷書寫本共四十六頁，末頁題「二品銜署長蘆鹽運使津海關道周馥謹誌」，應是當時上呈醇王或李鴻章閱覽正本流傳民間（副本刊載於民國二十七年鉛印「周慤愼公全集」）。據周記述：醇王於四月初九日請訓，十一日出都，隨員及護衞太監等共約二百三十餘人：

「先是，王慮隨從人多，或有騷擾，遂倍發糧餉，一切自備。李中堂聞之，以爲非所以盡禮敬而崇體也，乃屬張翼到京達意，醇王乃諭隨從各員酌量領受，不准稍有需索，並嚴禁擅取銀物。」

這顯示李鴻章爲鞏固權位奉迎要結醇王眞相一斑。老官僚慣技如此，職司風憲的御史朱一新卻極不以爲然。是年八月二十四日，朱一新上奏「預防宦寺流弊疏」（「佩弦齋文存」，見「拙盦叢稿」第二函第十二册）：

「今夏巡閱海軍之役，聞有太監李蓮英者隨至天津，道路譁傳，士庶駭愕……宗藩至戚，閱軍大典，而令刑餘之輩厠乎其間，將何以詰兵戎而崇體制！矧作法於凉，其弊猶貪，唐之監軍，豈其本意？積漸者然也。」

奏上，慈禧懿旨「明白回奏，不得稍涉含混」。八月二十七日，朱一新回奏：

「內監賚送，固優禮近屬之常經；巡閱海師，實經武整軍之大典。今親藩遠涉，內侍隨行，在朝廷爲曲體宗親，在臣庶則以爲刱見，羣情過慮，不免驚疑。風聞北洋大臣曾以座船迎醇親王，王弗受也；該太監（李蓮英）遂乘之，沿途辦差者誤謂王舟已至。駭人觀聽，衆口喧傳。臣恐事或失眞，未敢遽塵聖聽。第念該太監一不謹愼，流弊遂已至斯，萬一踵之以引，爲害何可勝道。」

慈禧覽奏更加憤怒，頒諭將朱一新以六部主事降補。朱告病回籍。旋經張之洞禮聘到廣東講學。

「傾國傾城」影片序幕說明起自一八九四年卽光緒二十年中日開戰。但有光緒帝詰責李蓮英隨醇王巡閱海軍時不應需索鏡頭及對話。應是劇情發展的手法，卻與史實不符。光緒十二年帝年十六歲沒有親政，那敢嚴責老佛爺的寵宦。何況還有御史朱一新被懿旨怒斥降調一幕！醇王巡閱海軍，除上述周馥謹誌日記以外，奕譞自己也有「醇親王航海吟草」詩冊（光緒十三年上海同文書局石印三十二開本，共二十三頁），其中第二首詩題「雨中十弟來送行，留飲退省齋得句」：

「靜觀衆綠意低徊，衝淖偏勞過訪來。棠棣無關今雨感，箕裘難卜異時才（醇王原註：本日洵兒周歲）。將乘海上風千里，且醉花前酒一回。記取歸舟吟競渡（原註：計端午節前可回），雜陳蔬繪侑罇罍。」

這詩句中所謂「洵兒」即光緒帝的幼弟載洵，一九〇九年即宣統元年五月，擔任籌辦海軍大臣，可說已如醇王詩克紹箕裘願望。父子兩代緊握兵權，野心也夠強大了（翁同龢日記：光緒十六年，醇王臥病，光緒帝詣王邸視疾。醇王持一如意給帝，並告語「勿忘海軍」！更可說是遺囑諄諄）。

「航海吟草」有在旅順口「黃金山頂炮臺閱南北洋戰艦合操，魚雷艇轟船及試放電線水雷，八處炮臺合演打靶」詩云：

「海門習戰邁昆明，駭浪驚烽互攪縈（醇王自註：各戰艦烟筒噴若雲霧），一炬灰飛騰赤壁，八方雷奮裂滄瀛（醇王自註：魚雷六百斤，百丈外放出，自行水中，試以十餘丈舊廣艇，一觸立碎，波爲之濁。各臺洋炮，自數千斤至三萬斤）。星羅勢扼關山險，機捩功從掌握成（醇王自註：試放電氣水雷三枚，與昨在教場放地雷力同）。絕頂開顏還太息，天心未厭矢人情。」

這是中國近代建立新海軍以來，在旅順要塞前海舉行的唯一大演習（八年以後，中日甲午戰爭爆發，海軍覆滅，要塞失陷。俄日又相繼強租旅順），醇王躬逢其盛，可說幸運。他在巡海完畢回京復命摺中指陳：

「惟此數船合尙嫌單，分則更少，仍俟籌款有著，再行續商添購。海防關係重大久遠之計，將來船隻成軍，應請專設提督等額缺，妥定章程，以專責成而固軍志。

「自來設防之法，水陸必相依護，即使水軍已成，陸營未可盡撤。況目下財力極絀，師船甚單，尤賴炮臺陸軍以自固。北洋爲京畿拱衞，李鴻章所部各隊分佈各隘，力量並不見厚……陸軍不宜遽減，學堂仍須推廣。」

由此可見醇王出巡眞正使命實在察看裁減淮軍及武備學堂等的可能性，以削除李鴻章兵權。醇王復命結論是溫和的否定——李鴻章正在努力籌措款項供醇王與修三海工程以便慈禧遊玩，利用價値多少存在，一時不便斷然下手，應是一因素；「水陸必須相護」理論與實際結合，自是奕譞巡行的心得。事實上，淮軍暮氣已深，人數有限，分駐各地更見力量單薄。中日甲午戰時即乏力赴援朝鮮。日軍遂不使用船艦攻擊旅順及威海衞正面，而以陸軍迂廻拊這兩地後背，終使要塞失守，海軍自沈。

奕譞目睹海軍船隻數量單薄，但爲着迎合慈禧修三海建頤和園心意，卻不惜再三手函李鴻章向各督撫籌款，並挪用海軍衙門經費先行動工。拙撰「清季園苑建築與海軍經費」（傳記文學社刊「近代史事論叢」第一册）舉述甚詳，此不贅陳。但應指出的是：醇王爲使慈禧滿意，如期退隱頤和園，自己兒子光緒帝早日親政，故不惜如此做。李鴻章爲鞏固權位，更儘量迎合要結醇王使他滿意，也就是迎合慈禧旨意了。兩人的自私權力慾，終使「海防關係重大久遠之計」無從進行。「傾國傾城」影片有一段李鴻章與戶部尙書翁同龢爭論，責怪翁沒有籌款購買兵艦，完全不符史實。醇王與李鴻章於此實擔負最大責任，不能嫁禍他人。

醇王、李鴻章爲籌措海軍經費，奏准設立海防捐，無論何項人員都可報效。例如臺灣板橋林維源卽曾多次捐款報效，「買」得侍郎頭銜——一八八八年卽光緒十四年十二月，御史林紹年上奏「請停止海軍報效」：「臣愚以爲該衙門所收能有幾何？誠不值因此而招謗。」翌年正月，林紹年又上「懿親辭讓盛美宜請懿旨允行」（「林文直公奏稿」，宣統年刋本），力陳醇王之懇辭有「二美四難」。其所謂「四難」有云：

「今海軍神機營奏事不列醇親王之銜，誠爲良策。但旨意所及又當如何？卽渾稱該衙門該大臣，將謂管理獨不承旨乎！抑公同懍遵乎！以皇上天亶聰明，內外各衙門必有特旨交辦之件，該衙門之交辦者旨意轉難於立詞。是醇王有管理之事，卽皇上降旨有所爲難者。

凡所謂會辦幫辦者固同辦一事者也，今醇王與會幫辦諸臣共辦之事，一切章奏若不請醇親王定稿，則既近專擅；若稿出醇親王而諸臣當之又嫌掠美。至於奏對之時功過所在，若諸臣引爲己責，則實有所稟承；若諉之醇王則又嫌於巧卸，是幫會辦亦所爲難者。

「且海軍神機營事務極繁，用人極多，斷不能一一皆賢，事事盡善。設有闕失，臣工之論列既不宜直陳於皇上之前，若置而不言，則醇王偶未察及，轉無由而更改，擬議不可，緘默不能，是諸臣亦有所爲難。」

林紹年並且強調：「自古事權所在，嫌怨易招…設有一二人搆釁其間，妄事誹謗，則醇親王何以自安？」因此請皇太后特申懿旨允許醇王退辭。遣詞立意實合情理法。但事關軍權兵柄，慈禧又何肯輕易轉給他人。加以奕譞仍須利用海軍衙門一切便利以完成頤和園工程，也不易放手不管。林紹年因又上疏「督撫報效請飭停止」，指陳各督撫報效頤和園建築費，「若出私貨，何以有此百數十萬之多？得毋前此之貪囊！」「若出公款，則正款既待部撥，即閒款豈無地方應用之需？」林紹年最後強調：「要之，籌款必歸戶部方爲正大之經，外庫各有儲藏，方備緩急之用」。「應請特降諭旨飭下各督撫及北洋大臣將報效一款，未解者停解，已解者立即發還。」

林紹年又同時奏陳「內務府擅借洋債請懲辦」。再三揭露醇王與一批老官僚瞞天過海的欺騙手法，也間接指出慈禧弱點。自然大觸忌諱，林紹年遭受嚴處。但在女主淫威親王官僚狼狽爲奸的情勢下仍有不畏死的正氣，正是中華傳統讀書人的精神。不幸現代洋房汽車竟將這種精神完全掩沒！

醇王效忠慈禧的代價是本身享盡榮華富貴，兒子載湉入繼大統為光緒皇帝。帝後無子嗣，慈禧又命以醇王嫡孫溥儀入繼為宣統皇帝。子孫兩代如此際遇，要非醇王意料所及。事實上這是慈禧自私個性使然，因醇王子孫是慈禧嫡妹血統。然而慈禧仍不滿足，當光緒帝大婚立后妃時，慈禧竟又以其弟的女兒為皇后，企圖用這雙重裙帶將大清政權掌握在葉赫那拉血統下。但這位皇后實在其貌不揚。二十餘年前，筆者曾在北平故宮看過她幾張相片，上面門牙突出前唇，如何能與珍妃相提並論？光緒帝對皇后無好感愛情，珍妃卻得專寵，大拂慈意，宮庭從此多事，不八年完全爆發，這就是慈禧一生主持的第二個政變即一八九八年戊戌政變。正如當時學人葉昌熾所體認：這一康梁公案是新舊相爭、旗漢相爭、英俄相爭，實則母子相爭，追溯履霜之漸，則又出於嫡庶相爭。

李鴻章激化慈禧光緒權力鬥爭

李鴻章是同治、光緒間洋務運動一主持人，祇緣世界變化迅速，國人守舊力量強大，他本身知識有限，加上喜弄權術及剛愎個性，致使重要計劃都不能實行，缺乏面對世界新情勢繼續求變求新的精神。而日本侵略臺灣、琉球、朝鮮，俄國侵新疆伊犂，法人侵越南種種事件先後發生，海防塞防同時告急。李鴻章當對外交涉重任，和戰兩難，極為清議士論所不滿。一八八四年即光緒十年，中國對法國戰不利，舉國憤慨，梁鼎芬且上疏請殺李鴻章，甚致說欲食其肉寢其皮以洩憤。中法戰後，醇王奉懿旨節制調遣北洋海軍，李鴻章兵權削減，乃加意奉迎要結醇王以固權位，各情已如上述。然而當時李在天津與日本伊籐博文有關朝鮮的談判又鑄成大錯。正如御史褚成博在中日甲午戰時上「中日天津條約實啓釁端」奏片所指陳：「夫朝鮮爲我藩屬，自應專歸中國保護，與日本絕不相干，乃一則曰中日兩國，再則曰互相知照；竟若定爲公共之地也者，彼有不藉端生事者乎？」（「堅正堂摺稿」卷一，光緒三十一年刊）

這一論點與四十年以後，蔣廷黻教授綜合研究中日兩國史料的結論完全符合，可見御史在應用風聞言事權利時也有旁觀者清的眞知灼見，並不完全是局外人不諒局中人艱苦的譁衆取寵放言高論。然而李鴻章卻從不如此冷靜，總以爲這些清議士論是挾意氣發牢騷出風頭故意與他爲難。

甲午戰起，中國海陸軍先後失利，輿論大譁，羣起斥責李鴻章。按之歷史事實，李確不能辭咎。然而李不肯冷靜自省，必欲報復。因利用他的兒女親家御史楊崇伊有風聞言事的權利，積極打擊政敵，並以翰林院侍讀學士文廷式（芸閣）爲第一主要目標。

李鴻章選取文廷式作攻擊目標，顯示他有意充分利用慈禧光緒帝間的矛盾（甲午時，帝力主戰，慈禧爲歡度六十大慶卻極欲和平解決），尤其太后不滿光緒帝專寵珍妃的事實，更加深宮庭權力鬪爭的程度。因文廷式是珍妃未選入宮以前的家庭教師，應殿試時帝拔置第一，時人傳說帝受珍妃請託。授翰林院職後附從翁同龢——翁在甲午時主戰，與慈禧及李鴻章主張不同。當士論責罵李鴻章時，文廷式幾次上疏斥李詞旨尤嚴厲。一八九五年夏，馬關和議後，文廷式及康有為、梁啓超等組織強學會「研究中國自強之學」。如康有為自言這是中國近代政黨芻型。翁同龢、張之洞等且曾撥助經費。這是維新變法運動的序曲。不幸，一八九六年一月，御史楊崇伊上奏「強學會植黨營私，並販賣西學書籍，請旨嚴禁」。得准。一月餘以後，楊崇伊又疏劾強學會發起人文廷式「互相標榜，議論時政」。奉旨文廷式卽行革職。

就現存文獻說明，楊崇伊彈劾文廷式的奏疏，曾經李鴻章核正。一八九六年卽光緒二十二年二月十九日，北京強學會會員汪大燮致其堂兄弟汪康年、詒年手書有云：

「正月十三日，停毓慶宮；十四，楊崇伊爲合肥（李鴻章）訪查臺館（御史臺翰林院）彈劾東事（中日戰爭）之人，開一清單，凡三十餘人。十五、六，合肥又獨詣長信呈之。十八，楊卽以彈芸章就正合肥。合肥將行（離京赴俄賀俄皇加冕）有言：若輩與我過不去，我歸，看他們做得成官否？至津，又告人云：劾我諸人，皆不安矣。其三十餘人之單，德使署有之，大約各署皆有，惟見其單者，固由德使給閱也。」

其他記載也證明這一當時人直接見聞的正確性，「康有爲自編年譜」且指述：

「合肥（李鴻章）自願捐金二千入（強學）會，同會諸子擯之，議論紛紜，楊崇伊參劾之舋遂始於此。」

尤其李鴻章在赴俄途中得知文廷式革職消息後的手筆，更是堅強文證——李於一八九六年三月二十八日自上海乘船啓行赴俄，途次香港，得沈能虎、盛宣懷電報：

「速送李中堂：十七奉旨：文廷式卽行革職，永不敍用，驅逐回籍不准逗留，係莘伯（楊崇伊）所彈也。虎禀篠。」

「李中堂鑒：密。敬想平安抵港。楊崇伊劾文廷式通內監，奉旨永不敘用，驅逐回籍，宣禀嘯亥」。

李鴻章接閱這兩電報後，立卽親筆作復：

「兩電悉。以後新聞，望商告孫，隨時電告，刻卽開船赴西貢。鴻效巳。」

綜合上錄可見李鴻章以頭等特使持節遠行途中仍念念不忘國內權力鬥爭。政治利慾薰心迷茫，自不惜打擊主張維新變法人士。至於汪大燮函所謂「停毓慶宮」卽停止翁同龢在毓慶宮侍讀，使光緒帝與翁隔離，削減翁對帝的影響，是慈禧孤立光緒帝的第一步。然而李鴻章簽訂中俄密約與俄結盟，中國傳統以夷制夷亦卽近代國際均勢的政策完全破壞，英法德日諸國更爭先強租中國港灣土地劃分勢力範圍，俄國又假藉援助美名進入旅順口，侵略眞面目暴露，滿淸君臣痛心之餘，惟有變法維新以圖強。一八九八年卽光緒二十四年四月「百日維新」因此展開。康有爲一時成新貴，四月二十八日，帝首次召見——據康「自編年譜」：

是日「早入朝房，遇榮祿謝恩，同對，與談變法事。榮入對卽面劾吾辯言亂政矣。榮祿下，吾入對」。

康在光緒帝御前力言非全變速變法不足以自強，君臣詢對長逾十刻。「自編年譜」云：

「從來所少有也。旣退出，軍機大臣面奉諭旨：著在總理衙門章京上行走。時李合肥（鴻章）謝恩同下，面色大變，對我歎惜，謂榮祿旣在上前面劾我，又告剛毅上欲賞官勿予，當予微差以抑之。上問樞臣以位置吾時，廖仲山將欲言請賞五品卿，而剛毅班在前，請令在總理衙門章京上行走，蓋欲以屈辱我也。」

榮祿、剛毅、李鴻章都是慈禧守舊黨羽，旣欲屈辱康有爲，而帝仍加維護，除舊佈新，多所更張。於是新舊之爭、帝后之爭、嫡庶之爭的多年矛盾就被守舊派加強利用。是年八月初三日，御史楊崇伊奏請慈禧太后「卽日訓政」是戊戌政變導火線。楊崇伊奏疏有云：

「臣維皇上入承大統，兢兢業業二十餘年。自東瀛發難，革員文廷式等昌言用兵，遂致割地賠款。兵禍甫息，文廷式假託忠憤，與工部主事康有爲等號召浮薄，創立南北強學會，幸先後奉旨封禁革逐，未見其害。乃文廷式不思悔過，又創大同學會，外奉廣東叛民孫文爲主，內奉康有爲爲主。

「今春會試，公車駢集，康有爲偕其弟康廣仁及梁啓超來京講學，將以煽動天下之士心……不知何緣，引入內廷。兩月以來變更成法，斥逐老成。藉口言路之開，以位置黨羽。風聞東洋故相伊籐博文卽日到京將專政柄…依籐果用，則祖宗所傳之天下，不啻拱手讓人。

「臣身受國恩，不忍緘默，再四思維，惟有仰懇皇太后追溯祖宗締造之艱，俯念臣庶呼籲之切，即日訓政，召見大臣，周諮博訪，密拿大會中人，分別嚴辦，以正人心。庶皇上仰承懿訓，天下可以轉危爲安。」

楊崇伊這一密奏仍以文廷式爲罪魁，自因文廷式已被革，沒有官銜公職，可以任意入罪栽贓，且以文廷式爲禍首，激起慈禧對帝專寵珍妃舊恨，加深太后與帝裂痕，用心尤狠毒。而楊兩年餘以來，始終以文廷式爲言，陰謀一貫，尤顯而易見。若謂李鴻章於戊戌政變毫無推波助浪作用，其誰能信？歲月催人老，時代進步尤快，長江後浪推前浪，李鴻章不能自反而縮，喜弄權術，不惜以洋務運動先驅摧殘維新運動，實不能逃歷史評斷。

戊戌政變成功，慈禧又再度垂簾聽政，光緒帝被幽居瀛臺。是年八月二十八日，楊崇伊又上奏疏言：

「康逆（有爲）爲孫文翼羽……孫文尚在，禍機猶未已也……乙未秋間（一八九五年九月第一次廣州起義），若李瀚章（鴻章長兄）在粵，孫文必然就擒，無今日之禍矣。康、梁避迹，必依孫文，此人不除，中華無安枕之日。」

更可證明李氏兄弟鎭壓新黨手段不同凡響。慈禧因此派李鴻章出任兩廣總督，負責緝拿康、梁——一九〇〇年夏，義和團起事時，孫先生自日本往香港擬訪李鴻章。幸未得晤，否則是不是有不幸後果就很難言。

自一八九四年即光緒二十年夏，榮祿出任步軍統領，警衛京師。中日戰後主持編訓武衞軍，袁世凱的新建陸軍卽其中一部。華北兵權全在榮祿掌握，又入參國務，大學士、軍機大臣職位屢頒，兼北洋大臣直隸總督實權亦大。目空一切，鄙視漢人。光緒二十年冬，榮祿致同僚手扎有云：

「常熟(翁同龢)奸狡性成，眞有令人不可思議者；其誤國之處，有勝於濟寧(孫毓汶)與合肥（李鴻章）可並論也。合肥甘爲小人，而常熟則仍作僞君子，刻與其（翁）共事，幾於無日不因公事爭執；而高陽（李鴻藻）老矣，又苦於才短，事事爲其欺朦，可勝歎哉。」

從此，榮祿是慈禧倚任權勢最重的唯一大臣。一九〇三年，他先慈禧五年逝世。不八年，清廷也告覆亡。這是自私無知的亡國女王，加上祇戀權位不顧國體的亡國大臣上下交征利的必然結果。

附註　有關咸豐辛酉政變始末及「御賞」「同道堂」印章來歷，詳見拙撰「晚清宮庭實紀」（正中書局刊）。此一政變未發生前，清廷已循例於十月初一日頒佈「祺祥元年曆書」。國立成功大學期刊「史蹟勘考」載：該校師生在臺南新港鎭長天宮發現祺祥元年信民奉獻匾額。可見當時臺灣已奉到此曆書。而慈禧奪權後改祺祥爲「同治」，卽將原頒曆書「祺祥」兩字上粘貼「同治」紙條，今國立中央圖書館藏有是項曆書。但偏僻鄉民不知數千里外京師有此巨變仍用祺祥，不足爲異，卻爲慈禧奪權在臺灣民間留存非常珍貴稀見的實際物證，值得特別保存。

（原載「傳記文學」第三十二卷第二期）

東三省馬軍與張作霖

「傳記文學」舉行每月專題人物座談會，已兩易寒暑。最近終於跳出文教圈及石頭城的範圍，放眼全國，談論西北東北人物。實在是它標榜「不斷創新」的具體表現——這是早應轉變的新方向，海內外衆望所歸的「野史館」又何必去搶國史館歌功頌德工作呢？爲什麼不早讓讀者看一看中國的另一面！

宋哲元、張自忠、張作霖三專題人物座談會紀錄，可說是野史無文，相當坦率公平。

宋哲元在「七七」前支撐華北危局時，筆者正肄業北大，每年暑假南下省親。時先父漢聲府君健在，每談及華北局勢，先父輒表示充分信心。因民國七年，先父任故鄉湖南常德縣勸學所所長，適馮玉祥率部來駐，任命薛篤弼爲縣知事，宋哲元爲第二團（團長張之江）第二營營長，負責常德城防。先父與彼等常有交往，頗熟悉其性格言行。尤以宋對旅居常德的日本僑民不法行爲與碇泊沅江的日本軍艦水兵入出常德城門都嚴予盤詰，不稍寬假，故鄉長老印象深刻。馮玉祥手撰「我的生活」於此也有記載。可見宋哲元早已注意日人不法行爲。民國二十四年以後，日本軍民在華北不法行爲更變本加厲，宋哲元喜峯口抗日往事以及在南京「遙控」與北平學術教育界「十目所視」情況下，土肥原雖步步進逼，宋哲元採取如何方向卻不言可喻。胡適之先生在張自忠終於逃出北平日軍掌握後，建議南京上海報紙不應妄加批斥，自是多年來實際接觸觀察的結論。

張自忠重返軍中，終如願以償抗敵殉職，眞是「知恥近乎勇」的典型表證。以此視彼，與張自忠同姓、名字諧音的張治中，實在是無恥之尤。淞滬戰場敗下陣來，調任湖南省政府主席，仍不認眞工作。民國二十七年十一月十二日長沙大火，世人譏斥他「張皇失措」，實際是兒戲玩忽職守。當時距武漢撤守約兩旬，軍民喘息未定，而劉斐（時任軍令部第二廳廳長，後升任次長，民國三十八年四月，飛往北平後，才發現他是潛伏軍機重地二十餘年的共黨工作人員）、唐生智與湘省府要員，竟在長沙小吳門外唐公館連續舉行通宵舞會，長沙大火就在這樣玩忽情況下發生。軍政負責人不知恥於斯爲極。張治中在「革職留任」後不久又調任軍委會政治部長。國中無人，小丑當道，國事自每下愈況，不堪聞問。

試將張自忠與張治中比較，前者是中國現代軍人典型，形象眞實。「傳記文學」能突破舊範圍特予論述，庶幾無愧創刊初衷。筆者企盼主編繼續努力，更多注意表揚樸實知恥的人物。今不揣孤陋寡聞及詞贅，妄加論述，所以表示支持擁護。

二十餘年前，筆者在陽明山莊曾閱讀「國民軍革命戰史」兩册，土黃色紙封面，二十四開報紙五號鉛字排印，民國二十九年重慶出版。內容充實遠勝於李泰棻撰「國民軍史稿」，其中並有郭松齡叛離張作霖的詳細記載，郭自稱「國民軍第四軍總司令」。希望能覓得重印，以廣流傳，擴充國人視野及心胸。

馬賊、紅鬍子、鬍匪起源試探

「傳記文學」有關張作霖生平座談記錄，衆多發言人對張早年事實，有說綠林豪傑的，有說團練的，有說土匪出身的，有說綠林即鄉團的。坦率中有保留，沒有一人應用當時習用名詞稍加說明，讀者印象不免模糊。

按當時東北居民對盜匪習稱作鬍匪、紅鬍子，清代官文書中在鬍匪外另有金匪等。日人則統稱作馬賊。

二十年前，筆者從事研究宋教仁生平，以宋曾往遼東聯絡馬賊。爲求了解，曾涉獵中日有關資料，例如宋氏日記「我之歷史」、「吳窓齋先生年譜」、清德宗實錄、丁士源「梅楞章京筆記」及日本稻葉君山著「清朝全史」、「滿洲發達史」、守田利遠「滿洲地誌」、矢萩富橋「支那馬賊裏面史」、「對支回顧錄」等。今有若干仍存行篋。特加綜述，藉供讀者參考，並望東北長老進一步憶述見聞，使事實眞相能趨明確。

一九〇六年，宋敎仁亡命日本時自日本書報閱及有關鴨綠江邊馬賊記載，並曾與「滿洲地誌」著者守田利遠通信，又請敎宮崎寅藏、平山周、萱野長知等，再與孫中山、黃克強先生等熟商。一九〇七年三月，宋與日人古河（曾在東北馬賊羣中甚久）同往遼東往訪鴨綠江大孤山頭目李逢春等。「我之歷史」中保存宋當時致李等書翰一件，其中有云：

「馬軍之起幾三百年矣。推其集義之始，實在明末。蓋以明時盜賊蜂起，政府誅求無饜，民不聊生，於是北方豪傑，乃相互團結，人自為守禦盜賊，抵抗貪官汚吏，以圖身家之安。其本旨固在保全人民排斥暴政，非若綠林暴客，以刼殺焚掠為事比也。及清兵入關，代主中國，乃益肆為暴虐，屠戮人民，搜括財產，酷法虐政，橫征苛歛，較明季尤甚。於是馬軍團體反抗政府日益力，而北方之相率投馬軍以圖安身者日益多，馬軍與政府幾成不兩立之勢，相持至於今日，遂有公等之盛，此僕等所為中國慶幸者也。然歷時旣久，宗旨漸忘，各部散居，不相統一，欲圖大業，勢不可成；以故黨羣雖多，仍與綠林無異。今政府視公等不過寇盜者流，蓋其心實有所輕視耳。」

宋敎仁致信李逢春目的：勸說馬軍以武力財力參加推翻滿清運動。主旨秉民族大義，政治煽動語句勢所難免，渲染失眞卻是現實環境所不許。因馬軍原起雖無典籍記載，口耳相傳則沿襲甚久。一九〇四——五年日俄戰爭，兩國都曾利用馬軍作種種活動，日本軍官多深入馬軍或且擔任其頭目，認識了解其淵源組織規律生活暗語等內情。宋在東京閱讀日本書報有關記載，就是這些人直接間接的報告。既有如此根據，執筆作書翰自然理直氣壯。李逢春得宋信後的反應是願一致行動，宋因組設同盟會遼東支部作進一步策劃。這顯示李逢春對宋信內容感覺切題。也就是說馬軍之興，本旨在保全人民排斥暴政。而「官逼民反」、「誣良爲盜」、「貪虐害民」諸語常見於清代官文書，足爲此事最好說明。

日文著述中說明：日本人因這等人都在東北原野活躍，必需乘馬，才可以飄忽出沒各地，不爲官軍追蹤。這與一般社會常見的獨行盜或三五結夥的強盜都是步行大不相同，故稱他們作「馬賊」。至於中國城市居民極少與「馬賊」接觸機會，輾轉傳佈渲染擴大的故事卻很多。一般人既沒有看過「馬賊」眞面目，戲劇中盜賊帶紅鬍的印象卻頗深刻。應用「紅鬍」或「鬍匪」來描述「馬賊」自然具如見其人如聞其聲的聳動視聽功用，倡議自衞比較容易。但另一說法是蒙古人也組成馬賊羣且偶有俄國流放犯人參加，或被良民發現再經傳說，於是明末以來對歐洲人習稱的「紅毛夷」、「紅毛野人」等名稱也於此被襲用作「紅鬍子」、「鬍匪」，甚至作「胡匪」，就更含有五胡夷狄非我族類的意義。

韓登舉與馮麟閣勢力伯仲

一九〇六年五月五日，宋教仁購得「商業界雜誌」，閱讀其中「鴨綠江源之獨立國」，才開始獲知馬軍以及「其王曰韓登舉，山東人」。乃繼續訪求其他書刊相互比對，發現頗多異同，特函詢「滿洲地誌」著作人守田利遠中佐。同年十月十八日得其復書，其中有一項說：「朝鮮邊外當代之聖人（韓）登舉勢力與馮麟閣實相伯仲。」——今日看來，這一指陳實在是有關馬軍原起及其與張作霖關係的重要關鍵史料。

覆按歷史記載，明代自萬歷朝赴援朝鮮，國力損耗極大，女眞及流寇又先後起事，朝廷復以遼餉練餉剿餉名目再三加賦，人民不堪負擔，寧願拋棄故土轉徙逃亡，往地廣人稀區域求生。東北各地因更多直魯丁壯——滿清入主中原，對此龍興聖地實行封禁政策：不准內地漢人進入，即當地原有明遺民的土地所有權也被剝奪。清康熙朝以來，除奉天境內有極少民地外，吉林、黑龍江廣大地區全為旗地及官府屬領。乾隆朝盛極而衰，官紀紊亂，關隘廢弛，漢人偸往山海關外更衆。而吉黑一帶原多縱深山脈及叢密森林，旣富金鑛，又產野（人）參。滿清朝廷寧願貨棄於地，不准人民採金掘參。但天高皇帝遠，旗籍地方官顢頇無能，兵力非常有限，難以管制。居民旣無土地耕種，迫於生計，惟有利用自然環境掩護，私採金鑛或掘參過活。毗連朝鮮的鴨綠江、長白山地區，更具備種種有利條件，韓登舉的祖先卽以這地區作根據地，私採金鑛煉製而致富，且形成獨立王國。

韓登舉祖籍山東登州，中日文各種記載一致，登舉祖父事實且易考見。一八八〇年（清光緒六年）十一月二十三日，吳大澂奉命巡視吉林邊防，招撫登舉祖父成功。「吳愙齋先生年譜」引錄吳當時奏稿及民國錢基博敎授撰大澂傳記載甚詳。今逐錄錢撰吳傳文於左：

「韓效忠者，原籍山東登州人，俗稱之爲韓邊外，而中旨斥之曰金匪者也。初，韓徙至奉天復州，傭於侯氏，負人博，進無以償，遂遁吉林之夾皮溝。

「寧古塔、三姓，東山產金最旺處也，萬山環繞其中，方廣二三百里，足以容衆流人之嘯聚。採金於此者十家……韓受恒卽效忠金廠號也。每家鑛丁七八十，而受節制於效忠。效忠堅明約束，結異姓五十餘家爲昆弟，招集墾丁鑛夫，無慮四五萬人。人賦之事，資其生計，邊外流亡皆歸之，故有韓邊外之稱。以地居東邊，爲俄人所側目，一時艷稱我吉林境內有一獨立小國，實卽效忠也。效忠立法嚴而不擾，歲以四月八月徵採金戶黃金，每家以六兩計，金肆三四兩，鑛丁一二分，以次降殺。耕地一晌，賦粟六斗或倍之，視其腴瘠。砍木狩獵，種參採藥，咸稅所値什一。征稅練勇，賊有來窺者，效忠部勒擊破之。以故寇盜遠遁，居民罔不安堵。效忠嘗自署其門曰『威震江東』。邊吏貨求之，效忠勿與，則張其辭入告，徵兵討捕，勢遂蹶張。

「時國家苦地廣漠，邊兵不敷，朝議羈縻用之，無使資敵；遂以委大澂。大澂方巡邊三姓，詢知勇目牟振邦嘗服役效忠，召侍，厚待之。一日晨起，控馬出，令振邦執轡。叩所往？曰：『東山。』中途乃告以赴夾皮溝，振邦有難色。大澂曰：『此非爾所知，但從吾往。』三日抵木其河效忠所居，振邦先馳，款其門曰：『吳大人單騎來宣朝廷德意。』門者故識振邦，爲通於效忠。效忠察大澂不攜兵衞，意當無他，遂迎謁伏道左。大澂曰：『汝良民，業採金於此，爲國家綏邊之氓，其功甚大；胡爲抗邊吏命，以自陷於罪?!』效忠頓首請死，留大瀓宿其家三日，語歡，勸效忠出歸命。效忠心難之，大瀓曰：『我不疑若，若反疑我相詐耶？若不見信者，卽殺我！』效忠曰：『非有疑於公也。某犯不韙，抗大軍，設主兵者執是爲罪，某死不恨，如辜公意何？』大瀓曰：『在我，子勿慮。』遂與效忠並轡出山，西向疾馳，挾以赴吉林，四日而至，道旁觀者歎息，感效忠平日所爲，莫不爲效忠請貸死者。大瀓以聞，得旨賞給效忠五品頂戴，子壽文、從子壽德、壽純七品頂戴。大瀓宣示效忠，額所居曰『守分務農』。效忠感大瀓勿欺，自是不侵不叛。孫登舉雄傑有祖風，能纘其業，以平邊論功授參將。祖孫相及，屏東邊三十年，隱能恃若長城，大瀓敎也。」錢基博撰述這一傳略根據吳家原始文獻，詳實可信。又按大瀓奏稿，招撫韓效忠時，韓年已六十二歲，卽出生於淸嘉慶二十年頃（一八一二年）。當時正值川楚敎亂及其他動亂加甚。「官逼民反」一語且見諸上諭。華北人民生活更見艱苦，流民大批出關，謀求生計，官兵無法阻隔。大瀓同一奏稿又云：「從前鬍匪出沒之時，西至長山屯子，東至漂河，百數十里，皆賴韓效忠爲之保護，招致獵夫，幫助官兵，追剿匪蹤，先後拿獲悍賊數十人，歷任將軍衙門有案可稽。」可見當時官文書中已有「金匪」、「鬍匪」不同名稱。

事實上：不論何種名稱，都是官廳或良民加於違法人羣，這些人羣從來沒有也不致自命何種一定名稱，時地不同，被稱呼名也有歧異。但在東北任何人羣從事違法行動都絕不能離開乘馬，故日本人統稱之爲馬賊，簡單明瞭。而中國官文書於此所以區別，則「金匪」可說是早期流民且已獲得若干固定地盤能以掘金煉金掘參等的人羣，這等人羣既定居有財產，自然要求自衞，以防他人偸襲奪取。而「鬍匪」可說是蒙古人羣（清初以降，不准漢人入東北，卻許蒙古遊牧，故吉黑蒙古人甚多，彼輩見聞漢人採金掘參致富，自不免覬覦。）或比較後徙入東北的關內流民。這等人饑寒起盜心，以刼掠奪取財富或地盤，謀求自存發展。流民人數年年有增無已，「先進」「後到」情勢也逐漸生生不息，加以採金掘參以外又多一私種私販鴉片生財之道，而地盤有限，達到一定飽和限度時，後到流民生計維艱，祇有掠奪一途。光緒末年至民國初葉，日俄勢力深入東北，土地、林礦都被占踞。國人生存競爭更加激烈，東北馬賊鬍匪人羣因之相對增加，日人亦常被侵掠殺害。日本陸騎兵及飛機多次出動討伐，且成爲中日間嚴重交涉。

馮麟閣、張作霖通家之好

日人矢萩富橘曾於清末民初在我東北訪查馬軍，夾皮溝韓氏王國及其他多處山寨都有他的足跡，所著「支那馬賊裏面史」（大正十三年卽一九二四年十一月東京刋行），卽他旅行見聞心得實錄，在同類論著中比較後出。記述韓氏事實與上錄吳大澂傳大多相符而較詳細。據稱：韓效忠原名現琮，別號瑞臣，受撫後經吳大澂改易新名。一八八七年（光緒十三年）九月二十九日逝世。子壽文（或作受文）羸弱庸愚，乃由孫登舉（時年二十六歲）繼承祖武。一八九四——一五年中日甲午戰爭時，登擧奉吉林將軍命率所屬護勇五百人，號稱「敵凱軍」，先往海城後駐奉天府，協助官軍。一九〇〇年夏，俄軍乘義和團亂大擧入侵東北，逮捕韓侄緒堂，訊問韓家情形。登擧大怒，率部出動攻擊俄軍。後來俄軍再三侵襲夾皮溝地區，燬韓家彈藥庫。登擧勢不敵，仍屢敗屢戰，軍火庫毀又重建擴充。一九〇四——五年，日俄戰爭，兩國都利用當地馬賊作種種活動（俄人對韓登擧也改採懷柔政策）。時張作霖旗幟已出現。中東鐵路常被他破壞，俄軍行動頗受騷擾。

矢萩富橋記述：張作霖家境貧寒，十七歲時（按張出生於一八七五年三月十九日卽清光緒元年乙亥歲二月十二日）投奔幼年好友馮麟閣——馮當時在吉林敦化縣山區馬賊頭目李治生部下。今所謂「張馮通家之好」殆自此始。作霖「豪膽奇智，忠實勤奮」，獲得李的賞識。不三年，張已是僅次於馮的副頭目（今按這與美國哥倫比亞大學刊「民國傳記辭典」據張氏家傳、「傳記文學」刋繆澂流發言記錄稍有不同，卽此兩種記述都說張作霖最初曾投效毅軍）。當俄軍侵入東北吉黑寧古塔等地，作霖憤激，常似神出鬼沒奇襲俄軍。日文書中於此頗多美詞，但也不諱言日俄戰時作霖抗俄而不親日，以後甚至排日。可見作霖對日俄態度嚴謹，此時已見其端。

當時，張作霖對部屬約束極嚴，明定姦淫婦女者處死刑。這成爲以後東北馬賊恪守規律。「張大人」之名遠播，奉天將軍趙爾巽幾次派人安撫，最後經王景春與張會晤終告成功。

如上述宋教仁記載：守田利遠覆書：韓登擧勢力與馮麟閣實相伯仲。而萱野長知面告宋：

「韓登舉其人不足稱，膽力甚小，不過徒有多金而已。」兩人對韓評論歧異，卻不矛盾。登舉承乃祖餘蔭，沒有身歷「打天下」的艱苦，名利纏繞，豪氣消磨，自不足異。而馮麟閣初出之犢，羽翼方張，卽被守田利遠以其與席豐履厚基礎穩固的韓登舉相提並論，卻大可注意。這一語之褒說出馮麟閣當時勇猛聲勢，張作霖自亦與有榮焉。事實上，清德宗實錄光緒三十三年七月戊戌（一九〇七年八月十七日）：「以剿獲奉天著匪杜立山，予都司張作霖等五員獎敍」。同書同年十一月丙午（一九〇七年十二月二十三日）：「韓登舉剿匪奮勇，以參將儘先補用。」可見張受職後努力奉公，不僅與韓「同達天聽」，且已突出馮麟閣範圍，自有獨立地位。

馮、張在敦化地區措施言行，文獻無徵，幸矢萩富橘書中有韓家種種記載，以此例彼，雖不中應亦不遠。

韓家在鴨綠江畔長白山區宛然邊外一王國，登舉繼祖業爲首領，次弟登朝輔助乃兄管理，實權由總理孫風五掌握，全部領地住民生殺予奪均由孫決定，對吉林將軍交涉文書等也負責主辦。其次管事徐福陞主辦地册收租諸事務；程環廷主理教育祭事等。

韓家當時自養護勇約六百餘名，分別駐屯二本部七會，地陰子本部駐護勇二百餘，夾皮溝會護勇四十餘。由總辦一名幫辦一名統率，若干要隘且築有砲壘。所有護勇都是志願前來的年壯力強的山東人，每人懸掛五寸長一寸五分寬腰牌，上書「鄉勇」（此卽現代官兵符號），各携長槍擔任守望，預防領地外其他馬賊的侵入。但韓家所屬土民約五千戶，人口二萬五千餘名，住地分散，這六百餘護勇自難以保衞。於是各地另組團練會，由韓就各地具有衆望的人擔任會首，每家出丁壯擔任守望相助，近代地方區鄉政府所謂司法行政財政軍政各事務都歸管理。嚴刑峻法與恩德同施。住民勤奮工作，不敢鬬毆誹謗兇殺，大家安居，韓家每年收租賦因此高達二十四五萬銀元。光緒末年，韓受泰以七四高齡出任樺甸縣江左一帶警察試辦員，半官半民立場，仍是憑着韓家餘蔭、義俠馬軍保護良民的素習。

如上述韓家彈藥庫兩次被燬，一九〇五年又重新擴建兩所，並另設兵器庫。多數兵器彈藥都是俄國產品。登舉注重「整軍」於此可見。同時他也沒有忽略「經文」：全領區內分設學校九所，私塾也多存在。

張作霖成爲「東北王」，注意擴建瀋陽兵工廠，設立東北大學，馮庸大學也創設成立。這自然是近代國家建設與現實環境的需要。但彷彿韓家的敎化山區種種遺風餘緒是不是有或多或少促進作用呢？

保境安民損害國家領土主權的完整與獨立

我的朋友沈雲龍敎授對張作霖生平，口講筆述，提供珍貴史料。敬佩之餘，對渠所指陳張成敗得失完全與衆不同的特異見解，捧讀再三，深感如骨梗喉，不得不吐。非敢和老朋友抬槓，實因老朋友居中國近代史權威高位，一言九鼎，影響後學非常重大，故不得不就見聞所及，綜述其他不同論點，藉供讀者參考。

沈兄在讚揚張作霖「時刻不忘國家領土主權的維護」後即緊接作一假設：「如果他能始終善爲利用其所處的特殊地理環境，保境安民，休養生息，置身事外，不與國內軍政紛擾糾結一起，當可與五代十國時的吳越國王錢鏐媲美，長保富貴，傳諸子孫」。「可惜張雨帥畢竟歷史知識不夠，對近代政治基本觀念缺乏了解。」——這眞是一大膽的假設！

謹按國家領土主權的維護，不論古今，至少含有「完整」與「獨立」兩大要項，缺一不可。自中日、日俄兩次戰爭，東北若干要地已被日俄分別割據：日本侵「南滿」，俄國據「北滿」，國家領土主權都受損害，不完整狀態，尤爲明顯。追溯原由，清初封禁政策實種惡因。清廷急起亡羊補牢，改組東北原有軍政組織，正式設立奉天、吉林、黑龍江三省，與當時習稱「本部」或「內地」十八省形同一體。增加三省軍民向心力與內地各省關係，脈絡相通，相互呼應，以求逐漸挽救。

清廷決定東北設省，是採納徐世昌實地考察後的建議。一九〇七年四月二十日（光緒三十三年三月八日）上諭授徐世昌爲東三省首任總督、欽差，兼管三省將軍事務。在職約兩年，興革甚多，規劃設施具詳其「東三省政書」。沈雲龍兄編著「徐世昌評傳」有扼要論述。今僅就討伐蒙古馬賊與張作霖關係密切一述之。

東北良民談及鬍匪馬賊，都有暴戾殺伐感，馬賊兩字上再加冠蒙古，更具獰猛慓悍、鐵騎所向、草木皆靡的聯想。東部內蒙古大興安嶺北，卽索倫山，深谿密林，卽爲此輩巢窟。一九〇五年日俄戰後，蒙古馬賊巨魁白音他賚據吉林洮安縣附近作根據，陶什陶則據索倫山爲基地，常南向侵擾奉天富饒區。各地團練衆寡不敵，住民生命財產損失慘重。徐世昌就任東三省總督後，乃命巡防營張作霖、左路營馮德麟（麟閣）各率馬隊步兵集結奉天彰武縣。一九〇七年七月（光緒三十三年六月）中，與白音他賚部遭遇接戰。張、馮均占優勢。而陶什陶勢大猖獗，且有蒙古人二百名作決死中堅，與白音他賚分途向官軍施行大逆襲。徐世昌因增派東三省行營翼長統領兼北洋後路提督張勳、幫統武衞左軍副都統崑源、吉林督辦防勦事宜提督孟恩遠、黑龍江各軍翼長民政司倪嗣冲聯合討伐。是年十月，張作霖首傳捷報，旋與黑龍江軍會合夾擊，白音他賚、陶什陶堅拒不利，向索倫山區逃亡。翌年正月，張作霖部開始攻擊索倫山區，張身先士卒攀登山頂，居高臨下，陶什陶等祇得逃奔巴林旗。張繼續追擊。時正嚴冬，冰雪塞途，糧道不繼，官兵殊困苦。徐世昌特派朱慶瀾前往慰勞，在綽爾河岸見張作霖黎面聳骨，與年前判若兩人。然作霖就憑這種「吃得苦中苦，方爲人上人」的決心，爲此後功業開創新基——討伐戰爭繼續進行，張勳作戰失利遭革職處分，張作霖部卻所向披靡。一九〇八年八月（光緒二十四年七月），蒙古馬賊亂平定，清德宗實錄同年九月乙亥記載：「以剿辦奉天西北邊悍匪出力，予補用都司張作霖，免補都司，以遊擊儘先補用，加副將銜。餘升敍加銜有差。」

撮述這些事實，旨在說明張作霖雖無學識，應有經驗。東北設省的深遠意義容或不盡認識，但人事重大變遷（趙爾巽他調，徐世昌履新）以及關內軍隊的東來，共患難同生死之餘，既非愚魯之至，對當前新局面自不免有一知半解。一九一二年，民國成立。九月袁世凱命令奉天軍隊重新編組。張作霖任第二十七師師長，馮德麟（麟閣）任第二十八師師長。這更顯示東三省是中國不可分離的一部份。在日俄夾侵下，邊省與中原休戚相關榮辱與共。一九一五年，日本向袁世凱提出二十一條要求，其中有關係「滿蒙權利」條款——日人秘密進行「滿蒙分離運動」已久，今仍企望中國中樞有合法轉讓的承諾。說明當時世界公論國際秩序正常，日人有所忌憚。

不幸，一九二二年五月十日，張作霖自稱東三省保安總司令，發布保境安民的獨立宣言。十二月二十日，日本內閣決議：反對張作霖進出中央政府的方針。一九二四年秋，日本並且願放棄若干路權，讓張作霖籌款自建。同年九月，張作霖與蘇俄代表在北京中俄協定以後又簽訂奉俄協定。這是張作霖生平極嚴重錯誤。他這一行動是用事實向世人宣告：東三省不屬於中國中央政府統治，是另樹一幟的獨立地區。這明顯說明「保境安民」對國家領土主權完整與獨立的非常破壞。這一惡例對後來「滿洲國」的出現不能說毫無影響。即就「滿洲國」說來：祖宗龍興聖地今已光復完整無缺，保境安民，建設王道樂土，此正其時；但軍政一切權力都在日人掌握，毫無獨立可言！

事實上：張作霖的「保境安民」政策，並沒有減輕或延緩日俄對東三省夾侵的工作。蘇俄且早已將我東三省及朝鮮劃作一個戰略單位，不屬中國範圍。「東鐵附屬地黨事務局」與朝鮮共產黨（簡稱韓共）滿洲總局負責這一地區的共黨宣傳和組織工作，中共不准進入活動。一九二五年多，郭松齡對張的叛變卽有蘇聯背景。其後張得日人協助敉平變亂，穩定局勢。作霖因此又憤怒反俄。

一九二六年一月二十一日，張作霖下令逮捕中東鐵路俄籍理事長及理事與其他蘇俄公民，並接管鐵路事務。翌日，莫斯科對張提出最後通牒，限期三日釋放俄人並恢復鐵路原狀。張迫於俄軍事出動，二十四日與俄人簽訂維持鐵路現狀協定。這一反覆自應給予張作霖重大教訓：東三省是中國永不分離的一部分，任何人如果自外生成形同化外，祇有自呑苦果。

歷史是不重演的，祇有愚蠢的人才會去重演歷史。張作霖一失足卽成終古恨。溥儀不以此作前車之鑑，身敗名裂更加慘重。這說明時移勢易，「五代十國」一去永不能再返還。

一九二七年六月十八日，張作霖在北京出任大元帥，自稱中華民國中央政府元首。不久，日本首相田中義一密派久原房之助前往莫斯科見史達林，提出設置滿蒙緩衝計劃：區域包括貝加爾湖以東，連同北韓、北滿在內，由日本、蘇俄、中國各派一監護委員組織委員會。史達林曾表同意，惟當時並未明言誰主持這新國家，張作霖則是一有希望的可能人選。一九二八年二月，久原自俄回國途經北京，曾向張作霖說明這一計劃，張沒有表示反對，祇是討厭俄人常用的「委員會」名詞。可見張旣曾損壞國家領土主權完整獨立於前，日本、蘇俄卽絕不放鬆。皇姑屯炸彈爆發，才使作霖不「貳過」。不然，他的歷史評價又與今日不同。

張作霖開府北京，對抗國民革命軍，違反國家統一潮流。但一九二七年四月六日，作霖在西歐國家支持下搜查北京蘇俄大使館一事，對當時卻大有影響。董顯光撰「蔣總統傳」第七章「清黨與寧漢分立」有云：「對於汪氏（精衛）之協商方在進行，而北平傳來之消息卻堅定了蔣總統對共黨破裂之決心。事因張作霖之警察於四月六日搜查蘇俄大使館，從其中發見之許多文件，證明其具有高度的犯罪性。這些文件揭發鮑羅廷對於在漢口之國民黨左派分子行使其完全控制，又表明中國共產黨之行動係受莫斯科共產國際的指揮。此等證據令人髮指。蔣總統遂深知對鮑羅廷的繼續敷衍無異自召毀滅。」「蔣總統對於汪精衛的協商既已失望，乃決定採取直接行動。四月十二日，他發動清黨運動。」

知人論世，原非易易，見仁見智，尤多歧異。沈雲龍兄對張作霖未能「保境安民」，太多牽涉中原軍政，深致惋惜。美國哥倫比亞大學刋「民國傳記辭典」張作霖傳結論卻以爲：張幾次入關間問內地軍政，對於當時中國軍閥政治具有平衡作用，並且終於舖平東三省與中原結合一體的道路。

不論如何，張作霖「毫無憑藉崛起遼東爲不世之雄才」應是公平而非過譽。至謂張具英雄主義，不足爲病，惟其如此，才能白手成家。歷史人物蓋棺有定評，何必論出身。

「傳記文學」十一月號以閻錫山爲主題，他是實行「保境安民」的先驅，利用山川環繞，又築狹軌鐵道，復無洋人夾攻，環境遠優於張作霖。但一九三六年共黨部隊入侵，閻仍不得不依賴中央軍的來援，才得安全。更可說明中國是統一整體，任何省區企圖割據自雄，都破壞國家領土主權的完整獨立，終必覆敗。

（原載「傳記文學」第三十二卷第一期）

名都大邑的書店

孟母三遷，住家擇隣，是我國千百年來相傳的故事和教育的原則。自然或社會環境對於人類及一般生物的非常影響，又是近幾十年國人熟知的常識。我個人親身的經驗更深切體認這重要性。

我家世居湖南省常德，太祖父、祖父都是經營桐油出口商業，五位伯叔和幾位堂兄也是營商。祇有先父漢聲公（一八七八——一九三七）受清季新潮影響立志讀書，更放棄「蜚聲翰苑」的初念，一九〇六年，東渡日本求學，加入中國革命同盟會，努力「揚大漢之天聲」。民國成立後，擔任本縣勸學所所長，推動新式學堂教育。民國三年（一九一四）一月，相湘出生，因此得享受特別教養。

民國十一年冬，先父母攜全家遷居長沙，定居十二年，直到民國二十三年，相湘在大學肄業一年後，才讓相湘兄弟回故鄉省親。其間祖父八秩壽誕以及五代同堂盛典，先父都祇要先母回里慶祝，他老人家仍留在長沙照顧。甚至祖父及伯叔想念（因相湘兄弟是七房十四兄弟中最幼小的），也請祖父及伯叔來長沙小住。一心一意要使相湘兄弟在一新的良好環境裏長大。親送相湘兄弟進入當時全省著名的私立楚怡小學肄業以外，更注意居家環境。

我家初到長沙，租賃東長街益陽公所內進房屋，因爲相洋大兄結婚，需要房屋寬大。但市街繁囂，數月以後，再遷距離楚怡小學十餘步的儲英源。居住不過半年，發現隣居姚姓紈袴子弟，債臺高築，除夕討債人坐滿廳堂。元宵以後我家卽決定遷地爲良。經過再三愼重打聽才移居玉泉街。

長沙玉泉街府正街

玉泉街中段有一供奉觀世音菩薩廟宇，平日香火旺盛，舊曆新年初一，更是許多善男信女前來參拜進香「出行大吉」討好預兆的地方。有時逢水旱災荒，市民自六十里外的梛梨市迎接陶公眞人李公眞人肉身前來祈禱也供奉在這廟宇後進——街以廟名，已不尋常。加以另一特色，卽二三十家古舊書店及碑帖店開設街頭。不僅三湘文人雅士時常漫步其間尋求珍籍佚書，卽國內學者名流南來也多抽暇一訪這「書店街」，通信郵購，更遍及國內各地。

玉泉街出口左轉不過一百步，卽府正街，是新書店的集中地，除商務印書館設在黃道街（後遷南正街）外，中華書局、世界書局、泰東書局、大東書局、羣治書局等十餘家都設立於此。

我家在玉泉街入口處左邊第二所房屋，前面臨街是雙合店面：左面是譚姓開設的舊書店，右面是劉姓主持的碑帖石印店，我家就在這兩家店舖的內進。

當時，俠義小說，尤其湖南平江向愷然（不肖生）撰「江湖奇俠傳」盛行，福爾摩斯、亞森羅蘋的故事小說也引我入勝。但我家前進碑帖店劉姓店主親自用木版拓搨碑帖以及他店中二架人工運轉的石印機，更引起我的興趣。因我每日習大字小楷的碑帖是商務印書館或有正書局珂羅版印行，墨色字形不同。同時，譚姓書店陳列的清季「點石齋畫報」、掃葉山房的「八賢手扎」、木版「四史」，和我的教科書及課外讀物型式字體更多差異——我從歷史教科書讀到：印刷術是中國人在人類文化史上三大發明之一，先大兄在商務印書館服務時也簡單地說了一些鉛印石印的事，仍不能滿足我的好奇心、求知慾，更引起我對印刷業的莫大興趣。幾十年來，無論編撰刊物，或協助書店編印書籍，我總喜歡到印刷工廠看工友撿字排版，至今不衰。實在是兒時耳濡目染，習慣使然。

民國十六年春，先大兄自常德商務印書館經理調回上海總館服務，堂侄邦煥進入長沙商務印書館工作，我照常憑摺購書，非常便利。文學研究會叢書之一，李青崖譯述法國莫泊桑撰「一生」的提示：「世界上的事，沒有你想像的那樣好，也沒有你想像的那樣壞。」對我有很大的影響，因爲這比較「不如意事常十之八九」富積極意義。

民國二十二年夏，我負笈北平時，正是塘沽協定後不久，先大兄恐怕時局突變，我需要用錢，特請長沙商務印書館經理金松齡君函託北平商務館孫經理張會計同意，在一定數額內准我借支，以備萬一。因此，我在國立北京大學註册以後，立即前往琉璃廠商務印書館拜訪。我看到這琉璃廠是著名書店街，眞是欣喜之至。

玻璃廠東安市場

余季豫（嘉錫）姻伯是我國目錄學權威，他的獨子讓之兄任北大史學系助教，不時電話約我到他家便餐，或到我宿舍長談。在季老的「讀已見書齋」（羅振玉篆書額）羣書環繞中，不是話三湘近事，就是說書林掌故。談到民國十六年夏，我在長沙曾目睹共黨公審殺害余勅華姻伯和葉德輝（湖南著名藏書家）。季老嘆惜葉氏藏書和他的「書林清話」之餘，我乘機叩詢琉璃廠掌故。讓之兄告我：乾隆中（西曆一七六九年）李文藻撰「琉璃廠書肆記」、宣統末（一九一一）繆荃蓀撰「琉璃廠書肆後記」，百餘年滄桑，盡在其中——北京在明清兩代是政治中心，不如江南文風盛，書店多。淸乾隆朝修四庫全書，京師書商才大增加。但民國初年已看不到有百年的老店了——我在圖書館檢閱這兩篇文章後，對這書店街的故事也增加認識。假日課餘，時常乘電車前往，流連半日，很多樂趣。尤其陰曆元宵前後，琉璃廠附近有著名的廠甸書畫攤會，這些小攤自師範大學附近起連綿半里，售價比較書店便宜，東安市場書攤，是北平東城一景，比較西城的西單商場書攤數目多，距離北大宿舍近，更是我每週必去的處所。這裏是出售新書局鉛印舊書刋，很少木刻連史紙的古籍。但民國以來許多稀見或絕版的書偶一發現，我就不多還價立卽收買了。這些書攤夥計對於我們穿藍布長袖、西服褲皮鞋的北大人，認爲是經常主顧，非常歡迎。有時他們也喜談「二十年目睹怪現狀」：民國十二年，北洋政府曾禁止出售「胡適文存」。民國十五六年革命軍北伐時，北京軍警執法處穿灰布長袖的「包打聽」竟來搜查「馬氏文通」！他們以爲這是赤化宣傳老祖馬客斯作品，卻不知這是中國近代第一部著名的文法書，是清季留法學生馬建忠作品。此馬固非彼馬！

當時，正值美國實行購銀政策，中國白銀外流，引起外貨輸入增加且大量減價傾銷，華北又多日本走私貨物，故市面各物低廉。先大兄每年給我學膳雜費銀圓四百枚。上下兩學期學雜費共繳四十元，每月伙食最多十元已是上等享受。時日人在華北緊緊逼迫，我看時不我予，每月至少用二十餘元購書，以免時局變化，無從購買。

講授明清史的孟心史（森）師、「史源學」的陳援菴（垣）師因見我家舊隣玉泉街譚姓書店目錄，特囑代購王先謙刋刻同治朝「東華錄」、趙翼「二十二史劄記」。王書是大字木刻便利閱看，趙書長沙刻本卻和其他版本內容稍有異同。都是北平琉璃廠書肆沒有的。我自然以此爲榮，也樂向兩老道及我家曾居住這裏。

日軍炮火下的書刼

四年在北平購書約五十餘包陸續郵寄回家。不幸民國三十二年常德會戰，這些書和父兄爲我購買的書籍二十餘大箱，都被日軍攻城炮火焚燬。長沙玉泉街、府正街以及商務印書館新店和工廠，在民國二十七年十一月，日軍侵入湘境時，長沙大火付之一炬。

民國三十年十月，我執筆從戎，在長沙第九戰區司令長官司令部編輯戰史。當時玉泉街早有一些書商搭建的矮小房屋，購售戰火孑遺的書刊。景況自然遠不如前，卻是我假日最常去的地方。當時收入不多，看到喜愛的書卻不吝價收購。民國三十二年除夕，大家都因開羅會議宣言的發表更充滿勝利希望。我携帶一點錢原計到城中心爲兒女購過年的糕餅糖食。路過玉泉街偶一流連，發現有批英文書，其中如第一次世界大戰時美國總統威爾遜的特別助理浩斯（Colonal House）的日記文件精裝兩巨册等，正可作我編輯戰史的參考範本。一時高興將這批書都買下來。剩下的錢祇夠買一點芝麻寸金糖。乘坐人力車滿載書本回家，兒女開門迎接，滿以爲包包是甜蜜的糖餅，誰知竟是舊書！這件事至今耿耿於懷：滿足了自己買書讀書的慾望，卻使小兒女在新年大大的失望。

民國三十三年五月，日軍第四次攻長沙，我祇能携帶妻兒和應用衣物離開長沙。兩年多在玉泉街陸續買進的中英文書五箱惟有封鎖在原居所，希望和第三次長沙會戰一樣很快回來。不幸這次戰爭失利，我們奉命由湘南經廣東曲江轉江西省南雄、大庾、贛縣、泰和、宜春、萬載轉入敵後的湖南瀏陽。經過贛縣時在舊書店買到民國元年刊行的「黃留守（克強）書牘」一册。在泰和購得重慶中央圖書館刋行的「圖書月刋」，其中竟有介紹我撰刋的「淸史硏究」文字，頓使我樂以忘憂，減少牽掛書燬之痛。

「淸史硏究」是我在北大畢業論文「咸豐辛酉政變紀要」及已發表論文的彙輯。應用湖南特產瀏陽報紙鉛印，比較桂林重慶土紙美觀淸晰。這本書是由我自設的長沙信義書房出版，實際上並沒有店舖門面，祇是當時身在距離日軍不過一百五十餘里的地方，每日都有日機空襲，時時準備「犧牲成仁」，深恐文稿散失。我久有意在「解甲歸田」後自營書店，重溫兒時舊夢，現就乘早建立一名稱吧。不料這書出版不到半年，日軍又犯長沙，我家被迫撤離，是書大部被燬，少數寄送外地。日本無條件投降後，我重回長沙，目睹市街殘破，更甚於民國二十七年大火以後，如何重振舊山河，煞費苦心。就和留美求學的三弟函商決定：立卽重振信義書房，加設西書部，由三弟自美儘速購運國內急需書刋。因我國際交通被阻絕七、八年，國內出版更多困難，國人知識的「空隙」必須迅速塡補。當時第一批運到的是「生活」畫報五百册，是日本投降記錄，封面是麥克阿瑟元帥在東京灣上陸大相片。抗戰八年中三湘犧牲最重，如今分享勝利光輝，聊以自慰。

自民國三十五年五月勝利還都，至民國三十八年四月倉皇辭中山陵，爲時不到三年，國內局勢變化萬千。在這不算太短時日裏，國內航空交通便利，我隨同國立蘭州大學校長辛樹幟師、國立河南大學校長姚從吾師走過許多大都市書店買書。因復員之初，各大學急需購中外圖書，辛姚兩師知我嗜書，對目錄版本也具興趣，有搜尋耐心。兩老指示購書範圍和原則，由我在各書店訪查，再記錄書目價格由兩老及徐旭生師決定。

當時，各地書店早已沒有戰前那樣印行書目價格分送，也不肯開示書目定價寄外埠主顧，因物價波動不已，各大學都急需購書，書店且抬價居奇。辛姚兩老運用這種方式確爲蘭大、河大購得大批遠比他校實用、稀見、價廉的書刊。而我因此更滿足逛書店的樂趣，了解南京、上海、蘇州、北平、天津等地書店的不同作風。

來薰閣陳濟川經驗談

南京夫子廟、太平路舊書店頗多線裝古籍，但「民國十五年以前之蔣介石先生」、「閻錫山治晉言論集」、「雪生（李根源）年錄」等也插架其中。江南淪陷近八年，日僞清鄉搜查不遺餘力，而民間仍有這些收藏，愛國情操眞是野火燒不盡。至於紅紙廊一小書店出售戰時日文書刊，是乘日人投降後低價脫手而得，對大後方前來的人卻大有用處。我曾買得萱野長知「中華民國革命秘笈」、岡村增次郎「吳佩孚」諸書。都是侵華戰爭初期出版，祇張印刷圖片精美，比較戰爭後期刊行書籍，紙張灰暗，字形油墨模糊，且多爲紙面平裝，大不相同。國勢升沉，一目瞭然。

上海廣西路、二馬路一帶古書店規模甚大，其中來薰閣原是故都老店，抗戰中期在滬設分店，注意南北各地世家大族因戰火而流散的書籍。店主陳濟川，戰前卽與北平學術界熟識，南來後又和江南名士交往。老店掌櫃馬姓，分店掌櫃張姓，都精於目錄版本，眼力也高，但魄力遠不及陳。陳於戰後迅速收購日僞諸人流出的日本刊行中國考古文物及歷史書刊，頗獲大利。民國三十五年秋，我出入上海來薰閣時，常見鄭振鐸也高坐店內，陳濟川介紹相識。時鄭振鐸編印「中國歷史參考圖譜」，卽取材上述日本書刊，力求齊全，見有珍籍卽收。他是老上海、眞行家，與陳可說旗鼓相當。陳卻不抬價居奇。雙方買賣各不吃虧。

國立北平故宮博物院圖書館館長徐森玉氏有時也流連這些書店，搜求善本珍籍。某日，徐氏來告姚從吾師：一書店出示宋刻浙江省某縣志第一册，首頁鈐有清宮玉璽，原屬故宮所有，民國十三年以前，宣統帝留居紫禁城時散失，可能是宦官偷去這一册先向書賈討價，後因其餘册數甚多未能攜出宮外。故宮博物院圖書館成立後訪求佚書不遺餘力。今竟有人送上門來，徐內心喜悅，卻不動聲色，且再三問其餘各册下落。書商答覆：多年訪求，實已無法求全。徐氏故意冷淡，果然合浦珠還——我曾將這事和陳濟川談及，他因娓娓長說做這買賣的甘苦：

一般人以爲古書店用低值進貨，高價售出，一轉手間，獲利十百倍，遠比其他行業好。其實他種行業進貨有一定來源，而古書店祇有從向有藏書的破落世家探詢。這種舊家卻不常有。幸有門路，遠道前往，費盡心機交結其家戚友僕傭，以防讒言破壞，另招他人爭購，或自大部書中抽去幾本，就成殘破，無法出售。銀貨兩清，書將運走，更須防備絕不相干人士，假託保存本地文獻美名，藉詞攔阻。經過多次險阻艱難，幸而全部運回本店，書價、佣金、運費、旅費以及交際費等現金支付已不在少。而售出則零星收入，經常主顧更多欠帳。故實際利潤不過什一而已。何況我們憑藉經驗，雖目能鑑別，心有輕重，究竟不如眞行家根基深厚，如徐森玉先生低價購得宋刻浙江縣志。那一書商就是我們行話所謂「漏」了。

陳濟川又說：幾十年來做這買賣，對學術風氣感覺最靈敏。民國初年，反淸復明餘波盪漾，公私各方都喜搜購淸廷禁燬書籍。「九一八」以後日人步步進逼，尤努力訪求中國各省縣方志以明山川形勢民情風俗。七七事變前後，日人設立的北京人科學研究所着手修纂「續四庫全書」總目提要，購書不遺餘力。美國哈佛燕京學社及北平燕京大學也挾豐富財力多方搜購善本，運往美國。勝利以後，淸末及民國各種書籍雜誌又爲美人購求對象。

戰亂中的上海書肆

上海另有來靑閣等江南人經營的書店，與蘇州觀前書店一樣，洋場氣味濃厚，不如故都書店以及其上海分店那樣重行規，尙義氣。

上海舊租界幾家西人經營的西書店，我也隨辛樹幟師幾次前往，選購得若干書刋。對中國維新運動有促進作用的廣學會書局房屋已很破舊，我們也曾一往訪古。河南路商務、中華、世界各書店總館遭受日僞機構多次搜查損失（據聞商務印書館門市部及庫房被沒收的圖書至少約四百六十餘萬册），一時還沒有復興。兩位大學教授主持的中國科學儀器公司及龍門書局（影印西文科學教本）頗有新氣象。事實上：新書業雖可不斷刊行新書或影印古書，但經營也不容易；時代進步及政治變化發生的影響，書籍首先遭殃，若干書就必須增改或絕版。喜愛保存初版及絕版書的人們，就祇有向舊書店搜求。而舊書店一般價格多少要比較新書商低廉。這就是國內各地新舊書店相輔相成而不相妨相尅的所在。

任何人都沒有想到：勝利以後國內局勢的迅速惡化。民國三十八年一月，我和妻兒在上海候船來臺灣時對神州大陸眷戀不已。我曾在上海書店流連忘返。有一書店以「東方雜誌」「國聞周報」全份求售，很具誘惑。我終於將一具照相機出售，將這兩套有關現代的期刊買下。結果因中輿輪限制旅客行李，十餘個木箱，不能交運，祇好割愛。但我行篋中卻携帶了三種極具紀念性的書：㈠李劍農教授著「最近三十年中國政治史」（民國十九年十月上海出版），是民國三十五年春在長沙玉泉街舊書店購買。曾隨我到過蘭州、開封、南京等地。戰前及戰時，我都曾購有是書，不幸兩次燬於日軍炮火。勝利後能在童年舊居附近得恩師名著，實在非常珍貴。㈡宋教仁先烈日記「我之歷史」（民國八年桃源石印本）。宋公是中國革命元勳、民主憲政先驅。戰時我在長沙玉泉街購得是書殘本三册，郵寄重慶中央黨史會。勝利後在北平隆福寺書店（也是故都書店街，規模較琉璃廠小）得全書六册。民國三十七年十二月十一日，北平圍城前夕，我乘飛機南下時携出。㈢鄭振鐸編「晚清文選」（民國二十六年七月上海初版）。戰時在長沙府正街購得一册，後燬於戰火。民國三十七年十月十四日，以金圓劵六元，在北平西單商場又買到一册。是書出版於對日抗戰之初，重得於法幣改爲金圓劵後一月半，物價正大波動。國家苦難，捧閱是書可以概見。

我有湖南人不服氣的倔強個性：「你可燬之，我必重得之」。挾持這三種書渡海來臺灣，正是這一心理表現。二十五年來，我以這三部書作「種子」，竟又聚積書刋一萬餘册。

臺北牯嶺街

到臺之初，寄居臺中市兩月，在書店購到日文「清國行政法」二册。民國四十年夏，遷居臺北市。當時開封街有一舊書店，我曾稍有所得。

牯嶺街舊書攤的盛況，是近十餘年來興起。在這以前，有一古亭書店設立。我發現一部商務萬有文庫大本「續清朝文獻通考」（劉錦藻編纂），正是國立中央圖書館收藏「十通」所缺，急告主持人購得補全。這比較上述浙江一縣志宋刻本被上海書商「濕」了的故事，自然是小巫見大巫。

牯嶺街書攤大多是一般用書，我時常流連其間，很少所得。祇是十年前，以臺幣五元購到「譯書彙編」第二期一册，實在是非常大的收穫。這是一九〇〇年我留日學生刋行雜誌的元祖。我檢查海內外公私各種目錄都沒有著錄，這或是人間孤本。後來託日本木下彪教授和彭澤周博士分別在東京及京都覓得這一雜誌另三期書影。合印於我主編的中國史學叢書中，中外學人因此得知早期留日學生思想淵源。眞是逛書攤意外樂趣。

「踏花歸去馬蹄香」

民國四十八年六月，我赴美國參加一學會，來回經過日本、歐洲、香港。從此，我逛書店街的境界更擴大到海外。

我在啓行以前，就已由友人告知東京神田區神保町一帶是書店街。故到達東京卽寄寓神田基督教青年會。充分利用五天停留時間逛書店。新舊書店大多走過。在山本書店和湯島孔子廟內古籍流通會裏買到一些書刊寄回。內山書店是內山完造主持，他原在我國上海設立書店，我曾去過。這次走訪，我購得楊丙辰譯「湯若望傳」（民國三十八年商務印書館出版）等。後來借給商務印書館重印。

我在洛杉磯參加學會後轉往舊金山及西雅圖。我以大部份時間在唐人街書店流連。這些書店實際已改售中日香港文物用品，書籍移存地下室，很少人問津。我得當地僑胞引導、店主同意，進入地下室，看見許多書都包好放在書架，每包有書名，雖不是挿架，也便於檢閱，祇是灰塵太多。經過二、三次共計七、八小時查尋。結果大有所穫：民國初期許多人的文存，另有八九種稀見書。

中山先生的「民權初步」，盡人皆知。但這書最早名稱「會議通則」及其初印本，絕大多數人不曉。我在舊金山書店竟購得「會議通則」一册，是民國六年四月，上海中華書局印行。其中有章炳麟、鄭家彥、楊庶堪、朱大符（執信）四人序，是今通行本「民權初步」所未載。蔣孟隣師自述，辛亥革命前夕，中山先生在舊金山曾以美國人撰著「議事之法則與秩序」英文本交蔣譯述中文，蔣未能完成。民國六年，蔣回國到上海謁 孫先生， 孫先生特出示繕就的「會議通則」稿本並說即將刊行——這是我見到有關這書的惟一記載，中外公私藏書目錄都只有「民權初步」，沒有著錄這一最初名稱版本。蔣永敬兄告我：中央黨史會史料庫也沒有這一版本。大概是因「民權初步」印本太多，一般人就不注意及此。

另一平凡書名而內容重要的稀見書是「演說學」（民國十五年六月，上海國光書局印行），我被它的副題「孫中山先生演說詞」引誘而購買。帶回臺北詳細比證後，發現其中有民國十年十月中山先生在廣州演詞兩篇，是各種「中山全書」「總理全書」「國父全書」所不載，卻具有非常重要性：㈠號召教育界注意國家政治，再三斥責「不談政治爲高」實大錯誤實誤會之極。力圖轉移風氣。㈡指出共產主義的謬誤，俄國飽受痛苦，「中國宜以俄爲鑒」。這是中山先生最早指責共產的公開演說。

另有幾種見諸他人著作的書，很久想一覩原本，也在無意有意中購到。這和我一週後在西雅圖中國商店塵封中發現民國八年出版 國父創辦的「建設」雜誌合訂本同樣使我喜出望外。

美國人工作緊張，日常生活繁忙，報紙雜誌中的書評及暢銷書目和若干書店目錄，是他們買書的指引，很少閒暇去逛書店。紐約市鬧區有二、三書店顧客擁擠，大多是觀光客。我也曾涉足其間選購新書。但東五十九街一家東方書店（Paragon Book Gallery）卻使我盤桓甚久。這一書店主持人是猶太籍馬法柏（Max Faerber），曾在上海開設書店，與胡適之先生相識。我這次前往就是由胡先生提示。我在馬法柏書店發現若干或已絕版，或有著者簽名或是初版的西書。定價不高，我偶一想到西方著者簽名比較我國名人珍藏印章的價值應該過無不及，歐美人如英國首相邱吉爾等都很看重初版本，絕版本更不必說，因此，我就沒有吝惜，購買若干。

華府國會圖書館附近有二、三小書店，新舊雜陳。規模遠不及馬法柏書店。至於各大學都有出版部，也有書店，規模不大，便利學生購買，也是嗜書人的好去處。我也走過。

世界最大書店

倫敦大英博物院附近有三、四家舊書店，我曾選購有關中國及第二次世界大戰書籍。查林橫街的福祿禮書店（Foyles. Charing Cross Road），店面廣告以及大小包書紙袋上都有「世界最大書店」（The World's Greatest Bookshop）字樣，每週營業六日，每早九時開始，下午六時打烊。就我走過北平、上海、南京、東京、紐約、舊金山新舊書店的經驗，認爲這句話不能說是自吹自擂的誇大。我在這裏選購若干第二次世界大戰，特別有關印緬及東南亞戰區的史書。這書店顧客擁擠，任意抽取架上書刊翻閱，安閒自在。英美人生活情趣不同，可以概見。巴黎友人帶我在拉丁區逛過二、三書店，這是學生集中地區，書店人頭攢動。是這一歐洲大陸文化古城的另一面，與花都艷稱相映成趣。

回程經過香港，新舊書肆都走到。其中二、三專門買賣近代史料的舊書店主從未經營書業，祇爲適應美國日本各地研究中國近代史的需要，四處搜求，以爲謀生之計。相形之下，我的經驗還比他們多，因此建立情誼、聯絡，他們一有搜集，即將書目寄我選購。我自這些書店，頗有所獲，得到若干稀見書，也配補全幾種殘缺書。自嶺南書屋購得先師孟心史（森）教授在民國四年撰刊於商務「小說月報」上有關明末清初史事考證九篇，最足珍貴。我曾在「心史叢刊」讀過這些文章，卻未曾看到當時原刊。如今竟得到民初有心人按期合訂成册，並加雄黃防蟲紙保護。覩物思教誨深恩，肅然起敬。

民國四十九年七月，我再有機會赴日本韓國，爲時三月。其中兩週在漢城，書店不大，但期刊雜誌如「思想界」每月銷行近十萬份，印刷、內容篇幅與日本雜誌大同小異。這是臺灣刋物無法抗衡的。我在大韓民國國史會購買新刋十餘種，都是甲午戰爭前中韓關係的史料。

東京京都書店

我這次在東京仍居神田青年會，白晝前往檔案館、圖書館閱書，晚餐以後卽漫步書店街，逐戶搜尋。兩個月的居留，收穫殊多——當時上距日本投降十五年，下距世運會（一九六四）五年、博覽會（一九七〇）十一年，大和民族後人還沒有自誇「經濟大國」，因此，各書店仍多侵略戰爭書籍，並且有一店專售戰爭書。我能編寫「第二次中日戰爭史」，就由於有這次的訪求。

京都號稱日本文化古城，新舊書店卻不如東京之多且大，祇有彙文堂備貨比較齊全，它按時刋行「册府」書目，羅列中日文有關中國文史書目，便利學人不少。民國五十六年九月，我再訪京都時，彙文堂老店主已逝世，女婿繼續經營，已沒有昔日風光。

自漫遊訪書歸來，美英日書店都按時郵寄書目給我。紐約馬法柏書店每年春秋兩季各刋行目錄一册，詳列新刋及正在印行中的東方書目（中國、日本、韓國、東南亞、中東、近東、非洲等），書名著者定價出版處所等等以外，每一書刋還有二十字至百餘字的說明，遠道讀者，按圖索驥，自然便利。這和我國戰前商務中華各大書店圖書目錄以及北平古書店目錄的簡單大不相同。卽日本書店目錄也比較我國各店書目詳明。國家富強、學術興盛、人才衆多、社會進步的契機，見微知著，這是重要所在。

民國五十五年夏我往新加坡任敎，在這獅島居留約三年，大小書店都走到。這一城市國家正如李光耀總理所形容「痲雀雖小五臟俱全」。書店的規模在國土與人口比例上說已很可觀。英國影響的深遠，書店也不例外。中英書店各有三、四家，規模略小於倫敦福祿禮書店，營業時間顧客甚衆，且多有二樓甚至三樓，分類陳列各科書籍讓顧客任意抽閱。青年學生很多坐立其間，尋找價廉實用又喜愛的讀物。

商務、中華在星洲分館，經過日軍四年占領，損失不少，但孑遺仍多好書。我買到民國二十一年四月故宮博物院影印「明史本紀」五册。這是據乾隆四十二年修訂明史刻本，與市面通行「二十四史」中乾隆四年殿版明史頗有不同。民國二十三年秋，心史師在北大講授明淸史就曾提及。這三十五年來，北平幾度滄桑，星洲也曾經過英國殖民地、日軍占領、馬來西亞統治以至獨立建國。這一「明史本紀」眞是閱經人世炎凉，我自然要購藏作一紀念。

民國五十六年、六十二年，我又再訪東京、舊金山、紐約、倫敦。重遊各地書店，祇見新書多，舊書少，珍本尤稀。據說大多被歐美日本各大學圖書館捷足先得。而芝加哥唐人街出售香港影印本，售價高昂，卻使我驚奇。

自己想開舊書店

五十年來，走過了海內外大城市的書店，國家盛衰，人世滄桑，身歷其境，自然感慨萬端。但我卻因此更體認書店的重要性：它實在是人類文化傳播的主要功臣。由於書商們各處訪求、搜集、印刷、出版，各級學校和公私圖書館及一般社會才不致感到知識源泉的涸竭——因此，我現在快到人生開始之年，很想開設書店，卻苦於沒有本錢，祇希望能在臺北市光華商場得一攤位。我幸有歷年收集的書刊作憑藉，應該不會和諸葛孔明一樣演唱空城計；而寶島喜愛讀書的青年衆

多，自然不必憂愁缺少知音的人。（原刊「書評書目」第十六期）

專家前輩啓發「書目」興趣

「書目」的重要性，比較市街、公路、鐵道、港口、飛機場的指引標誌，可說是過之無不及。任何人沒有「書目」的嚮導，就難得閱讀新書好書。如果隨手亂翻書，可能誤入歧途，產生惡劣影響。我今日得稍稍知曉求學讀書的途徑，實由於四十年前在北大肄業時，專家前輩啓發對「書目」的興趣，避免了盲撞摸索的苦痛。敎誨深恩，此生不忘。

「書目」也就是「目錄學」，在中國已經有二千年的歷史。但在農業社會的中國，萬事萬物，不是牛步化的發展，就是停滯不前。「書目」自然不能例外。尤其「書目」大多是宮庭史官編輯，官僚敷衍氣味充滿於正史的「藝文誌」「經籍誌」裏，更顯得枯索不實不盡。甚至中國近代淸乾隆朝編輯的「四庫全書總目」，也祇是迎合帝皇意旨，用盡一切手段焚燬明淸之際有關的典籍；總纂紀昀（曉嵐）以下人員照例上班，沒有誠篤從事工作，又因限期完成任務，更無從詳細考訂，以致錯誤百出。

當我在湖南明德中學讀書時，閱讀史地書籍的興趣非常濃厚，卻並不知「書目」之學。商務印書館、中華書局等書店按期寄來的「圖書彙報」，也祇有書名作者譯者定價，並沒有內容提要說明。我利用憑摺記帳購書的便利，不知選擇，隨時購買一些新刊書籍，粗略翻閱一過，引不起興趣，也就堆置起來，金錢時間因之浪費不少。民國二十二年夏，我負笈北上，入國立北京大學史學系。開學以前，拜見余季豫（嘉錫）姻伯，眼見他老雍容坐擁書城，懇切指示「書目」的重要。頓使我茅塞初開。一年級課程中有趙斐雲（萬里）教授主講「中國史料目錄學」，三年級課程中有陳援菴（垣）師主講「史源學實習」；同時，姚從吾師主講「史學方法」、陳受頤師主講「西洋中古史」、「文藝復興與宗教改革」、胡適之師主講「中國古代思想史」、傅孟眞（斯年）師主講「中國古代文學史擇題研究」、孟心史（森）師主講「滿洲開國史」、「明清史」、錢賓四（穆）師主講「秦漢史」、「近三百年學術史」諸課程，都着力提示有關的史料目錄，並不注重史實的描述。專家名師前輩是這樣的諄諄善誘，魯鈍如我，也不能不深受啓發了。

「四庫提要辨證」不朽巨構

余季豫姻伯是中國目錄學權威，「四庫全書提要辨證」（臺北藝文印書館有影刊本），是他老積五十餘年歲月寫成的不朽巨構。他老自述：幼年居湖南常德故鄉，即斐然有著述的雄心，十四歲時作「孔子弟子年表」，十六歲時注「吳越春秋」。少年氣盛，不知學問眞諦。後來經親長提示閱讀張之洞「書目答問」，才發現學海浩瀚，驚駭之餘，頓有茫然失據無所適從的感覺。再繼續讀張之洞「輶軒語」，其中一句話：「今爲諸生指一良師，將四庫全書提要讀一過，卽略知學問門徑矣」；給予余季老一指路明燈，成爲一生興趣中心所在。淸末民初，余季老自故鄉往長沙、北京各地，友朋漸多，見聞也廣濶。民國十七年夏，北伐成功，余季老就定居北平，擔任輔仁大學中國文學系敎授兼主任、文學院院長，同時在國立北京大學講授「目錄學」。我和季老有姻親關係，課餘假日時常到他老家裏去，比較一般同學在敎室聽講所得更加切實。

北平是中國文化中心，公私藏書衆多，尤其罕見善本珍籍的收藏家也時常和余季老往來；因此，季老憑藉這些優厚條件致力於四庫全書提要考證的工作更加勤奮——他老自知生平於經部心得不深，集部自犖犖數十家以外，可傳世的甚少；祇有史子兩部宋朝以前書未見的少，元明兩朝書籍也多涉獵，因卽將心力集中於史部子部諸書。每讀一書，必小心了解辭意，平情審察是非；至於搜集證據推蔽事實，雖細如牛毛，密若秋荼，不敢忽略，必權衡愼重才寫在紙上。讀書續有所得，又隨時修改——他老不是應用新式卡片，仍舊用傳統簿册。我曾有幸，蒙他老人家將這些簿册給我看：册的上下四周都寫滿了密行細字。朱墨淋漓，不可辨識，又另換一稿。方法雖仍舊貫，條理卻極分明。民國二十六年夏，中日關係緊張，「四庫提要辨證」寫定稿二百二十餘篇先行排印，以免散失。抗日勝利後，重加編定，共取四百九十篇，民國四十三年秋刊行，將「四庫全書總目」許多錯誤都加糾正，如二十四史提要中卽有十三史，經余季老重加辨證其錯漏，他可想見。

「書目」錯誤，影響國家

余季老定居北平撰述是書時，正日俄交相侵略我國緊急之秋，故書中於有關書籍、辨證更再三注意。如「坤輿圖說」案語引日本稻葉君山「清朝全史」後有云：「今案稻葉氏責紀氏（昀）卑視西學，蓋是也。其實距今二百年前，以飽讀線裝書之人，而欲其重視西學，殆可謂之絕不可得，何獨責之紀氏。第稻葉謂四庫全書，不入之地理，則『提要』正著錄於地理類外紀之屬。稻葉此言，可謂如盲人之墨白。」湘按日本人稻葉君山撰「清朝全史」，自民國三年經但燾氏譯爲中文交中華書局刊行，至今將六十年，臺灣版仍銷行不衰。國人對清代史研究之忽視，半世紀以上光陰白白浪費，可大嘆惜。

余季老撰「四庫全書提要辨證」中「異域錄」一書案語有云：「圖理琛奉使絕域，不辱君命，采風問俗，文采斐然；卽其持節出疆，涖盟定界，所定通商條約十一款，亦復與後來喪權辱國者殊科。雖曰席強國之威，采廟謨之略，然其折衷樽俎，有足多者。其卒以乾隆五年，距修四庫全書不過三十餘年，其人旣非碌碌者流，而又官至卿貳，八旗通志立有專傳，皇朝通典邊防門、皇朝通考四裔考亦詳載其以郎中侍郎兩次奉使（俄羅斯）事蹟，而館臣纂提要者，乃不能詳其仕履，是亦可謂異聞也矣。至謂俄羅斯之地爲自古輿地所不載，亦爲失考……當時士大夫故步自封，不知留心外事，故徒爲大言，而未嘗夷考其實也。」

今按圖理琛是康熙五十一年（西曆一七一二年）因俄羅斯對我西北有侵略企圖，奉使前往處理，臨行，康熙帝面諭：「見俄羅斯察罕（彼得大帝）時，如問中國何所尊信？但言我國皆以忠孝仁義信爲主，崇尚尊行，治國守身，俱以此爲根本……如問生計：但言隨處皆同，富者亦有，貧者亦有。」「此役，俄羅斯國人民生計地理形勢亦須留意。」聖諭煌煌，指示篤實，載在實錄，而四庫全書館臣都不注意。乾隆一代政風遠不如康熙時的純樸，滿淸皇朝盛極而衰，對俄對英關係日漸惡化，都從此肇端。「書目」是一國知識水準的標誌，也可反映國勢的興衰。這是一顯明事例，如今大學文史系學生知圖理琛何許人？異域錄是何內容？爲數恐不甚多。而一九六四年日本天理大學今西春秋敎授「校註異域錄」巨册行世，相形之下，我們朝野不注意知彼知己，尤其對日俄近隣更是茫然，由來久遠。遭受凌辱侵略，可說「國必自伐」。這是始終不認識了解「知識即力量」和「書目是指南針」的重要性，自然產生的惡劣影響。再看近六十年來我國各種「書目」，其中有幾種有關日俄的新書好書？更何能怨天尤人？

東施效顰挑紀曉嵐的毛病

國立北京大學以「國學」研究著名。所謂「國學」就是中國文學、史學、哲學、藝術等等。

胡適之先生且公開申言：這一切的研究都離不開它們歷史的演變，而這些科系現都屬於文學院；看來將文學院改稱史學院更切實際了。因此，我們史學系的師友常引爲自豪，更相互勉勵絕不可拾人牙慧，要提出前人所不知的新見解、糾正古人古書的錯誤。在這一偉大目標下「書目」自然更重要——正如姚從吾師當時形容：「書目」對讀書人的關係，正如市場行情表和商人一樣的密切。我既可隨時請教數位教授，更有夜晚或假日隨時前往余季豫姻伯家請求指引的便利，因之對「書目」更特具興趣。民國二十四年秋，正當我在史學系三年級肄業時，陳受頤師講授「中歐文化接觸史」。我們按規定必須提呈研究報告。我對西洋音樂傳入中國的早期史實很有趣味。在北大圖書館及國立北平圖書館等處詳細檢查有關中西文書刊目錄。非常幸運的：在北平圖書館發現「律呂纂要」二卷，康熙間精鈔本，目錄卡片註云：「似是律呂正義續編稿本」，未能定爲何人撰著，因書名下被剪去數寸，正是一般書撰著人著錄地位。我因此再檢閱「四庫全書總目」提要經部樂類存目著錄「律呂纂要」有云：「內府藏本，不著撰人名氏，前後亦無序跋，分上下兩篇，每篇各十有三說，大意以律呂之要在辨其聲音之高下長短；上篇則發明高下之節，下篇則發明長短之度，似乎近人節錄欽定律呂正義，以便記誦者也。」但我詳細閱讀北平圖書館收藏的這一「律呂纂要」，灰綾封面，裝幀極精，字蹟圖譜尤工整，完全內府書籍格式。專家前輩告知：北平圖書館若干藏書原是內府流出收購或移存。加以北平圖書館另有同書另一鈔本，內容與灰綾封面本完全相同。第一卷首頁書名上鈐有黃色油墨小長方形印記，文曰「康熙皇三子誠親王殿下賜」。檢閱東華錄知誠親王是康熙朝奉命纂修律呂曆算書籍的主持人，因此推測「誠親王賜」的鈔本是纂修律呂正義時據內府藏本鈔錄的副本。我比對兩書內容相同，上下兩篇各十三說，共二十六說；而律呂正義續篇祇一卷，共十八節，比較這「律呂纂要」簡略，四庫全書提要末句「似乎近人節錄欽定律呂正義以便記誦者也」，完全將母子關係及內容詳略完全顚倒了。我將這些發現詳細向余季豫姻伯、陳受頤教授陳說，他們都認爲我的推斷是正確的。

我閱讀「律呂正義續篇」總說提到葡萄牙傳教士徐日昇（Thomas Pereira）將西洋音樂書傳入中國。因再檢閱天主教士東來的西文書刊。在杜哈德編撰「中華帝國誌」（Du Halde: Description de L'empire de la Chine）一七三六年英文譯本第三卷中記載：康熙帝命將徐日昇進呈樂典採入律呂正義續篇——英譯本中且將樂典原名 Elements of European Music 用斜體字印刷，表示是專門名詞，這正與「律呂纂要」中文書名適合。上述北平圖書館藏是書灰綾精寫本書名下剪去數寸，當是康熙末年禁傳天主教，雍正乾隆時更雷厲風行，故不得不將西洋傳教士姓名剪除，甚至律呂正義續篇總說已提到了徐日昇，四庫全書館臣也不敢寫出來。

余季豫姻伯、陳受頤教授命我將研究結果寫成「律呂纂要跋」，原擬附原書影印發表。不幸因日軍在華北橫行，北大無暇及此，而陳受頤師就將原稿抄本寄送廣州大光報，民國二十五年十月六日刊載於該報「文史周刊」第五期。當時，我不知道。直到民國五十八年陳師才自美國寓所藏書中發現寄我。（參見「近代史事論叢」第三集）在此以前，我曾向余季豫姻伯再三陳說：

「我眞是不知天高地厚，竟東施效顰，學老姻伯榜樣挑剔紀曉嵐的毛病」。余姻伯笑說：「你初出茅廬，就能挑出他的一項毛病，已經了不起。」

如今我不自嫌醜陋，述說這段往事，絲毫沒有自我誇耀意味，祇是拿事實來強調「書目」的編製實在需要小心謹愼，一定要儘可能的查閱參考書刋，不能隨便動筆，自欺誤人——如本文篇首陳說：「書目」如鐵道指引標誌一樣的重要，試想想：臺灣二水慘重車禍的發生原因，就應該格外警惕。

中國史料目錄學擴大心胸

北京大學史學系一年級課程中，趙斐雲（萬里）教授主講的「中國史料目錄學」，是一學年必修課程計八學分，即每學期每周四小時。可說是主要功課。四十年來，我總喜向各大學文史教授提及這一課程對我個人啓廸的功效以及它對當今文史學生的重要性。實在是這一課程在啓發我對史學的認識，擴大我對史學領域的心胸影響太「大」——「大」得無法用筆墨文字來形容。

早在民國十八年，商務印書館即刊行鄭鶴聲教授編著「中國史部目錄學」一書。這是鄭氏在原東南大學以及改名國立中央大學的講義，是按經史子集四部的傳統而命名，內容自然也依千百年舊貫以史部要籍爲主。但在是書出版以前，王國維（靜安）先生早已在國內著名雜誌發表專文指陳：自一九〇〇年以來，中國史學領域由於下列四項發現或公開而特別擴大：㈠殷墟甲骨文的發現。㈢西北考古隊發現漢代長城遺址以及大批漢代簡牘。㈢明清內閣大庫檔案的公開。㈣六朝墓碑及敦煌石窟的發現——王國維先生文字發表以後又有：㈠清宮文獻圖書古物的公開。㈡中央研究院歷史語言研究所在殷墟作有計劃的科學考古發掘，獲得更多甲骨文以及靑銅器等遺物。因之，史學領域更加擴大，應用以史籍爲主的傳統「史部」觀點顯然太狹窄，不適合學術的進步了。

民國二十年「九一八」事變前夕，正是胡適之先生所說「新北大旌旗開始招展」，空前國難來臨，北大師長們更決心加強「國學」「科學」的教學與研究。文學院在胡適之先生領導下更銳意革新，注重「中國史料目錄學」就是一重要新觀點的創立：使學生心胸不再局限於傳統的史籍，更要注意上述的各種新史料——應用「史料目錄學」，不祇是「必也正名乎」，更是要求學生「名實相符」的在新擴大的史學領域中切實努力。

趙斐雲（萬里）教授是王國維先生的姻親，國維先生應江南薊北著名藏書家及古物收藏家約聘爲他們審訂編製目錄說明時，斐雲先生曾擔任主要助手，見識旣廣且深。民國二十年頃出任國立北平圖書館善本組主任，接觸的珍籍稀見文物更多。因之，在北大主講「中國史料目錄學」時，分發講義以外，每堂課總是在下一堂教授站在教室門口了才不得不結束。趙老師在講授之餘，又經常帶領我們到北大及北平圖書館善本書庫參觀，娓娓談說宋刻本以下版本源流，並拿出各種版本相互比較。自然給予學生深刻的印象。

「中國史料目錄學」開啓了我對「書目」更廣濶的視野與興趣。當日軍步步進逼華北，北大師友懷抱「最後一課」卽將來臨的悲憤心情，充分把握時間切實努力。專家前輩給予我們一盞指路明燈，實在是此生不忘的深恩。

北大文學院中國文學系有「語音學實驗」，在當時國內大學已是獨創一格。陳援菴（垣）師主講史學系三年級「史源學實習」，在國內大學文學院也是「空前」甚至「絕後」——我敢於用「絕後」兩字是四十年經驗累積並且很愼重說出的。因爲抗戰勝利前後，教育部新訂各大學史學系課程，「中國史料（部）目錄學」列在四年級，比較我在北大肄業時列在一年級是「高陞」，實際上是「降低」了三年！而若干大學還很少開設這一課程。記得十餘年前，我還在國立臺灣大學史學系任敎時，我主講「中國近代史」每周三小時，其中一小時講授「近代史料要目」，內容包括中外有關的重要史料。但我仍不滿足，再三在系務會議提議要求開設「中國史料目錄學」課程，以便學生有進一步研究的指引。幾經折衷，才有「史部要籍解題」一課，由夏德儀教授主講。不料近三年新頒的大學史學系課程，不祇這一「中國史料目錄學」沒有列入必修課，卽中國斷代史也只有選修兩段的時間與學分。許多人浩歎當前學生文史程度低落，實則不自在臺灣始。而是如今更甚了，這是「上有所好」的自然結果。「中國史料目錄學」被忽視，更是教育部聘請的各大學敎授的責任。今特揭出，如有關當局再不虛心切實檢討，「復興中國文化」的責任眞祇有仰賴各國劇團隊名伶了。

版本學和目錄學（書目）具有同等的重要性，但在當今臺灣各書局對於「版本學」卻出奇的藐視。例如鴉片戰後刊行的第一部有關外國情勢的書——魏源編撰「海國圖誌」，初版是六十卷，後來又根據新資料加以增補刪改，最後定本是一百卷。這書對於日本明治維新且曾發生很大影響。如今臺灣書商在影印古籍宣揚中華文化美名下卻是取是書六十卷本作底本。完全辜負了一百餘年前魏源不斷增補以求適應新情勢的苦心。又如一部記載俄羅斯史地的書「朔方備乘」——清季何秋濤編著，如今臺灣書商影印卻隨手亂寫「李鴻章編纂」。這些事例應更加強上述「書目」與國勢密切關係的論證。不幸我們迄今仍不注意，實在令人浩歎。至於有人將大陸近年刊印古籍，改頭換面，將自己大名列做編著人，滿以為名利雙收。殊不知流傳海外，各大學圖書館中國籍職員一加比對，他個人醜態畢露事小，自由中國出版界聲譽的損失就很難以補救了。

日本努力編製中國書目

「大家努力將世界研究中國文化中心建立在北平」！這是胡適之傅斯年和北大諸位師長多年以來再三提示的大目標。胡先生在這一號召下，要求大家應用綉花針繡鴛鴦的手法一針一針的切實工作；同時更提醒大家：千萬不可故步自封，閉戶造車；一定要盡一切可能注意、利用、參考外國收藏的有關資料和外人研究的書刊；必須這樣才可以「閎中肆外」「博古通今」；而編製「書目」自然就是一切的大前提。

但北伐成功以後，內亂外患無時或息，甚至變本加厲。北平九所國立大專院校每月按時由南京財政部滙撥經費三十六萬銀元，比較北洋軍閥時期各院校教師經常三數月甚至半年領不到月薪已經大不相同。要想大事「修文」實在非常困難。然而北平圖書館和各國立院校在極力節省原則下編印出：北平各圖書館西文書籍聯合目錄（有關中國事務）、國學論文索引、文學論文索引、地學論文索引等。同時，北大國學季刊、清華學報也按期出版。長江、珠江流域各大學及圖書館也和北平一樣共同努力。對日抗戰前四年被稱爲「中國近代學術黃金時代」就是在這一背景襯托下出現的——但這只就中國國內各時期相互比較，如果和世界各國有關研究並列仍瞠乎落後。

自十八世紀以來，法國人就自詡巴黎是全球「漢學」研究中心，敦煌寫經卷頁被法英人捆載而去以後，歐洲有關中國文化資料的收藏更較豐富。而俄羅斯人因尼布楚條約（一六八九年）、恰克圖條約（一七二五年）的簽訂，更獲得商隊和學生按時進入北京的權利，認識了解中國自然尤多便利。赤俄政府成立後更注意「中國人如何想如何做如何寫」，且專設機構改寫中國歷史：黃巢張獻忠李自成等是「農民起義英雄」，關羽曾國藩等都是「地主惡覇劊子手」。忠奸是非完全顚倒。日本學人仰軍閥鼻息也盡全力於侵華工作。只看日本京都大學人文科學研究所漢籍目錄、北京日本人文科學研究所漢籍目錄，以及京都大學按時刊行的「東洋史研究文獻類目」，洋洋巨册，書名、著者、類別三項索引通檢俱全，極便查考。國內任何圖書館還沒有應用過如此人力、財力從事這樣的精細工作！

對日抗戰以前，日本的東亞同文會和南滿鐵道株式會社（簡稱滿鐵）上海及大連圖書館收藏漢籍衆多，且曾刊行各種書目。日本無條件投降後，這些圖書館竟被劫收而四散。但近二十餘年來，日本爲爭取世界「漢學」的領導地位——尤其是美國人始終認爲日本是中國近鄰，了解深切，重視日人研究，故日本各大學及學術機構積極從事研究中國事務。「近百年來中國文獻現在書目」、「近畿現存中國近人書目」，是東京京都兩地公私圖書館收藏中文書刊的簡報。日本外務省研修所中且有專門收藏中國法律書刊的「大木文庫」，也有書目刊行。東洋文庫「近代中國研究會」並且進一步編印「經世文編總目錄」二册又索引一册、盛宣懷袁世凱奏議目錄一册、左宗棠張之洞薛福成張謇奏議目錄一册、近代中國研究資料目錄一册。日本外務省也刊行「日本外交文書」（明治元年至明治三十九年）總目次一册。其他有關中國書目甚多，無法詳述。總之，日人是仍舊在用全力製作打開中國門戶的鑰匙（書目）。我們能不警惕！

美國人起步遲進步快

美國對於中國的研究比較東西各國起步遲，但近三十年來挾豐富的財力人力注重於此，已經表現出使人刮目相看的突出成績。自由中國、日本、韓國以及東南亞各國有關中國近代現代演變的研究學人，大多出自美國著名大學。這些大學本身刊行有關書刊更是中外學人必需參閱（不論你是否同意他們的觀點）。這些書籍篇末照例有詳細的中西日文關係書目，甚至在原書以外另刊

「書目解題」一册，周策縱著「五四運動史」即是一例。

哈佛大學編印的「中文中國近代史書目」與「日文中國近代史書目」出版於本世紀五十年代，由於這十餘年來新史料不斷出現，自然顯得不盡不實，但仍不失爲一基本參考書目。同樣的：哥倫比亞大學刊行「中國共產運動中文資料目錄」、「中國共產運動日文資料目錄」也是如此。一九五六年史丹佛大學刊行的「二十世紀中國領導人物書目」比較一九七一年哥倫比亞大學出版的民國時期名人傳記典第四册刊載的引用及參考書目又瞠乎其後。「書目」應與時俱進，這是顯明例證。

美國國會圖書館向有將印製的圖書目錄卡片贈送各國主要圖書館的規定，對日戰前，我國立北平圖書館等即曾受贈與，現在國立臺灣大學圖書館也獲得同樣贈與。這對於學人檢查全球新書實在非常便利。十餘年前，英國倫敦大學遠東非洲學院將收藏圖書目錄卡片影印成册出售，美國加州大學（柏克萊）及史丹佛大學也先後用同樣方式將目錄卡片影印成册出售，對世界各地有關學人給予莫大便利。即如我們在臺灣的人只要到國立中央圖書館「目錄中心」去查閱上述參考書刋，就可寫信美英請求付費影印應用。這是二三十年前各國學人無法享受的便利，自然這是今人更注重「書目」並將它的運用擴展到全球。

國立北平圖書館館長袁同禮先生（一八九五年——一九六五）自神州赤沈，幸逃出鐵幕，前往美國國會圖書館擔任顧問，編輯「國會圖書館藏中國善本書目」以外，更完成一偉大書目即

China in Western Literature。這是繼法國漢學家高狄編「中國書目」(Henri Cordier's *Bibliotheca Sinica*) 以後幾十年來一巨構。其中收錄一九二一年至一九五七年刊行的一萬八千餘種西文書目解題——包括英文、法文、德文以及澳門刊行葡萄牙文字書刊。美國耶魯大學出版，今臺北有影印本。

袁同禮先生又編印 *Russian Works on China* (1918-1960) *In American Libraries*。兩書配合檢查，歐美人對中國的認識了解程度如何，可見大概。後來，袁先生又編印中國留學歐美博士論文目錄三種：㈠ *A Guide to Doctoral Dissertations by Chinese Students in America*, 1905-1960。其中約含三千餘題目。㈡ *Doctoral Dissertations by Chinese Students in Great Britain and Northern Ireland*, 1916-1961。㈢ *A Guide to Doctoral Dissertations by Chinese students in Continental Europe*, 1907-1962。這些「書目」都是可供我們做知彼知己工夫之用的。只是這十餘年來，美國學人有關中國事務的研究更多新著。袁先生這些「書目」又需要補充。幸美國「外交季刊書目」每十年刊行一冊，收錄中國書目（包含中文）甚多，卽我編撰書籍四種也被收錄在內。美國亞洲學會每年更刊行「書目」一冊，可供學人與時俱進。

從「書目」看孫文學說淵源

民國四十八年秋，我自美國參加一學會回國，向有關方面表示：外國人很希望知道自由中國

——臺灣現藏書目！但國立中央圖書館經費拮据，幾經協商才由某書局按月協助新臺幣二千元用打字油印一新書簡報。

自從這一「小步」開始，中央圖書館經費需要增加，受到主管當局注意，因此，若干「書目」就在歷年節餘經費項下編製出版了。在這以前，「近百年來中譯西書目錄」，收錄清同治六年（一八六七年）至民國四十五年十月（一九五六年）譯書連同重出譯本計五千零四十七種。雖不夠詳盡，已可供基本參考之用。民國五十七年八月刊行「善本書聯合目錄」，是滙集臺灣各公私圖書館藏本統編，這與「臺灣省公藏方志聯合目錄」同樣給予學人莫大便利。而「中國近二十年文史哲論文分類索引」（民國三十七年至五十七年）收錄期刊三百種，計分二萬三千六百二十六條目。如果再參考余秉權編「中國史學論文引得：一九〇二至一九六二年」（香港亞東學社刊）。近六、七十年中國史學研究大要可見一般。

民國四十六年六月，「北京科學出版社」刊行「中國史學論文索引」上册，是「中國科學院歷史研究所第一所、北京大學歷史系合編」。其中第一四七頁收錄拙撰「讀王湘綺錄祺祥故事後記」，原刊南京中央日報文史副刊第二十四、二十五期（民國二十六年五月十六、二十三日）。原刊將「吳相湘」誤作「胡相湘」，這一「中國史學論文索引」將「胡」改正爲「吳」。這可能是北大歷史系舊日同學的手筆。是年十二月，這一「中國史學論文索引」下篇出版，內附上篇「勘誤表」，其中有「誤：吳相湘。正：吳組湘」。民國四十八年七月，我在美國哥大圖書館中友人特提示是書上下篇及勘誤表給我看，相與大笑。由於我居住自由中國，大陸上不容許我的大名出現，就故意將「相」字改作「組」字，以資遮掩。共黨極權下連編製「書目」也要聽命當權派的指使以顛倒正誤，這是一例證。

「書目」不只與國勢關係密切，研究偉大人物的學說思想淵源，「書目」也就是這位偉人所曾閱讀的書籍目錄更是重要憑藉。

我們是遵奉 國父孫中山先生遺教的民有民治民享國家，三民主義五權憲法是建國大典，孫文學說則是「革命先革心」的心理建設基礎，關係重要，不言可喻——如 國父在民族主義自序所說：有關三民主義的參考書籍在民國十一年六月，陳烱明叛變時被燬了——因之，我們研究國父思想淵源很難確言曾閱讀參考那些書籍，只能籠統的說「融會中外古今」。但非常幸運的是，民國二、三年「二次革命」發生， 國父旅居日本東京時，向丸善株式會社購買書籍的發票今仍存草屯史料庫，由此可窺知孫文學說中若干淵源。

揚棄「上樑大吉」的傳統，採取外國「奠立基石」典禮，是孫文學說一開始卽以建屋宇爲例證說明：中華民國建國基礎在各縣人民的地方自治，而不是帝皇時代的爭名者集於朝。「中西人築屋有大異點，可於其舉行之典禮見之。上樑者注目於最高之處；立礎者注目於最低之地，注目處不同，其效自異。」「今幸天佑中國，授吾同胞以復國建設之機會，則自高自低，宗旨不可再誤。」「今建中華民國亦與古國不同，既立以後，永不傾仆，故必築地盤於人民之身上，不自政府造起，而自人民造起也（民國五年七月十七日，　國父講「地方自治爲建國之礎石」）。今由日本丸善書店發票得知中山先生這一非常重要觀念的淵源，是民國二三年旅居東京閱讀英日文新刋的結晶。例如丸善發票記載：㈠森田：和漢洋家屋諸造作應用圖案。㈡佐藤：西洋建築用圖案。㈢小野：折衷洋風建築設計圖集附解說。和洋住宅建築圖案。㈣三橋：大建築學。其他英文書甚多，今不具列。這可見中山先生提出「建屋宇」的例證，不只是根據自己訪問世界各國經驗，更尋求了學理根據。以一反三，孫文學說的思想淵源可以概見。

幾年以來，國立中央圖書館和民間都注意到「書目」的重要性，對於我這一對「書目」特具興趣的人說來實在是莫大好消息。我逛書店、上圖書館不浪費時間精力金錢，就是這「指引」的恩賜！（原刋「書評書目」第十七期）

寰宇重要的中文圖書館

圖書館是人類貯積知識的寶庫，也是人類汲取知識的泉源。它的重要性和博物館一樣，自古已然，於今「知識卽力量」時代更顯得突出。

五十年來，我曾訪問過海內外自由國家的許多著名中文圖書館。美國國會圖書館網羅全球各種書刋，參考閱讀非常便利；我國立北平圖書館庋藏國學典籍豐富，館舍環境尤極優美，是我最喜愛嚮往的。至於北大母校圖書館及臺北中央圖書館在國難中埋頭擴建，更給予我永遠難忘的印象。而多年經驗的累積，使我深刻體認：熟習「書目」實在是進入圖書館的先決條件。沒有鑰匙，如何能打開寶庫呢？

民國十二年春，我在湖南長沙儲英源住所設立「家庭圖書館」，是這五十年來我對圖書館發生濃厚興趣的開始。

私家藏書和公共圖書館的任務作用完全不同，這是現代人熟知的常識。但在半世紀以前還在小學讀書的我卻並不了解這些道理。現在我也回憶不起當時是什麼動機促使我在楚怡小學圖書室以外「獨樹一幟」？但我清楚的記得：當我表現出這一「衝動」後，襄成大嫂曾經爲我在刻字舖雕刻一橫長約一寸橢圓形圖章，「家庭圖書館」五個字分作上下兩排，外圍是小三角花邊，應用紅色印泥鈐蓋在約一千餘册兒童讀物扉頁。每天放學後，許多同班友都三五成羣來我家借書，我和相淦弟都忙着取書收書。至於如何分類插架，已經記不得了。當時藏書絕大多數是商務、中華各書局的出版物。沒有連環圖畫一類——文獻記載：一九〇八年上海文益書局刊行的連環圖畫三國誌，是最早的連環畫；一九二〇年（民國九年）才有「跨海征東」連環畫的繼起，是用有光紙印行。一九二六年（民國十五年）連環畫改爲白報紙。都祇有十張薄薄的一本，比較商務中華出版品的彩色精印，大不相同，自然引不起我們的興趣。

自民國十六年秋，我進入湖南明德中學，圖書室收藏書刋一萬餘册；加以課餘假日，相澐五哥又常帶我們到省教育會後坪右側「省立中山圖書館」去看書或借書，心胸眼界都擴大，家庭圖書館從此停止活動，個人對圖書館才有認識。

民國二十二年（一九三三年）秋，我北上入學，看到北京大學外表純樸內容豐富的圖書館，尤其融會中西文化的國立北平圖書館；我發現天外有天，對圖書館的興趣也更進一步。

北大圖書館在國難中建新厦

早在一九〇二年，北大前身京師大學堂在義和拳亂以後復興時，就利用馬神廟四公主府（即北大第二院）後院設置藏書樓，調取江浙鄂粵贛湘等省官書局刻印各書，並採購中西各書店新舊圖書揷架。翌年，巴陵方大登先生將家藏書籍捐贈。日本阪谷男爵及我駐日駐俄使館也先後捐贈中西書籍。中國近代第一所國立大學的「圖書館」，因此逐漸奠立基礎，並且成爲這七十餘年來國內公私立圖書館的先導。

司馬遷史記記載：老子是周代「守藏之史」。可見早在三代時就已注意圖書的收藏。三代以下，漢朝尤注重圖書館。宋朝印刷術發展，公私藏書風氣更盛。祇是這些藏書處所大多是宮庭、官署、寺院、學校及私人欣賞之用，極少公開給眞正喜愛讀書的人閱覽。清乾隆末（西曆一七九〇年）在鎭江、揚州、杭州建立文宗、文滙、文瀾三閣供江南士子閱讀四庫全書，也祇是局部開放。後來這三閣都不幸燬於太平軍戰火（文瀾閣部份倖免）。一直等到一百年後卽光緒末（一八九八年）戊戌變法時才有人「請依乾隆故事，更加推廣，自京師至十八行省省會咸設大書樓」。宣統元年（一九〇八年）學部正式制訂京師及各省圖書館章程。從此，「藏書樓」成爲歷史名詞，圖書館在各地先後設立，而全國首創的北大圖書館卻因國內政局擾亂，侷促於四公主府後院近三十年。民國二十年蔣夢麟先生就任北大校長，才新購松公府舊址稍加修理，改作圖書館——但這不過是一舊式四合院平房，距離現代圖書館藏書安全閱覽便利的標準實在太遠。

民國二十三年四月十五日，北大圖書館新厦在松公府西院空地開始建築。不到一年時光，這一座可容五百人閱讀的新圖書館正式開放。每一「北大人」都感覺歡喜和驕傲：㈠這是中國近代首先設立的國立大學，經過了三十七年，第一次建設一座現代化的圖書館。㈡經過長久內亂外患，毫無建設以後，這座圖書館居然在中日塘沽協定後十一個月，日軍向平津步步進逼時動工。建築費大部份是北大歷年經費的節餘存款以及留校服務的畢業同學捐款。顯示強寇壓境之際，中國高級知識份子「爲民前鋒」表現固守國土的堅強意志。㈢這圖書館收藏中文書十七萬餘册、西文書六萬七千餘册、日文書一萬二千餘册、中外文雜誌四百餘種，居全國大學圖書館藏書首席，而文科研究所收藏清內閣大庫檔案及漢代木簡，更是其他公私立大學圖書館所無。如今新厦落成，閱覽參考比較以前都便利了。因此，自這一工程開始，我們每天從西齋宿舍到舊圖書館或文學院上課經過工地時，大家都再三徘徊，看到鋼筋的樹立、水泥拌沙石的灌注，每個人都更堅定多難興邦的信心與決心。圖書館新厦正式開放以後，新地質館、新學生宿舍也先後接近完成階段。不料竟引起日本人的妒忌：日本人使用各種方法腐蝕中國人心，策動「內變」，以便不戰而得華北。如今北京大學竟努力建設中國文化的精神堡壘，日本人竟認爲是在進行大規模反日宣傳。民國二十四年十一月二十五日，日本憲兵二人就直入北大校長室，「邀約」蔣夢麟校長到日本使館武官室，並要脅蔣往「滿洲國」向關東軍說明。同時，日本憲兵也曾經到胡適院長家「邀約」。因胡適外出，未果。

這件事的傳聞，加上日本軍用飛機在北平上空的時時出現、日本浪人的橫行無忌，使我們意味時局日見嚴重，在「最後一課」來臨以前，必須充分把握時間和讀書機會。圖書館新厦更是我每日必到的處所——我讀過一些什麼書，留待以後記述，這裏只說一件難得的「小事」：

民國二十四年春，馬隅卿（廉）教授在北大講授「中國小說史」時病逝在教室。他老生前購藏中國人情小說（卽今人所謂黃色小說，如金瓶梅、肉蒲團等），和上海周越然收藏西文人情小說，南北對峙，著名於世。北大圖書館在馬氏逝世後收購其藏書，編目後規定四年級及研究生可申請閱讀。民國二十六年五月，我完成畢業論文，等待繕寫正副本時，幸獲閱覽這些藏書的機會。這在嚴重的時局中可說是難得的輕鬆。二三十年來，我曾向若干研究小說的學人如故夏濟安兄等炫耀這一「黃色」經驗。

對日抗戰勝利以後，我兩次到北平，多次過訪北大母校。圖書館藏書更增加，著名的李木齋（盛鐸）家藏珍本也被北大收購插架於善本書庫。胡適之先生戰時在美國收藏的官私出版品也陳列其間。研究民族優良文化，輸入外國新知學理，原是胡先生多年以來對國立大學重要性的基本認識，如今擔任北大校長自然更加積極推動起來。

民國三十七年十二月十一日，北大圖書館舉行「北京大學五十周年展覽會」預展，我看到「校史及已故教師遺著展覽」：自民國五年蔡元培先生長校以至勝利復員的各時期文獻。「圖書展覽」有宋元明清刻本及鈔校本五百種、馬廉遺書小說戲劇八十種、水經注宋刻本及永樂大典寫本等。內容豐富的珍本，實在是五十年來所僅見。翌日我卽離北平南下，但北大母校圖書館卻給予我永難忘懷的深刻印象。同樣的：我對於融會中西文化——尤其中美合作的一具體象徵——國立北平圖書館的舉世無匹的優雅館舍與富藏迄今仍歷歷如在眼前。

國立北平圖是中美文化合作的象徵

國立北平圖書館位於北平北海右側，占地近八十畝，民國二十年（一九三一年）六月落成。是薈萃我國京師圖書館與中華教育文化基金會的北京圖書館所有藏書而成。

京師圖書館是宣統元年（一九〇八年）清廷詔令設立，以熱河文津閣四庫全書及翰林院國子監南學與內閣大庫殘本爲基礎，又先後調取各省書局刋刻官書。各省督撫也採進若干私家名藏，甘肅藩司且採進敦煌唐人寫經八千餘件，尤見珍貴。民國成立後，北京政府教育部又將前翰林院所存永樂大典等撥交。因此，這一圖書館成立之初收藏國學典籍卽已豐富。尤其內閣大庫殘本，更值得注意。

中國歷代宮庭都有一可觀的書藏。黃巢及安祿山之亂，使唐朝以前的儲藏沒有遺留下來。宋朝偃武修文，印刷術發展，三館藏書最多。女眞、蒙古先後崛起，宋朝藏書不被焚燬卽被掠奪北運至大都（卽北平）。明太祖滅元，收大都圖書運南京。於是文淵閣典藏宋金元三朝宮庭所儲而滙於一。明成祖建都北京後又將文淵閣圖書文獻北運——明代文淵閣原是內閣辦事處所，與清朝文淵閣只是儲藏四庫全書性質完全不同。滿清入主中原，明文淵閣儲藏很自然地歸入清代內閣大庫，但已有散失了。宣統元年設立京師圖書館，將這內閣大庫殘本撥交收藏。其實這「殘本」仍包括宋元秘籍六百種之多，其中有宋代玉牒（帝王族譜）、宋鈔本仙源類譜、宋刻本歐陽文忠公集、文苑英華等，都是宋代原裝。這可很顯然的說：中國歷代僅存的國有圖書遺產歸屬了京師圖書館。另一方面說：這京師圖書館也顯出是宋代以來一線相承的國立圖書館的不尋常性質。

京師圖書館既具有中國歷史文化傳統的象徵，而北京圖書館更表現中美文化合作，也就是中國接受美國人力財力以及美國方法來管理圖書館的事實。早在一九〇〇年美國韋棣華女士（Mary E. Wood）在中國，發現圖書館的缺乏，是中國學校不能發展教育無法普及的原因。最初她在武昌文華大學內先試辦一小型公共圖書館。再經過海內外一番奔走，募集經費，一九一〇年，文華公書林正式在文華大學成立。因爲她意願成爲公共圖書館，故稱爲公書林，以示不是文華大學所私有。但嚴格地說：這不過是一所大學圖書館對外界的公開，並不是一所公共圖書館的產生——韋棣華女士又再接再厲地於一九二一年（民國十年）在文華大學創設圖書館科，爲中國培植現代化的圖書館人員，這是近五十年來海內外圖書館中文圖書編目與管理人員的最早來源。其中有幾位先進，我曾拜見過。（文華大學附近一小食品店出售「文華餅」，我曾和當時女友現在的夫人同往嚐食，使我對於中國圖書館現代化的搖籃所在地還留下甜蜜回憶）。從此美國方法——圖書必須分類，目錄必用卡片，開始在中國生根萌芽。如今美國各圖書館華籍職員衆多，中國人學習能力，眞是驚人。

一九二四年（民國十三年），正當我國內若干大學圖書館先後設立時，韋棣華女士又回美國，要求華府將退回中國的第二批庚子賠款作教育文化用途，並聘請圖書館專家鮑士華博士（Dr. Arthur E. Bostwick）東來調查中國圖書館事業狀況，以便對庚款用途提出建議——一九二五年四月，鮑士華博士來到中國。後來他根據調查所得，建議以庚款一部份在中國大城市次第設立大規模的圖書館。一九二六年（民國十五年）一月，中華教育文化基金會因決定將協助京師圖書館計劃，改爲獨立經營一北京圖書館。三月，勘定北海附近館址後卽向海內外徵求建築圖樣。丹麥人莫律蘭工程師（U. Leth. Moller）膺首選，受聘爲建築師，協和醫院建築師安那（C. W. Anner）爲名譽顧問。民國十八年五月十一日舉行奠基禮。當時距北伐軍統一南北將近一年了。六月，中華教育文化基金會決議這一圖書館與由京師圖書館改名的國立北平圖書館合併。民國二十年六月，北海右側新館落成，兩館富藏從此薈萃一處。所有建築費以及合併後經常費與購書費都由中華教育文化基金會撥付。中國第一所現代化公共圖書館的基礎從此奠定。

我北上入學時距離這一新型圖書館的正式開放不過兩年。如上篇（專家前輩啓發書目興趣）所記述：趙萬里先生在我們一年級講授「中國史料目錄學」，經常帶領我們去參觀。因此，我們多次獲得升堂入室到書庫去的機會。趙先生特別展示文津閣四庫全書若干名著繕寫字跡拙劣。他說明：這比較皇城內文津閣四庫全書（卽今世上流行的四庫影印本底本）字跡工整大不相同；這是因爲文津閣遠在熱河避暑山莊，皇帝不經常去，祇不過是裝點門面，四庫館臣自然偸工減料了。趙先生又用實物具體說明宋、金、元、明、清刻印裝幀的異同——北平圖又經常展示歷代善本書籍。因此，我對版本學也感覺興趣，並且有皮毛見識。

國立北平圖書館能融會中西文化尤其達成中美合作目標，梁啓超、蔡元培、胡適之諸先生都有貢獻。不幸在新館落成以前，梁先生逝世，他遺囑將所有個人藏書及手稿等都存放在這一圖書館。因此，我在看過宋元刻本以後，再參觀「梁啓超紀念室」，面對中國近代維新運動主角的手跡墨寶，緬懷我華族偉大優良傳統，「周雖舊邦其命維新」，如何「日日新」以適應世界新潮？觸景生情，更加強我對中國近代史的興趣。

「海約翰紀念室」是國立北平圖書室另一具有非常意義的特藏，也開啓我對世局的進一步認識。

海約翰（John Hay）是美國前任國務卿，一八九九年九月，在俄國企圖獨霸中國聲中宣佈「中國門戶開放政策」，不祇緩和了當時局勢，並且爲一九二二年華盛頓會議簽訂「保證中國領土與主權的完整及獨立」的九國公約奠立基礎。從此，中美傳統友誼也更加強。一九三七年日本侵華戰爭爆發，國際聯合會難以處理，另舉行九國公約會議仍無法制裁侵略者。經歷近四十年的中國門戶開放政策完全被摧毁了。但這將近四十年尤其塘沽協定以後四年寶貴時光，實在是八年抗戰的基礎。探本溯源，「海約翰紀念室」的設立確具歷史意義：由於海約翰的明決宣佈美國堅定支持中國的立場，遠東國際政治鬪爭才見緩和。如上記述：一九〇〇年韋棣華女士東來積極推動中國圖書館現代化，如今這一中美合作的具體象徵——國立北平圖書館在「九一八事變」前五旬正式開放，旋卽設立「海約翰紀念室」，自然是顯示中美傳統友誼的重要並加強海氏所謂「世界和平繫於中國」的論點，促起世人注意。

國立北平圖書館新厦與協和醫院，是二十世紀初期故都兩大融會中西建築優點的宮殿式新建築。互相比較，前者顯然占了「地利」及「後來居上」的優勢，卽位置於故都名勝北海右側，且面對中南海，湖光山色襯托，氣象萬千，加以總面積近八十畝，大厦前一雙華表，再有相當如大厦面積的寬廣草坪，遍種花卉，這和大厦正廳閱覽室的寬敞，同樣表現出泱泱大國之風。這一雄偉開朗美侖美奐的館舍與環境，不祇協和醫院顯得侷處鬧區難以相比，近三十年來我遊歷海外自由國家各著名圖書館後更可肯定說：我國立北平圖書館建築與環境的優美實在是舉世無匹。

戰時戰後圖書的聚散與播遷

民國二十六年十月，我目睹日本飛機深入中國內地，轟炸湖南長沙西岸嶽麓山湖南大學圖書館，企圖燬滅中國傳統文物（當時故宮寶藏正寄存於此）。從此，戰區及內地各大學與公共圖書館都分別向鄉村疏散。化整爲零，部份開放閱覽，已是非常難能可貴。「詩書缺，唯口舌」正是形容戰時圖書不易得，師生唯有口耳相傳授。八年戰爭，各級學校教學水準逐年下降，這是主要原因。

民國二十八年夏，我有幸得參觀湖南湘鄉縣鄉間曾國藩故居富厚堂，其中有藏書樓，是戰時非常難得的經驗。這一藏書樓用灰磚建築，通風及光線都很良好，除開木質書架及門窗與北平圖書館書庫鋼質書架及門窗不同以外，其他大多相似。可見中國傳統工匠對於藏書樓閣的構造與西方近代建築師的觀念大體相同。曾氏藏書樓收藏清代文集甚多，曾國藩兄弟父子手扎內頁都已他運保存，信封仍在，加以曾紀澤少年時閱讀的英文書籍以及他出使英法的若干照片等也收藏如舊，給予我很大的滿足。二十五年以後，我在臺北終於將曾氏文獻大部影印於「中國史學叢書」中，也可說種因於此行。

抗戰勝利以後，我幸見北平上海各圖書館大體完好，尤其收繳日本居留民的圖書數量衆多——北平地區由國立北平圖書館收繳，全部圖書約八十萬册，利用太廟正殿後殿以及兩廡揷架陳列分類，萬斯年君負責主持，領導我參觀，並告語我：日人自以爲占據華北，可爲子孫萬世計，成千成萬移民自扶桑三島舉家西來定居，携帶各種圖書文物極多；那裏想到無條件投降？如今經我國完全接收，實在是認識了解日本的重要憑藉。後來我教育部特將各地收繳的日本文及高麗本書籍複本分配給予新設立於西北等地的國立圖書館。民國三十七年春，我曾在國立蘭州圖書館看到若干自上海北平運來的「收繳書」。

早在北伐完成以前，日本政府即假退還庚子賠款之名肆行對華文化侵略。日支文化事業總委員會（一九二五年十月）、日本外務省對支文化事業部（一九二七年六月）先後設立，以爲決策施令機構，「北京人文科學研究所」以北平東廠胡同黎元洪舊邸爲前進基地，大量購買中國書籍，延聘中國各門專家，開始編輯「續四庫全書」提要工作，更是目無中國「代天行道」——抗戰勝利以後，這一「北京人文科學研究所」由中央研究院歷史語言研究所接收。我曾有幸參觀這一研究所的圖書館大廈，目睹其藏書以及「續四庫全書提要」打字稿本。（如今這一研究所收藏有關海疆諸書已經中央研究院運來臺灣，「續四庫全書提要」也由商務印書館刊行）。

我基於對近代現代史的興趣，注意有關英日文書刊以外，民國三十六年多，在上海參觀合衆圖書館，印象深刻。這是由戰前著名的人文月刊社、鴻英圖書館以及若干私人藏書合併組成，規模不大，收藏也不甚多；但在國內各圖書館厚古薄今積習下，竟有一所以當代文獻爲中心的圖書館，已經是開風氣之先。

民國三十八年春，我渡海來臺灣後，發現省立臺北圖書館收藏中國現代史料甚多。這一圖書館是以前「日本臺灣總督府」圖書爲基礎，其中日軍占領廣州後收購的意大利領事藏書——此人最喜收藏中華民國史料，尤見珍貴。同時，國立臺灣大學圖書館也有若干中國現代史料。據說是前日本總督一官員自郵局檢查沒收而來。這兩處收藏供應我對現代史若干知識。尤以在省立臺北圖書館發現一八八四年廣州石印刊行的「述報」是人間孤本，記載中法戰爭時中國民氣激昂的眞相，爲國父自傳得一稀見文證，更感欣幸。

當時，省立臺北圖書館是假新公園內博物館一樓作書庫與閱覽室，自然有些擁擠，但比較植物園內「國立中央圖書館」的簡陋，又不可同日語。

今日出入中央圖書館的青年讀者，絕不能想像二十餘年前這一圖書館在現址的簡陋景象：這裏原是日人建築的「建功神社。」我記得：二十年前，中央圖書館展開工作時，即在今日正門兩翼各搭建一鋁質活動房屋作基地，沒有附屬的衞生設備，祇是一如村野的小厠所，曾使當時過訪的外賓驚詫。但蔣復璁館長和全體同仁就在這樣簡陋環境中努力「化腐朽爲神奇」。神社羅馬式的正廳外表堂皇，但內部木質架構有被白蟻蛀蝕現象。今經過抽換改造已成一宮殿式廳堂。蔣館長是按「一次計劃逐步完成」原則，經過近十年時間、舌焦唇敝，四處求助經費，才集腋成裘完成改造這一舊環境作新用途的初步計劃。尤以正門內大廳前一長方型水池，不祇點綴了景色，並且效法西漢石渠閣積水防火故事，保護藏書的安全。

國立中央圖書館的物資環境，遠不如國立北平圖書館，但就國學善本書種類數量比較，可說是後來居上。這是蔣復璁館長在抗戰時冒險化名赴上海秘密搜購江南巨室大戶藏書作基礎，加上日本投降後收繳日人及僞組織公私藏書，因之善本書種類數量大大增加，民國三十八年播遷到臺灣。後來北平圖書館在抗戰時寄存美國的善本書也運回臺北。先後開放閱覽，並攝製顯微影片。從此海內外研究中國文化的學人，都可按目錄檢閱自己需要的書籍。

國立中央圖書館是民國二十二年開始在南京籌設，新館還未及動工建築，對日抗戰發生。四十年來在憂患裏成長，其中有大半艱難歲月是我親身見聞的。

十年以前， 國父紀念館建築時，原有將若干空間供中央圖書館應用計劃，後來沒有成議。而陽明山國防研究院撤消，其中原屬「中山文化教育館」及孫科博士個人藏書都撥交 國父紀念館，成立孫逸仙博士紀念圖書館。這些藏書很多戰時出版品，是其他圖書館沒有的，如今已在臺北市區公開閱覽。

就我親身經驗：臺北市區現有各圖書館收藏的豐富，不是以前國內任何一大都市所能比擬。對有興趣讀書或治學的人說來，自然是空前難得的機會。但究竟有多少人充分把握運用了這一機會呢？（本書付印時欣悉中央圖書館即將在臺北市新建一大規模的現代化館舍）。

日本、美國、英國的華夏寶藏

滿清末葉，外國人深入我國內地通商或探險，利用中國朝野不注意保護民族文化遺產的弱點，儘力搜購中國古代器物文獻外運。從此東西各國圖書館都有中國文物的珍藏。

民國四十八年夏，我訪問日本，特往參觀東京靜嘉堂文庫。因爲這一文庫收藏我江南藏書家陸心源皕宋樓全部珍本，是我國宋元刻本書大批被外人收購的一次，因此才刺激國人不再忽視「文化財」，並進而建立圖書館——我在庫長領導下，自紅木書櫥中擇要取閱三數珍本後，就集中時間閱讀「袁氏秘函」，即袁世凱出任臨時大總統前後的手批文件，獲知有關中國現代史的若干知識。

東洋文庫的收藏是以滿洲世族譜著名於世，再加清季以來中外各種官私文獻，是日本學人認識中國的重要泉源之一。近二十餘年迎合美國研究中國現代史的風氣，更努力搜求資料，擴充研究範圍，且將附設之「近代中國研究會」易名爲「二十世紀中國研究會」，頗多出版品，引人注意。歐美研究中國現代史學人也以東洋文庫爲一重要中心。

京都大學人文科學研究所圖書館不以宋元稀見版本炫世，而注重收集一般實用書刊，對中國中古史研究刊有若干專著，並編製唐宋文學家專集引得（索引）。這說明日本各地專門圖書館不祇是收藏書刊，更注意利用收藏書刊作出研究論著行世。並且這些圖書館更能與時俱進，適應時勢需要。例如京都大學人文科學研究所貝塚茂樹教授原以研究甲骨文爲主，近年也撰刊孫中山先生傳。上下古今五千年，自不免淺薄，但比較我國文人學士鑽牛角尖以逃避現實的積習，又不可相提並論——一九六一年秋，我在京都晤見吉川幸次郎教授，他曾在北京大學肄業，以研究元曲知名，對我國青年學人羅錦堂君有關元曲論文很讚賞。

日本東京皇城宮內省圖書寮，是日本皇室圖書館。一九六一年夏，我隨蔣復璁館長前往參觀，發現他們對書籍的珍愛，令人既驚異又慚愧。圖書寮是一木質樓房，底層是如日本榻榻米的接待室，藏書在樓上——我們進入接待室時已照例脫下皮鞋換拖鞋，而樓梯上都滿舖淺黃緞以防灰塵！我曾在北平故宮文獻館習見清代歷朝實錄每函用黃緞包袱的情景，如今在東京皇城所見卻是更上層樓了。

美國加州大學（柏克萊）東亞圖書館收藏，以十九世紀末葉書刊為多。史丹福大學胡佛研究所圖書館創立之初，搜集第一次世界大戰前後有關戰爭、革命、和平圖書文獻為主。第二次大戰後設立東亞部份，注重中國現代史，尤其中國共產主義運動的關係文獻。三十年來的經營，已形成全球一重鎮，中外研究中國現代史學人幾乎必需一往閱覽，以免孤陋寡聞之譏。這一情勢的形成至少有下述四項因素：㈠美國基金會的各種資助，購置費充裕。㈡自一九四九年以來，將美國科學新書刊與中國大陸交換近七十年來的書刊報紙。㈢與蘇俄圖書館互相交換，且獲得中國東北西北各省報刊——這些報刊都是毛共不准公開出口，經由蘇俄情報人員秘密外運的。㈣關係人員私人文件的贈予，其中如我國黃郛、陳誠諸人，美國史廸威、史諾、柯克上將諸人的原始手稿、信件、筆記簿，都是第一手史料。

但世界上絕沒有一所圖書館對於收集圖書是完全無缺的，也就是說各地圖書館都各有短長，學人必須互相配合，才能獲得比較完全的資料。因此，胡佛研究所圖書館雖是研究二十世紀事情的一重鎮，同時，我們卻不可忽略哈佛大學、哥倫比亞大學等圖書館，更不能不注意華府美國國會圖書館。

哈佛大學總圖書館以外，中日文圖書館是由哈佛燕京社創立與維持。洪煨蓮、裘開明兩先生於此貢獻極大。裘先生獻身圖書館事業已有五十餘年歲月，一九二六年十月卽曾以中華圖書館協會代表資格，參加在費城舉行的美洲圖書館協會創立五十周年紀念大會（比較英國圖書館協會的成立早一年）。半世紀來，終日置身書城。一九七三年九月，我訪問哈佛時，裘先生在中日文圖書館善本書庫娓娓與談讀書的甘苦，浩歎「生有涯知無涯」。裘先生並舉例說明：乾隆四十年，陸燿編「皇朝經世文鈔」三十卷，一名「切問齋文鈔」。日本天保甲午歲（西曆一八三〇年）日本翻刻本，哼囉館藏版，共三册。清同治八年（西曆一八六九年）金陵錢氏重刋本計十六册。如今日本東洋文庫編印「經世文編索引」竟沒有提到是書。自然是編者不知有是書！日本人以擅長編製工具書（如索引之類）自誇，而人才濟濟的東洋文庫出版品竟如此，其他更不足論。孟子所謂「盡信書不如無書」實在令人警惕。裘先生因此非常感慨：編製一百年來書目或索引，求全求備，已如此不容易，何況當今知識膨脹時代，書刋出版品浩如烟海，選擇、採購、編目更須特別用心。尤其喜拾人牙慧輾轉抄襲的「文鈔公」更應該審愼，不可以訛傳訛自欺誤人！

哥倫比亞大學在二十世紀初設立丁龍講座，聘請德國華學家夏德教授（Hirth）主講中國歷史文化，始注意搜集中國書刋。經過多年努力，如今收藏已斐然可觀，中國地方志、淸代各種則例以及淸末民初中國小說尤具特色。大閱覽室左壁一幅胡適之先生青年油畫像，也引人注意。而其總圖書館中重門深鎖收藏的「口述歷史」記錄，如胡適之（包括胡先生日記）、顧維鈞、陳立夫諸先生以及與中國有關的美國人士的親身經歷談。有很多事實是已刋書報所未載或爲人所不知的，將來可供公開閱覽時，一定有新發現。這是有志研究中國現代史的學人，今後應注意的一新途徑。

美國國會圖書館藏書，近五十年來隨美國國勢而與時俱增。東方部圖書原以中日文爲主，近年韓國出版品也占有一席地。但這並不是表示所有中日韓文圖書都收藏於東方部。事實上：由於便利檢查參考，這一圖書館分類精細，例如清代「六部則例」、「本朝政治全書」（朱植仁）等都另庋藏在遠東法律部。這一圖書館目錄卡片，容易檢尋；東方部及遠東法律部等都有中國籍職員，如有疑問，隨時請教，非常便利。

美國國會圖書館顧名思義，原是供其國會議員職員參考，但自公開供世人閱覽以來，每日出入人數衆多，各種圖書又多是開放式插架，任人取閱。爲防微杜漸，任何人出館時必須接受門警檢查他的手提包——在我經驗中，這是惟一的特殊規定。我曾在北平故宮博物院工作，每日下班時，照例要對出館的職員作一「搜身」的形式，但對一般參觀的人從來沒有任何「不禮貌」。

自一八五二年容閎在耶魯大學畢業，爲中國青年獲得美國大學學位首開紀錄以後，耶魯與中國關係即日趨密切：在湖南長沙設立雅禮大學及湘雅醫學院，更著名於世。自然這一學府也有豐富的中國書籍珍藏。但近二十年來對這些藏書的分類卻有一重大改變：一反上述各圖書館將中日文圖書獨立儲藏分類編目的通例，採取中日歐文有關書刊混合統一分類編目的新方式。例如「太平天國」「義和團」關繫中外各國，將所有各種文字出版品盡列一處編目插架，對於某一問題有興趣的學人，無論檢查目錄卡片或到書庫翻閱都可一目瞭然，避免顧此失彼。這確是一值得注意的新觀念。但要作這樣一項大改變，必需投下很大的人力財力。因此其他圖書館還沒有仿行。

康奈爾大學圖書館東方部，除中日文圖書館以外，注意收集東南亞各國近年公私出版品。在美國捲入越戰前後注意及此，可說是空谷足音。正如哈佛大學一教授所指陳：美國人生命和金錢消耗在越南戰場已是天文學數字了，而美國各大學博士論文以越南爲研究對象的，卻屈指可數。這一畸形現象的發生，美國各圖書館中缺少越南資料，實在是主要原因。至普林斯頓大學東方圖書館收藏中國傳統醫藥書籍豐富，是一特色。

倫敦大英博物院的圖書室，在十九世紀是世人汲取知識的一重要泉源。馬克斯和孫中山先生等都先後在這裏作座上客。一八九七年秋，中山先生進入這圖書室閱讀時的簽名簿，今仍保存。但中山先生當時借閱書籍名目卻無法查考了。

一九五九年及一九七三年，我曾兩度訪問倫敦，多次出入大英博物院圖書室。東方部收藏南洋華僑報紙值得注意。這和新加坡大學中文圖書館儲藏的華僑報紙相互配合，是研究南洋華僑生活以及革命黨和保皇黨活動的不可或缺史料。但有關中國的藏書遠不如美國國會圖書館的質量。

倫敦大學東方及非洲學院中文圖書室、牛津大學波德廉圖書館東方部，我也曾於一九五九年前往訪問，其中收藏不能與美國哈佛、哥倫比亞等大學中日文圖書館相提並論——這正是英國國勢在二十世紀初由盛轉衰的一主要縮影。

三四十年前，我國圖書館事業才開始擴展，不遑刊行目錄或概況。如今這些工作已積極推動，而海外中文圖書館的概況和目錄仍在不斷的編印。有志讀書的人應自這些概況或目錄，認識了解某一圖書館的特色特藏，然後再前往閱覽，自然可事半功倍，不必摸索了。

（原刊「書評書目」第十八期）

中外各國的檔案館

個人及公務文獻檔案，具有直接的原始的特性和法律效用，是認識事實演變因果、判斷是非曲直的權威記錄，也是編纂各種圖書不可或缺的基本資料。因此，古今中外各國都注意保存檔案，並在一定時限以後公開讓大衆閱覽。

我曾在北平、南京、臺灣、華盛頓、倫敦、東京、漢城、新加坡各地的檔案館研讀，發現許多珍貴資料，解答了若干問題。尤其外國檔案館的工作方法及服務態度更給予我非常深刻的印象。

民國二十二年九月，我第一次走入北平紫禁城，參觀故宮博物院。莊嚴的殿陛、宏偉的宮室、精緻的陳設、珍貴的古玩，每一樣事物都使我驚奇，嘆爲觀止。寧壽宮內一座高八尺寬厚六尺的立體玉彫大禹治水圖、慈禧太后御用衣飾用品、雍正帝硃批年羹堯奏摺、乾隆帝硃筆增刪

「英國貢使來朝」上諭等文物，更引起我非常的興趣。因爲我在中學時代讀過「乾隆英使覲見記」、「慈禧外紀」以及甘鳳池、呂四娘的掌故和小說，如今居然看到了原始的歷史文獻。從此每逢周末假日，故宮博物院就是我常去的地方。

民國二十五年春，先師孟心史（森）教授爲撰「香妃考實」，命我前往故宮博物院文獻館去檢尋有關史料。這是我第一次進入整理史料機關，並親手接觸到三百餘年前曾經「十全老人」、「古稀天子」乾隆帝硃批的文獻。當時文獻館是利用清朝宮庭房舍，陳設家具也都是前朝遺留，我坐在紫檀木製書桌前檢閱這些文件，尤其翻閱原供御覽的大黃綾本實錄（黃緞包袱）時，眞有時光倒流到三百年前中國極盛時代的感覺。雖然不敢有「大丈夫當如是也」的帝皇思想，無論如何，企盼三五年後能在這樣環境裏工作的念頭卻油然產生。

民國二十六年夏，我在北京大學史學系畢業。孟心史師命我到北大研究所明清史料整理室擔任助理，傅孟眞師命我到中央研究院歷史語言研究所工作，也是整理明清史料。因爲內閣大庫檔案一部份撥給北大，一部份歸屬中央研究院。兩處工作性質相同，又都是業師命令；我不便有所選擇。最後歷史學系主任姚從吾師協調：我接受中央研究院的職位，但仍留居北大在孟心史師指導下工作。

不幸，七七事變發生，日本在盧溝橋頭的炮火破壞了中國人的一切美好計劃，我個人的工作自然也不例外。

經過八年的苦戰，日本終於被迫無條件投降，我們開始從頭收拾舊山河。民國三十六年多，我重遊北平，欣見文化古都大體無恙，紫禁城景色如舊，玉質大禹治水圖和許多文獻，也陳列在寧壽宮裏，觸景生情，又使我有重溫舊夢的念頭。

民國三十七年春，姚從吾師應聘爲故宮博物院文獻館館長，他老知我對整理檔案的興趣，向院長馬叔平（衡）師推薦聘我爲編纂。是年九月，我自上海乘海輪到天津轉北平報到。全院同仁大多是北大學長，對我特別照顧，尤以在文獻館工作多年的單士魁學長給予指導最多——我因多年夢想成爲事實，好奇求知心非常旺盛，士魁兄更不厭其煩的詳細解答我的問題。

庚子軍務檔及莊親王奏摺

紫禁城原是明清帝皇朝會、辦事、居住所在。辛亥革命成功，中華民國成立後，清宣統帝沒有按照優待條件遷居頤和園，仍舊在宮庭內作小皇帝，並且繼續沿用宣統年號；但紫禁城卻已被劃爲三部份了。

紫禁城前部的端門以迄午門，居天安門內，位於北平市中部，爲故都最大的建築物，民國七年七月，經教育部設立歷史博物館。端門以內的三大殿——太和、中和、保和，原是禁城「外朝」的處所，早在民國三年即由內政部設立古物陳列所，將熱河避暑山莊及奉天盛京（遼寧瀋陽）故宮的古玩陳設運來展覽。而在保和殿後、乾清門前築一墻垣區分內外：宣統帝仍安居「內廷」，由紫禁城後門——神武門出入。民國十三年十一月五日，馮玉祥用兵力「逼宮」，宣統帝被迫移出紫禁城，取消帝號。六日，代理國務總理黃郛公佈：開放紫禁城宮庭備充國立博物院之用。民國十四年十月，故宮博物院成立。從此，這一具有五百餘年神秘意味的帝皇「三宮六院」遂公開於世。

故宮博物院分設古物、圖書、文獻三館，利用禁城內廷原有宮殿房屋作爲陳列、展覽、收藏、辦公的處所。例如奉先殿、齋宮、毓慶宮及東六宮劃屬古物館，壽安宮、英華殿各處劃屬圖書館，寧壽宮各宮殿劃屬文獻館。這些宮室大多數都有歷史上的價值，今闢作陳列展覽，光線及其他設備雖不符合現代博物館的標準，卻容易引發參觀人們的思古幽情，置身其間有時光倒流「參與」的感覺。我對於故宮博物院特別喜愛原因在此。如今臺北市外雙溪中山博物院一切設備現代化，故宮文物陳列其中，我總有不調和的感覺。同樣的：我對美國各大博物院及倫敦大英博物院也有此感，而巴黎郊外凡爾塞宮內部空空如也，祇有使參觀人仰視天花板上的彩繪！也和故宮博物院的情調大異其趣。

民國三十七年秋，我在故宮文獻館工作時，研究室即清宣統朝攝政王治事之所：也就是四合院南部的三開間房屋，深秋初冬時際已掛上墊棉門簾，室內家具全是紫檀木製，坐在太師椅上檢閱若干原供御覽的密件，眞是別有一番滋味在心頭，何況就史源學觀點這些文獻正是第一手原料！

故宮原是明清兩代帝皇的「家」，經歷五百餘年，各處宮室堆置累積的文物繁多，從來沒有詳細清册，更未曾做過點查工作，太監利用機會偷竊事件常見記載。宣統帝在民國初年居留宮禁時，古物被竊更時有所聞。故宮博物院成立後，院長易培基及秘書長李宗侗等就利用這一片糊塗帳而監守自盜，成爲喧騰中外的「故宮盜寶案」。幸而他們注重珍貴的古物及圖書，對於文獻館的文物還沒有措意。

民國二十二年夏，故宮重要藏品避寇南運上海南京保存，其中也有若干文獻史料，但北平宮中存留仍數量衆多，文獻館同仁一方面積極進行分類編製卡片，同時又在各處堆積物品中陸續發現許多重要文件。抗戰八年中工作未曾停頓，因此，民國三十七年秋我到文獻館時大飽眼福。

我在戰前曾撰「咸豐辛酉政變紀要」，記述一八六一年慈禧奪取政權的經過，現在身在「寶山」更企圖多發掘「老佛爺」的最高秘密。在文獻館同仁熱心協助下，我終於看到了一些密件——慈禧自取得最高統治權後，爲掩飾本身的乖誤，經常傳旨將有關諭旨奏摺自「起居注」中撤除，就是不要留存歷史記錄。但負責起居注的官員並不將這些諭摺銷燬，而是另立一檔以便查考。例如義和團亂是慈禧一生最大錯誤，清德宗（光緒帝）實錄本紀中都祇有簡單記載；今幸文獻館同仁在宮中發現「庚子軍務檔」一册，其中抄輯光緒二十六年（庚子歲卽西曆一九〇〇年）五月二十日以後各種有關義和團的諭旨，正是「實錄」諸書所不載，更是中外記述義和事件所不詳甚至以訛傳訛的。例如是年五月二十五日，清廷發佈對世界各國宣戰詔書，是慈禧荒謬絕倫的重大措施，當時無人能諫阻，八國聯軍攻陷北京以後，慈禧才被迫低頭，且下令撤除有關義和團諭旨，但中外書刊以訛傳訛，莫衷一是。民國二十三年商務印書館刊行陳恭祿著「中國近代史」於此「宣戰詔」比對各家記載後，自以爲其書所引錄的「較爲忠實」。然而我以「庚子軍務檔」所載「宣戰詔」相互校對，兩者之間至少有八處重要差異。足見清宮檔冊原始記載比較坊間書籍內容要符合事實眞相。至於重要事件發生時日，「庚子軍務檔」可以糾正諸書錯誤的地方甚多。何況，在這一「庚子軍務檔」以外還有更多的原始密摺，如今也陸續發現並經編目。

故宮博物院文獻館是依清宮舊例將「宮中檔」、「軍機處檔」、「內務府檔」等原屬「內廷」文件存放寧壽宮附近辦公處，也就是我每日「二進宮」辦公的地方，隨時可查閱。至於原屬「外朝」卽內閣處理的文件仍存內閣，北大學長單士魁兄在那裏主持整理工作，我也曾經前往查閱目錄卡片，發現一份非常重要文獻，卽光緒二十六年六月二十六日「欽命統率義和團王大臣」莊親王載勛咨內閣公文，粘附六月初四日上奏經慈禧御覽的布置義和團大概情形摺，其中有云：「伏思義和團之興，雖由神道，實出輿情。奴才等受命統率……惟有因民之所欲，寓以兵法部勒之……現集之團計有數萬之衆，刻經設法拊循，幸均就範，當飭該團等隨同官兵，先行剿滅住京洋館，一俟洋館肅清後，再由奴才等妥籌良策，奏明辦理」。這是慈禧命令步軍統領莊親王載勛統率義和團隨同官軍攻擊北京城內各國公使館的原始官方文件，幸而在八國聯軍攻陷北京後沒有被洋人發現搜獲，否則，要脅的條款更要苛酷！

我曾經拿這一文件和有關各書比對：許多書籍不祇不知莊親王奉懿旨攻擊各國使館的事，甚至對「欽命統率義和團王大臣」職稱也記載錯誤。至於載勛擬訂統率義和團四條更不是行世諸書所能「知道了」！

這一例證說明：原始檔案遠比一般書籍接近事實眞相，更能表露一般書籍所不詳的事實——自故宮博物院刋行「史料旬刋」、「文獻叢編」公開宮中若干檔案後，史學家已可將淸朝官私書籍中若干有關記載加以糾正並且重寫，雍正帝卽位的秘密已被揭穿了，但衆多的檔案仍有待學人發掘硏究。

老佛爺手詔錯字連篇

近一百二十年來，是中國外患內憂最亟的時際，更是歷史大轉變的重要關頭。不幸，慈禧太后卻手握政柄四十七年，她不僅沒有近代知識，就是對中國傳統文化也所知甚少，而予智予雄，充分發揮頑固守舊自私殘酷的專制政治的特色，自然難以面對空前的大變局。同治四年三月（西曆一八六五年四月）罷黜恭親王奕訢（名畫家溥儒的祖父）一切差使，不准他與聞政事。從此，慈禧許多變本加厲的錯誤措施更層出不窮。

我早自同治帝師傅翁同龢日記得知：慈禧罷黜恭王詔是親筆手寫，向軍機大臣等宣佈時曾說：「詔旨中多有別字及辭句不通者，汝等爲潤飾之」。而「史料旬刋」、「文獻叢編」卻沒有刊載過原文。「是不是已被慈禧撕毀了呢」？我心中時常有這一疑問。但當我在文獻館工作時竟出乎意料地發現了這一詔旨原件，是用硃筆寫在宣紙上，內容確如翁同龢日記所記載「有別字及辭句不通」的地方。由這一手筆，「老佛爺」的學識如何？世人今有原始資料可作論斷了。（世上流傳慈禧御筆都是文學侍從之臣代筆，她的山水畫也是繆素筠奶奶代筆）。

由於這一手詔的發現，我更努力追尋老佛爺的秘密。民國三十七年冬，北平局勢變化，我被迫南下。獲得故宮文獻館駐守南京倉庫的歐陽道達學長的格外協助，在時局緊張中仍允許我尋查存放南京的宮中密檔，又有許多重要發現，使拙撰「晚清宮庭實紀」內容更加充實。

當我在北平故宮尋找慈禧秘密時，更希望能發現與德菱女士「清宮二年記」及卡爾女士「慈禧寫照記」諸書有關資料。很幸運的我居然看到御膳房檔案！

「清宮二年記」誇說宮廷飲宴每餐多至一百餘品，但就膳檔看來卻沒有這樣多。德菱女士又說光緒帝遭虐待，飲食多腐壞不堪入口。然而御膳房卻有專檔記載：光緒帝嗜愛火腿！慈禧日常用饍最多不過十餘品，年節大宴包括水果蜜餞點心共計九十九品。因爲「九」在數字中是最大的，中國習俗所謂九九添籌九如吉祥等都是此意。超過九祇是零的增加了。德菱女士記載實在是以耳代目的妄語。今鈔錄一八六一年慈禧掌握政權後第一次壽宴菜單如下，以見一斑：火鍋二品：羊肉炖豆腐、爐鴨炖白菜。大碗菜四品：燕窩（福）字鍋燒鴨子、燕窩（壽）字鍋燒鴨子、燕窩（萬）字紅白鴨子、燕窩（年）字十錦攢絲。中碗菜四品：燕窩肥鷄絲、溜鮮蝦、膾鴨腰、三鮮鴿蛋。碟菜六品：燕窩炒燻鷄絲、肉絲炒翅子、口蘑炒鷄片、溜野鴨丸子、果子醬、碎溜鷄。片盤二品：掛爐鴨子、掛爐猪。餑餑四品：白糖油糕壽意、苜蓿糕壽意、五福捧壽桃、百壽桃。銀碟小菜四品：燕窩鴨條湯、鷄絲麵、老米膳、果子粥。如今一百一十餘年過去了，中國飲膳菜色的「名」「實」仍多與這菜單大同小異。這大概就是固守傳統的一例證（就膳檔知：乾隆帝也愛吃紅白鴨子，又乾隆帝御用金匙松石紐共重二兩三錢。慈禧御用金匙重三兩，她的豪奢超過古稀天子）。

慈禧太后究竟是女性，不如乾隆帝一樣嗜好野生物，卽青蛙（乾隆朝膳檔作樱桃肉）也未見供奉，但她講究衣飾卻更勝於乾隆帝，我曾看見她親手繪製衣料花紋及色彩圖樣交江南兩織造製辦。

古稀天子的衣食

故宮文獻館已發現並經整理的御膳房檔及四執事庫「穿戴檔」等，最早的時代是清乾隆朝，還沒有看到康熙雍正兩代的。我大體綜合乾隆朝膳檔發現這位「古稀天子」對蘇州飲膳點心頗有特別嗜愛，蘇州厨師張東官尤被恩寵。他做的「豆豉炒豆腐」、「糖醋樱桃肉」（蛙腿）尤爲帝所喜愛。我推測這一嗜好的由來，似乎不是「下江南」在當地品嚐而引起，最大可能的原因是康熙朝以來宮中就流行蘇州膳品。這一推測是根據以下文證：㈠宮中有蘇州織造及江寧織造經常供奉蘇州膳品的奏摺，其中若干已刋佈在「文獻叢編」。我還看到宮中有更多的奏摺未及發表。這兩處織造自康熙朝以來，卽由曹李兩姓擔任。曹姓是康熙帝幼年乳母家，紅樓夢作者曹雪芹正是他家後裔，李姓與曹姓是姻親。這兩家人幾代擔任織造，爲皇帝製辦日常衣飾用品之餘，更經常供奉江南名產食品。㈡乾隆朝纂四庫全書時，曹寅撰「飲膳正要」也被採輯。這和御膳房特有「蘇造檔」，正是表裏輝映，相得益彰。在膳房檔册中更有長蘆鹽政等供奉蘇州廚師或呈進蘇州茶點的記載，都是迎合乾隆帝嗜好。乾隆帝甚至壽登九十仍愛食蘇州點心，如猪油到口酥、猪油酥燒餅、猪油澄沙餡酥餃子等油脂食品，可見他的胃口至耄不衰。我由這些文獻進而了解紅樓夢中再三提及「南邊來的糟小菜」意旨所在，我曾撰「故宮檔案中所見曹雪芹先世事蹟」。

四五百年來若干私人筆記中常說皇帝御膳房浮報膳食費用，如鷄蛋一枚三兩云云。意思是說當值太監以皇帝不知民間事情及物價，可以乘機浮報。就我看到膳房檔册，事實完全不符。因一切都有規定，不容浮浪。御膳每日需用柴一五〇〇斤、炭二四〇斤、猪肉十四斤、肥鴨子一隻、肥鷄一隻、猪油一斤，新粳米三升、黃老米三升六合、大黃米小黃米各三合、高麗江米三升、白豇豆一升二合、碗豆折六合、芝蔴二合、白麵六斤二兩、粳米麵二斤、白糖一斤九兩五錢、蜂蜜三兩、香油二斤二兩、鷄蛋二十個——以今看來這實在不算浮浪，燃料數量較多，是必需二十四小時準備，才能隨時侍應。膳檔又記載：乾隆帝用膳時對特別喜嗜的剩餘菜點常囑「留着晚晌用」！更是不浪費的反證。

我從膳檔中發現：乾隆帝自回回女子（卽世傳「香妃」）入宮後，特別尊重她的習俗，卽時常賞賜猪肉以外的菜點給她。同時，我又自四執事庫「穿戴」檔中發現乾隆帝傳旨准「香妃」仍著回回朝服。「穿戴」檔及膳檔更記載「香妃」多次隨帝赴熱河。我應用這許多文證撰成「香妃考實證補」（見「近代史事論叢」第二輯），鄭重否認世俗訛傳「香妃」經常以劍護身以及自刎謬說。我並且看到郎世寧精繪「武列行圍圖」，正描繪乾隆帝與「香妃」在熱河並轡狩獵情景。這些原始記錄證明世間流行的書籍嚮壁虛構，「盡信書不如無書」，這又是一例證。

我自「穿戴」檔知道乾隆帝對衣飾的顏色花樣尺寸都非常講究。他的秋季常用袍前身長四尺一寸五分，後身四尺二寸五分。他傳旨：「現穿袍短些！前後身俱放一寸」。但翌年按新尺寸縫製夏季單紗袍，他又傳旨：「袍長了些，着去五分」。後來又傳旨：「袍上領子小些！到家裏着皇后放樣。巡幸褂抬肩轉身最小，也要放樣」——乾隆二十二年十一月十三日，帝穿油綠寧紬面黑狐膁袍，傳旨：「顏色綠些」！又傳旨：「現穿青緞面烏雲豹褂花不勻」！四執事庫當值的都是太監，他們奉旨後記檔都用口語白話，上錄諸例可見一般。又如乾隆二十七年九月二十九日，裏邊總管王成傳旨：養心後殿東暖閣現掛藕荷色春紬面月白裏白袷帳一架，旨意：怪糙舊了！總管王成隨口奏：經過年代多了。奉旨：「着另做新帳架一架！再帳子雖然舊了，他們收的也草」！這些生動的記載，是文人學士執筆的「起居注」「實錄」中絕難看到的。由於這些檔册的留存世間，充份顯露宮庭禮儀固然嚴肅，日常生活卻富於人情味。乾隆帝的確是國史上空前絕後的「古稀天子」，他的日常生活應可代表一般。當時我曾有利用這許多檔册撰述「清代帝后衣食住行」一書，並配用有關彩色照片，作爲故宮博物院成立四十周年紀念刋之一（預訂民國四十四年出版。）不幸時局突變，這一計劃也付之流水。

我在故宮文獻館工作不過三月，就被迫離平南下。在這一「寶山」停留時間，實在很短，幸而工作同仁熱心協助，使我事半功倍，不祇看到許多珍貴史料，解答多年疑問，更重要的是我實際認識：近代檔案也就是第一手原始史料如是繁多，故宮「文獻叢編」等已刋佈的不過祇是經過選擇的萬千分之一。這「萬千分之一」已刋佈的史料，或多或少可提供一些事實眞相，但究竟難免拾人牙慧之譏。因這些都是經過文獻叢編主編人的選擇後才公開刋佈，這和研究者自己在成堆的原始檔卷中披沙揀金細心尋覓的收穫是大不相同的。從此，我對檔案館的注意更甚於圖書館。

國父倫敦蒙難檔案

早在對日抗戰以前，我在北平撰述一八六一年慈禧奪取政權史事時，發現關係書刋中有英國擬擁恭王爲帝的記載，後來又看到清光緒朝英國支持清廷若干人物的說法，就企盼有一天能到英國去尋找有關檔卷及史料。由於這一意願，民國四十八年（一九五九年）六月，我應邀赴美國洛杉磯參加一國際學術會議，啓行以前，就決定回程時在倫敦小住，以便閱讀英國外交檔案。經過「自由中國協會」函介、英國外務部的同意，是年十月三日我就進入英國公共檔案館（Public

Record Office)，達到多年的意願。

英國公共檔案館收藏十一世紀以來中央政府及英格蘭、威爾斯法庭文件，也保存了一七〇七年以來大不列顛、一八〇一年以至今日聯合王國的所有文件。一九五九年十月，我第一次去研讀時，他們的規定是自當年上溯五十年以前所有檔案文件都開放供公衆閱覽，也就是我當時可以借閱到一九〇九年的英國檔案。但一九七三年九月我再度去英國公共檔案館時，發現自一九七二年一月起他們已將檔案公開時限作進一步的縮短，即自「五十年以前」改作「三十年前」，並且將有關第二次世界大戰的檔案中重要部份都予以公開，比較「三十年前」時限還要縮短了。同時，外交檔案中的重要部份資料且已攝成顯微影片，並編製索引（Index to the correspondence of the foreign office）公開印行。研究人員如果沒有機會去倫敦，在本地圖書館也可能閱讀這些資料（臺北中央研究院近代史研究所已購有一部份）。

很顯明的：我國故宮保藏明清兩朝檔案的最早時月，大約十七世紀初，比較英國現存最早檔案要遲四五百年。更重要的是自一九一二年（民國元年）以來的我國檔案大部份已經殘缺，甚至關係重要的外交檔册也是如此。多年不斷的戰禍，以及人謀的不臧，是形成這一現象的主因。當我在英國公共檔案館時內心實在很慚愧。

我在英國公共檔案館裏最重要的收穫，是閱讀 國父倫敦蒙難（一八九六年）的原始關係文件。

倫敦蒙難是中山先生生平第一大事，由於這一事件，他的姓名才開始爲世人所知，一八九七年，他手撰「倫敦蒙難記」英文本刊行，世人更進一步認識中國革命運動，日本朝野且因爲這一册書，而決定和中山先生交往——倫敦蒙難事件主要關鍵是：中山先生是祇一次偶然與滿清使館官吏相遇，而被誘拐入使館？還是自動兩次前往清使館，而被發現遭扣押？「倫敦蒙難記」是堅持前一說法，清吏刋行筆記卻提出後一說法。民國十九年（一九三〇年），羅家倫在北平故宮博物院發現部份資料，沒有比證其他史料卽撰刋「中山先生倫敦蒙難史料考訂」，卻加強清吏的說法。但我細閱英國檔案後確知：英國內務部司法部當時卽曾就中山先生自述與清使館參贊馬格里的說詞詳細比較勘證，結論是「孫先生的說法是眞實的」（Having found Sun truthful on material points）。反之，馬格里所謂孫逸仙曾經兩次赴清使館的說法，就現有證據來判斷是不確實的，何況馬格里自己於此就曾有三次不同而前後矛盾的說詞。英國司法部律師又明白指陳：馬格里說孫逸仙「並未受到囚犯待遇」，一定有些遲疑不安！因爲除了沒有穿着囚犯的衣服及有食物供應以外，其餘一切監禁人犯的條件都已具備了。「假若如馬格里說，由這些事實看來，孫逸仙並未受到囚犯的待遇，那我祇好說：語言的意義，對於他和對大多數人是完全不同的」。

中山先生經英國朝野營救，重獲自由以後，英國報紙幾一致的譴責滿清使館這種違反國際公法的行爲。英國外相且命令駐北京公使致照會給滿清政府：「沒有一個其他歐洲國家的首都內能容忍這種行爲」；「如果這種行爲重演，將證明必須利用任何可能需要的方法來釋放囚犯，並使負責此項監禁行爲的人員儘速離開」。事實眞相因此更明顯確定。

滿清駐英使館在清廷命令之下，祇求達到目的而不擇手段，違反國際公法且侵犯人權後，又力圖掩飾錯誤，他們向清廷的一切報告，固然可說是原始文件，但內涵的眞實性卻經不起考驗：中山先生「倫敦蒙難記」刋佈於前，倫敦外交檔案又公開於後，一經相互參考稽證，淸吏文件的顚倒是非掩飾錯誤的原形畢露。這是當今世界交通便利，各國檔案又提早公開對人類的最大貢獻：任何人胡作妄爲都是無法逃過歷史的鏡子映照的！

英國檔案旣證明淸吏的胡作妄爲，同樣的：帝俄時期檔案公開以後，一八九六年夏李鴻章在莫斯科商談中俄密約及中東鐵路建築合同時，他的兒子李經方接受俄人賄金。一八九八年俄國租借旅順大連時致送賄金給淸廷大臣張蔭桓等等醜事也都揭露。但一六八九年尼布楚條約、一八五八年璦琿條約、一八六〇年中俄北京條約等談判詳細記錄卻迄今沒有公開。

日本外交軍事檔案已被攝影公開

自日本無條件投降，盟軍占領扶桑三島，美國務院與國會圖書館爲使世人認識日本軍國主義發展經過，特將日本外務省及軍部檔案製成顯微影片，供各國學人研究，並刋行目錄二册，便利檢查：①Checklist of Archives in the Japanese ministry of Foreign Affairs 1868-1945。②Checklist of Microfilm Reproductions of Selected Archives of the Japanese Army, Navy, and other Government Agencies 1868–1945。

一九六〇年夏，我重遊日本，居留二月有半，研讀上述這些原始檔案是主要目的，因爲閱讀顯微影片頗費目力，且臺灣沒有購藏，既到達東京，自然以檢閱原件爲佳。同時，我更希望了解是否還有未經攝製影片的檔案——當我在東京霞關外務省新厦與其文書課負責人會談後，我慶幸不虛此行：上述「目錄㊀」原注「遺失」(Missing) 各檔今已發現若干，其中有「目錄㊀」第九頁註明遺失的「各國內政關係雜纂（支那）（革命黨關係）：一八九七——一九〇〇年」三卷，我急申請調閱。中山先生早期革命活動因此又獲得原始記錄了。

中山先生自倫敦出險，並在大英博物院圖書室閱讀約九個月後，一八九七年七月乘輪離英經加拿大東歸，八月十六日到達日本橫濱。日本外務省從此才有關於中國革命黨活動的專檔。其中一九〇〇年部份特別重要，因當時中國正有義和團之亂，中山先生奔走各地，力圖保全民族元氣的事實記錄絕無僅有，這可能是惟一的。

一九〇〇年七月十六日，中山先生與日本友人宮崎寅藏等自新加坡經西貢到香港。原有與新任直隸總督李鴻章在香港會晤的意圖。香港總督且擬不顧五年不准孫登陸的禁令讓孫李相聚，但被英國首相否決。因此，十七日，李鴻章自廣州乘輪到香港時，孫困處輪舟不能上岸。十八日，李離港北上，二十日，孫乘輪赴日本——這幾天的事實，是我參閱英國和日本外交檔案才知曉的，中山先生自述和中英日文已刊書刊都沒有記載。由這一事例可知原始檔案在史學研究上的價值遠超過一般圖書，更具體證明中國現代史的研究必須參閱外國檔案。

　事實上：不祇上述這一事例，卽中山先生初次蒞臨臺灣時日，如果沒有日本外交檔案的記載，也就人云亦云莫衷一是。例如黃純青說約在一九〇〇年九月，黃啓瑞則確言是一九〇〇年九月二日。但我根據上述日本外交檔案才確知中山先生初次蒞臨臺灣是在一九〇〇年九月二十八日自神戶乘輪到基隆旋卽轉往臺北。這次來臺目的是策應惠州起義行動，不幸日本政局變化，原來計劃不能實行。是年十一月十日中山先生因變名「吳仲」自基隆赴日本。

　中山先生在來臺灣以前曾有上海之行，原計配合唐才常自立軍行動，也不幸失敗。是年九月一日離上海赴日本，在船上發現自立國會會長容閎也同舟共濟，兩人聚談甚久。這一發現使我幾年以後在美國閱讀容閎史料時，有更多了解。

　我在日本防衛廳硏修所戰史室閱讀的史料，一部份是戰時原始檔卷，一部份是戰後有關作戰人員手寫回想錄等。日本軍部許多檔案在戰敗投降後多已焚燬，「戰史室」收存原始檔件不多的原因在此。這裏不能說是日本軍部檔案館，但我能進入其中閱讀——並且是中國學人到這裏來閱讀的第一人，加以幾位日本軍官知悉我曾在湖南戰區擔任編輯戰史工作，都曾和我討論比證雙方見聞，這些心得對我撰述「第二次中日戰爭史」很有幫助。

　日本本土外交軍事檔案旣被盟軍攝影，原被日本統治的韓國文獻也隨着國土重光而公開。一九六〇年夏，我曾在漢城閱讀過，當時是收藏在京城國立大學中央圖書館中，歷時數百年的「奎章閣」橫匾也仍存在。在這些資料中有十九世紀末葉「朝鮮總理交涉通商事務衙門」與各國來往文件原檔，例如其中與中國往返文書起自清光緒九年（一八八三年）八月。另有「日信」「英信」「俄信」「美信」等。可惜祇有少數是光緒二十年四月以後的，各册文號頁碼不相連貫，時間自然也不相銜接，這是什麼原因無法確知。又大韓民國國史館保存有「駐韓日本公使館紀錄」（一八九四至一九一〇年）照片，是日本投降以前，韓籍職員申奭鎬冒險秘密收藏的。其中有日人與袁世凱往返書信若干。這兩宗重要檔案是研究甲午戰爭以前袁世凱在韓言行的原始記錄，非常珍貴，是中英文有關袁世凱書籍從來不知的新資料。

美國國家檔案館便利學人研究

美國國家檔案館（National Archives）雄偉的建築、豐富的收藏，和美國國會圖書館相互對峙，是訪美學人常遊之地。兩者性質儘管不同：檔案館保存美國獨立建國以來的一切原始文獻檔案，圖書館網羅全球官私出版品；但兩者都是美國人甚至全世界的知識寶庫卻毫無疑問。

美國國家檔案館正廳陳列二百年前獨立運動的若干原始文件，並有壁畫顯示當時會議及戰爭情景，任何人都可進入參觀。如果要閱讀某些檔案就需要申請一張「研究人員識別證」（Researches Identification）。但手續很簡便，美國人祇須出示任何身份識別證，外國人出示護照，填具一份申請書寫明調閱檔案類別，不到一分鐘就可拿到識別證進入研究室。這比較英國公共檔案館發給閱覽證（Reader's Ticket）需要學術機關、大學或大使館正式介紹信大不相同，也就是簡便多多。但不論美英發給的識別證或閱覽證都不需貼相片，至於證卡使用時間：美國家檔案館是一年，英公共檔案局是三年，到期後如繼續需要研讀，憑舊證卽可換發新證。一九七三年九月，我持英國公共檔案局一九五九年九月發給早已逾時效的閱覽證前往換發新證，手續簡便，祇按舊證上姓名塡寫在新證上，並在「有效時限」欄蓋上「一九七六年九月二十四日」日戳，就升堂入室了。這比較臺灣僅有的一二史料庫主持人不知世界大勢：有關各國檔案都已開放，我國「抱殘守缺」，不讓學人研究，惟有自食「歷史上缺席裁判」的惡果——十餘年來，我曾多次撰文提出這一問題，當局者始終不注意，如今殘酷事實已很顯明了。

美國國家檔案館職員對外來研究人員的熱誠協助，尤使人感動。我爲了解中山先生幾次訪美行蹤，調閱有關檔卷，大約不到二十分鐘，兩位職員卽推來二層書架輪車的資料，都是關係一八九〇年以後中國人進入美境的。我檢閱後發現一些問題需要進一步的資料，服務人員就爲我用電話詢問各部門，結果要我親自入庫去查尋。因此我得有機會看到美國檔案庫隨時演進的情況，例如當今檔案館圖書館目錄卡片屜都是容納一張卡片，但在這檔案庫內有一種相當五屜衣櫃那樣大小的置放卡片的抽屜，女職員告訴我：這是若干年前的式樣。

我知曉中山先生慣用的英文簽名是 Sun Yat-sen，但若干英文書仍按姓氏放在最後排列，美國檔案館內就有幾張卡片是如此，但爲數不多，我懷疑有關中山先生文件不應如是之少，猜想可能是編目人將 Sen 看作姓氏了。在檔案庫檢查果然在 Sen 發現一些有關卡片，這自然是不同時期不同編目人員學識不同而產生的歧異。而我所以有此靈機轉動是由於下述一教訓：胡適博士的常用英文署名也是 Hu Shih。有一次他自美國回臺北時爲著不打擾友好去迎接，在訂購飛機票時就按洋人習慣寫作 Shih Hu，旅客名單自然也是如此。但若干友好及新聞記者自有關方面打聽到這一行程，屆時都前往機場候駕。但一看旅客名單卻沒有「胡適」祇有「石虎」！大家都不免猶疑。而不久胡先生卻笑嘻嘻的走出來了——後來，我在謁見胡先生談史學方法時，偶然談到這件事，胡先生說：我們的頭腦過份僵化了！尋找事實眞相、認識事實演變，應該從多方面去觀察，作各種不同的推測，不能硬抱着過去的習慣喲！

美國國家檔案館整理編排中美關係文件的分類法也隨時在改進，對一八四三年至一九〇六年資料，按「機關」區分編列，例如「駐華公使館對國務院報告」、「國務院對駐華使館指示」，駐中國各地領事館報告又分厦門領館（一八四四年至一九〇六年）、上海領館（一八四七年至一九〇六年）等。而南京領館（一九〇二——四）、瀋陽領館（一九〇四——六）至二十世紀初才有報告存檔。

一九〇六年八月十四日，美國務院開始採取以事件主題（Subject）爲分類標準，原檔在一定時期移交國家檔案館後，自然也跟着改變分類方法了。

美國國家檔案館已將許多檔案攝製顯微影片，供給各地研究學人，例如「國務院有關中美政治關係檔案：1910-1929」、「國務院有關中國與他國關係檔案：1910-1929」、「國務院有關中國內政檔案：1910-1929」。

事實上：美國國家檔案館已公開的檔案時限，早已超過上述各例的「三十年代」，即美國務院刊行的中美外交關係文獻也已刊佈至一九四九年。顯微影片包含時限之所以落後，可能是要攝製的文件太多，不能專注於中美關係，何況有志研究中美關係人士可以到檔案館去閱讀原檔。甚至特殊事件急需了解背景，更可允許有地位的學人利用最近五年的檔案以便撰成專書行世。

一年以來，「書評書目」月刊有幾篇討論「版權」問題的文章，很引起我的興趣，因我在美國國家檔案館曾看到民國八年（一九一九年）美駐華公使館上國務院報告，陳述商務印書館翻印美國出版歐美歷史書籍，並剪陳商務印書館刊登的廣告。但美國要求保護版權的要求並沒有成功：中國政府根據一九〇三年中美商約第十一條規定：中國同意保護「凡專備為中國人民所用之書籍地圖印件在中國境內專利權十年（自註册之日為始），一律不准照樣翻印外，其餘均不得享此版權之利益」。民國十二年（一九二三年）六月，商務印書館譯印「漢英雙解韋氏大學字典」，被美國書商在上海租界會審公堂提出訴訟，也沒有成功。商務印書館的辯護律師說：美國自獨立建國起，至一八九一年對於外人版權，並未加以保護；英國也是一八八六年才開始保護外人版權；日本在一八九九年加入萬國版權同盟，一九〇六年，日本與美國締結保護著作權條約。可見任何國家在著作不多，工商業不發達的時期都不與外國訂立保護著作權的條約。

近十餘年，臺灣書商翻印美國書籍唱片更變本加厲，許多翻印書且出口運往美國，嚴重損害美國著作人權益，引起美國國會的責難，甚至影響美國對華經援，因此我政府才有臺灣影印西文書不准出口的規定。可見這一有關美國書籍版權的交涉，始終是中美兩國間一項尚未解決的問題。而臺灣書商仍舊可以逍遙自在大獲利益，甚至更進一步翻印本國出版書籍，這就顯然違法了。

美國國家檔案館曾印行若干最具歷史性的文獻，以供一般參觀者的購藏。一九四五年德國日本先後簽署的無條件投降文件卽其中之一。

上面說過日本外交軍部檔案都被美國攝影公開，這是當時由美軍代表盟國占領東瀛，事權統一，不像德國甚至柏林分別被美英蘇俄三國軍隊占領，德國政府的檔案也因此被三國分別占有運回華府倫敦莫斯科，並擇要英譯刊行，拙撰「第二次中日戰爭史」中就曾運用這些英譯德國文檔。

我曾在新加坡任教三年，當地國家圖書館收藏有英國統治星馬海峽殖民地政府檔案，我曾閱讀若干，發現有關孫中山先生的史料，也看到英國人爲撲滅瘧疾等病害，研究各地蚊蟲，其中有關臺灣蚊蟲四百餘種的報告，很引起我的興趣。同時，新加坡政府爲便利處理勞工問題，特許一位美國學人研讀最近檔案，正如美國檔案館一樣。可見當今之世，無論大國小邦不僅注重保存檔案，更充分提供研究機會給學人，使他們能發揮「由了解過去以認識現在」的精神，促進自己國家以及人類文化的進步。

看過若干有關國家檔案館的內容、管理方法、服務態度以後，對於自己國內一二史料庫「抱殘守缺」「深固閉藏」「拒人千里之外」的腐化作風對國家的惡劣影響，實在憂心忡忡。

（原刊「書評書目」第十九期）

集郵的趣味與啓示

集郵，是中外各國男女老少都適宜的有益嗜好。近十餘年來，各國人士對於這一興趣更普遍增加。據美國郵局估計：至少有一千六百餘萬美國人，在努力蒐集各種郵票，充實個人的收藏。這一數字相當美國人口總數的十四分之一。這樣高的比例，在世界各國集郵人數中，可能是居第一位。事實上：美國史谷脫（Scott）按年刊行各國各種郵票總目，早已是全球各國集郵人士必需參考的指南。哈立斯（H. E. Harris & Co.）郵票公司已有六十年歷史，其在波士頓市區的大厦面積八萬平方呎，職員近四百人，擔任門市零售及郵購服務，號稱世界最大的現代化集郵樂園。

在美國集郵的確非常便利：第一、郵局及大郵票商每年按時刊行各種郵票目錄、圖樣價格都明顯標示，任何人可就本身興趣及財力按圖索驥。第二、各城市百貨公司或郊區購物中心，極少不設立售賣郵票貨幣專櫃的，周末假日有暇前往，可以盡興檢閱瀏覽，不買一張或只買幾張，都不會受店員的冷落。第三、各大郵票商或是各種集郵會（Society）俱樂部（Club）郵購服務周全，集郵人士只須在初次參加時，預付美金十元（每次交易後補足此數），卽可源源收到各種郵票或首日封供你選擇，你保有全部退回或只選購幾種的自由——若干郵票商或集郵會且多附有寄回郵票。因此你可足不出戶，靜坐在自己家裏慢慢欣賞選擇，有時不費一文消磨一個周末。眞是物美價廉。第四、各大郵票商及集郵會俱樂部經常提供專題蒐集，例如太空探險、奧林匹克運動會、著名人物、花卉、動物、名畫、古蹟等早已風行，由於這些是將各國有關郵票蒐集在一專題名下，對於集郵新人或老手都有許多興趣和便利；自然郵票商生意經目的也已達到。第五、各大郵票商沒有政治顧慮，任何國家郵票均在蒐集售賣之列，任憑集郵人士自由選購。

一九七六年，對集郵人士說來是最具趣味和繁忙的一年。因為這一年是美國革命獨立二百周年，也是其他若干歷史大事的紀念年，美國和其他各國因此發行的紀念郵票，眞使人目不暇給。

早在一九六六年七月四日，美國國會通過法案：設立美國革命二百年紀念委員會，負責籌劃一切慶典活動。一九七〇年七月四日，這一委員會建議：紀念意義在重溫當時革命精神並創建「七六」新精神。一九七一年七月四日，美國郵局將這一委員會制定的紀念徽誌鐫製郵票，作為慶祝開國二百年紀念郵票系列的開始。從此每年發行有關史實的紀念票數枚，迄一九七六年七月四日，共計五十四枚，今尚在繼續發行中（一九七七年一月三日又發行一枚），其中如「波士頓茶黨」、「大陸會議」、「宣布獨立」等，都是四聯一張，「革命軍鼓號隊」等是三聯一張。而一九七六年五月二十九日，在費城「第七屆國際郵票蒐集展覽會」發行四大張（六乘八吋）紀念票，更是洋洋大觀。這四大張都是革命史實名畫，每張人頭處，分別用齒孔劃作五小張不同的郵票。現在距發行之初不過七月，市價已是面值一倍半，可見是搶手貨。（有一集郵會利用以往已發行有關郵票，製作「美利堅二百件大事」專集，預計三年間完成。）

國際郵票蒐集展覽會在一九一三、一九二六、一九三六、一九四七年曾在美國舉行，這次是第七屆展覽會，欣逢美國革命二百年，各國也發行紀念票並參加展覽。其中加拿大與美國都以富蘭克林及一七七六年北美洲地圖作主題，鐫製一色彩構圖完全相同的郵票，祇是票面價值不同。因為二百餘年前，富蘭克林是英屬北美郵政主管，其範圍包括今日美國與加拿大——這是美國加拿大多年來共同發行的第二張郵票。最初一張是一九五九年六月二十六日，聖勞倫斯海道開闢通航。（按一五三五年法國探險家發現聖勞倫斯河時，即希望由此開闢一前往中國的新路。四百餘年後美國加拿大體認這是大西洋通大湖流域可能途徑，才挖掘運河建築水閘，完成這一長二千三百哩水程）。

英法兩國各發行慶祝美國革命二百年紀念郵票一枚，也是富蘭克林像，因他當時是革命軍派駐法國的代表。愛爾蘭發行的是四枚一全張，左上方一枚十三星條，左下方是五十顆星，均不規則，頗別緻。巴拉圭發行的紀念票以當時各種形式戰船為主題，比較其他許多小國發行紀念票，祇是複製史實名畫或美國以往發行有關郵票，顯得淸新脫俗，別出心裁。

一九七六年底的統計，至少有四十個國家發行了美國革命二百年紀念郵票。

現代人類溝通意見的工具，郵信以外，電話更爲重要。它是在一八七六年三月十日，貝爾試驗成功的。一九七六年正是這一大發明一百周年，美國、英國、愛爾蘭、瑞士、澳大利亞、巴基斯坦等，都發行紀念郵票，並有精美彩色首日封。一九四〇年美國發行的貝爾肖像郵票，市價也上漲至九元五角一枚，是同年發行其他名人像中最高價票。

化學對現代人類的貢獻非常重大，日常生活衣食住行種種享受，都是化學研究的結晶。一八七六年四月六日，美國化學會成立後，用集體力量分工合作，推動各項研究，績效顯著，遠在其他各國之上。因此當一九七六年適逢該會一百週年，美國郵局特發行一枚紀念郵票，以示崇敬。

航空郵信，朝發夕至，傳達情意，世人莫不稱便。一九七六年正是商用飛機運載航空郵件的五十週年。按一九一八年，美國郵局開始利用政府飛機，在華府與紐約間載運信件，可以說是航空郵信的首創，惜不普遍。一九二六年二月至四月，美國郵局與幾家商用飛機公司，分別簽訂載運郵件的合同，從此隨着航空線的擴充、飛機構造的進步，至今已無遠弗屆。美國發行「商用航郵五十年：一九二六——一九七六」紀念票，意義深長。公衆如回顧往日驛車、火車、輪船、帆船、步行運送信件的遲緩，眞有不勝今昔之感。

正當集郵人士忙於蒐集美國各種紀念郵票時，聯合國郵局也湊熱鬧，發行「聯合國郵局成立二十五週年紀念」郵票。

一九四五年，聯合國成立後，應用所在地美國郵政郵票。一九四七年，阿根廷首席代表提議建立聯合國郵局，幾經商討有關計劃，一九五〇年十一月十六日，經聯合國大會通過認可。一九五一年十月二十四日，聯合國郵票第一套正式問世。從此就成集郵家以及聯合國遊客的必購紀念品。其構圖別具清新風格，主要是圖案畫，沒有各國郵票上常見的人物肖像。一九七六年分別在紐約及日內瓦發行紀念票，計共十八枚。

聯合國的成立，原是基於天下一家的理想，而蘇俄共產帝國主義在無饜的擴張，利用各種方法加強政治宣傳，例如每年大量發行各種郵票，都顯現它企圖壓倒對方的野心。

自一九六四年至一九七五年十二年間，蘇俄共發行一千四百九十三種郵票，其中一九六四年最多，計一百七十四種，但發行最少的年份也有一百〇二種。這一數字比較美國自一八四七年開始發行第一張郵票，以至一九七五年已發行的郵票種類超過甚多，因美國每年發行郵票多在二十種左右。尤其自郵票主題觀察，更可見蘇俄利用郵票作國際統戰的政治宣傳。例如一九六四年發行郵票着重「解放」羅馬尼亞、波蘭、匈牙利、捷克、維也納、西德以及外蒙古等等。一九六五年郵票強調大戰勝利二十周年，其中有讚揚戰時滲透東京的大間諜蘇爾治（Richard Sorge）是「蘇聯英雄」郵票。一九六六年，發行孫逸仙博士百年誕辰紀念等。一九六七年「十月革命五十周年紀念」，都是大張全彩色精印套金花邊。一九七一年，發行列寧誕生百年紀念票。一九七五年，大戰勝利三十周年紀念——在這些歷史人和事以外，宣揚蘇俄經濟成就、新式武器的發展、太空探險、體育成績等。尤其自一八七二年至一九七三年，俄國各種軍艦式樣郵票，正可作爲它近年在海洋加強擴張野心的證明。

共產國家都惟莫斯科馬首是瞻，這在郵票的發行上也不例外。每年發行的種類多，郵票面積比西方國家的大，色彩遠較西方各國郵票艷麗。匈牙利及外蒙古郵票可作例證。匈牙利郵票中很多各國名畫（其中有日本畫），全彩精印再加金邊，實在濃豔奪目。外蒙古郵票如喇嘛寺、打鬼臉譜、蒙古人生活等，都是複雜彩色銀色花邊。令人奇怪的是原來信奉喇嘛教的外蒙，竟有基督教聖經故事圖畫郵票。

現在美國郵票市場，蘇俄及其附庸國家郵票極多，就上述種種可知其政治宣傳目的似已達到。

南美洲及非洲許多國家，也了解到郵票與國際宣傳的關係，甚至是賺取外滙的商品。但貨比貨優劣判然易見。如奧林匹克運動會是各國郵票最喜應用的主題，但大多用各種競技姿式構圖，祇有葉門（Yemen）發行的一套，自一九二四年在巴黎舉行（當時法國曾有紀念郵票）起，按每屆集會地點製作一枚：有年代、地點以及當地國旗與競技姿式，並且將一九三六年柏林舉行的一次，不用希特勒第三帝國旗幟，改用世運會會旗。集郵人士由此對世運會簡史可一目瞭然。

再如邱吉爾首相也是各國郵票喜用主題，英美多用他的相片，樸實莊嚴。二三非洲國家製品有一套十張自其少年至逝世，可惜色彩又太鮮麗。祇有尼加拉瓜（Nicaragua）爲紀念邱翁百年誕辰（一八七四——一九七四）發行的七枚清新脫俗，其中有兩枚是著名漫寫，並且每張都列有邱翁名言。因此，在美國集郵界獲得很高評價。同樣的，尼加拉瓜發行的「十誡」名畫郵票十一枚，也有好評。比較南美洲其他國家郵票複製裸女名畫的羅曼蒂克，眞有天上人間分別。

一九七六年，英國皇家玫瑰花協會成立一百周年，倫敦特發行各色玫瑰花郵票四枚。這和日本發行「幼稚園一百年紀念」郵票一枚，同樣給予世人歷史知識與輕鬆愉快。至於同年日本發行「天皇陛下御在位五十年紀念」郵票兩枚，與一九七五年日本發行「天皇皇后兩陛下御訪米紀念」票兩枚，都是日本甚至世界歷史重要大事的見證。

臺灣近年發行郵票，常可在美國郵票商廣告中見到，例如「漢宮春曉」全套售價美金四元八角五分（臺北郵票目錄標價新臺幣四十元）。又臺北前數年有所謂「一人一郵」蒐集舊郵票交海員帶往國外分送，可見國內外早已注意及此。但筆者比較中外郵票以及集郵趨勢後，仍願提供下列幾點意見：

一、每年發行何種郵票，應讓公衆發表意見，藉收集思廣益之效。美國郵局每年常自數千件建議中選取其中十餘件，作發行某種郵票之用。郵局與公衆打成一片，更可推廣集郵興趣。

二、應利用每一新郵首日發行卡第三、四面地位，刊印簡要文字說明，藉使集郵人士——尤其青少年可了解有關此一新票的歷史事實，增加知識與趣味，社會教育也隨着施行。比較現行首日卡，祇列數量用紙印法顯然有益得多。例如「第二十屆司法節」等，一般人都難知其詳。新郵發行年份尤應注明，偉人像票更宜注生卒年份。

三、新郵構圖應儘可能公開徵求，不宜過分懷古，實應面對現實。如近年之古錢郵票卽少美感，「十大建設」旣關重要，郵票顯示卻又不甚配合。

四、「中國郵票圖鑑」印刷固佳，卻缺乏有關史實說明，再版應卽補充。且刊行普及本，供一般青年及學生參閱，作爲指南。美國郵局郵票商都注意鼓勵青少年集郵。

五、國內蓋銷郵票的鋼戳太大，線條文字太粗，應更換，改用機器銷票。在海外接到國內函件，郵票大多被油墨汚染。於此應特加注意。

總之，郵票不過方寸，關係國家的重要性卻不是數字可以估計。還望郵政當局放眼世界，取長補短，精益求精。

美國郵票首日封

——中美友誼一見證

一九七七年五月二十三日發行的「美國新聞與世界報導」，刊載有關美國人娛樂的特欄，其中列舉美國人的嗜好：「集郵」居第三位。美國郵局也指陳：近年以來，一般美國人蒐集郵票發行首日封的興趣，更與日俱增——郵局本身並不發行有關每一新郵票特徵的首日封，祇擔負蓋銷各地郵票商及私人送交的首日封工作。

據郵局指陳每一新郵發行，平均約有四十萬至六十萬件首日封，經郵局蓋銷。一九六九年九月九日發行的「人類首次登上月球」的十分航空郵票首日封，經蓋銷的高達八百七十萬件，（這一首日封除新郵票發行日戳外，另有一同年七月二十日登上月球的日戳）。

一九七一年八月二日上午八時五十二分，美國阿波羅十五號首次使用四輪車登上月球，這是美人第四次登月，也是美國太空探險成功十週年。美國人爲慶祝這一盛舉，早已印行雙合郵票兩枚，粘貼信封鈐蓋「美國在月球」郵戳，由太空人史谷脫上校（David R. Scott）在這一歷史時刻置放月球，同時，鈐蓋有甘迺廸角太空中心的首日封也在美國發行。從此嫦娥仙子開始嘗試人間趣味（「集郵」原是一八四一年英國一少婦首創）。天涯若比隣，相互影響，世人蒐集首日封的興趣自然增加。

事實上：首日封與新郵票本身，實在是如魚水一樣不可或離。一枚方寸大小郵票，無論爲紀念某人某事，雖有圖像有年代（臺灣近刊郵票極少印有年代），一般人實在都不容易了解它。美國郵票商爲生意眼，分別發行有關新郵首日封，或是彩色，或是鋼模凸版，大多有簡要解說指明這一郵票的意義。甚至還有郵票商特製卡片上有三四百字說明，另留空白供嵌首日封。售價較高。例如美國於一九四四年發行的「電影五十週年」紀念郵票首日封，卽有「紀念一八九四年四月十四日紐約市第一次放映愛廸生發明的電影」。一九五〇年美國發行「美國國都建立哥倫比亞特區一百五十週年紀念：華盛頓：一八〇〇至一九五〇年」郵票四種，一首日封說明：「一七七四年費城大陸會議後，政府所在地多次遷移。一七八三年美國政府的第一任總統和國會都駐在紐約。一七九三年九月十八日，華盛頓總統爲今日國會大厦奠基，一八〇〇年完成北屋，是年十一月國會自紐約遷移哥倫比亞特區今址」。這對於集郵人士節省了檢查美國簡史的時間和精力，自然更增加欣賞研究的興趣。

又如一九七三年四月美國與歐美各國同時發行哥白尼（Nicolaus Copernicus）誕生五百週年

紀念郵票。美國這一郵票上祇有哥白尼姓氏生年（一四七三——一九七三）和圖象。如果沒有首日封簡要說明：他是波蘭人，首創地球轉動說理論；一般集郵人士都將茫然。

又如一九五八年九月二十二日發行「新聞自由」郵票，除開「Freedom of the Press」以外沒有其他文字，若干人可能以爲這祇是一般性的口號和目標，幸有首日封說明這是爲紀念密蘇里大學新聞學院成立五十週年而發行。「給好的自由世界一份雄壯的自由報紙」，正是這一學院當初創立的目標（我國報界人士很多出身自該校）。

美國郵票首日封的發行時間和地點，都是經過詳細研究有關人和事的資料才作決定。上述種種，大多發生在美國，決定時地比較簡易，今如查閱有關世界偉人或外國人和事的郵票首日發行時間和地點，更可見美國郵政當局十分用心。例如邱吉爾於一九六五年一月二十四日逝世，美國卽在是年五月十三日發行一枚紀念票，並以密蘇里州富爾敦爲首日發行地點，這裏正是邱吉爾發表影響世界著名「鐵幕」一詞演說的所在。而紀念麥克阿瑟元帥郵票選在他冥誕日發行，艾森豪紀念票的發行正是他逝世五週年之時。

美國郵票中有兩枚關於中華民國，首日發行的時地同樣顯示美國郵政當局的用心：一九四二年七月七日發行中國抗戰建國五週年紀念郵票，孫中山先生與林肯總統肖像並列，下書民族、民權、民生中英文字，中爲青天白日徽普照我國地圖，白日內圈有「抗戰建國」四字——當時選定在科羅拉多州丹佛城作首日發行地點，確是經過審愼研究，因爲這城市正是一九一一年十月十日辛亥大革命爆發時中山先生到達的所在，除此以外實在很難再找到其他具有如此歷史意義的適當地點。美國政府用心如此愼重，民間友誼在這一郵票首日封可以顯現，這比較「民意測驗」更實際與具體，且流傳廣泛，影響遠大。筆者見到兩種不同首日封：一種說明「美國與中國結盟爲自由而戰」。另一種以彩印青天白日滿地紅國旗分列，中爲　孫中山先生像及林肯像。兩像上端有英文紅字「民有民治民享政府將不滅亡」（這應是我們多年信念）。這比較一二年後美國發行被軸心國蹂躪的國家法波希韓等十三國郵票，祇有各該國國旗，首日封也祇是美國旗與各該國國旗交叉，沒有文字。顯示美國朝野於此極有輕重分寸：我們不屈服能苦鬪，才獲得外人尊重。

一九六一年十月十日，美國發行中華民國建國五十年紀念郵票，上端是中華民國四中文字分列青天白日兩旁，正中爲　孫中山先生像，下端爲　孫先生英文姓名，乍看頗似我國郵票。在美國發行郵票一百餘年來很少對於外國國慶發行紀念郵票。首日發行在國都華盛頓尤見鄭重，並且郵戳下另有我國梅花國花印戳，更是美郵首日封罕見。筆者看到三種首日封：兩種祇有　中山先生及中美國旗，另一是　孫先生長衫像與　蔣總統戎裝像，並有英文「尊重美國與中華民國五十年來的相互了解友誼和諧」。這是何等誠摯的語句。我們反躬自問，究竟做到多少！

上述美國兩枚郵票上的中國文字，不祇是消除了九十年來英國輕蔑中文的惡行，並爲三四十年來各國注重中國語文開了先河。至於一九五四年義大利發行馬哥孛羅到達中國七百年紀念郵票上鐫「歐亞聯璧」四中文字，尤另具歷史意義：中國對日八年抗戰肇端於盧溝橋（西洋人稱作馬孛羅橋），中國文字在國際地位重獲尊重，緣於全國軍民能長期艱苦奮鬥。而中國與羅馬自古即有交通，如今在歐洲國家郵票上首先出現「聯璧」一詞，自更有遠大理想（一九六七年蘇俄發行一枚有「平和友好」中文字郵票，意義完全不同）。

近四十年來，中華民國兩度遭遇危難，美國朝野都給予支援，上述郵票首日封是具體而微的見證：中美兩國確非泛泛之交。如今面臨新考驗。我們如何自立自強？一九六八年十月二十一日美國發行杜威（John Deway）肖像首日封上指陳他的銘言「從做去學習」（Learning by Doing）應是一當頭棒，我們實在需要平心檢討虛心學習去實幹苦幹。

對日抗戰有關郵票

集郵可增進歷史知識，也是保存直接原始史料的最好方法。試舉第二次中日戰爭為例，這一意義更見顯明。

自「九一八」迄今將近半世紀的滄桑，戰爭痕跡已很難追尋。集郵人士擁有的當時發行郵票，卻是這場戰爭演變的稀罕實物見證。

「九一八」以後日軍攻占東北，是日本進行「分離滿蒙運動」多年後的直接且積極表現，製造傀儡政權是其必然的次一步驟。一九三二年三月，「偽滿洲國」出現後發行的郵票，是有關中日戰爭第一種郵票。

西伯利亞鐵道是當時歐亞交通捷徑，歐洲各國不顧中國關閉東三省郵務的措施，繼續寄發取道西伯利亞、中東、南滿鐵道至亞洲郵件。中國迫不得已惟有與日人談判收發經過東北的郵件變通辦法，規定所有郵票印記都不准有「滿洲國」字樣，以示不予任何事實上的承認。這種郵票除面值外，祇有中文「郵政」兩字，沒有國名地名，這在全球萬千種郵票中是絕無僅有事例，卻是中國面對國際姑息主義與殘酷現實而忍辱負重的紀念。

一九三六年元旦發行「新生活運動紀念」郵票，是中國秉先安內後攘外國策努力振奮國民精神，促使全民生活軍事化、生產化、藝術化，以便禦侮圖強。是票全套四枚，都有新生活運動標誌及「禮義廉恥」目標，其中壹圓以燈塔作圖案。歷史事實證明：新生活運動確是引導中國軍民獲得中日戰爭勝利的明燈。

一九三七年夏，日本發行飛機圖案長形愛國附加郵票（每票按面值加二錢），是日本籌措戰費的一法。是年「八一三」中國全面抗戰展開，獨力奮鬭，企盼美國改棄「中立法案」給我援助殊殷。一九三九年四月是華盛頓就任美國第一任總統的一百五十週年，美國發行紀念郵票一枚，其他各國亦然。我國發行四枚，數量最多，郵票面積且大於美國票一倍，標題鐫「美國開國百五十年紀念」。情意濃重，不言可喻。

一九四〇年是日本所謂「紀元二千六百年紀念」，特發行郵票，其中橘紅色「拾錢」票右端鐫「八紘一宇」四字，這是日本妄欲稱霸全球的野心用語。偽「滿洲國」也亦步亦趨發行「慶祝日本紀元二千六百年」紀念票，其中青色橫長形「四分」票中鐫歡欣舞龍圖。同年，日本又有「教育勅語渙發五十年紀念」票，綠色「四錢」票中鐫「忠孝」兩字，卽此勅語主旨。時中日戰爭已經三年，又正準備對美作戰，自更需要臣民盡忠拚命。

一九四一年六月，中國郵局發行「節約建國」郵票六種，顯示中國當時已立於不敗地位，抗戰建國可以同時並舉。同年雙十節，郵局就 國父及革命先烈肖像郵票加印紅色「中華民國創立三十週年紀念」字樣。但創立民國最關重要的黃克強（興）肖像票卻不見加印發行，不解何故。

是年十二月，日本發動太平洋戰爭。翌年元月，中美英蘇等二十六國結盟成聯合國，形成反侵略陣線。羅斯福總統且特尊中國為「四強」之一。同年七月七日，中國抗戰五週年，美國發行紀念郵票一枚， 國父林肯肖像並列中國全圖左右，中鐫青天白日圖及「抗戰建國」「民族民權民生」十字，是中國文字出現在美歐國家郵票的首一紀錄，為今日全球注重中國語文的開端。同年美國發行「贏得戰爭」、「工農支持防禦」、「陸海軍努力防務」等郵票。

當時，日本掌握主動，頗占優勢，氣燄囂張。因於突襲美國珍珠港一週年（一九四二年十二月八日）發行「大東亞戰爭第一週年紀念」郵票，分別以珍珠港攻擊及戰車登陸椰葉搖曳地區作圖案，面值外另有附加。顯示窮兵黷武需款至急。偽「滿洲國」沒有特製紀念票，祇就普通票加印「興亞自斯日」五中文字，8、12、8四亞拉伯字，意在說明「斯日」即其僭號「康德八年」（一九四一年）十二月八日。

一九四二年二月十五日，日軍占領新加坡，舉國狂歡，更以「擊滅英米」、「亞洲是亞洲人自己的亞洲」口號炫惑各占領地人民。翌日，東京郵局即就「東鄉元帥」「乃木大將」像普通票加印新加坡陷落字樣作紀念郵票發行。並命僞滿發行「紀念新加坡復歸我東亞」（就普通票加印此十字）。汪精衞僞府及華北僞組織也各就原用普通票加印「新加坡陷落紀念」七字。這與翌年僞滿發行分鐫「日本之興卽滿洲之興」中文日文票，都是仰承日本鼻息的宣傳。

一九四二年雙十節前夕，美英宣佈廢除對華不平等條約特權。中美中英分別談商新約，不意簽字日期洩露，日本電令汪僞組織連夜工作，東京國會當日也聚集不散，等待南京電報午夜到達立卽審議通過，趕在重慶華府宣佈新約前一日公告。顯示日本力圖與美英競爭獲取中國民心。因此，一九四四年七月七日，重慶發行「平等新約紀念」票六枚，上鐫中美英三國國旗及蔣委員長肖像。汪僞府及華北傀儡也發行「收回租界週年紀念」票上鐫上海市區地圖。

一九四三年二月十二日，美國發行「四大自由」郵票。這是羅斯福總統宣示的全球戰爭目標。同年夏，太平洋美軍反攻勝利，日軍聲勢大殺，而戰區遼闊物質消耗鉅大，日本發行郵票以「造船」「採礦」「種田」等作圖案，足以說明當時情況。僞滿也有「努力增產協助聖戰」郵票以煉鋼作圖案，但印刷及紙張都仍維持正常，比較日本粗糙印製大不相同。與上年日本發行國家公園（其中有花蓮太魯閣景象）郵票尤多差距。

一九四三年十月二十二日舉行的中美英三國領袖開羅會議，確定臺灣澎湖及東三省歸還中國。但有關國家都沒有發行紀念郵票。而一週以後舉行的美英蘇三國領袖德黑蘭會議，史達林在會中大肆攻訐中華民國，對戰後世局影響重大，蘇俄卻曾發行鐫有三國國旗的紀念郵票。

一九四四年雙十節，中國發行「賑濟難民附捐郵票」六枚，各按面值加倍收捐，可作我遭受日軍孤注一擲實行貫通大陸作戰的損害增加一說明。我平漢、粵漢、湘桂三鐵路線都被侵占，戰地擴大，難民衆多，救濟工作需款不得不如此。但這祇是黎明前的黑暗。太平洋美軍越島攻擊，進展迅速。是年七月十一日，美國發行「海軍陸戰隊登陸琉璜島樹立星條旗」郵票。說明美軍已到達東京以南六六〇浬處！

中國在戰時曾就原用郵票加印「軍郵」兩字，供戰地官兵通信購用。一九四五年元旦，發行特製以高射炮陣地作圖案的軍郵票，殊足珍視。同年，四月二十五日，四十六國家在舊金山舉行聯合國會議，美國特發行「邁向聯合國」紀念票一枚，郵票商印製首日封用彩印巨艦發射炮火作圖案，附以「從此航向勝利」文字——十二日後，德國投降。不三月，日本屈服——盟軍當時確已勝利在握，緬甸戰場情勢尤顯明。美國郵票商因預先印妥一英國國旗飄揚仰光佛寺圖的首日封粘貼「贏得勝利」郵票。當是年五月三日英軍重入仰光城時送往華府郵局蓋銷。東西半球有時間差距，故可從容如願辦理。這樣生意經，利人利己，對集郵人增加便利樂趣，取不傷廉。但反攻緬甸成功實在是中美軍人流血所得，英人祇是坐享其成，卻應辨明。是年九月，美國發行美軍在巴黎凱旋門前行進圖紀念票，是美軍參加歐洲戰場紀念。

一九四五年八月十四日，日本正式宣告無條件投降。中國抗戰八年終獲勝利。十月十日，我國發行「慶祝勝利」郵票四枚，分別爲法幣二十、五十、一百、三百元。郵票面值提高，顯示戰時通貨膨脹。但當時還不嚴重。試比較一九四八——九年郵票面值，一目瞭然。我財政部美籍顧問楊格（Arthur N. Young）著述指陳：中國通貨膨脹日趨惡化實在戰後。郵票所具物證價值顯比鈔票爲高。

與中國「慶祝勝利」郵票適成強烈對照的是日本發行「敵國降伏」郵票。這是全球絕無僅有事例。（一八九六年八月，日本曾以「有栖川宮」「北白川宮」像郵票作「日清戰捷」紀念票發行）日本外務省刋行「終戰史錄」坦白使用「降伏」一詞，與這種公開發行的郵票都顯示日本官民有面對現實的勇氣。惟其能屈能伸，「降伏」以後不二十年又告復興，且成爲經濟大國。而我國朝野卻被勝利衝昏了頭腦！

臺灣光復是抗戰八年的成果。一九四五年十一月四日，卽在臺北接受臺灣日本總督投降（今光復節）後十日，我郵務人員就日本原在臺灣發行郵票加蓋「中華民國臺灣省」七字發行，這比較一九四七年十月二十五日發行「臺灣光復」紀念郵票，更見珍貴。因爲方寸紙片兩國領土主權的轉移痕跡鮮明。現今這種郵票在臺灣及日本價格都很高。

一九四七年五月五日，我郵局發行「國民政府還都紀念」郵票，是凱旋南京歷史記錄。同時，日本發行「日本國憲法施行紀念」，從此日本不能派遣軍隊到國外。而日本郵票也有明顯區別：以前都鐫「大日本帝國郵便」，自後祇鐫「日本郵便」。

是年七月七日，中共發行「抗日戰爭十周年紀念」郵票。後又有「抗日戰爭十五周年紀念」

郵票。可見中共篡奪對日抗戰果實由來已久。可惜臺北當局極少對策，官方既未刊行權威戰史，今年抗戰四十週年紀念也未見一張紀念郵票，實在令人遺憾之至（美國郵票商在一九七五年九月二日特製 V-J day 三十週年紀念封，鐫製麥帥在東京灣密蘇里號軍艦接受日本投降圖，粘貼日本藍色白鴿五錢郵票二枚，由東京中央局是日蓋銷戳）。

「芝加哥每日新聞」停刊的啓示

> 美國報界最近發生一件大事：具有一百零二年歷史的芝加哥每日新聞（Chicago Daily News），本年三月四日發行最後一份報紙以後，即宣告與讀者們永別。從此美國第三大都市再沒有下午報。它的停刊原因，和十餘年前「生活」畫報不堪郵費負擔而被迫中輟情形完全不同。第二次世界大戰以後政治社會經濟種種變化才是使它無法繼續生存的主要因素。

「芝加哥每日新聞」創刊於一八七五年十二月二十三日，是一青年報人史東（Melville E. Stone）扨立。他揭示三項目標：（一）刊佈正確新聞。（二）努力引導正直輿論。（三）提供正當消遣。並以一「獨立的報紙」爲最高理想。一百餘年來，這一報紙幾次易主更換發行人，始終堅持這一理想，沒有因政治及旣得利益而稍猶豫，實在難能可貴。

史東主持這一報紙約半年，出人意外地將它出讓給友人羅蓀（Victor F. Lawson），自己祇任編輯。幾年後他轉任美國聯合通信社總經理，將它發展成一世界性的新聞通信機構。同樣的，「每日新聞」在羅蓀主持的五十年間（一八七六——一九二六）也形成黃金時代。

羅蓀當時又是芝加哥另一報紙的發行人。一八九八年七月三十日，他創設海外通訊。是年美國與西班牙戰爭時，他特派十四名記者前往戰地採訪。一九〇一年起，國外特派記者的通訊網完全隸屬「每日新聞」，成為該報重要內容之一，並且對美國公共與論產生重要影響。一九二九年該報駐法國特派員榮獲普里玆獎。是普里玆獎創立以來第一次給予一撰述國外新聞的人。後來又有四名該報國外記者先後獲得這一榮獎，占該報榮獲十五次普里玆獎的總額五分之一。一九三〇年，該報駐英記者貝爾（Edward P. Bell）獲得英國首相麥克唐納（Ramsay MacDonald）與美國總統胡佛（Herbert Hoover）的信任安排兩巨頭會晤，結果產生倫敦海軍軍備縮減會議，貝爾被提名候選諾貝爾獎金。三十年代流傳最廣的「歐洲內幕」「非洲內幕」著者耿實（John Gunther）也是「每日新聞」特派記者，他先後居留歐非各國首府二十餘處，見聞特多。一九三二年，該報海外特派員伍德（Junius B. Wood）在歐洲首先發出又一戰爭卽將形成的警告。翌年他又揭露日本統治世界的夢想。諸如此類洞燭機先的報導出現在「每日新聞」第一版面的事例不勝枚舉。一九七五年四月，該報駐南越特派員報導「西貢卽將撤守」消息，比較美國其他各報早三十六小時。

芝加哥每日新聞的國外報導迅速確實，具有七十八年的長久信譽。同時更非常注重本地新聞，標示「爲清明且適於居住的芝加哥市而奮鬪」，對於當地政府與社會的黑暗，揭露不遺餘力。一九二四年，該報記者有關這些黑暗的深入調查正直報導，贏得普里玆獎，是該報榮獲十五次普里玆獎的首開紀錄，後來由於這樣實地調查的報導又獲得普里玆獎四次，也占「十五」總額五分之一。該報本地版主編每周木曜下午且搭乘公共車遍歷全市，與市民接觸交談，了解一般人的問題與心理。

一九三一——一九四四年，諾克斯上校（Col. Frank Knox）是「每日新聞」的新主人。當世界經濟不景氣時，諾克斯力行節約政策；管制各處電燈，甚至洗手間的擦手紙也縮減寬度，每周月曜他主持社務會議時諄諄叮囑本週要存儲五千元。因此，每日新聞當時始終沒有出現赤字。

諾克斯上校是一活躍的共和黨員，主持「每日新聞」十四年間卻始終能堅持這是一「獨立的報紙」原則，社論欄經常有批評民主黨羅斯福總統的文字，新聞報導則公正無私據實道來。一九三六年，羅斯福競選連任，諾克斯經共和黨推爲副總統候選人，與羅斯福更進一步短兵相接，但他仍使「每日新聞」保持「獨立的報紙」原則。當競選迫近最後階段，該報刋載駐華府記者林奇(Paul R. Leach) 分析大勢趨向：共和黨的選票數目不像有壓倒對方的可能。共和黨全國委員會主席因此致電諾克斯質問。諾克斯復電說：「林奇是在論述政治，不是談論我」。

當時芝加哥是「孤立主義」中心，諾克斯的「每日新聞」則經常報導希特勒狂妄的眞相，極力反對孤立主義。羅斯福總統連任後，邀請諾克斯擔任海軍部長。

諾克斯的雅量風度與林奇直言無隱，充分表現「每日新聞」主人和記者堅持「獨立的報紙」的誠摯決心。事實上：「每日新聞」派駐華府的記者都是一時人傑，具備敢作敢為不畏強禦無我無私的堅強獨立人格與職業信心。一九五七年，艾森豪總統主持白宮記者招待會時，多數報紙記者詢問聯邦政府預算問題都是友好和平語調。祇有「每日新聞」記者麥格菲(William Mcgaffin)提出政府應節約問題：「你願不願意使用那祇比汽車稍快的直升機送你到高爾夫球場呢」?!艾森豪立即表現憤激情緒且否認曾經使用直升機往球場。麥格非又進一步說明「這是盡人都知的事！」艾森豪祇有用冰霜臉色說：「謝謝你」！結束這一場面。「每日新聞」華府記者受政要敬畏如此可見一般。

「每日新聞」擁有若干著名作家，一百年來他們在報社出版著作計五十餘種，報紙記事及評論用字遣辭都力求美化，號稱「作家的報紙」。但一九四五年萊特(John S. Knight)繼諾克斯為該報新主人後，改變作風，行文用字遣辭力求簡明清順生動易讀，並規定每一句或每一條以十四個字為最高限度。

一九五九年一月，富豪費爾德(Marshall Field)成為「每日新聞」新主人。早在一九四一年，他的父親即曾創辦「芝加哥太陽報」，向稱霸全市已久的「芝加哥論壇報」(Chicago Tribune)作直接的挑戰。一九四七年，他父又收購「芝加哥時報」，翌年改組為「芝加哥太陽時報」（Chicago Sun-Times），每日早晨發行。收購「每日新聞」後，費爾德就以這兩份報紙與「芝加哥論壇報」及其所屬的「芝加哥美國人報」互爭雄長。

「每日新聞」最盛時代，每日發行約六十一萬餘份。費爾德接辦時銷數已開始低降至五十五萬份。顯示第二次大戰結束後的種種新變化已日漸逼近且影響這一報紙。

電視機，尤其彩色電視機的出現，搶走報紙許多廣告和讀者。「每日新聞」是下午報，正是電視播放新聞氣象以及娛樂節目的黃金時間，不論報紙內容印刷如何迅速精美都不能和電視爭衡。尤其彩色卡通及玩偶表演活潑生動，吸引兒童觀賞；相形之下，報紙彩印卡通實在太僵硬。「每日新聞」提供正當消遣的目標從此黯然無光。訂戶因此日漸減少。加以它是每周衹出版六天的下午報，沒有星期日版，廣告收入自然不多。

但最大的影響是芝加哥區高速公路的開通。

芝加哥是一工商業中心，各公司商店工廠的工作人員原都居住市區或距離市區二三哩的近郊，以便上下班。每天下午他們搭乘公車回家，經過街頭報攤多喜購閱一份下午出版的「每日新聞」。長期訂戶在回家時也可見到當天下午報紙。但近二十年來高速公路先後開闢，城市空氣污染論調又盛行，原住市區的中產階級人士都向遠離市區二十餘哩的小鎮遷移。他們每日下班後急忙奔向車站擠公車或自駕車經高速公路回家，沒有餘暇購閱下午報（當高速公路通車第一天，「每日新聞」零售數卽減少一萬五千餘份），同時長期訂戶的報紙也因距離較遠未及送達。而原居或新遷入市區的黑人或波多黎各人卻沒有閱報的興趣與習慣。在這一新變化中「每日新聞」銷數大受影響。

「每日新聞」面對現實，努力尋求適應新情勢的方法。一九六〇年代中期終於決定內容外表都重新塑造：改成一携帶便利的高水準的新聞雜誌式的下午報，分析與報導兼籌並顧，力求活潑適時。專門論述文化與藝術的綜覽雜誌發刊，更是美國報紙的創舉。

每日新聞對當時興起的民權運動非常重視，比較芝城其他報紙輕描淡寫大不相同，因之引起許多白人訂戶不滿，紛紛停止繼續購閱，但沒有一黑人成為新訂戶。經理部將實情告知編輯部。多數編輯及記者都認為民權運動是時代趨勢，無可抗拒，不能輕視，仍本既定方針繼續論述有關發展。一位女記者連篇報導伊利諾州政府對黑人家庭的生育節制服務不周，榮獲普里兹獎。證明該報方向正確——六十年代與七十年代初期，該報記者先後獲普里兹獎四次，顯示該報銷數減少，內容卻仍繼續保持最高水準。

「每日新聞」一百零二年間共獲普里兹獎十五次，居全美報界第三位，祇次於紐約時報及聖路易郵傳報。但這些榮譽竟沒有為它獲致更多銷路與廣告。

芝加哥前任市長戴勒（Richard J. Daley），是民主黨重要人物，主持芝市二十餘年，很多建設成績，黨同伐異的言行也不在少數，「每日新聞」曾不斷的加以強烈批評。但戴勒每一競選市長連任成功，「每日新聞」銷路卽減少。

一九六五年九月，費爾德突以盛年早逝（四十九歲），他的財富與事業都由其年二十八歲的兒子繼承。謠言滿天飛說這一富家虧空很大，對於「每日新聞」自有影響。而財力豐厚的芝加哥論壇報把它所有下午出版的「芝加哥美國人報」停刊，集中財力人力於論壇報，且改行二十四小時不斷出版的新法：原是應於翌早發行的報紙，先一日下午已不斷刊行幾種不同版本，刊載新收到的國內外電訊與記事。每日下午五時街頭及車站報攤都可購得。這自然又搶走下午出版的「每日新聞」許多零售銷路。一九七七年九月，「每日新聞」銷路降低至三十二萬餘份，虧損高達一千二百萬餘元。費爾德企業組織在無人願承購的情況下不得已於本年二月三日宣佈「每日新聞」決定停刊，將原有優秀人才轉調至每早發行的「芝加哥太陽時報」，繼續與芝加哥論壇報對抗。

「芝加哥每日新聞」的停刊，顯示社會經濟變化的非常重大影響。值得警惕。我們應由此獲得啓示：祇有面對新變化，力求適應，隨時作相當調整。千萬不可硬說「以不變應萬變」。

近二十年來臺灣社會經濟已多變化，可惜當局沒有面對現實尋求適應新情勢的方案。始終叫喊八股，甚至抱着古皇曆不放。事實上，應該自教育制度與內容作相當調整改變，心理建設社會建設尤應面對十項建設完成後所將引起的變化去設計與實施。「二十四孝」實在不能再用作教材了。

（原刊民國六十七年三月卅一日聯合報副刊）

美國「亞洲學會」年會的觀感

美國「亞洲學會」(Association for Asian Studies) 第三十屆年會，本年三月三十一日至四月二日，在芝加哥市舉行，出席會員約一千餘人，分別參加六十一組專題討論，並參觀五十六個出版機構的有關亞洲書籍與電影放映。第二次世界大戰以後，西方國家對亞洲研究的情況與趨勢，由此可見大體輪廓。

亞洲學會原名遠東學會 (Far Eastern Association)，一九四九年四月五日至七日，在耶魯大學舉行第一屆年會。當時會長是恒慕義 (Arthur W. Hummel)，曾在中國居留，並任美國國會圖書館東方部主任，主編「清代名人傳略」兩巨册。理事會理事九人，鄧嗣禹教授是惟一中國籍理事，其餘韋慕庭 (C. Martin Wilbur)、戴德華 (George E. Taylor) 兩理事也曾居我國且始終對我友好。當時提出論文並參加討論的會員計七十二人。如今在第三十屆提出論文並參加討論的逾三百六十人。三十年間增加約五倍，顯示亞洲研究發展進步的速率。

亞洲學會歷次年會，以中國歷史哲學文學爲主題的分組討論都是居其他各組之首。這次第三十屆年會也不例外。六十一個分組討論中，有關中國的占十六組，關係東南亞各國的共十三組，日本歷史文學的計八組，印度文化計七組，韓國兩組，綜合性或比較性討論小組八。這自然是由於中國歷史悠久，文化廣被亞洲各國，比重不同；而中國大陸局勢劇變對亞洲與世界的非常重大影響，更促使美國政府及各基金會鼓勵學人努力於中國研究。

亞洲學會這次年會，有關中國的討論小組涉及現實政治的遠比對中國歷史文學研究的少，參加前者的聽講人數也不見踴躍。這可說是一九七二年以後美國學人憬悟以往對中國大陸的「情報研究」毫無意義，也是經過三十年的培養，一般美國學人對中國研究的認識程度已有進步的現象——本次年會中提出論文的很多是三十歲上下的青年學人，且甚多青年女性。據「學會」元老告語：這在三十年前是很難得見的。而這次年會與以往一樣有一小組討論「美國中小學有關亞洲的教學」，顯示美國人積極注意培養後進新血，才能不斷進步創新。

這次年會有一小組討論「新發現的古代文獻在中國古代史的意義」，余英時教授主席，陶天翼教授提出論文以外，兩位美國教授與一位加拿大教授分別就「黃帝素經」「雲夢秦律」「孫臏兵法」內容論述其歷史意義。又如謝覺民教授主持的「中國歷史地理」專題討論：謝本人宣讀「中國古代六大首都的變易」、孫任以都女士宣讀「以廣州三角洲爲例論傳統經濟中城鄉的相互影響」以外，英國里滋大學一教授論述「景德鎮的歷史發展」，紐約市立大學一教授報告臺灣界域的擴展歷史。再如劉子健教授主持的「宋代對『物』的觀念與實際」，四位美國教授提出論文。這都顯示美英學人對於中國古史研究的能力與程度與以前大不相同。

至於中國近代史是近三十年來「熱門」題目，在這次年會中有劉廣京教授主持「明清兩代地主制的法律連續性檢討」，費偉愷教授（Albert Feuewerker）主持的「民國時代的工商業與政治」以及另一專門討論清代動亂的小組，可以說都着重社會經濟因素。這正顯示美國對中國研究的新趨勢。

這一新趨勢在會場書刊展覽更多表露。例如史丹福大學出版的「中國帝制末期的城市」、「兩個世界中的中國城市」、「中共控制下的中國城市」，根據中國地方志及外國教士商人新聞記者的記錄分別以專題論述，尤以「兩個世界中的中國城市」特具價值：將中國傳統城市遭受西方文化侵入後的變化加以比較論述。這實在是一非常重大的創新。中國地方志體例陳陳相因，絕不隨時代進步，且近一百年各省縣方志因戰亂更少新編。如今這三册巨著刋佈，內容很多綜合比較，且標題多一語破的，例如「重慶：軍閥中心的城市」。

史丹福大學除刋佈上述三巨著以外，另有九種論述中國社會經濟、鄉村、家庭、婦女書籍，其中如「中國社會中的婦女」、「臺灣農村的家庭與婦女」都具可讀性。另一論述東南亞新加坡香港各地華人社會的「中國人社會之研究」，將於今年秋季出版。至於該大學近三年新刋賀凱

(Charles O. Hucker) 撰「中國通史」（四七四頁）「中國簡史」（一六二頁），是當今美國最暢銷且多好評的書。賀凱原是專門研究明史，曾到臺灣研究。

美國人最重「新」，史學研究也因新史料層出不窮而產生新觀點新論題。賀凱的書新問世，自然後來居上。費正清（John K. Fairbank）將他十餘年前與賴紹華等合撰的「東亞通史」中有關中國部份另編成一中國通史，就難以爭勝。同樣的：徐中約教授撰「中國近代史」（The Rise of Modern China），每五年增訂一次（臺北影印本是以其一九七〇年版作底本，與其一九七六年新版已多不同），是現今美英約八百餘所大學三四年級的課本，費正清撰同類書祇是若干大學一年級用。

美國學人近二年新刊民國初期書籍甚多，如「袁世凱與民初之自由與獨裁問題」、「北京政情：一九一八——一九二三」、「張作霖在中國東北：一九一一——一九二八」、「杜威學說對民國初期教育改革與政治影響」等等，都是綜合中英日文史料撰述成書，其中張作霖一書於張在東北對抗日本事實尤多敷陳。

不論史學哲學文學，有關文獻資料的搜集是首要亟務。亞洲學會於此特別注意，近年每次年會都組設專題小組研討有關問題。這次年會中卽分設兩組：一組討論「研究一九四九年以後中國的資料與方法的若干問題」，特注意中國、日本有關資料的比較。一組檢討「東亞現行書目工作」，就中華民國、日本、韓國、香港及中共各方面論述。

事實上：亞洲學會曾資助艾文博博士 (Robert Irick) 在臺北設立「中文資料中心」，利用臺灣較廉的印刷工本影印許多中英文書刊資料，供應美英日本及東南亞各地。同時在華盛頓也設立一由余秉權君主持的中文資料中心，每年四處奔走訪求遺佚書刊資料，且多次赴莫斯科，因此收穫殊多。例如中國最早留美學生出版的「季刊」，多年以前，海內外收藏即難湊合成全帙。如今卻已訪求得全，製成顯微影片。胡適之先生前遍求不獲的他在這「留美學生季刊」撰刊的「留學罪言」，如今已得見全文。

但美國各大學中文圖書館主持人對於美國當前收藏仍不滿意。據稱在若干方面不能與蘇俄抗衡，即就目前中國大陸出版品言，蘇俄可能利用外交郵袋及某種手段取得並寄回中共限於內部流通的書刊，而美國於此種種卻無法獲得。

近四十餘年來，美國各大學研究中國語言學不遺餘力，加以電化器材的不斷改進，臺北設立各大學語言學習中心等等，美國青年學人運用中國語文能力與程度也與以前大不相同。亞洲學會這次年會中有一組討論「中國語言學的最近研究」，其中有論及東漢及明朝音韻的。

出席亞洲學會這一年會的中國學人約一百餘人，其中多數是在美國各大學任教多年，主持及推動研究中國歷史文學語言哲學或搜集各種資料卓著成績，現在多已白髮蒼蒼，目睹美國年輕一代的成長，內心的感受非常複雜，尤其對國內研究中國文史哲各科的陳陳相舊故步自封，實在更多慨嘆。

「九一八」以後，北京大學教授集合討論「如何報國」？結論是「趕快寫一部中國通史振醒民族精神」。錢賓四教授的「國史大綱」由此產生。但錢書出版近三十餘年，竟沒有另外一部具獨立見解與學術水準的通史出現，祇是輾轉抄襲以帝王相砍的政治變亂爲中心，始終不注意社會經濟變化的重大影響。近代史的書刊多是八股文章，完全抹煞北洋時代，如今竟要美國人代筆，實在慚愧。至於語言文字，更是墨守清代乾嘉遺風，距離現代學術太遠。唐德剛教授在「傳記文學」連續撰文指陳：胡適之先生「但開風氣不爲師」，在語言文字學實在缺乏現代化訓練。這次年會中，唐德剛兄長談及此更多感慨：國內大學「中國文學系」實在應改弦更張吸收新觀念新方法。

依中國說法：三十年爲一世。美國的亞洲研究經過這「一世」，基礎已奠立。我們中國人對自己文化與國史的研究在這「一世」成就如何？值得反省檢討。尤其我們的「美國研究」如何呢？

（原刊民國六十七年五月四日聯合報）

滄海叢刊已刊行書目(六)

書名	作者	類別
中國文學鑑賞舉隅	黃慶萱 許家鸞	中國文學
唐代黨爭與文學的關係	傅錫壬	中國文學
浮士德研究	李辰冬譯	西洋文學
蘇忍尼辛選集	劉安雲譯	西洋文學
文學欣賞的靈魂	劉述先	西洋文學
西洋兒童文學史	葉詠琍	西洋文學
現代藝術哲學	孫旗譯	藝術
音樂人生	黃友棣	音樂
音樂與我	趙琴	音樂
音樂伴我遊	趙琴	音樂
爐邊閒話	李抱忱	音樂
琴臺碎語	黃友棣	音樂
音樂隨筆	趙琴	音樂
樂林蓽露	黃友棣	音樂
樂谷鳴泉	黃友棣	音樂
樂韻飄香	黃友棣	音樂
水彩技巧與創作	劉其偉	美術
繪畫隨筆	陳景容	美術
素描的技法	陳景容	美術
人體工學與安全	劉其偉	美術
立體造形基本設計	張長傑	美術
工藝材料	李鈞棫	美術
石膏工藝	李鈞棫	美術
裝飾工藝	張長傑	美術
都市計劃概論	王紀鯤	建築
建築設計方法	陳政雄	建築
建築基本畫	陳榮美 楊麗黛	建築
中國的建築藝術	張紹載	建築
室內環境設計	李琬琬	建築
現代工藝概論	張長傑	雕刻
藤竹工	張長傑	雕刻
戲劇藝術之發展及其原理	趙如琳	戲劇
戲劇編寫法	方寸	戲劇

滄海叢刊已刊行書目㈤

書名	作者	類別
孤寂中的迴響	洛夫	文學
火天使	趙衛民	文學
無塵的鏡子	張默	文學
大漢心聲	張起鈞	文學
回首叫雲飛起	羊令野	文學
文學邊緣	周玉山	文學
大陸文藝新探	周玉山	文學
累廬聲氣集	姜超嶽	文學
實用文纂	姜超嶽	文學
林下生涯	姜超嶽	文學
材與不材之間	王邦雄	文學
人生小語	何秀煌	文學
印度文學歷代名著選(上)(下)	糜文開	文學
比較詩學	葉維廉	比較文學
結構主義與中國文學	周英雄	比較文學
主題學研究論文集	陳鵬翔主編	比較文學
中國小說比較研究	侯健	比較文學
現象學與文學批評	鄭樹森譯編	比較文學
韓非子析論	謝雲飛	中國文學
陶淵明評論	李辰冬	中國文學
中國文學論叢	錢穆	中國文學
文學新論	李辰冬	中國文學
分析文學	陳啓佑	中國文學
離騷九歌九章淺釋	繆天華	中國文學
苕華詞與人間詞話述評	王宗樂	中國文學
杜甫作品繫年	李辰冬	中國文學
元曲六大家	應裕康 王忠林	中國文學
詩經研讀指導	裴普賢	中國文學
莊子及其文學	黃錦鋐	中國文學
歐陽修詩本義研究	裴普賢	中國文學
清真詞研究	王支洪	中國文學
宋儒風範	董金裕	中國文學
紅樓夢的文學價值	羅盤	中國文學

滄海叢刊已刊行書目（四）

書名	作者	類別
知識之劍	陳鼎環	文學
野草詞	韋瀚章	文學
現代散文欣賞	鄭明娳	文學
現代文學評論	亞菁	文學
當代台灣作家論	何欣	文學
藍天白雲集	梁容若	文學
思齊集	鄭彥棻	文學
寫作是藝術	張秀亞	文學
孟武自選文集	薩孟武	文學
歷史圈外	朱桂	文學
小說創作論	羅盤	文學
往日旋律	幼柏	文學
現實的探索	陳銘磻編	文學
金排附	鍾延豪	文學
放鷹	吳錦發	文學
黃巢殺人八百萬	宋澤萊	文學
燈下燈	蕭蕭	文學
陽關千唱	陳煌	文學
種籽	向陽	文學
泥土的香味	彭瑞金	文學
無緣廟	陳艷秋	文學
鄉事	林清玄	文學
余忠雄的春天	鍾鐵民	文學
卡薩爾斯之琴	葉石濤	文學
青囊夜燈	許振江	文學
我永遠年輕	唐文標	文學
思想起	陌上塵	文學
心酸記	李喬	文學
離訣	林蒼鬱	文學
孤獨園	林蒼鬱	文學
托塔少年	林文欽編	文學
北美情逅	卜貴美	文學
女兵自傳	謝冰瑩	文學
抗戰日記	謝冰瑩	文學
給青年朋友的信（上）（下）	謝冰瑩	文學

滄海叢刊已刊行書目㈢

書名	作者	類別
憲法論叢	鄭彥棻	法律
師友風義	鄭彥棻	歷史
黃帝	錢穆	歷史
歷史與人物	吳相湘	歷史
歷史與文化論叢	錢穆	歷史
中國人的故事	夏雨人	歷史
老台灣	陳冠學	歷史
古史地理論叢	錢穆	歷史
我這半生	毛振翔	歷史
弘一大師傳	陳慧劍	傳記
蘇曼殊大師新傳	劉心皇	傳記
孤兒心影錄	張國柱	傳記
精忠岳飛傳	李安	傳記
師友雜憶 八十憶雙親 合刊	錢穆	傳記
中國歷史精神	錢穆	史學
國史新論	錢穆	史學
與西方史家論中國史學	杜維運	史學
清代史學與史家	杜維運	史學
中國文字學	潘重規	語言
中國聲韻學	潘重規 陳紹棠	語言
文學與音律	謝雲飛	語言
還鄉夢的幻滅	賴景瑚	文學
葫蘆・再見	鄭明娳	文學
大地之歌	大地詩社	文學
青春	葉蟬貞	文學
比較文學的墾拓在臺灣	古添洪 陳慧樺	文學
從比較神話到文學	古添洪 陳慧樺	文學
牧場的情思	張媛媛	文學
萍踪憶語	賴景瑚	文學
讀書與生活	琦君	文學
中西文學關係研究	王潤華	文學
文開隨筆	糜文開	文學

滄海叢刊已刊行書目(二)

書名	作者	類別
知識、理性與生命	孫寶琛	中國哲學
逍遙的莊子	吳怡	中國哲學
中國哲學的生命和方法	吳怡	中國哲學
希臘哲學趣談	鄔昆如	西洋哲學
中世哲學趣談	鄔昆如	西洋哲學
近代哲學趣談	鄔昆如	西洋哲學
現代哲學趣談	鄔昆如	西洋哲學
佛學研究	周中一	佛學
佛學論著	周中一	佛學
禪話	周中一	佛學
天人之際	李杏邨	佛學
公案禪語	吳怡	佛學
佛教思想新論	楊惠南	佛學
禪學講話	芝峯法師	佛學
當代佛門人物	陳慧劍	佛學
不疑不懼	王洪鈞	教育
文化與教育	錢穆	教育
教育叢談	上官業佑	教育
印度文化十八篇	糜文開	社會
清代科舉	劉兆璸	社會
世界局勢與中國文化	錢穆	社會
國家論	薩孟武譯	社會
紅樓夢與中國舊家庭	薩孟武	社會
社會學與中國研究	蔡文輝	社會
我國社會的變遷與發展	朱岑樓主編	社會
開放的多元社會	楊國樞	社會
社會、文化和知識份子	葉啓政	社會
財經文存	王作榮	經濟
財經時論	楊道淮	經濟
中國歷代政治得失	錢穆	政治
周禮的政治思想	周世輔 周文湘	政治
儒家政論衍義	薩孟武	政治
先秦政治思想史	梁啓超原著 賈馥茗標點	政治
憲法論集	林紀東	法律

滄海叢刊已刊行書目(一)

書名	作者	類別
中國學術思想史論叢(一)(二)(三)(四)(五)(六)(七)(八)	錢穆	國學
國父道德言論類輯	陳立夫	國父遺教
兩漢經學今古文平議	錢穆	國學
先秦諸子論叢	唐端正	國學
先秦諸子論叢(續篇)	唐端正	國學
儒學傳統與文化創新	黃俊傑	國學
宋代理學三書隨劄	錢穆	國學
湖上閒思錄	錢穆	哲學
人生十論	錢穆	哲學
中國百位哲學家	黎建球	哲學
西洋百位哲學家	鄔昆如	哲學
比較哲學與文化(一)(二)	吳森	哲學
文化哲學講錄(一)(二)(三)	鄔昆如	哲學
哲學淺論	張康	哲學
哲學十大問題	鄔昆如	哲學
哲學智慧的尋求	何秀煌	哲學
哲學的智慧與歷史的聰明	何秀煌	哲學
內心悅樂之源泉	吳經熊	哲學
愛的哲學	蘇昌美	哲學
是與非	張身華譯	哲學
語言哲學	劉福增	哲學
邏輯與設基法	劉福增	哲學
中國管理哲學	曾仕強	哲學
老子的哲學	王邦雄	中國哲學
孔學漫談	余家菊	中國哲學
中庸誠的哲學	吳怡	中國哲學
哲學演講錄	吳怡	中國哲學
墨家的哲學方法	鍾友聯	中國哲學
韓非子的哲學	王邦雄	中國哲學
墨家哲學	蔡仁厚	中國哲學